Tereza Matějčková, Reinhard Mehring, Emeti Morkoyun (Hg.)
Blicke auf Deutschland!

Diskurs Bildung
Schriftenreihe der Pädagogischen Hochschule Heidelberg

Herausgegeben von der
Pädagogischen Hochschule Heidelberg

Wissenschaftlicher Beirat
Sabine Kaufmann, Reinhard Mehring, Hans-Bernhard Petermann,
Veronika Strittmatter-Haubold, Birgit Werner

Diskurs Bildung Band 60

Blicke auf Deutschland!

Pädagogisch-politische Schlaglichter
zur Flüchtlingsfrage von 2016 und 1948

Orientierungen, Statements,
migrationspädagogische Beiträge und Interviews

Die Deutschlandbroschüre (1948)
des Holocaust-Überlebenden Emil Utitz

Herausgegeben von
Tereza Matějčková
Reinhard Mehring
Emeti Morkoyun

Mattes Verlag Heidelberg

Bibliographische Information Der Deutschen Nationalbibliothek

Die Deutsche Nationalbibliothek verzeichnet diese Publikation
in der Deutschen Nationalbibliographie; detaillierte
bibliographische Daten sind im Internet über
http://dnb.ddb.de abrufbar.

ISBN 978-3-86809-110-6

© Mattes Verlag 2016

Mattes Verlag GmbH, Steigerweg 69, 69115 Heidelberg
Telefon (06221) 459321, Telefax (06221) 459322
Internet www.mattes.de, E-Mail verlag@mattes.de
Umschlaggestaltung: Julia Drichel
Hergestellt in Deutschland

Vorwort

> Kann uns zum Vaterland
> die Fremde werden?
> Goethe *Iphigenie*

Der vorliegende Band ist ein Experiment. In der unübersichtlichen Lage, beim Stand vom Sommer 2016, spiegelt er sehr verschiedene Texte und Textsorten ineinander. Für abgeklärte Überblicke und definitive Feststellungen ist die Zeit noch nicht gekommen, wir stecken mitten in umwälzenden Prozessen. Einleitend sucht der Band deshalb zunächst – mit Beiträgen von Herfried Münkler und Alexander Demandt – analytische Kriterien und historischen Abstand. Der zweite Teil sammelt Akteursstimmen und didaktische Reflexionen: eine Übersicht des zuständigen Heidelberger Bürgermeisters Joachim Gerner über die gegenwärtige Lage sowie – aus Abschlussarbeiten hervorgegangene – studentische Beiträge und Interviews mit Lehrern und Flüchtlingen. Es folgen, im dritten Teil, dann einige subjektive Statements ausländischer Kollegen und der vierte spiegelt die Lage – in deutscher Erstübersetzung – durch den Blick des Prager Philosophen und Holocaust-Überlebenden Emil Utitz auf das Deutschland der Jahre 1947/48. Der vorliegende Band kann und will keine schnellfertigen Antworten bieten. Wir danken den Autorinnen und Autoren sowie dem Beirat der Schriftenreihe der Pädagogischen Hochschule Heidelberg.

Heidelberg, im Juli 2016

Tereza Matějčková
Reinhard Mehring
Emeti Morkoyun

Inhalt

Teil I: Einleitende Orientierungen

Reinhard Mehring
Zur Exposition des Bandes   11

Herfried Münkler
Wie kann die Integration von Bürgerkriegsflüchtlingen
aus dem Vorderen und Mittleren Orient gelingen?   18

Alexander Demandt
Völkerwanderungen in der Geschichte   24

**Teil II: Heidelberger Bemühungen: Akteursberichte, Interviews,
pädagogische Antworten**

Tobias Rauch
Erlebnisbericht aus der Flüchtlings-Erstaufnahme   39

Joachim Gerner
Flüchtlinge in Heidelberg. Miteinander leben statt untereinander bleiben   44

Reinhard Mehring / Kay Müller
Handlungsmanagement.
Interview mit einem Flüchtlingsbeauftragten   58

Steffen Feuchtmüller
„Irgendwann sind die Heime voll!"
Interview mit einem Sachbearbeiter am Jugendamt   61

Miriam Falter
„Als Willkommenskultur ist die Schule wichtig!"
Erfahrungen aus der VKL   64

Emeti Morkoyun
„Das geht recht unbürokratisch!"
Schulleiter, Lehrerin und Lehrer, Erzieher und Flüchtling
im Interview   71

Rolf Rieß
Unterricht in der Willkommenskultur.
Ein Praxisbericht aus dem Bayerischen Wald   91

Andreas Nerschbach
EU-Binnenmigration und Migrationspädagogik   96

Mareike Stief
Dilemmageschichten als interkulturelles Diskursmodell
moralisch-politischer Intuitionen 102

Emeti Morkoyun
Interview mit dem syrischen Künstler Ayham Majid Agha 112

Teil III: Der Spiegel des Auslands: Statements von Kollegen

Meher Pestonji
What Is the Future for Syrian Refugees? Considerations
from an Indian Point of View about Germany and Europe 119

Takeshi Gonza
Der Bann des Nationalismus. Ein Blick auf Deutschland
aus japanischer Sicht 126

Robert Hettlage
Der große Kanton. Die Schweiz blickt auf Deutschland 130

Gabor Boros
Deutschland ohne Grenzen: eine Identitätsfrage 140

István Fehér
Deutschland und Europa: Idee, Identität, Selbstverständnis 143

Mohamed Ait El Ferrane
Deutschland appelliert 161

**Teil IV: Blicke auf Deutschlands Nachkriegsgesellschaft 1947/48
aus der Perspektive des Prager Holocaust-Überlebenden, Philosophen
und Charakterologen Emil Utitz (1883–1956)**

Reinhard Mehring
Einleitung 167

Emil Utitz
Deutschland zwischen gestern und morgen (1948) 170
Transporte nach Theresienstadt (1955) 232
Heinrich Graetz und die Konstruktion der jüdischen Geschichte (1951)   238
Die Lehre des Judentums (1951) 241

Autorinnen und Autoren 247

Teil I

Einleitende Orientierungen

Reinhard Mehring

Zur Exposition des Bandes

Eine „außergewöhnliche Situation"

Es bedarf kaum der Worte, dass der europäische Gedanke und das Verfassungsprojekt der Europäischen Union heute in eine tiefgreifende Krise geraten sind. Die EU driftet auseinander und verschiedene Staaten und Nationen tragen sich mit mehr oder weniger starken Absetzbewegungen und Austrittbestrebungen. England hat sich im Referendum vom 23. Juni 2016 – 51,9 gegen 48,1% – für den Brexit aus der EU entschieden und damit der Euroskepsis in anderen Ländern weiteren Auftrieb gegeben. Auch das Konzept von „Kerneuropa" und einer Europäisierung in verschiedenen Stufen und Geschwindigkeiten wankt.[1] Frankreich ist heute wirtschaftlich und politisch labil und die Achse Paris-Berlin allein kann den europäischen Tanker kaum noch schleppen. Die Rolle Deutschlands ist deshalb auch zunehmend umstritten. Mancher wünscht eine „Führungsrolle", andere kritisieren eine zu starke Dominanz.

Am 24. August 2015 erklärte die Bundeskanzlerin an der Seite des französischen Staatspräsidenten Hollande, nach fremdenfeindlichen Ausschreitungen in Sachsen, zur Flüchtlingsfrage: „Es gibt Momente in der europäischen Geschichte, wo wir vor außergewöhnlichen Situationen stehen. Heute ist das so eine außergewöhnliche Situation, aber eine außergewöhnliche Situation, die anhalten wird, so lange die Krisen nicht gelöst sind. Wir sollten nicht warten und nicht nur Tag für Tag versuchen, diese Situation zu handhaben. Wir müssen uns organisieren und unsere Politik absprechen. Das schlagen Deutschland und Frankreich vor."[2] Merkels Worte wurden oft aufgegriffen und kritisiert. Nach den Pariser Terroranschlägen vom 13. November 2015 erneuerte Merkel ihre Worte dennoch, indem sie sich beim Staatsakt für den verstorbenen Bundeskanzler a. D. Helmut Schmidt,

---

[1] Dazu vgl. Andreas Wirsching, Der Preis der Freiheit. Geschichte Europas in unserer Zeit, München 2012; ders., Demokratie und Globalisierung. Europa seit 1989, München 2015.

[2] www.bundeskanzlerin.de/Content/DE/Mitschrift/Pressekonferenzen/2015/08/ 2015-08-24-pressestatements-merkel-hollande.html; Frankreich erklärte nach den Anschlägen vom November förmlich den Ausnahmezustand, der zuletzt nach dem schweren Anschlag vom 14. Juli 2016 (am Nationalfeiertag) verlängert wurde und aktual gilt.

am 23. November, mit dem Krisenmanager der Hamburger Sturmflut von
1961 identifizierte. Sie bestätigte dabei Metaphern von Dammbruch und
Flut und schob rechtsstaatliche Bedenken beiseite, die man schon in der
Erklärung vom August vermisst hatte; Merkel begrüßte, dass Schmidt handelte, obgleich er „verfassungsrechtlich nicht dazu befugt" war, die Bundes-
wehr zu Hilfe zu rufen. Emphatisch meinte sie: „Damit lebte er [Schmidt]
vor, dass außergewöhnliche Situationen außergewöhnliche Maßnahmen er-
fordern. Und er lebte vor, was es bedeutet, in einer solchen Situation Verantwortung zu übernehmen."[3]

Namhafte Juristen äußerten in letzter Zeit immer wieder ernste Sorgen
über den Umgang der europäischen Politik mit der Rechts- und Verfassungs-
staatlichkeit. So schreibt heute, im Juni 2016, der amtierende Präsident des
Bundesverfassungsgerichts: „Die Krise scheint die neue Normallage der Politik [...] Indes: Eine Ordnung kann nicht dauerhaft im Modus der Krise operieren. Gesellschaft ist nur dort möglich, wo Regel und Ausnahme als solche erkennbar sind."[4] Andreas Vosskuhle plädiert hier, politisch zurückhal-
tend, nur vage für eine „Verfassung der Mitte" und „Dogmatik der Verhält-
nismäßigkeit".[5] Für die juristische Bewältigung der „großen Herausforderungen" der Globalisierung, Europäisierung und der Migrationsbewegungen
entwickelt er keine prononcierten Antworten. Politiker zeigen klarere Kante.
So meinte der CSU-Chef Seehofer, um eine mächtige Stimme zu zitieren, im
Interview mit der Passauer *Neuen Presse* am 9. Februar 2016 schlicht und mar-
kig: „Wir haben im Moment keinen Zustand von Recht und Ordnung. Es ist
eine Herrschaft des Unrechts." Dieses Diktum bezog sich primär auf Rechts-
defizite des Grenzregimes.

Über eine Million Flüchtlinge kamen 2015 von außerhalb der EU ins
Land. Davon haben weit über 200 000 einen berechtigten Anspruch auf Asyl.
Die Migration dauert auch in 2016 an, verstärkt erneut über Libyen und
das Mittelmeer; über 220 000 Personen kamen allein über diese Route im ersten Halbjahr 2016 nach Europa. Über 220 000 erreichten insgesamt im ersten Halbjahr 2016 die deutsche Erstaufnahme; Hunderttausende werden
beim jetzigen Stand allein auf dem Weg über den Familiennachzug legal
nach Deutschland einwandern. Dazu kommt die erhebliche Binnenmigration aus der EU: Im Jahre 2015 über 685 000, seit 2010 insgesamt über 2,5 Millionen. Die meisten Binnenmigranten (174 779) kamen 2015 aus Rumänien,
gefolgt von Polen und Bulgarien.[6] Die Anzahl der Migranten überstieg die

---

[3] www.bundeskanzlerin.de/Content/DE/Rede/2015/11/2015-11-23-merkel-staatsaktes-
helmut-schmidt.html
[4] Andreas Vosskuhle, Die Verfassung der Mitte. Themenheft 101 der Siemens-Stiftung,
München 2016, hier: 7, 9.
[5] Ebd., 47.
[6] Zahlen nach dem Jahresbericht 2015 des Freizügigkeitsmonitorings des BAMF (Stand
Juni 2016).

Anzahl der Geburten im Land (2015 etwa 738 000) bei Weitem. Jüngste Zahlen des Statistischen Bundesamtes[7] sprechen für 2015 von 2 137 000 Zuzügen bei immerhin 998 000 Fortzügen. Diese Migrationsbewegungen verändern das politische Klima in Deutschland nachhaltig. Landtagswahlen vom März 2016 brachten deshalb auch weitere Erosionen des Parteiensystems und einen Triumph des Rechtspopulismus. Die vielbeschworene „europäische Lösung" ist nicht in Sicht und der Widerstand gegen die offenen Grenzen des Schengen-Raumes wächst. Die sog. Balkan-Route – über die Türkei und den Balkan nach Westeuropa – wurde, zunächst von Ungarn und Österreich ausgehend, geschlossen, was die Flüchtlingszahlen im ersten Halbjahr 2016 aber nur um den Preis eines Flüchtlingsstaus in der Türkei absenkte, der neue gravierende Probleme schafft. Die Asylverfahren wurden in Deutschland bereits wiederholt verändert.[8] Man wundert sich, wer und was heute zum „sicheren Drittstaat" erklärt wird.

Inzwischen ist eine kontroverse Debatte der Flüchtlingskrise in Gang gekommen. Die Dimensionen des Geschehens werden kaum noch bagatellisiert und die euphemistische Beschwörung der „Willkommenskultur" ist verstummt. Das Klima driftet nach rechts und der Nationalismus artikuliert sich in Wort und Tat wieder diskriminierend. Der Terror des religiösen Fundamentalismus und Fanatismus zeigt sich erneut und wir merken, mit Safranski formuliert, „dass wir gegen den politischen Islam etwas zu verteidigen haben: unsere Freiheit."[9] Einseitige Betonungen der religionspolitischen und kulturellen Aspekte wirken leicht ideologisch. Politischer Alarmismus und moralisches Pathos helfen auch nicht weiter. Relativ einig ist man sich aber über die Notwendigkeit geregelter Verfahren. Der sprechende Name des im Oktober 2015 in Kraft getretenen „Asylverfahrensbeschleunigungsgesetzes" wurde dabei längst in „Asylgesetz" (AsylG) geändert und das neue „Integrationsgesetz" vom Sommer 2016 soll nun eine neue Balance von „Fördern und Fordern" organisieren.

Deutschland war niemals ein „klassischer" Nationalstaat und hat deshalb auch ein launisches und unbalanciertes Selbstgefühl. Heinrich August Winkler fasste die geschichtspolitischen Hypotheken zum 70. Jahrestag des Kriegsendes am 8. Mai 2015 im Deutschen Bundestag geradezu autoritativ zusammen.[10] Der „klassische" Nationalstaat ist heute in Deutschland nicht rekonstruierbar; strittig ist eigentlich nur, ob die Form des Staates oder der Kern

---

[7] Pressemitteilung Nr. 246 vom 14. Juli 2016.

[8] Dazu vgl. Rainer Hofmann, Thomas Oberhäuser, Stefan Kessler, Migrationsrecht 2016. Die aktuellen Neuregelungen, Baden-Baden 2016.

[9] ‚Die Deutschen sind in der Pubertät'. Interview von Martin Helg mit Rüdiger Safranski, in: Neue Zürcher Zeitung vom 8. November 2015.

[10] Heinrich August Winkler, Rede zum 70. Jahrestag des 8. Mai 1945 im Deutschen Bundestag, in: Zerreißproben. Deutschland, Europa und der Westen, München 2015, 198–209.

von Staatlichkeit – mit der Trias von Staatsgebiet, Staatsvolk und Staatsge-
walt – in der Epoche der Globalisierung und der Menschenrechte noch eine
Antwort sein kann. Als Gegenbegriff zum „Staat" fungiert in der neuzeitli-
chen Staatstheorie seit Hobbes der „Bürgerkrieg": Wo das staatliche Gewalt-
monopol erodiert und Staaten scheitern, regieren „Räuberbanden"; wir leben
wieder in einem „behemothischen Zeitalter";[11] *failed states* sind ein Signum
der Gegenwart, nicht nur in Afrika; den Warlords, Herren der *failed states*,
ist auch die Religion nur eine Waffe und ein Machtmittel des Terrors. Peter
Sloterdijk, leiser Töne unverdächtig, stimmte unlängst im Interview ein „Lob
der Grenze" an und rief einen „territorialen Imperativ" aus: „Die deutsche
Regierung hat sich in einem Akt des Souveränitätsverzichts der Überrollung
preisgegeben."[12] Die Lage kennzeichnete er im Februar 2016 unter Berufung
auf Demographen drastisch: „Das 21. Jahrhundert hat ein Megathema: Migration. Zwei Milliarden Menschen werden von ländlichen Gebieten in die
urbanen Ballungsräume ziehen, eine Milliarde Menschen werden versuchen,
aus den Armutszonen in den Wohlstandsraum zu gelangen."[13] Viele Stimmen ließen sich für mehr oder weniger dramatische Szenarien zitieren. Jenseits der geschätzten Zahlen ist eigentlich nur zu ergänzen, dass man fast
jeden Flüchtling in seiner Lage bedauert und versteht.

Die Herausgeber sind froh und dankbar, zwei Beiträge eminenter Autoren einleitend abdrucken zu dürfen, die die schwere Thematik in weite Horizonte stellen. Herfried Münkler formuliert in seinem Beitrag – vom Herbst
2015 – analytisch klärende „Gelingensbedingungen" der Flüchtlingsintegration. Der Althistoriker Alexander Demandt, einer der besten Kenner der
Spätantike, stellt die gegenwärtigen Flüchtlingsbewegungen in die – gewiss
nicht deckungsgleich zutreffende – historische Parallele oder Analogie zu
den Völkerwanderungen und dem Untergang des Römischen Reiches. Zweifellos sind die Gelingensbedingungen der Flüchtlingsintegration anspruchs-
voll. Auch Szenarien des Scheiterns müssen deshalb ins Kalkül aller Even-
tualitäten einbezogen werden. In einem neueren Beitrag zur Debatte, vom
Februar 2016, unterschied Münkler[14] zwischen dem rechtlichen Rahmen,
der „humanitären Herausforderung" und der „politisch-strategischen Her-

[11] So Horst Bredekamp, Der Behemoth. Metamorphosen des Anti-Leviathan, Berlin
2016, 95.
[12] ‚Das kann nicht gut gehen.' Peter Sloterdijk über Angela Merkel, die Flüchtlinge und
das Regiment der Furcht. Interview von Alexander Kissler / Christoph Schwennicke, in:
Cicero. Magazin für politische Kultur 2016, Nr. 2 (Februar), 14–23; zum Diskussionsstand
vom Frühling 2016 vgl. Benno Heussen, Das Problem der Fairness in der Flüchtlingsfrage, in: Merkur 70 (2016), Heft 803, 85–93.
[13] Ebd.
[14] Herfried Münkler, Wie ahnungslos kluge Leute doch sein können, in: Die Zeit Nr. 7
(2016) vom 11. Februar 2016.

ausforderung". Peter Sloterdijk[15] entgegnete, dass die deutsche Politik keinen Masterplan habe und niemand die Perspektive des souveränen Stra-
tegen für sich beanspruchen könne. Inzwischen verdeutlichte Münkler[16]
die Arenen der Herausforderungen für die deutsche Mittelmacht: Demnach
müssen die ökonomischen Unterschichten sich berechtigte Sorgen machen,
während eine neue Panik im Mittelstand leicht überzogen ist. Politik muss in
„Verantwortung vor der Zukunft" (Max Weber) planen und möglichst nachhaltige Antworten finden, auch wenn der Feldherrnhügel des Chefstrategen
„endgültig verwaist"[17] und ein „Herr des Überblicks", ein Philosophenkönig,
wie Thomas Mann ihn im biblischen Joseph zeichnete, heute nicht in Sicht
ist.

Der Spiegel historischer Parallelen

Immanuel Kant betrachtete die „Hospitalität",[18] das „Besuchsrecht" eines
„Fremdlings" auf dem „Boden eines anderen", 1795 in seiner ironisch-sarka-
stischen Schrift *Zum ewigen Frieden* als Kern eines universalen, menschen-
rechtlich gegebenen „Weltbürgerrechts" und verwies auf den „gemeinschaft-
lichen Besitz der Oberfläche der Erde". Er kritisierte das „inhospitale Betragen" der europäischen Kolonialmächte und sprach von einem Recht, „nicht
feindselig behandelt zu werden". Bei Goethe heißt es in den *Maximen und
Reflexionen*: „Wir lernen die Menschen nicht kennen, wenn sie zu uns kommen; wir müssen zu ihnen gehen, um zu erfahren, wie es mit ihnen steht."[19]
Mehrfach thematisierte Goethe Flüchtlingselend infolge der Französischen
Revolution: so in den *Unterhaltungen deutscher Ausgewanderten* (1795) und im
Versepos *Hermann und Dorothea* (1797). Eine *Xenie* fragt: „Flüchtlinge, sagt,
wer seyd ihr? Von wannen trägt euch die Woge? / Habt ihr wo ein Ge-
werb? Streift ihr als Räuber herum?"[20] *Iphigenie auf Tauris* (1807) gibt dann
eine „klassische" Darstellung von der Sehnsucht nach Rückkehr, Verweige-

---

[15] Peter Sloterdijk, Primitive Reflexe. In der deutschen Flüchtlingsdebatte erleben Rüdiger Safranski und ich Beißwut, Polemik und Abweichungshass. Eine Antwort auf die
Kritiker, in: Die Zeit Nr. 11 (2016) vom 3. März 2016; dazu die Replik von Herfried
Münkler, Weiß er, was er will?, in: Die Zeit Nr. 12 vom 10. März 2016, S. 42.
[16] Herfried Münkler, Die Mitte und die Flüchtlingskrise, in: Aus Politik und Zeitgeschichte 66 (2016), Heft 14/15 vom 4. April 2016, 3–8.
[17] So Felix Wassermann, Asymmetrische Kriege. Eine politiktheoretische Untersuchung
zur Kriegsführung im 21. Jahrhundert, Frankfurt 2015, 283.
[18] Immanuel Kant, Zum ewigen Frieden, in: Werke in zehn Bänden, hrsg. Wilhelm
Weischedel, Darmstadt 1983, Bd. IX, 212f.; vgl. auch ders., Metaphysik der Sitten, Bd.
VII, 372ff., 475f.
[19] Johann W. v. Goethe, Maximen und Reflexionen, hrsg. Max Hecker, Weimar 1907, 5.
[20] Xenien 1796, hrsg. Erich Schmidt / Bernhard Suphan, Weimar 1893, 51.

rung der Assimilation (qua Absonderung als Priesterin im Tempel der Diana) und glücklicher und versöhnlicher Rückkehr.

Als „verspätete Nation" war Deutschland niemals ein selbstverständlicher Nationalstaat. Nach 1945 konnte es kein „klassischer" Nationalstaat mehr sein. Die „Wiedervereinigung" war 1990 nur um den Preis einer starken Europäisierung möglich. Andere Staaten, insbesondere die osteuropäischen Staaten, erwarten sich von der Europäischen Union heute dagegen nicht zuletzt die Sicherung ihrer endlich erlangten nationalen Eigenstaatlichkeit, insbesondere gegen Russland. Deutschland oszillierte in der Geschichte immer wieder zwischen einem Auswanderungs- und einem Einwanderungsland. Sehr verschiedene Ströme von Migranten kamen ins Land: Saisonarbeiter, Zwangsarbeiter, Gastarbeiter, Flüchtlinge.[21] Zu den Folgen des Ersten Weltkriegs, der russischen Revolution und territorialen Neuordnung nach „Versailles" – u. a. mit der Gründung Polens und der Tschechoslowakei als Nationalstaaten – gehörten massive Flüchtlingsbewegungen infolge von Vertreibungen und Expatriierungen. Millionen Menschen verloren ihre Staatsbürgerschaft und lebten als „staatenlose" Flüchtlinge fortan ohne gesicherte Rechte. Es war dann „die nationalsozialistische Diktatur, die die Ausbürgerung als Instrument politisch-ideologischer Ausstoßung mit besonderer Radikalität perfektionierte."[22]

Einwanderung und Einbürgerung wurden stets sehr komplex und interessegeleitet politisch geregelt. Die gegenwärtigen Flüchtlingsströme werden oft mit den „Gastarbeitern" der 50er/70er Jahre verglichen: insbesondere den türkischen Gastarbeitern, mit denen sich neue Integrationsaufgaben stellten. Diese „Gastarbeiter" kamen im geregelten Verfahren mit klaren Berufsperspektiven in eine prosperierende Wohlstandsgesellschaft, aus einem NATO-Mitgliedsland, das innerhalb der arabischen Welt relativ modern, liberal und gemäßigt war. Die schulischen Konsequenzen wurden seit den 70er Jahren schon diskutiert und erforscht.[23] Eine andere historische Parallele wird heute – selbst vom Bundespräsidenten Joachim Gauck[24] – vielfach bemüht: die In-

---

[21] Dazu etwa die Übersicht bei Ulrich Herbert, Geschichte der Ausländerpolitik in Deutschland. Saisonarbeiter, Zwangsarbeiter, Gastarbeiter, Flüchtlinge, München 2001; Klaus J. Bade, Europa in Bewegung. Migration vom späten 18. Jahrhundert bis zur Gegenwart, München 2000; ders. u. a. (Hg.), Enzyklopädie Migration in Europa. Vom 17. Jahrhundert bis zur Gegenwart, Paderborn 2007; vgl. jüngst etwa das Themenheft „Flucht historisch" der APuZ Nr. 26/27 vom 27. Juni 2016.

[22] Dieter Gosewinkel, Schutz und Freiheit? Staatsbürgerschaft in Europa im 20. und 21. Jahrhundert, Berlin 2016, 196.

[23] Zur aktuellen Übersicht vgl. Michael Matzner (Hg.), Handbuch Migration und Bildung, Wiesbaden 2012; vgl. Paul Mecheril, Einführung in die Migrationspädagogik, Weinheim 2004.

[24] Dazu vgl. Stephan Scholz, Willkommenskultur durch „Schicksalsvergleich". Die deutsche Vertreibungserinnerung in der Flüchtlingsdebatte, in: APuZ Jg. 66 (2016), Heft 26/27 vom 27. Juni 2016, 40–46.

tegration der Kriegsflüchtlinge und Vertriebenen aus den ehemaligen „deutschen" Ostgebieten. Man schätzt, dass über zwölf Millionen Ostflüchtlinge
– sog. „Reichsdeutsche" und „Volksdeutsche" – zwangsausgesiedelt wurden
und in die alliierten Zonen flohen. Die pauperisierten Ostflüchtlinge wurden
im verwüsteten Land nach 1945 zwar als „Deutsche" vergleichsweise schnell
integriert; die meisten absorbierte das „Wirtschaftswunder"; der verlorenen
Heimat trauerten dennoch viele lebenslang nach, und sie organisierten sich
in ‚Vertriebenenverbänden', die jahrzehntelang politisch wirksam wurden.

Eine erste und letzte historische Parallele bleibt aber der Umgang mit
den jüdischen Mitbürgern und osteuropäischen Einwanderern vor und nach
1933. Sie fanden bis 1933 trotz der antisemitischen Radikalisierung noch ein
relativ entwickeltes Integrationsmilieu vor.[25] Der Nationalsozialismus ent-
rechtete und enteignete sie zwar seit 1933 sehr massiv. Erst ab 1938 ver-
schlechterten sich aber die Emigrationschancen dramatisch und der Krieg
wurde dann der unentrinnbare Rahmen des Holocaust.[26] Dieser Zivilisati-
onsbruch überschattet auch heute noch die deutsche Geschichte und bestimmt deutsche Politik nachhaltig. Der Holocaust ist auch in der internationalen Politik nach wie vor ein Argument. Münkler erinnert daran in der
Flüchtlingsdebatte:

„Deutschland ist nun einmal ein durch Verweis auf seine Geschichte ver-
wundbarer Akteur; das hat sich in den antideutschen Polemiken bei der fis-
kalischen Rettung Griechenlands gezeigt. Es ist nicht auszuschließen, dass
die EU unter dem Druck der Flüchtlingskrise zerbrechen wird, aber es ist ein
Essential der deutschen Politik, dass dies erst eintritt, wenn man in Berlin
alles versucht hat, das zu verhindern."[27]

Die historische Parallele des Holocaust muss uns heute noch eine ernste Mahnung sein. Deshalb endet der vorliegende Sammelband mit der
Dokumentation der Nachkriegswahrnehmung des Holocaust-Überlebenden
Emil Utitz. Die mittleren Teile bilden pädagogisch-politische Momentaufnah-
men zu den gegenwärtigen Heidelberger Bemühungen sowie Spiegelungen
ausländischer Wahrnehmungen. Zunächst eröffnen aber die orientierenden
Beiträge von Münkler und Demandt.

---

[25] Dazu etwa Anne-Christin Saß, Berliner Luftmenschen. Osteuropäisch-jüdische Migranten in der Weimarer Republik, Göttingen 2012; zum Zionismus als Kooperations-
partner der nationalsozialistischen Vertreibungen bis 1939 vgl. Francis R. Nicosia, Zionismus und Antisemitismus im Dritten Reich, Göttingen 2012.

[26] Dazu vgl. Saul Friedländer, Das Dritte Reich und die Juden, 2 Bde., München
1998/2006; zum fast völligen Verlust von Rettungschancen vgl. Götz Aly, Das letzte Kapitel. Realpolitik, Ideologie und der Mord an den ungarischen Juden 1944/45, Stuttgart
2002.

[27] Herfried Münkler, Wie ahnungslos kluge Leute doch sein können, in: Die Zeit Nr. 7
(2016) vom 20. Februar 2016.

Herfried Münkler

Wie kann die Integration von Bürgerkriegsflüchtlingen aus dem Vorderen und Mittleren Orient gelingen?[*]

Noch weiß keiner, ob die Flüchtlinge, die in diesem Jahr [2015] nach Deutschland gekommen sind, auf Dauer bleiben werden. Viel hängt davon ab, ob es in absehbarer Zeit gelingt, die innergesellschaftlichen Kriege in einigen Ländern des Vorderen und Mittleren Orients zu beenden. Sollte das der Fall sein, ist mit einer größeren Remigrationswelle zu rechnen, die aber keineswegs alle umfassen wird, die in jüngster Zeit gekommen sind; sollte es nicht gelingen, ist mit einem weiteren Zustrom Flüchtlinge zu rechnen. Weiterhin ist in Betracht zu ziehen, dass es sich bei den Flüchtlingen in hohem Maße um junge Männer handelt, die nur die Vorhut von Familien sind, die sie demnächst nachholen werden bzw. bei denen ein Zuzug junger Frauen in etwa gleicher Zahl wünschenswert ist, weil sonst ein auf Dauer kaum zu bewältigendes Unruhepotential entsteht. Die Frage nach den Integrationschancen der Flüchtlinge unterliegt also einer Fülle von Unwägbarkeiten, die jedes Konzept schnell zu Makulatur werden lassen.

Andererseits gibt es aber nicht die Zeit, in der man zuwarten könnte, um zunächst solche Unwägbarkeiten zu reflektieren. Das macht eine zusätzliche Schwierigkeit der Sache aus. Deswegen wird hier [im Herbst 2015, RM] modelltheoretisch unterstellt, es bliebe bei etwa einer Million Flüchtlinge, es kämen keine weiteren in nennenswerter Anzahl dazu, und es würden aber auch keine in einer relevanten Größenordnung zurück- oder weiterziehen. Das ist gegenüber der Realität deutlich unterkomplex, und doch ist es für sich genommen bereits eine gewaltige Herausforderung, die bei der Integration der Flüchtlinge die Kräfte dieses Landes vollauf in Anspruch nehmen wird. Man muss mit diesen Kräften also klug haushalten, darf sie weder verschwenden noch verzetteln und sollte darauf achten, dass man Polster und Puffer hat, um auf unvorhergesehene Entwicklungen reagieren zu können. Das ist die Voraussetzung dafür, dass man über die nachfolgend aufgeführten sieben Gelingensbedingungen der Integration ernsthaft nachdenken kann.

---

[*] Erstveröffentlichung in: Jens Spahn (Hg.), Ins Offene. Deutschland, Europa und die Flüchtlinge, Freiburg 2015, S. 93–100; Wiederabdruck mit freundlicher Genehmigung von Herfried Münkler.

Im Unterschied zur Ankunft und ersten Unterbringung der Flüchtlinge hat deren Integration eine große zeitliche Tiefe, ist also nicht als Maßnahme, sondern als Prozess zu entwerfen. Dabei kommt es auf das möglichst reibungsfreie Zusammenwirken von drei Ebenen an: der des Staates im administrativen wie regelsetzenden und durchsetzenden Sinn, der Ebene also, wo die Flüchtlinge versorgt, untergebracht und mit den Normen unserer sozialen und politischen Ordnung vertraut gemacht werden; der Ebene der Arbeitsgesellschaft und des Wirtschaftslebens, wo die Neuankömmlinge, wenn die Integration erfolgreich sein soll, von mittellosen Unterhaltsempfängern in sich selbst versorgende Wirtschaftsbürger verwandelt werden; und schließlich der Ebene der Zivilgesellschaft, wo es über das Arbeitsleben hinaus um die Integration in das soziale Leben Deutschlands geht und wo sich entscheidet, ob die Hierhergekommenen sich mit diesem Land identifizieren oder auf Distanz bleiben, weil sie sich als bloß geduldet und eigentlich unerwünscht fühlen. Jede dieser drei Ebenen hat also ihre eigene Aufgabe, die von ihr bewältigt werden muss und letztlich nur von ihr bewältigt werden kann. Sicherlich gibt es unter optimalen Bedingungen gegenseitige Hilfestellungen und Unterstützungen, ebenso aber auch Blockierungen und gegenseitige Erschwernisse, und es ist die Aufgabe der Politik, das Zusammenwirken dieser drei Ebenen zu überwachen und immer dort zu intervenieren, wo Probleme und Schwierigkeiten auftauchen. Dazu braucht die Politik ein klares Ziel und muss sich dauerhaft selbst beobachten, um Fehlentwicklungen zu vermeiden. Das wird sie aber nur können, wenn das Ziel einer Integration der Flüchtlinge von der großen Mehrheit der Bürger in Deutschland geteilt und nicht zum Gegenstand parteipolitischer Kontroversen wird. Die *erste und oberste* Gelingensbedingung für die Integration der Flüchtlinge ist also, dass ihre Ankunft in Deutschland als Chance und nicht als Gefahr oder Bedrohung wahrgenommen wird.

Ob das der Fall ist, entscheidet sich in der Kommunikation zwischen der politischen Klasse und den Bürgern dieses Landes, aber auch in den politischen Kontroversen innerhalb der Gesellschaft zwischen denen, die sich von vornherein überfordert fühlen, und jenen, die mit Elan und Zuversicht an die Herausforderung herangehen, auch wenn ihnen diese als übergroß und kaum bewältigbar erscheint. Das ist dann die *zweite* Gelingensbedingung der Integration: dass die Zahl derer, die das Problem für bewältigbar halten und zu seiner Bearbeitung bereit sind, deutlich größer ist als die Zahl jener, die von vornherein missmutig sind, keine Aktivität zur Problembewältigung entwickeln, sondern sich in lautstarke Behauptungen ihrer und anderer Überforderung flüchten. Um es zu pointieren: Wo die Zahl Letzterer überhandnimmt, ist die Integration zum Scheitern verurteilt, und es bahnen sich politische und soziale Verwerfungen an, die das Aufnahmeland handlungsunfähig machen. Das wiederum heißt: Wer an diesem Land hängt, etwas für es tun will und womöglich sogar stolz ist, ein Bürger dieses Landes zu sein, begreift die Flüchtlinge als eine Chance, die es zu nutzen gilt, auch wenn er gelegentlich von Zweifeln und Sorge geplagt sein mag.

Selbstverständlich genügt Zuversicht allein nicht; es bedarf auch der Fähigkeiten, Ressourcen und Maßnahmen, die den Integrationsprozess voranbringen. Dabei ist als erstes die administrative Kompetenz des Staates gefordert: Je schneller entschieden ist, wer dableibt und wer wieder zurückgeschickt wird, weil er keinen Anspruch auf Asyl hat, desto eher kann der Integrationsprozess beginnen. Der Status eines abgelehnten, aber geduldeten Asylbewerbers ist ausgesprochen integrationsfeindlich. Aus welchen Gründen auch immer er in den letzten Jahren überhand genommen haben mag: Er ist zahlenmäßig auf ein Mindestmaß zu begrenzen. Das ist die *dritte* Gelingensbedingung der Integration, und wer deren Erfüllung erschwert oder verhindert, muss sich darüber im Klaren sein, dass er das ganze Projekt gefährdet. Er bindet Ressourcen, die dringend andersweitig gebraucht werden, und vermehrt die Ansatzpunkte der Pessimisten und Gegner des Integrationsprojekts. Was bei einer überschaubaren Zahl von Asylbewerbern hinzunehmen war, ist jetzt ein Symptom von Entscheidungs- und Durchsetzungsschwäche. Die kann sich Deutschland nicht mehr leisten.

Die vielleicht am meisten unterschätzte Gefährdung der Integration ist die lange Verweildauer der Flüchtlinge in Massenunterkünften, wo sie psychisch verwahrlosen und sowohl ihr Wille als auch ihre Fähigkeit zur Leistungserbringung schwinden. Wer über die traumatisierenden Effekte der Flucht spricht, sollte über die Traumata, die in den Massenunterkünften entstehen, nicht schweigen. Die Traumata von Flucht und Vertreibung können nicht ungeschehen gemacht, sondern bestenfalls therapiert werden (wozu in der Regel jedoch das Geld fehlt); die Traumata der Massenunterkünfte aber können vermieden werden, und deswegen sind die administrativen Prozesse so zu organisieren, dass der dortige Aufenthalt so kurz wie möglich ist und die Zeit, die er nun einmal dauert, so abwechslungsreich wie möglich gestaltet wird. Das ist die *vierte* Gelingensbedingung der Integration.

Wozu die Zwischenetappe der Massenunterkünfte aber in jedem Fall genutzt werden kann, ist, die Flüchtlinge in kleinen Gruppen und in einer möglichst wenig verwaltungsmäßigen Form mit den Grundprinzipien unseres politischen und gesellschaftlichen Lebens vertraut zu machen, eben den Normen und Werten, die unbedingte Geltung haben, wie die Entpolitisierung und Privatheit religiöser Überzeugungen, die Gleichberechtigung von Mann und Frau und die Selbstbestimmung eines jeden Erwachsenen hinsichtlich von Lebensentwurf und Partnerwahl. Es muss klar sein, dass deren Akzeptanz die indispensable Voraussetzung für einen dauerhaften Aufenthalt in Deutschland ist und dass, wo das nicht der Fall ist, ein dauerhafter Verbleib in Deutschland nicht möglich ist. Falsch verstandene Rücksichtnahme ist Gift für den Integrationsprozess. In dieser Frage müssen die Grundwerte unserer Ordnung mit Selbstbewusstsein und Entschiedenheit vertreten werden, und hier kann es nicht den geringsten Kompromiss geben. Das ist die *fünfte* Gelingensbedingung der Integration.

Eine Grundannahme des Integrationsprozesses ist, dass die Flüchtlinge nicht nach Deutschland gekommen sind, um sich hier dauerhaft in den Systemen der sozialen Sicherheit einzurichten, sondern dass sie sich eine eigene Existenz aufbauen wollen. Hier obliegt es der Aufnahmegesellschaft, die Möglichkeiten dafür bereitzustellen und den Leistungswillen der Neuankömmlinge nicht zu blockieren. Das ist keine genuine Aufgabe des Staates, sondern eine der Arbeitsgesellschaft. Um diesen Leistungswillen freilich zur Geltung zu bringen, müssen einige Voraussetzungen erfüllt sein, die nicht selbstverständlich sind. Das beginnt bei einem möglichst guten Erwerb der deutschen Sprache und endet mit der Zertifizierung von Bildung und Ausbildung, Voraussetzung für die volle Integration in den deutschen Arbeitsmarkt. Technisch gesprochen muss also in die Kompetenzen der Flüchtlinge investiert werden, um das, was sie mitbringen, nämlich Leistungsbereitschaft und Aufstiegswillen, auch zur Geltung kommen zu lassen. Das ist die *sechste* Gelingensbedingung der Integration, der am besten Genüge getan wird, wenn das Selbstbewusstsein der Flüchtlinge auf eine selbstbewusste deutsche Ausbildungsstruktur und Arbeitsgesellschaft trifft und beide Selbstbewusstseine sich gegenseitig verstärken. Für den Erfolg dieser Gelingensbedingung ist wesentlich die Arbeitsgesellschaft zuständig, aber bei der Schaffung der Voraussetzungen dieses Erfolgs müssen Staat und Arbeitsgesellschaft zusammenwirken.

Das größte Defizit bei der Integration der „Gastarbeiter", die in den 1960er Jahren nach Deutschland gekommen waren, bestand darin, dass eine leidlich erfolgreiche Integration in die Arbeitsgesellschaft nicht durch eine komplementäre Integration in die Zivilgesellschaft flankiert wurde. So entstanden in einigen Bereichen Parallelgesellschaften, die sich verfestigten und verselbständigten, als für die zweite und dritte Generation der Zugewanderten mit den veränderten Anforderungen des Arbeitsmarktes die Integration in die Arbeitsgesellschaft nicht mehr selbstverständlich war, sondern sich in den Parallelgesellschaften Kulturen der sozialen Abhängigkeit und einer auf Dauer gestellten Arbeitslosigkeit herausbildeten, die sich auch bei anspringender Konjunktur und verstärkter Nachfrage nach Arbeitskraft nicht auflösten. Hier hatte sich ein eigenes Ethos der Leistungsverweigerung ausgebildet, das von der umgebenden Gesellschaft zunehmend als Belastung und Ausnutzung wahrgenommen wurde. Die in jüngster Zeit gegen die Flüchtlinge mobilisierten Aversionen haben ihren Grund auch in dieser Erfahrung. Dabei ist freilich zu beachten, dass die Entwicklung in Deutschland insgesamt deutlich günstiger verlaufen ist als etwa in Frankreich, wo in den Vorstädten der großen Metropolen, den so genannten Banlieus, eine Jugendarbeitslosigkeit von teilweise über fünfzig Prozent entstand, die dann zum Treibhaus von Kriminalität wurde. Die französischen Banlieus sind das Symbol einer gescheiterten Integration. Sie stehen für eine Mischung aus Exklusion und Seklusion, Ausschluss und Selbstausschluss, und aus beidem erwachsen Perspektiv- und Hoffnungslosigkeit. Eine solche Entwicklung zu verhindern ist die *siebte* und letzte Gelingensbedingung der Integration, und dabei wirken Staat und Zivilgesellschaft zusammen.

Diesem siebten Imperativ zu genügen, ist die wohl größte Herausforderung des Integrationsprozesses, denn hier wirken konkurrierende Imperative ein, die Exklusion und Seklusion begünstigen. Das lässt sich am Problem der schnellen Bereitstellung von günstigem Wohnraum verdeutlichen. Die Städte und Landkreise stehen jetzt vor der Aufgabe, binnen kürzester Zeit Wohnraum zu schaffen, und wo das nicht durch den Umbau leerstehender Gebäude möglich ist, müssen neue Häuser errichtet werden. Das geht umso schneller und ist umso kostengünstiger, je größer die Gebäude sind und je mehr Wohneinheiten sie enthalten. Das aber sind genau die Gebäude, die das Erscheinungsbild der französischen Banlieus prägen und deren Trostlosigkeit ausmachen. Es kommt idealiter also darauf an, eine Ghettobildung von Flüchtlingspopulationen in Hochhaussiedlungen am Rande der großen Städte zu verhindern und eine verstreute Unterbringung der Flüchtlinge anzustreben, die eine individuelle, zumindest kleingruppenbezogene Integration in die umgebende Zivilgesellschaft möglich – und eigentlich unumgänglich – macht. Das hat natürlich Entgegenkommen und Integrationswilligkeit auf deutscher Seite zur Voraussetzung, aber davon kann umso eher ausgegangen werden, je überschaubarer die Gruppen der zu Integrierenden sind. Die kritische Inaugenscheinnahme früherer Integrationsprozesse in Deutschland zeigt, dass diese in Kleinstädten erfolgreicher waren als in Großstädten, weil hier die sozialen Kontaktflächen zur „deutschen Umgebung" zwangsläufig größer und die Möglichkeiten der Seklusion entsprechend geringer waren. Auch das ist bei der siebten Gelingensbedingung der Integration zu berücksichtigen.

All das zusammengefasst heißt, dass das Multi-Kulti-Projekt kein geeignetes Modell für die Integration der Flüchtlinge aus dem Vorderen und Mittleren Orient ist. Es war das Modell für die, bei denen Integration im nachdrücklichen Sinn nicht erforderlich und auch nicht gewünscht war, sondern es um einen bunten und möglichst vielfältigen Teppich von Kulturen und Lebensstilen ging. Multi-Kulti funktioniert, wo die Menschen eine Arbeit haben, in der Regel gut bezahlt sind, davon ausgehen, dass sie nur für einige Zeit in der betreffenden Stadt sind, um dann die nächste Station ihrer beruflichen Karriere anzutreten. Das muss nicht für alle gelten, aber wo diese beruflichen Kosmopoliten den Ton angeben und den Rhythmus bestimmen, ist Multi-Kulti das angemessene Modell. Wo das jedoch, wie bei den jetzigen Bürgerkriegsflüchtlingen, nicht der Fall ist, handelt es sich um eine gefährliche Nostalgie, die in die Irre führt. Man sollte darum keine Zeit darauf verwenden, mit diesem Modell zu operieren, sondern sich von Anfang an an dem Modell der Integration orientieren. Es ist für die Aufnahmegesellschaft im Übrigen sehr viel fordernder und anstrengender; an ihm gemessen, ist Multi-Kulti nicht mehr als ein Dispens von allzu großen Belastungen. Es ist eine Form charmanter Schlamperei. Die können wir uns jetzt nicht leisten.

Alexander Demandt

Völkerwanderungen in der Geschichte*

Menschen waren immer unterwegs. Der *Homo sapiens* ist nicht nur ein *Homo faber*, sondern auch ein *Homo viator*. Die ersten Flüchtlinge waren die ersten Menschen, Adam und Eva. Sie wollten sein wie Gott und wurden zu Menschen wie wir: stets auf der Flucht, auf der Wanderschaft. Seit der Vertreibung aus dem Paradies sind die Menschen in Bewegung, auf der Suche nach einem neuen Paradies. Außer in Ostafrika, wo sie herstammen, sind alle Völker dahin, wo sie später lebten, irgendwann eingewandert, ursprünglich in menschenleere Gebiete, später in dünner oder dichter besiedelte. Dabei gab es Verwerfungen.

Die Suche nach Land

In der Alten Geschichte sind diese Vorgänge und ihre Begleiterscheinungen vielfach erkennbar. Wie die Ägypter ursprünglich ins Niltal vorgedrungen sind, wissen wir nicht. Die orientalischen Völker haben ihr Siedlungsgebiet in der Regel erobert. Aus dem heißen Arabien stammen die Babylonier und Assyrer, die Phönizier und Juden. Ihre Sage von der Einwanderung aus Ägyptenland nach Kanaan, „darinnen Milch und Honig fließt", wurde zum Kriterium ihrer nationalen Identität. Aus dem kalten Osteuropa kamen die Hethiter nach Anatolien, die Perser nach Iran, die Arier nach Indien und die anderen indogermanischen Stämme, die heute Europa bevölkern. Während Perser, Germanen und Kelten sich bei ihrer Ausbreitung mit Vorbewohnern gleicher Kulturstufe auseinandersetzen mussten und sich mit diesen vermischten, haben die Babylonier, Israeliten und Griechen bei ihrer Landnahme eine vorgefundene höhere Kulturstufe abgelöst oder gar zerstört, wie zumal die kretisch-mykenischen Paläste lehren. Damals versank

---

* Vortrag bei der Adenauer-Stiftung am 13. Februar 2016 in Mainz. Die wenigen folgenden Fußnoten stammen vom Herausgeber (RM). Zur universalgeschichtlichen Sicht von Alexander Demandt vgl. nur ders., Vandalismus. Gewalt gegen Kultur, Berlin 1997; Sternstunden der Menschheit, München 2000; Kleine Weltgeschichte, 2. Aufl. München 2004; Philosophie der Geschichte. Von der Antike bis zur Gegenwart, Köln 2011; Zeitenwende. Aufsätze zur Spätantike, Berlin 2013; Der Fall Roms. Die Auflösung des Römischen Reiches im Urteil der Nachwelt, 2. Aufl. München 2014.

eine frühe Stadt- und Schriftkultur, dunkle Jahrhunderte folgten, bevor Homer und Hesiod im 8. Jahrhundert ihre großen Epen schrieben und die griechische Klassik aufblühte.

Die Italiker, darunter die Latiner, die Vorfahren der Römer, sind um 1200 v. Chr. aus dem Donauraum eingewandert. Es war die Zeit der Seevölker, die den ganzen östlichen Mittelmeerraum beunruhigten. Die Philister besiedelten das nach ihnen benannte Palästina, die Phryger zerstörten Troja. Sie kamen allerdings nicht aus Griechenland, sondern aus dem nördlichen Thrakien. Wanderungen beruhen auf freiem Entschluss oder einer Notlage, mal auf Verdrängung, mal auf Vertreibung. Wanderungen können Kulturen begründen, können Kulturen erhalten und können Kulturen vernichten. Für alles gibt es Beispiele.

Von etwa 1000 vor bis 400 nach Christus gab es im Mittelmeerraum keine größeren Völkerverschiebungen. Wohl kam es zu Stadtgründungen, durch die Phönizier in Karthago, durch die Etrusker in Italien und insbesondere durch die Griechen an den Küsten des Mittelmeeres und des Schwarzen Meeres. Danach saßen sie, so Platon, wie die Frösche rund um den großen Teich und quakten. Mit Alexander begannen die Stadtgründungen im hellenistischen Orient; so wie er haben die Römer ihre Neugründungen meist mit Veteranen besiedelt.

Ein Wandervolk waren die Kelten. Ausgehend von der Nordschweiz und dem Umland haben sie sich vom 8. bis 3. Jahrhundert v. Chr. ausgebreitet nach Gallien, Britannien und Spanien, dann in die Po-Ebene mit der Hauptstadt Mailand, weiter nach Kärnten und Donau abwärts bis ans Schwarze Meer, ja hinüber nach Zentralanatolien um Ankara. Das waren die Galater. Der keltischen Wanderbewegung verdankt auch Bonn seine Existenz und seinen Namen. Das Wort kehrt wieder in Vindobona (Wien) und in Ratisbona (Regensburg) und wird aus *bona* – „Burg" abgeleitet. Auf die Kelten geht ebenso Mainz[1] zurück. Sie verehrten hier den Gott Mogon und gaben dem Ort den Namen *Mogontiacum*. Die Römer machten ihn zur Stadt und errichteten Tempel, die Alamannen bauten die Kirchen, die Juden die Rabbinerschule, und es bleibt abzuwarten, wie die gegenwärtigen Einwanderer sich hier kulturell manifestieren. Vermutlich mit Moscheen.

Anders als die Ausbreitung der Kelten vollzog sich die der Griechen, Römer und Juden. Sie reichte zwar von Britannien bis Indien, war aber nur punktuell und eigentlich keine Völkerwanderung. Eine solche setzte in größerem Umfang erst nach der Zeit der klassischen Kultur am Ende

---

[1] Ort des Vortrags; Heidelbergs Stadtgeschichte wird man nicht mit dem ersten Homo heidelbergensis beginnen. Auch Heidelberg ist zwar als Römerlager seit dem 1. Jh. n. Chr. nachweisbar. Die Kontinuität der Stadtgeschichte datiert aber eigentlich erst seit dem Mittelalter: dem Bistum Worms, Kloster Lorsch und der Entstehung der Kurpfalz. Dazu vgl. Andreas Czer, Kleine Geschichte der Stadt Heidelberg und ihrer Universität, Karlsruhe 2007.

der Antike wieder ein. Damals expandierte die mongolische und türkische Population von Zentralasien nach Osten bis Peking, nach Süden über den Ganges hinaus und nach Westen, beginnend mit den Hunnen, die ja die Völkerwanderung im engeren Sinne auslösten und damit mittelbar den Zerfall des Römerreiches verursachten. Unmittelbar taten dies aber die Germanen. Der Hunnensturm währte siebzig Jahre und berührte das Imperium nur am Rande. Von den Katalaunischen Feldern und von Mailand mussten sie zurückkehren. Die Germanen aber pochten ein halbes Jahrtausend an die römischen Grenzen, ehe sie für immer brachen.

Die Germanen kommen

Das begann mit den Kimbern und Teutonen aus Dänemark und Schleswig-Holstein, die angeblich wegen einer Sturmflut, wahrhaft auf der Suche nach einem besseren Leben mit Kind und Kegel nach Süden zogen, die Alpen überquerten und den Römern 113 v. Chr. eine erste Niederlage beibrachten. Die Kämpfe zogen sich hin bis zum Sieg des Marius 101 schon in der Po-Ebene. Die Germanen hatten um Land ersucht und dafür Kriegsdienst angeboten. Das wurde ihnen damals verwehrt, hundert Jahre später wurde derartiges zur Normalität. Der nächste Zusammenstoß erfolgte, als Caesar 58 v. Chr. den über den Rhein gekommenen Swebenfürsten Ariovist aus Gallien vertrieb, woraufhin er aber selbst germanische Reiter anwarb, was bald Schule machte. Augustus und seine Nachfolger hielten sich eine germanische Leibwache.

Zukunftweisend war ebenso, dass Agrippa unter Augustus 38 v. Chr. die von den Sweben bedrängten Ubier auf deren Bitten über den Rhein holte und im Umland von Köln ansiedelte, wo sie sich *Agrippinenses* nannten, bis sie in die Stadt zogen und Römer wurden. Auch Köln ist das Produkt einer Wanderbewegung. Neben Römern und Germanen finden wir dort seit Constantin reiche Juden aus dem Orient, auch sie sind Zuwanderer. Sie wurden vom Kaiser zu Kasse gebeten.

Der Versuch des Augustus, das Imperium bis zur Elbe auszudehnen, scheiterte 9 n. Chr. im Teutoburger Wald. Domitian errichtete gegen die immer wieder angreifenden Germanen den Limes, ein schwaches Abbild der chinesischen Mauer, die ja ebenfalls das Kulturland gegen die Einfälle der Barbaren schützen sollte. Die Mainz gegenüber wohnenden Chatten, gelehrig wie alle Germanen, übernahmen die römische Kriegsdisziplin, das machte sie gefährlich. Sie beschreibt Tacitus in seiner *Germania*: sehr sachlich, aber besorgt. Das zeigt sein *tam diu Germania vincitur* – „so lange wird Germanien schon besiegt", nämlich seit zweihundert Jahren ohne bleibenden Erfolg. Das beweist zudem sein Stoßgebet: Möge den Germanen doch, wenn sie schon uns nicht lieben, die Zwietracht untereinander erhalten bleiben, denn es gibt kein größeres Geschenk, wenn es einst ernst wird mit Rom, als Hass unter den Feinden: *maneat quaeso, duretque gentibus, si non amor nostri at certe odium sui, quando urgentibus imperii fatis nihil iam praestare fortuna maius potest quam hostium discordiam.* Dieses Gebet haben die Götter erhört. Die germanische Zwietracht ist eine Konstante, aber Rom fiel trotzdem.

Schon die Zeitgenossen haben die Schwäche Roms auf eigenes Verschulden zurückgeführt, auf grundsätzlich vermeidbare Fehler und behebbare Missstände. Deren gab es genug. Ob sie aber vermeidbar waren, ist eine andere Frage. Jedenfalls sind auf germanischer Seite ebenso Fehler und Missstände zu erkennen. Hätten sie anstelle der ständigen Zwietracht zusammengehalten, wäre ihnen der Sieg über Rom schon viel früher gelungen. Die zitierte Tacitus-Notiz schließt an die Nachricht, dass es bei einer innergermanischen Stammesfehde 60 000 Tote gegeben habe. Das begrüßt er. Der Kriegszustand zwischen den Germanenstämmen war ebenso normal wie die Frontstellung gegen Rom.

Tacitus erörtert auch die Frage, ob die Germanen erdgeboren oder eingewandert seien. Er beantwortet sie mit der Gegenfrage: Wer käme schon auf den Gedanken, in ein derart unschönes, unkultiviertes, unwirtliches Land einzuwandern, gestraft durch schlechtes Wetter? Germania war damals kein Einwanderungs-, sondern ein Auswanderungsland. Unter Marc Aurel überschritten die Markomannen und Quaden die mittlere Donau und fielen in Italien ein. Dreizehn Jahre dauerten die Kämpfe und endeten in einem Waffenstillstand, ehe sich die Germanen nach drei Generationen wieder erholt hatten und erneut losschlugen. Um den ständigen Bevölkerungsdruck auf die Grenzen zu mindern, hat Marc Aurel so wie die Kaiser vor und nach ihm Zehntausenden von Germanen Reichsland angewiesen. Teils waren es Bittflehende, teils Kriegsgefangene. Caesar hat die gefangenen Barbaren den Sklavenhändlern verkauft. Da Sklaven aber weder Steuern zahlten noch Wehrdienst leisteten, wurden die Fremden später als Deditizier in verminderter Rechtsstellung, aber als Freie behandelt und mit Land versorgt.

Nutzen und Nachteil

Bis in die Spätantike blieb die Zahl der Aufgenommenen überschaubar, die Einbürgerung kontrolliert. Die Integration vollzog sich über den Handel, den Verkehr, durch Heiraten, durch die gleiche Religion, durch die Sklaverei und die Freilassung, namentlich aber durch den Wehrdienst in römischen Einheiten, der das volle Bürgerrecht mit sich brachte. Die Latinisierung ist an der Namengebung der Kinder und Enkel abzulesen. Probleme gab es selten. Die von Marc Aurel nach Ravenna gebrachten Markomannen begannen zu plündern und mussten wieder über die Donau abgeschoben werden. Damals gelang das.

Ein Motiv für die Aufnahme von Fremden war der Mangel an Rekruten. Schon Augustus hatte mit Wehrdienstverweigerern zu tun. Die Senatoren gingen nicht mehr ins Feld, es mussten Gesetze erlassen werden gegen Selbstverstümmelung, da Männer sich den Daumen abhackten, um dem Kriegsdienst zu entgehen. Wie seine Vorgänger und Nachfolger hat Marc Aurel Germanen angeworben und gegen Germanen eingesetzt. Germanen, diese *laeta bello gens*, kämpften gern. Sie vergossen lieber Blut als Schweiß und überließen daheim die Arbeit ihren römischen Gefangenen, die bei den Germanen weder Kriegsdienst leisten noch Steuern zahlen mussten. Menschen waren neben Waffen das wichtigste Beutegut. Die Quellen bezeugen Abertausende von römischen Sklaven im Barbaricum.

Die Abneigung der Römer gegen den Waffendienst und die Unlust der Germanen zur Handarbeit ergänzten sich zu einer ökonomisch sinnvollen Arbeitsteilung: die Römer produzierten, die Germanen dienten. Aber mit steigender Zahl im Heer wuchs ihnen Macht im Staate zu. Nicht jede erfolgreiche Ökonomie ist auch eine kluge Politik. Das machte der Unterschied in der Mentalität: auf germanischer Seite der Kriegsgeist der Männer und die Fruchtbarkeit der Frauen und auf römischer Seite die kriegsmüde Friedfertigkeit und die Kinderlosigkeit der Oberschicht.

Folgenschwerer war der Gegensatz zwischen der Armut der Barbaren und dem Reichtum der Römer. Daher operierte Rom auch neben der Ansiedlung und der Anwerbung mit Jahrgeldern an befriedete und befreundete Nachbarstämme, um sie ruhig zu halten. Dieser Finanzausgleich steigerte sich von Claudius bis in die Spätantike zu horrenden Summen, die seit Marc Aurel von den Barbaren bisweilen unter Kriegsdrohung gefordert und von Rom gewöhnlich gezahlt wurden. Die Römer sahen darin Subsidien und Freundschaftsgaben, in den Augen der Germanen aber waren das Tribute. Franz Altheim[2] sprach 1950 von Entwicklungshilfe, wohl wahr, denn sie diente primär der Modernisierung, nämlich der Entwicklung des germanischen Militärsektors. Er hat bei armen Völkern immer Priorität. Im dritten Jahrhundert war die Kriegstechnik beiderseits auf gleicher Höhe, als Alamannen und Franken im Westen, Heruler und Goten im Osten das Reich heimsuchten. Als die Heruler um 260 Athen plünderten, warfen sie die Buchrollen der Hadriansbibliothek auf den Marktplatz, um sie anzuzünden. Ein Freudenfeuer! Da riet ihnen ein Philosoph, sie sollten doch den Griechen ihre Bücher lassen, dann widmeten diese sich wenigsten nicht den Waffen.

Die Finanzpolitik der Kaiser war ein Ausdruck von Ohnmacht. Sie widerlegt die gelegentlich geäußerte Ansicht, das Reich sei an Geldmangel gescheitert, der auf einer rückläufigen Wirtschaft beruhte. Der Glaube an die Macht des Geldes greift hier etwas kurz. Gewiss fehlt es in der Spätantike nicht an

---

[2] Franz Altheim (1898–1976), Althistoriker, ab 1936 Prof. in Frankfurt a. M., Halle und an der FU-Berlin 1950–1965.

Klagen über Misswirtschaft und Brachland, *agri deserti*, und vor allem fehlt es nicht an Gesetzen gegen die weitverbreitete Steuerflucht der Begüterten in den Städten und der Bauern auf dem Lande. Seit Constantin gab es fast jedes Jahr ein neues Edikt gegen Steuerhinterziehung. Aber sie bewirkten nichts. Die Bürokratie florierte, die Exekutive versagte. Die Flucht vor dem Fiskus führte zu einer Binnenwanderung, über die allein in Ägypten es ein ganzes Buch gibt.

Wir sehen Anzeichen von Verarmung, gewiss, doch auch die ärmste Provinz war immer noch reicher als das Barbaricum und zog Plünderer und Einwanderer an. Und hätten die Kaiser die Korruption beseitigt, die Geldentwertung gestoppt und die Steuergelder in voller Höhe erhalten, so hätten sie mit dem Geld nur die Zahl der Söldner vermehrt, vermehren müssen, die doch gerade dann die Macht übernommen und das Reich ruiniert haben. Jedes Medikament wird in der Überdosis zum Gift.

Die Wurzel des Übels war die gewandelte Grundeinstellung. Die Mehrzahl der Römer, von den Senatoren oben bis zu den Colonen unten, identifizierte sich nicht mehr mit dem Staat, der nur noch als Wohlfahrtsinstitut betrachtet wurde, der als solcher versagte und daher aufgegeben wurde. Jedes politische System beruht ja auf Voraussetzungen, die es selbst nicht garantieren kann, vornehmlich auf einer Staatsgesinnung, einem Wir-Gefühl kollektiver Identität. Gruppensolidarität, *asabiyya*, ist schon bei Ibn Khaldun, dem arabischen Historiker um 1400 der zentrale Begriff seiner politischen Philosophie. Man kann es auch Patriotismus nennen, den Mommsen[3] in der Spätantike vermisste und das dem Imperialismus zur Last legte. Mit einem multikulturellen Vielvölkersystem identifiziert man sich nicht. Vor dessen Bestand rangierte in der Spätantike das individuelle Wohlergehen. Anstatt dem äußeren oder inneren Feind mit der Waffe entgegenzutreten, zieht man sich ins Privatleben, ins exterritoriale Kloster zurück oder ergreift die Flucht. Schon der alte Solon hatte verordnet, wer im Bürgerkrieg nicht persönlich Partei ergreift, ganz gleich auf welcher Seite, der sei ehrlos, weil er mehr an sich als an seinen Staat, an seine Heimat denkt.

Kluge Zeitgenossen wie Ammianus Marcellinus und Synesios von Kyrene haben das Grundübel erkannt und benannt. Synesios forderte den Kaiser in Konstantinopel auf, seinen gut geheizten Palast zu verlassen und sich an die Spitze seines Heeres zu stellen, wie das einzelne Kaiser bis ins späte 4. Jahrhundert getan und ein Vorbild abgegeben haben. Aber der Ruf verhallte. Ammian erinnerte daran, daß noch unter Marc Aurel Angehörige aller Stände mit dem Kaiser ins Feld gezogen seien und im Tod für die *res publica* eine Ehrensache gesehen hätten. Die spätrömischen Senatoren lebten in ih-

---

[3] Theodor Mommsen (1817–1903), Altertumswissenschaftler, liberaler politischer Professor, ab 1852 Prof. in Zürich und (1858) Berlin; 1902 Nobelpreis für Literatur für seine *Römische Geschichte*.

ren Villen und schrieben Gedichte. Die Mönche und Eremiten kämpften gegen die Dämonen und die Versuchungen des Fleisches. Die Germanen hingegen organisierten sich in Gefolgschaften und wanderten. Ihre Führungsschicht war ein Schwertadel.

Die Machtübernahme

Die fortschreitende Germanisierung der römischen Heere erreichte um 300 unter Diocletian das Offizierskorps, Constantin ernannte germanische Heermeister, höchstkommandierende *magistri militum*. Seit dem späten 4. Jahrhundert gaben die inneren Germanen den Ton an und verschwägerten sich mit dem Kaiserhaus. Die äußeren Germanen begannen im Schwabenland, in Belgien und im Elsass schon im 3. Jahrhundert die eigenmächtige Landnahme. Der große Einbruch aber erfolgte 376 an der unteren Donau. Damit begann das *Finale Furioso*. Das wußten schon die Zeitgenossen wie Rufinus eine Generation später. Die Westgoten waren vor den aus Asien herandrängenden Hunnen von ihren Wohnsitzen am Schwarzen Meer geflüchtet, standen am Ufer und begehrten Einlass ins Reich. Da die Donauflotte den Strom bewachte, ging das nicht ohne Erlaubnis.

Die gotischen Gesandten sprachen am Hof in Antiochia vor, Kaiser Valens behandelte die Sache im Kronrat. Alle Argumente sprachen für die Aufnahme der Migranten. Dies forderte die römische Tradition, war doch schon Aeneas, der Stammvater der Römer, als Flüchtling aus Troja nach Italien gekommen, und Rom begann laut Livius als *asylum Romuli*, als Zufluchtsstätte für Hergelaufene aller Art auf dem Palatin. Aufnahme der Goten gebot vor allem die Staatsraison, denn man gewann steuerzahlende Siedler und kriegstüchtige Söldner; Aufnahme erforderte schließlich die Humanität, erklärte doch der Hofredner Themistios, der Kaiser sei nicht nur für die Römer da, sondern trage auch eine Sorgepflicht für Flüchtlinge aus allen Völkern. Zudem waren die Goten arianische Christen, Glaubensbrüder des Kaisers. Er erteilte die Genehmigung, man freute sich über die künftigen Neubürger und gratulierte dem Kaiser zu seinen neuen, kampflos gewonnenen Untertanen.

Rom stellte die Fahrzeuge für den Landtransport zur Verfügung, während die Goten auf Schiffen, Fähren und Einbäumen über die Donau kamen. Tag und Nacht, hin und her. Viele schwammen, nicht wenige ertranken. Die Römer, die den Grenzübertritt kontrollierten, versuchten, die Flüchtlinge zu zählen. Die Goten hatten bei ihrem Aufnahmegesuch dem Kaiser eine Zahl genannt, die aus Unkenntnis oder Absicht zu niedrig war. Die Grenzwächter gaben den Versuch auf. Der Zeitgenosse Ammian vergleicht die Menge der Goten mit den Funken im Aschenregen des Ätna, ebenso zahlreich, ebenso verderblich. Der Kaiser hatte Lebensmittel für die Goten bereitstellen lassen, doch reichten die nicht hin. Römer machten schändliche Geschäfte mit den Fremden, Essen gegen Sklaven, einen toten Hund gegen einen Fürstensohn. Man nutzte die Not der Flüchtlinge und bereicherte sich an ihnen. Ammian notiert und kritisiert das, so wie die Römer stets ihre Misserfolge und Niederlagen auf eigenes Verschulden zurückgeführt haben. Aber auch ein korrektes Verhalten auf römischer Seite hätte wenig gebessert, die Menge der Flüchtlinge war einfach zu groß. Die Versorgungslage machte aus Flüchtlingen Feinde.

Während römisches Militär die eingewanderten Westgoten in Schach hielt, überquerten auch Ostgoten illegal die Donau. Die Germanen schlossen sich zusammen. Sie plünderten, es kam zu mittleren Scharmützeln. Nun sammelte Valens Truppen. Er rief die zu Tausenden in Ägypten lebenden Mönche zu den Waffen, die keine Steuern zahlten und keinen Kriegsdienst leisteten. Aber Männer, die auf alle irdischen Annehmlichkeiten verzichtet hatten, um ihr Seelenheil zu sichern, kämpften nicht für weltliche Güter. Daran mag Edward Gibbon[4] gedacht haben, als er den Untergang Roms den Germanen und den Christen zuschrieb. Valens machte sich jedenfalls mit dem Reichsheer auf den Marsch nach Westen. Am 9. August 378 standen sich die Armeen bei Adrianopel, dem türkischen Edirne, gegenüber. Es wurde durch Priester verhandelt, doch die Schlacht begann ohne Kommando. Die Germanen vernichteten das gesamte oströmische Heer, der Kaiser wurde nicht gefunden.

Damit war die Donaugrenze offen und konnte nie mehr geschlossen werden. Das passiert Grenzen, einmal geöffnet, nur zu leicht. Theodosius musste zwei Jahre später den Goten das Ufergebiet abtreten und ihnen gestatten, nach eigenem Recht zu leben, sogar unter eigenen Anführern zu dienen. Das wurde seiner Menschenfreundlichkeit zugeschrieben, bewies aber, dass die Masse der Fremden weder zu vertreiben noch zu integrieren war. Nominell blieb der Kaiser Oberherr, aber die Germanen schalteten eigenmächtig, kämpften mal für ihn, mal gegen ihn. Als sich bei einer Thronvakanz im Westen ein Gegenkaiser erhob, besiegte ihn Theodosius 394 mit gotischen Truppen unter Alarich. Er wurde nicht entlohnt und plünderte Griechenland. Unterdessen brach auch die Rheingrenze. 406 strömten Vandalen, Quaden, Alanen, Burgunder und Alamannen nach Gallien. Die seetüchtigen Sachsen fanden keinen Widerstand in Britannien, da der Vandale Stilicho, der Schwager, Schwiegervater und Generalissimus des Kinderkaisers in Ravenna, die britischen Truppen zum Schutz Italiens abziehen musste.

Stilicho wehrte einen Germaneneinfall nach Italien ab und suchte das Vertragsverhältnis mit Alarich zu erneuern. Das kostete ihn sein Leben. Die

---

[4] Edward Gibbon (1737–1794), klassischer britischer Historiker: The History of the Decline and the Fall of the Roman Empire, 6 Bde., 1766/1788.

germanenfeindlichen Höflinge in Ravenna erreichten 408 seinen Sturz, nachdem auch die reich begüterten Senatoren in Rom sich gesträubt hatten, Alarich zu bezahlen. Dieser forderte nun ein römisches Generalspatent, was Ravenna verweigerte. Alarich drohte, Rom zu erobern. Der Senat warnte ihn. Die Stadt besaß wohl 200 000 wehrfähige Männer. Alarich antwortete: „Je dichter das Gras, desto leichter das Mähen." Zahlen vernebeln das Gezählte. Dann fiel Rom, die Ewige Stadt, seit über 700 Jahren nun, 410, zum ersten Mal in fremder Gewalt. Ein Aufschrei ging durch die Welt. Augustinus bagatellisierte das Ereignis in seiner *Civitas Dei*.[5] Irdisches Unglück belehrt den Christen, einzig auf himmlisches Glück zu hoffen.

Alarich hatte niemals die Absicht, das Römerreich zu zerstören. Kein Germane wollte das je. Man wollte nur an den Segnungen teilhaben und stellte sich in den Dienst des Kaisers, allerdings so, wie man es selbst verstand. Alarichs Schwager und Nachfolger Atavulf heiratete die Kaisertochter Galla Placidia und nannte seinen Sohn Theodosius. Umgekehrt sahen auch die Römer in den Germanen nicht unbedingt Feinde, sie hatten kein nationales Selbstbewusstsein und daher auch kein politisches Feindbild, warum auch? Man würde sich schon arrangieren, war das nicht immer gelungen?

Aufschlussreich sind wieder die Zahlenverhältnisse. Als Geiserich 429 mit 80 000 Vandalen, also höchstens 30 000 Kriegern in Africa erschien, gab es in der reichen Provinz mit 565 Bischofssitzen keinen militärischen Widerstand. Wenigstens eine halbe Million wehrfähiger Römer hielt still, tat nichts, wartete einfach ab. Für Verteidigung war ja der Staat, der Kaiser zuständig. Während sich die Bevölkerung Karthagos den Schauspielen und Wagenrennen widmete, eroberten die Vandalen die Provinz und besiegten eine Expeditionsarmee aus Byzanz. Schon 370 mussten Truppen aus Gallien kommen, um einen maurischen Rebellen zu zähmen. Nach der Okkupation Africas wurden die Vandalen Bundesgenossen des Kaisers; wäre das früher geschehen, hätte das viel Blut erspart.

Bei den Barbaren war jeder Mann ein Krieger, es herrschte moralisch allgemeine Wehrpflicht. Bei den Römern war sie ausgesetzt. Rom hatte ein Berufsheer; wo das fehlte oder versagte, waren die Provinzialen schutz- und hilflos. Die Bevölkerung kämpfte durchaus, aber nur noch um Glaubensdinge, so in Africa zwischen Donatisten und Katholiken. Im Osten war blutiger Bürgerkrieg um Bischofstühle und christologische Dogmatik ein Dauerzustand, zumal in den Städten. Bischöfe wie Paulinus von Nola riefen auf zur Fahnenflucht und boten Deserteuren Asyl. In der zweiten Bitte des Vaterunsers: „Dein Reich komme!" ging es nicht um das Römerreich, sondern um dessen Ablösung durch das Reich Gottes. Die Germanen sahen das anders.

---

[5] Augustinus von Hippo (354–430), Kirchenvater, De Civitate Dei ist ein Grundbuch der christlichen Geschichtstheologie.

Der Einmarsch der Völker ins Imperium erweckt den Eindruck eines Naturvorgangs, der im Ganzen nicht moralisch beurteilt werden kann. Es war keine Frage der Schuld, sondern eine Frage der Kraft. Die politische Potenz der Römer war erloschen. Der Reichtum Roms hat die Provinzialen friedfertig und die Germanen begierig gemacht. So wie in Ägypten und Griechenland zuvor war nun auch Italien ein militärisch-politisches Vakuum, beherrscht von den Fremden aus allen Himmelsrichtungen. Unterdessen wuchsen Macht und Zahl der Zuwanderer im Reich, sowie der Besitz und die Bedeutung der Kirche.

Die letzten hundert Jahre des Reiches verliefen turbulent. 476 schickte der Thüringer Odovacar als römischer General „mit Migrationshintergrund" den römischen Kaiser des Westens, Romulus, das Kaiserlein, in den vorgezogenen Ruhestand. Eine reich dotierte Villa des Lucullus bei Neapel versprach dem schönen Knaben einen angenehmen Lebensabend. Odovacar, jetzt *pro forma* römischer General, *realiter* aber König von Italien, wurde 493 von Theoderich in derselben Doppelfunktion erschlagen. Auf eine allerletzte kurze Blütezeit unter ihm folgte Felix Dahns „Kampf um Rom",[6] das Ende der Gotenherrschaft durch Belisar und Narses, bis zehn Jahre später mit der Einwanderung der Langobarden die nächste und letzte germanische Landnahme in Italien erfolgte. Die Langobarden stammen aus Skandinavien, erhielten vom Kaiser Land südlich der Donau, bezogen Jahrgelder und stellten Krieger. 568 besetzten sie unaufgefordert die Lombardei und bedrohten den Papst in Rom.

Während in Gallien die Franken, in Rätien die Alamannen, in Spanien die Westgoten schalteten, behauptete sich in Konstantinopel das schrumpfende oströmisch-byzantinische Reich, ständig bedrängt und geschmälert von wandernden Barbaren, aus dem Norden von Slawen, Bulgaren und Petschenegen und aus dem Osten von Persern, Arabern und Türken. Sie spielten dort eine ähnliche Rolle wie die Germanen im Westen. Die osmanischen Türken, die letzten Ankömmlinge aus Zentralasien eroberten 1453 Konstantinopel. So schließt sich der Kreis. Das Römische Reich wurde durch Einwanderer gegründet, durch Einwanderer erhalten und durch Einwanderer auf- und abgelöst.

Die Folgen der Wanderung

Die am Beispiel Roms ablesbaren Formen und Folgen von Völkerwanderungen sind im Prinzip universal. Überall waren und sind Wandervölker auf dem Weg in die Länder der höheren Zivilisation. Reiche Völker, die das

---

[6] Felix Dahn (1834–1912), Rechtshistoriker und Schriftsteller, seit 1872 Prof. in Königsberg; der historische Roman *Ein Kampf um Rom* (1876) handelt vom Untergang der Ostgoten im Kampf gegen Ostrom und war im Wilhelminismus ein populärer Bestseller.

Glück genießen, lieben den Frieden; arme Völker, die das Glück suchen, wandern und kämpfen. Die Reichen, die etwas haben, sagen: Friede ist besser als Krieg. Die Armen, die etwas wollen, sagen: Sieg ist besser als Frieden. Aber Friede und Wohlstand, so meinen die Kritiker, mindern die Widerstandkraft. Das führt zu dem altbekannten Dekadenzgesetz, dass äußere Not die inneren Kräfte stärkt, dass dadurch geschaffenes äußeres Wohlsein dann innere Schwäche bewirkt und endlich wieder in äußere Not mündet. Diese Zustandsfolge, schon bei Griechen (Polybios) und Römern (Sallust) bekannt, bestätigte für die arabische Welt der schon genannte Ibn Khaldun.

Wir fragen: Ob die Wandervölker am Ziel ihrer Träume das Glück fanden? Die Germanen haben es im Römerreich nicht gefunden. Denn das Ende der alten Ordnung betraf die Politik und die Zivilisation zugleich: Die Politik verrohte, indem das Erlöschen der kaiserlichen Zentralgewalt zu Faustrecht und Fehdewesen führte; die Zivilisation verkümmerte, indem die Städte verfielen. Auf dem Gelände von Trier entstanden vier Dörfer um die Kirchen und ihre Friedhöfe herum. Auf dem Forum Romanum, dem Campo Vacchino, grasten die Kühe; auf dem Kapitol, dem Monte Caprario, wurden Ziegen gehütet. Die Straßen, Brücken und Wasserleitungen wurden nirgends mehr repariert, die Bäder wurden nicht mehr geheizt, die Theater nicht mehr bespielt. Das Lesen und Schreiben ging zurück, das Latein verwilderte. Ein Bruchteil der antiken Literatur überlebte in den Klöstern. In den Gräbern finden sich sogenannte Apothekerwaagen, man zahlte statt mit Münzen mit Hacksilber, kleingehacktem Tafelsilber, silbernen Statuen und Votivgaben. Die Tausch- und Naturalwirtschaft blühte, der Fernhandel erlahmte. Der Export von Weizen aus Ägypten und von Öl aus Syrien und Spanien versiegte. Nordafrika lieferte Weizen und Öl, Marmor und Keramik nur so lange, bis die Vandalen die Seeherrschaft übernahmen.

Erhalten blieben über den Kultursturz hinaus einige technische Erneuerungen der letzten Römerzeit, so das Blätterbuch anstelle der Buchrolle, die Wassermühle anstelle der Göpel- oder Tretmühle, das Hufeisen anstelle der Hipposandale. Und die zunehmend abgeholzten Wälder regenerierten, bis der Schiffsbau für die christliche Seefahrt sie seit dem 15. Jahrhundert wieder dezimierte. Damals wurde das antike Zivilisationsniveau wieder erreicht, jedoch bis heute nicht überall.

Als die Humanisten im 14. Jahrhundert den Begriff des finsteren Mittelalters prägten, da sie die Liebe zu den Römern ergriff, erhob sich die Frage: Hat die Völkerwanderung mehr zerstört oder mehr gebracht? Vor allem ging es um die Frage, welche Rolle die eingewanderten Germanen beim Niedergang der antiken Welt gespielt haben. In Italien sah man in ihnen die grausamen Barbaren, die eine florierende Kultur zerstört haben; in Deutschland waren sie die tapferen Helden, die ein marodes Staatswesen zerschlagen und den Grund gelegt haben für ein neues Europa der Nationen. Diese Kontroverse dauerte an. So lesen wir in Jacob Burckhardts *Weltgeschichtlichen Betrachtungen*: Es war ein „Unglück, dass in der Völkerwanderung so unendlich vieles von den höchsten Errungenschaften des menschlichen Geistes unterging. – Ein Glück aber, dass die Welt dabei erfrischt wurde durch neuen gesunden Völkerstoff."[7]

Burckhardt verstößt hier gegen seine Warnung vor einem Kompensationsdenken. Gibt es einen Ersatz für Jahrhunderte der Barbarei? Im Prinzip heißt das: nein. Aber im vorliegenden Fall heißt das: ja. Denn ohne die Völkerwanderung wäre Europa nicht geworden, was es wurde, was es ist, eine Familie von Völkern mit ihrer jeweiligen Nationalkultur. Wäre die Integration der Germanen ins Römerreich geglückt, vielleicht hätte das Imperium bis heute gehalten, Paneuropa mit römischem Recht. Uns gäbe es dann wohl nicht, oder wir alle sprächen Latein. Auch ich. *Dixi*.

---

[7] Jacob Burckhardt, Weltgeschichtliche Betrachtungen. Über geschichtliches Studium, in: ders., Gesammelte Werke Bd. IV, hrsg. Rudolf Stadelmann, Darmstadt 1956, 182; Jacob Burckhardt (1818–1897), berühmter Kunst- und Kulturhistoriker, seit 1858 Prof. in Basel, Lehrer u. a. Friedrich Nietzsches.

Teil II

Heidelberger Bemühungen:
Akteursberichte, Interviews,
pädagogische Antworten

Tobias Rauch

Erlebnisbericht
aus einer Flüchtlings-Erstaufnahme

Die Notunterkunft

Ich bin nervös, weiß nicht, was auf mich zukommt. Die Einsätze sind am Abend, sind im Dunkeln. Durch einen Helferausweis passiere ich die Absperrung, welche eine Security-Firma 24 Stunden überwacht, und sofort empfinde ich eine andere Welt, eine noch nicht erlebte Atmosphäre – inmitten des Viernheimer Industriegebietes. Es ist Mitte November 2015 und ich befinde mich in einer Notunterkunft für Flüchtlinge. Dort helfe ich, die Identität von Flüchtlingen und ihren gesundheitlichen Zustand bei ihrer Ankunft – ihrem wohl ersten sicheren Ort nach Wochen, nach Monaten (oder sogar Jahren?) – aufzunehmen.

Wie kann man sich diese Notunterkunft vorstellen? Nach Passieren des abgesperrten Bereiches fallen drei weiße Zelte sofort ins Auge: Hell beleuchtet bauen sie sich vor einer großen verlassenen Industriehalle auf, in welcher die Flüchtlinge nach ihrer Ankunft später schlafen werden. Ich besichtige die Industriehalle. Ich höre alte Ventilatoren, das grelle Licht der Leuchten ist für mich ungewohnt. Es steht dicht aneinandergereiht Feldbett an Feldbett: so viele, wie nur in diese Halle hineinpassen können.

Die Notunterkunft wurde eingerichtet, weil die Kapazitätsgrenzen der Erstaufnahmelager in der Region bereits erreicht sind. Die Leitung obliegt dem Landratsamt des Kreises Bergstraße, das vom Regierungspräsidium in Kassel die Mitteilung erhalten hatte, dass in naher Zukunft eine bestimmte Anzahl an neu eintreffenden Flüchtlingen im Kreis Bergstraße unterzubringen ist. Zwischen der Mitteilung und der tatsächlichen Unterbringung lagen nur wenige Tage, die Reaktionszeit war kurz. Die Verwaltung der Unterkunft hat das Landratsamt gemeinsam mit dem Deutschen Roten Kreuz (DRK) übernommen.

Es dauert nicht lange, bis alle Helfer in einer Lagebesprechung in ihre Tätigkeiten eingewiesen und über die aktuelle Situation informiert werden. Wir warten, bis die Busse kommen, die direkt vom deutsch-österreichischen Grenzübergang aus Passau auf dem Weg nach Viernheim sind. Ich kann in Erfahrung bringen, dass die Busfahrer bei ihrer Abfahrt selbst noch nicht wissen, wo ihre Reise hingehen wird. Erst auf der Fahrt erfahren sie den Zielort. Fünf Busse sollen an diesem Abend bzw. in dieser Nacht Viernheim erreichen. Aber ganz konkrete Informationen gibt es nicht, die örtliche Einsatzleitung kann keinen Kontakt zu den Busfahrern aufnehmen. Wieso das so ist, bleibt mir rätselhaft: Fehlende Strukturen? Überforderung? Oder dürfen die Informationen über die Busse nicht an die Öffentlichkeit gelangen?

Etwas später ist es so weit – innerhalb der nächsten Stunde werden die ersten Busse uns sehr wahrscheinlich erreichen. Die Nervosität steigt: Es ist die Spannung, es ist das Gefühl, helfen zu können, und es ist auch die Angst vor einer noch nie dagewesenen Erfahrung, die ganz sicherlich intensiv wird. Inmitten der hell beleuchteten Zelte bereiten wir uns auf die anstehende Ankunft der Flüchtlinge vor. „Wir" sind drei Teams, die jeweils in einem der Zelte später die Flüchtlinge aufnehmen werden. Das Team setzt sich zusammen aus einer Ärztin, Mitarbeiter/innen des Technischen Hilfswerkes (THW), den Einsatzkräften der freiwilligen Feuerwehren aller kreisangehörigen Kommunen, ehrenamtlichen Dolmetscher/innen, Helfer/innen des DRK und „uns": Mitarbeiter/innen des Landratsamtes des Kreises Bergstraße haben uns als zusätzliche freiwillige Helfer/innen mobilisiert. Ohne ehrenamtliche Helfer wäre die Aufnahme und Unterbringung von Flüchtlingen wohl kaum möglich gewesen.

Ich erhalte präventiv einen Ganzkörperanzug, samt Mund- und Kopfschutz: Er dient dem Schutz vor ansteckenden Krankheiten, da die Flüchtlinge erstmals deutschen Boden betreten werden und bisher keiner ärztlichen Untersuchung unterzogen wurden. Umso erstaunlicher ist für mich, dass die Flüchtlinge gemeinsam mehrere Stunden im Bus ungeschützt voreinander verbringen müssen. Ich fühle mich nicht wohl in dieser Schutzhülle, und auch der Anblick der anderen Helfer in ihrem Anzug führt mir die krisenhafte Situation vor Augen. Die Aufgabe, die wir zu erledigen haben, ist eindeutig festgelegt: Durch ein Formular nehme ich die Personalien der Flüchtlinge auf, erfrage ihren gesundheitlichen Zustand und weise ihnen eine Stelle in der Notunterkunft per Formular zu. Ein Mitarbeiter des DRK führt die Fiebermessungen durch, die Dolmetscher/innen machen die Kommunikation erst möglich und die Mitarbeiter/innen des THW koordinieren die Anzahl der Flüchtlinge, die im Zelt sein können. Die Ärztin steht für die Fälle zur Verfügung, bei welchen entschieden werden muss, ob von der betroffenen Person eine Ansteckungsgefahr ausgeht. Alle werden auf engstem Raum in einer Industriehalle vorübergehend untergebracht.

Die Ankunft der Flüchtlinge

Ich bin ziemlich nervös: Klappt das mit der Kommunikation, kann ich die Situation meistern oder wird sie mich überwältigen? Ich kann nicht im Sitzen warten, stelle mich vor das Zelt, und wenig später kommen drei Busse angefahren. Die Polizei öffnet die Absperrung und auf der langen und dunklen Ausfallstraße fahren die Busse vor. Ich kann das Gefühl in diesem Moment nur schwer beschreiben: Die krisenhafte Welt, die ich bisher nur aus den Medien erfahren habe, rollt nun im wahrsten Sinne des Wortes auf mich zu – in Form von Reisebussen. Die Distanz löst sich mit jeder Radumdrehung zunehmend auf.

Es geht los. Ich sitze an einer Bierzeltgarnitur und die ersten Flüchtlinge betreten das Zelt. Ich nehme mich als konzentriert wahr. Ich benötige zunächst etwas mehr Zeit bei der Personalisierung, aber dieser Vorgang wird zunehmend zur Routine.

Damit sind aber bereits alle Dimensionen der Routine beschrieben. Alles andere ist für mich schwer zu verarbeiten. Was bedeutet wohl dieser Moment für die geflüchteten Menschen, wenn sie das Zelt betreten? Ich denke mir, dass es für die Menschen bedeuten muss, dass die Flucht nun zunächst abgeschlossen ist und sie sich in Sicherheit fühlen.

Im Nachhinein erweitern sich diese Gedanken: Die Menschen sind froh, schlafen zu können, etwas zu essen zu haben: Viele haben nach einer Dusche gefragt, um sich (nach Tagen, Wochen, Monaten?) wieder waschen zu können. Ich erfahre auch, dass die Ankunft in Viernheim für viele nicht das Ende der Flucht bedeutet. Viele möchten in andere Regionen oder andere Länder, zu Freunden oder Verwandten weiterreisen. Wer im Lager bleibt, weiß nicht, was mit ihm geschieht: Wie geht es weiter? Wo komme ich hin? Muss ich wieder in meine verlorene Heimat zurück? Nach Wochen und Monaten der Flucht kündigen sich Wochen und Monaten des Wartens voller Ungewissheiten an.

Ich sehe in völlig übermüdete Gesichter, in traumatisierte Gesichter, in traurige, leidende, besorgte, ängstliche, schmerzverzerrte, unsichere Gesichter. Mir wird bewusst, dass sie bei ihrer Ankunft von Menschen empfangen werden, die helfen, die aber hinter ihren Schutzanzügen auch distanziert, befremdlich und kühl wirken.

Bei der Personalisierung kommt es zu Situationen, die ich gefürchtet hatte. Die Menschen stehen vor mir, ich befrage sie nach ihrem Gesundheitszustand und erfahre dabei einen kurzen Abriss ihrer Leidensgeschichte. Sie sind vor allem syrischer und afghanischer Herkunft. Es sind viele Familien, darunter sehr viele Kleinkinder.

Menschliche Dramen

Eine Familie mit zwei Kindern steht vor mir. Der Mann taumelt, das fällt mir schnell auf. Dann erfahre ich, dass er an der syrischen Grenze mit einer Pistolenkugel am Kopf getroffen wurde. Es geht alles sehr schnell, aber wenn ich es richtig verstanden habe, dann steckt die Kugel noch im Kopf.

Die Wunde ist noch nicht verarztet worden. Ich erfahre, dass er wenige Zeit später einen Schlaganfall erlitten hat, der bislang auch nicht behandelt wurde. Das gilt auch für seinen schweren Hautausschlag. Unruhig schreibe ich diese Angaben in das Formular hinein. Doch auch an diesem Abend kann ihm keiner helfen. Es haben die medizinischen Fälle einen Vorrang, die eine Ansteckungsgefahr für alle Bewohner der Unterkunft darstellen. Und so bezieht der verletzte und erkrankte Mann mit seiner Frau und seinen beiden kleinen Kindern vier Feldbetten in der Industriehalle.

Kurze Zeit später muss es bei der Personalisierung einer hochschwangeren Frau ganz schnell gehen. Ich vermute, sie steht in den Wehen. Schreiend und weinend wird sie von mehreren Menschen im Zelt gestützt und dann sofort ins Krankenhaus gebracht.

Ein Kind betritt das Zelt, seine Eltern sind auf der Flucht gestorben. Andere geflüchtete Personen haben die Verantwortung für das Kind übernommen.

Eltern betreten das Zelt, ihre Kinder sind auf der Flucht gestorben.

Menschen betreten das Zelt, sie haben auf der Flucht ihre Verwandten und Freunde verloren und kennen ihr Schicksal nicht.

Eine Mutter schaffte es, mit ihren beiden blinden Söhnen aus Syrien zu flüchten. Ich weiß nicht, was mit ihrem Mann, dem Vater ihrer Kinder, ist.

Wenn die Menschen das Zelt durchlaufen, um ihre Identität zu registrieren, so wissen sie oftmals nicht, in welchem Jahr oder an welchem Tag sie geboren wurden.

Ein Mann verweigert die Personalisierung. Er möchte weiterreisen. Ein Mitarbeiter des THW erklärt dem Mann mit Hilfe einer Dolmetscherin, dass er das Lager nicht verlassen dürfe, da er ansonsten illegal unterwegs sei.

Ein älterer Herr erzählt, dass er in seiner Heimat aus religiösen Gründen gefoltert worden ist. Nicht vom IS, sondern von einer religiösen Anhängerschaft, die schließlich auch vor der IS geflüchtet ist. Der Mann hatte auf der Flucht Angst, dass er auf diese Menschen nochmals treffen könnte.

Ein kleiner Junge steht vor meinem Tisch. Mit kindlicher Neugierde schaut er umher. Er legt sein Kinn auf die Hände, die am Tisch nach Halt suchen. Der Junge lächelt mich für einen kurzen Moment an. Ich bin gerührt und mir stehen die Tränen in den Augen. Ich lächele ihn auch an, aber ich begreife sofort, dass er meine Reaktion nicht sehen kann – mein Anzug schirmt auch die Emotionen ab. Ich frage mich anschließend, welche Welt die Augen des Jungen bisher erblickt haben, wenn er jetzt vor einem im Schutzanzug umhüllten Menschen lächeln kann? Ich streichele ihm mit meinen Gummihandschuh-Händen über die Wangen, mehr Herzlichkeit lässt die Situation nicht zu ...

Was bedeutet das Erlebte für mich?

Ich bin mir heute bewusster, dass ich in einer Welt – einer Zeit – der Extreme lebe. In einer Zeit, in der sich auf unserem Planeten immer mehr Welten bzw. Ungleichheiten ausbilden. In der kulturellen Welt, in der ich lebe, ist das Maß eine gewisse Maßlosigkeit. Das Konsumieren, zur Marke machen, der Verlust weiterer Horizonte im gedanklichen Umkreisen von Belanglosigkeiten ergreift viele Menschen. Die Welt, die ich kurze Zeit erfahren habe, ist eine ganz andere. Es geht um nichts anderes als das Überleben, begleitet von permanenten Angstzuständen. Diese Erfahrungen haben mir verdeutlicht, in welcher Welt der Selbstverständlichkeiten ich lebe. Es macht mich traurig, macht mich wütend, dass hier die Nichtselbstverständlichkeit erst bei der Frage nach einem noch besseren Auto beginnt, während es gleichzeitig in der anderen Welt um das Überleben geht. Und spätestens hier werden meine Gedanken politisch: Ich frage nach den Verantwortlichkeiten für diese immer extremer werdenden Welten auf diesem einen Planeten.

Ich lebe weiterhin in meiner, unserer Welt, ertappe mich im Alltag, wie ich hier meinen Anteil nehme und mich manchmal in Belanglosigkeiten verliere oder über Kleinigkeiten ärgere. Aber die Erfahrungen haben mich auch verändert und werden mich mein Leben lang prägen. Wenn ich mich in Belanglosigkeiten verliere, ärgere ich mich danach häufiger über mich selbst. Ich reflektiere mehr auf mich.

Jeder, der in der Flüchtlingsdebatte dumpfe Parolen ausspricht, die sich gegen die Flüchtlinge richten, sollte an solch einem Einsatz teilnehmen. Mit einem Mindestmaß an Empathievermögen wird er oder sie schnell merken, wie generalisierend, schlimm, fatal, falsch und ungerecht solche Parolen sind und wie unvorstellbar das Leid der geflüchteten Menschen ist.

Ich gehe nach dem Einsatz nach Hause. In meiner Welt ist das eine Selbstverständlichkeit. In der Welt der Menschen, denen ich im weißen Zelt begegnet bin, ist dieser Gedanke nicht mehr als eine Hoffnung.

Joachim Gerner

Flüchtlinge in Heidelberg.
Miteinander leben statt untereinander bleiben*

In diesem Beitrag soll zunächst schlaglichtartig eine aktuelle, politische Lage-beschreibung versucht (Stand Juni 2016) und dann die Folgerungen dargestellt werden, die die Stadt Heidelberg daraus zieht, unter besonderer Berücksichtigung des Aspekts der Sprachvermittlung für eine gelingende Integration neu ankommender Menschen in unsere Stadtgesellschaft.

Die Dimension der Aufgabe, die mit der Integration einer großen Zahl geflüchteter Menschen vor uns liegt, hat Bundespräsident Joachim Gauck im Herbst 2015 vorsichtig tastend so beschrieben: „Wir spüren, dass die Ereignisse der vergangenen Monate außergewöhnlich sind. Was wir ahnen, wenn wir die Bilder (*der Flüchtlingszüge – JG*) sehen, dass wir es mit einem epochalen Ereignis zu tun haben, dessen Ausmaß und Tragweite wir noch schwer erfassen können."

Menschen auf der Flucht – weltweit und in Europa

2015 befanden sich weltweit etwa 60 Millionen Menschen auf der Flucht, die höchste Zahl, die jemals vom UN-Hochkommissariat für Flüchtlinge UNHCR ermittelt wurde. Die Hälfte aller Flüchtlinge sind Kinder. Neun von zehn Flüchtlingen leben laut UNHCR in Entwicklungsländern. Die meisten Flüchtlinge fliehen in jeweils angrenzende Länder, z. B. innerhalb Afrikas (3,8 Mio. in Ostafrika und 355 000 in Westafrika) oder von Südostasien Richtung Australien. Hinzu kommen Binnenflüchtlinge. So zählte man in Kolumbien 2014 allein sechs Millionen Flüchtlinge innerhalb des Landes.

Für Europa und für Deutschland relevant sind die Flüchtlingsbewegungen aus Nordafrika und insbesondere aus dem Nahen und Mittleren Osten, aus Syrien (4,7 Mio.), dem Irak (245 000) oder Afghanistan (2,6 Mio.). Erste Zufluchtsorte waren und sind zunächst die an die Kriegsgebiete angrenzenden Länder Libanon (1,1 Mio. Syrer), Türkei (2,6 Mio. Syrer), Jordanien (437 000 Syrer) – Länder, die nicht gerade zu den stabilsten oder wirtschaftlich stärksten zählen. Hilfsgelder der Internationalen Gemeinschaft flossen und fließen aber bisher nur schleppend, und die finanzielle Situation vor Ort

---

* Der Text wurde weitgehend wörtlich als Vortrag am 30. Mai 2016 in der Pädagogischen Hochschule vorgetragen.

ist nicht gesichert. So sah sich das UN World Food Programme (WFP) im April 2015 gezwungen, in Jordanien die Nahrungsmittelgutscheine für die von der UN als schutzbedürftig kategorisierten Flüchtlinge um die Hälfte auf monatlich 10 Jordanische Dinar (12,45 Euro) zu kürzen. Das soll sich nach dem EU-Gipfel von Anfang März 2016 jetzt wieder ändern. Was daraus wird – man wird sehen. Es verwundert also nicht, dass die Menschen weiterziehen und dass mit rund 1 Million Flüchtlingen 2015 die größte Zahl an Zuwanderern seit dem Zweiten Weltkrieg nach Deutschland kam. Darunter sind rund 55 000 unbegleitete Ausländer.

Der Osnabrücker Migrationsforscher Klaus J. Bade hat die Art und Weise, wie in Europa mit der Migrationskrise und den Wanderungsbewegungen, mit der humanitären Schutzverantwortung und mit der Kontrolle über Grenzen derzeit politisch umgegangen wird, prägnant auf den Begriff gebracht: „Im Spätherbst 2015 schwankte die Suche nach Konzepten zur ‚Flüchtlingskrise' zwischen Extrempositionen mit mancherlei Überschneidungen. Auf der einen Seite dominierten die Abwehrstrategien: Grenzzäune mit für die Geflüchteten im heraufziehenden Winter lebensgefährlichen Rückstaueffekten auf der Balkanroute, maritime Sperrriegel gegen Flüchtlingsboote vor den Küsten der Festung Europa, Auffanglager mit semi-rechtlichen Schnellverfahren (Hotspots) an den Schengengrenzen und die Vorverlagerung (Externalisierung) der Grenzverteidigung in die Ausgangs- und Transiträume der Fluchtbewegungen. (...) Auf der anderen Seite stand die Suche nach Konzepten der Flüchtlingsverwaltung in Europa." Die Stichworte dafür sind: Kontingente, Obergrenzen, Quoten. Konsensuale europäische Lösungen sind nicht in Sicht. Noch einmal Klaus J. Bade: „Je mehr sich die Politik auf nationaler und europäischer Ebene anstelle von transparenten Gestaltungskonzepten, überzeugenden Leitzielen und zielführenden Handlungsstrategien für eine gemeinsame Zukunft mit vordergründigen Schein- bzw. Ersatzaktivitäten blamiert, desto mehr werden sich auf nationaler Ebene und in Europa Anti-Parteien und Anti-Politik-Affekte aufstauen. (...) Die Lage ist ernst. Die politische und gesellschaftliche Polarisierung in der EU, in vielen ihrer Mitgliedstaaten und auch in Deutschland wächst."

Flüchtlingspakt EU – Türkei

Von entscheidender Bedeutung für die weitere Entwicklung der Migrationskrise im Jahre 2016 ist der sog. „Flüchtlingspakt EU – Türkei" vom 18. März 2016. Darin verpflichtet sich die Türkei, alle Flüchtlinge und Migranten zurückzunehmen, die nach dem 20. März auf die griechischen Inseln kamen und kommen. Die Rückführungsaktionen begannen am 4. April 2016. Alle Flüchtlinge werden in Griechenland zunächst erfasst und ihre Anliegen individuell geprüft. Zurückgeschickt werden Menschen, die nicht in Griechenland um Asyl bitten, deren Antrag unbegründet oder nicht zulässig ist. Die EU bezahlt die Rückreisekosten.

Für jeden Syrer, der nach dem Stichtag aus der Türkei nach Griechenland kommt und dann von der Türkei zurückgenommen wird, soll ein anderer Syrer von der EU direkt aus der Türkei aufgenommen werden. Die EU will die Flüchtlinge dann auf ihre Mitgliedsstaaten verteilen. Dieses Verfahren ist vorerst allerdings nur für 72 000 Syrer vorgesehen. Nach Erreichen dieser Zahl will die EU den Tauschhandel aussetzen. Klappt es mit dem 1:1-Verfahren, die Zahl der Flüchtlinge gegen Null zu bringen, will die EU in einem zweiten Schritt prüfen, ob der Türkei direkt ein Kontingent an Bürgerkriegsflüchtlingen abgenommen werden kann. Die Gegenleistungen der EU sehen so aus: Aufhebung des Visumzwangs für türkische Staatsbürger zum 1. Juli 2016. Ob das klappt, ist heute – im Juni 2016 – noch fraglich, denn damit verbunden ist die Sorge, dass dann der von Präsident Erdogan wieder angefachte Bürgerkrieg in den Siedlungsgebieten der Kurden unkontrollierbar auf Europa übergreifen könnte.

Die zweite, in Aussicht gestellte Gegenleistung ist die Eröffnung eines weiteren Kapitels der EU-Beitrittsverhandlungen mit der Türkei. Ehe die Türkei beitreten kann, müssen 35 Kapitel zu verschiedenen Politikfeldern ausgehandelt werden – bisher ist erst ein Kapitel abgearbeitet; Haupthindernisse sind die Weigerung der Türkei, das EU-Mitglied Zypern anzuerkennen und die türkischen Anti-Terrorgesetze, die faktisch die Pressefreiheit aufheben und unbequeme Journalisten mit Haft bedrohen sowie die Aufhebung der Immunität von Abgeordneten des türkischen Parlaments vom 21./22. Mai 2016.

Die dritte Gegenleistung der EU sieht die zügige Auszahlung von 3 Milliarden Euro zur Versorgung von Flüchtlingen plus weitere drei Milliarden als Anschlussfinanzierung 2018 für konkrete Flüchtlingsprojekte in der Türkei vor.

Wie man den täglichen Nachrichten entnehmen kann, steht der Flüchtlingspakt auf ziemlich wackeligen Füßen. Die gegenwärtige entspannte Situation an unseren Grenzen und in unseren Erstaufnahmeeinrichtungen ist also trügerisch.

Menschen auf der Flucht in Deutschland

Flüchtlinge und Asylsuchende, die nach Deutschland kommen, treffen bei uns auf bestimmte gesetzliche Rahmenbedingungen und unterschiedliche Zuständigkeiten von Bund, Ländern und Kommunen, die für ihren Aufenthalt maßgebend sind.

Die Zuständigkeit des Bundes

Die Zuständigkeit des Bundes unter der operativen Federführung des Bundesamts für Migration und Flüchtlinge (BAMF) erstreckt sich auf die Durchführung der Asylverfahren, auf die Entscheidung über die Asylanträge, auf die Verteilung der geflüchteten Menschen auf die Bundesländer (Aufnahmequote Baden-Württemberg knapp 13%; 2015 waren das rund 130 000 Menschen) und auf die Asylgesetzgebung: das Asylpaket I vom 27. Juli 2015, das Asylverfahrensbeschleunigungsgesetz vom 24. Oktober 2015, das in das Asylpaket II vom 27. Februar 2016 mündete. Die dort festgesetzten Maßgaben fließen in das neue Integrationsgesetz ein, erarbeitet von Arbeitsministerin Nahles und Innenminister de Maiziere, das am 24. Mai 2016 vom Bundeskabinett auf den Weg gebracht wurde und noch vor der Sommerpause parlamentarisch beraten werden soll.[1]

Die wichtigsten Stichworte der bundesgesetzlichen Regelungen, an denen immer wieder Kritik laut wird, sind folgende: Die Verteilung Asylsuchender innerhalb Deutschlands (Asylpaket I) richtet sich nach Aufnahmequoten der Bundesländer und nach den aktuellen Kapazitäten. Daneben spielt auch das Herkunftsland der Flüchtlinge eine Rolle – aus organisatorischen Gründen bearbeiten nicht alle Bundesländer die Asylanträge aller Herkunftsländer. Die Quoten der Länder errechnen sich nach dem „Königsteiner Schlüssel", der nach Steuereinnahmen und Bevölkerungszahl eines Bundeslandes jährlich neu berechnet wird. Sichere Herkunftsstaaten (Asylpaket I) sind Staaten, bei denen aufgrund der allgemeinen politischen Verhältnisse die gesetzliche Vermutung besteht, dass dort weder politische Verfolgung noch unmenschliche oder erniedrigende Bestrafung oder Behandlung stattfindet. Wer aus einem sicheren Herkunftsstaat kommt, dessen Asylantrag wird deshalb meist als „offensichtlich unbegründet" abgelehnt, weil die Behörden davon ausgehen, dass dort keine Gefahr für den Antragsteller droht. Existenzbedrohende Armut zählt nach dem Gesetz nicht zu den asylrelevanten Gründen. Als sichere Herkunftsstaaten gelten derzeit: Bosnien und Herzegowina, Ghana, Mazedonien, Senegal, Serbien, Albanien, Kosovo und Montenegro. Ohne explizite Aufnahme ins Asylpaket II zählen auch Marokko, Algerien und Tunesien dazu. Die Bundesregierung strebt bilaterale Abkommen zur Rücknahme an (vgl. Besuch Bundesinnenminister Ende Februar 2016 in diesen Ländern) und will diese Länder auch formell zu sicheren Drittstaaten erklären. Das Gesetzgebungsverfahren dazu begann im Bundestag am 13. Mai 2016. Offen ist derzeit noch, ob das Gesetzesvorhaben eine Mehrheit in der Länderkammer finden wird.

Ein weiteres heikles Thema sind Abschiebungen (Asylpaket I). Von über 170 000 im ersten Halbjahr 2015 gestellten Asylanträgen wurden gut

---

[1] [Die erste Lesung erfolgte am 3. Juni und am 7. Juli 2016 verabschiedete der Bundestag das Gesetz mit den Stimmen der Koalition, RM].

42 000 endgültig abgelehnt. Abgeschoben wurden aber nur knapp 8200 Flüchtlinge. Angesichts der ungebrochenen Zuwanderung verschärft dies die Probleme. Insgesamt leben in Deutschland bereits rund 115 000 „Geduldete" – Tendenz steigend. Hinzu kommen jene, die bei Abschiebegefahr untertauchen. Im Asylpaket II geht es auch um die Verschärfung der Abschiebemöglichkeiten von kranken Menschen.

Neu eingerichtet wurden fünf spezielle Bundesaufnahmezentren (Asylpaket II) für Menschen mit geringer Bleibewahrscheinlichkeit, zwei davon in Bayern. Dort finden beschleunigte Asylverfahren (Asylpaket II) statt. Hinzu kommt das Aussetzen des Familiennachzugs auf zwei Jahre bei Menschen mit subsidiärem Schutz (Asylpaket II). Subsidiären Schutz erhalten Flüchtlinge, die nicht unter die Genfer Flüchtlingskonvention oder unter das Grundrecht auf Asyl fallen, d. h. nicht unmittelbar persönlich verfolgt sind, deren Leben im Heimatland aber dennoch bedroht ist. Das führt in der Praxis zu Härtefällen, insbesondere bei unbegleiteten minderjährigen Ausländern (UMAs).

Stichwort Residenzpflicht: ursprünglich durften Asylbewerber ihr Bundesland, früher auch ihre Stadt oder Landkreis nicht verlassen. Das führte dazu, dass Schüler nicht mit auf Klassenreise fahren konnten und manche Verwandtenbesuche unmöglich waren. Nach der jetzigen gesetzlichen Regelung dürfen sich Asylbewerber ab vier Monate nach ihrer Ankunft frei in Deutschland bewegen. Das bedeutet aber nicht, dass sie auch wohnen dürfen, wo sie möchten. Sozialleistungen bekommen die Asylbewerber nur an ihrem behördlich festgelegten Wohnsitz: Umziehen und damit die „Wohnsitzauflage" zu ändern, kommt „nur bei erheblichen persönlichen Gründen des Betroffenen in Betracht".

Auch beim Thema Arbeit gab es Änderungen (Asylpaket I). Bisher mussten Asylbewerber neun Monate und Geduldete ein Jahr warten, bis sie eine Arbeit annehmen durften. Nun geht das schon nach drei Monaten. Ebenfalls nach drei Monaten können eine Ausbildung begonnen, ein Praktikum absolviert oder Freiwilligendienst geleistet werden. Bis zum 15. Monat gibt es immer noch die „Vorrangprüfung", bei der kontrolliert wird, ob es nicht auch einen gleich qualifizierten deutschen Bewerber für die Stelle gibt. Diese Regelung ist auf drei Jahre befristet. Über eine Verlängerung will die Bundesregierung dann nach Arbeitsmarktlage entscheiden.

Das Asylbewerberleistungsgesetz hatte früher bestimmt, dass Asylbewerber vorrangig Sachleistungen (Lebensmittelpakte oder Gutscheine) statt Bargeld erhalten. Das wurde als bevormundend und erniedrigend empfunden. Nun gibt es einen Vorrang für Geldleistungen (Asylpaket I). Das gilt jedoch nicht für die Erstaufnahmeeinrichtungen, in der Asylbewerber in den ersten Wochen nach ihrer Ankunft untergebracht sind.

Zuständigkeit der Länder

Die Zuständigkeit der Länder erstreckt sich auf den Betrieb von Erstaufnahmeeinrichtungen, auf die Registrierung und Asylantragstellung in diesen Einrichtungen und auf die Verteilung der Menschen auf der Flucht auf die Stadt- und Landkreise. In Baden-Württemberg liegt die operative Federführung beim Innenministerium bzw. bei den nachgeordneten Regierungspräsidien. Für die Stadt Heidelberg liegt die Zuweisungsquote des Landes bei 1,5% der nach Baden-Württemberg zugewiesenen Menschen auf der Flucht. Bei rund 130 000 Menschen auf der Flucht, die 2015 nach Baden-Württemberg kamen, würden also 1950 Menschen auf die Stadt Heidelberg entfallen.

Zuständigkeit der Kommunen

Die Zuständigkeit der Kommunen ist im Flüchtlingsaufnahmegesetz (FlüAG) des Landes Baden-Württemberg geregelt. Im Kern geht es darin um die vorläufige Unterbringung bis zur Anerkennung im Asylverfahren, längstens 24 Monate ab Aufnahme, um die sog. Anschlussunterbringung bzw. um die Unterstützung der geflüchteten Menschen bei der Versorgung mit Individualwohnraum sowie um ihre soziale Beratung und Betreuung. Insgesamt wurden bei der Stadt Heidelberg in den letzten 12 Monaten 21 zusätzliche Stellen bei verschiedenen Ämtern geschaffen, zur Bewältigung der vielfältigen Aufgaben, mit einem zusätzlichen Finanzbedarf von ca. 1 Mio. Euro. Das Ganze musste im laufenden Doppelhaushalt 2015/16 abgebildet werden.

Menschen auf der Flucht in Heidelberg

Menschen auf der Flucht in Heidelberg – dieses Thema hat im Wesentlichen drei Dimensionen: die Sondersituation des Registrierungszentrums des Landes auf dem Gelände Patrick-Henry-Village (PHV), einer ehemaligen Siedlung der US-Streitkräfte, mit seinen Auswirkungen auf die Stadt, unbegleitete minderjährige Ausländer (UMAs) in vorläufiger und dauerhafter Obhut unseres städtischen Kinder- und Jugendamts sowie die Flüchtlinge, die dauerhaft im Verantwortungsbereich der Stadt leben.

Die Sondersituation PHV

Zunächst wurde im Dezember 2014 auf dem Gelände des Patrick-Henry-Village ein Winternotquartier eingerichtet. Im Juli 2015 vereinbarten Stadt und Land die Verlängerung der Nutzung bis Ende April 2016, bei einer Belegungsobergrenze von maximal 200 Personen. Ab September 2015 erfolgte dann der Ausbau von PHV zu einem Registrierungszentrum mit dem

Ziel der Registrierung, einschließlich erkennungsdienstlicher Behandlung, Gesundheitsuntersuchung, und Asylantragstellung innerhalb weniger Tage. Ziel war es, 600 Registrierungen pro Tag zu erreichen (also 4200 pro Woche oder 218 000 pro Jahr). Die Vereinbarung mit dem Land über die Nutzung ist Ende April 2016 um ein weiteres Jahr verlängert worden.

„Kommunale" Flüchtlinge

Wegen des Betriebs von PHV durch das Land ist die Stadt Heidelberg seit Januar 2015 von der Aufnahmeverpflichtung befreit. Derzeit (Ende Mai 2016) leben in Heidelberg in der vorläufigen und in der Anschlussunterbringung 538 Flüchtlinge, davon ca. 100 Kinder und Jugendliche, die alle in Kitas und Schulen integriert sind. Hinzu kommen rund 100 UMAs in der vorläufigen und dauerhaften Obhut des Kinder- und Jugendamts. Abweichend von der aktueller „Normalverteilung" der Menschen auf der Flucht bezüglich ihrer Herkunftsstaaten in Baden-Württemberg sind Menschen aus sog. sicheren Herkunftsstaaten des Westbalkan in Heidelberg noch verstärkt vertreten, was der Ausgangssituation zum Jahresende 2014 geschuldet ist.

Versorgung mit Wohnraum

Im Hinblick auf die Versorgung mit Wohnraum stehen derzeit für die vorläufige Unterbringung vier Standorte zur Verfügung: Die Gebäude sind durch normale Wohnungsgrundrisse gekennzeichnet. Die Stadt Heidelberg will die Unterbringung in Sammellagern oder Turnhallen vermeiden. Für die Anschlussunterbringung stehen aktuell ca. 50 Wohnungen, verteilt auf neun Stadtteile zur Verfügung. Sowohl für die vorläufige wie für die Anschluss-unterbringung sind das zuständige Amt für Soziales und Senioren und der dort angesiedelte Flüchtlingsbeauftrage der Stadt permanent auf der Suche nach weiteren Standorten und Wohnungen im gesamten Stadtgebiet. Ansprechpartner sind sowohl die Wohnungsbaugesellschaften als auch private Vermieter.

Betreuungs- und Versorgungsnetzwerk, Sicherheitskonzept

Parallel zur Versorgung mit Wohnraum ist über die Jahre ein umfangreiches, gesamtstädtisches Betreuungs- und Versorgungsnetzwerk für Menschen auf der Flucht entstanden, das sich weiter ausdifferenziert. Charakteristisch ist das Zusammenspiel von Ämtern der Stadtverwaltung (z. B. Amt für Schule und Bildung, Kinder- und Jugendamt, Liegenschaftsamt, Stadtplanungsamt, Gebäudemanagement u. v. m.) mit dem Gesundheitsamt und dem staatlichen Schulamt, mit freien Trägern der Wohlfahrtspflege (z. B. Caritas, Diakoni-sches Werk, Deutsches Rotes Kreuz), mit dem Asyl-Arbeitskreis, mit Trägern von Beschäftigungsprojekten, mit dem Ausländer- und Migrationsrat und den ehrenamtlich getragenen Stadtteilinitiativen zur Ausgestaltung der Will-kommenskultur in der jeweiligen Nachbarschaft. Ein besonderes Augenmerk liegt gleichermaßen auf der Sicherheit der Einrichtungen und ihrer Bewoh-ner, wie auch der angrenzenden Nachbarschaft. Neben einem Hausmei-ster und einem Sozialarbeiter in jeder Einrichtung als Ansprechpartner gibt es eine Rund-um-die-Uhr-Rufbereitschaft, und der städtische Bürgerservice steht bei Fragen zur Verfügung. Der kommunale Ordnungsdienst, verstärkte Polizeistreifen und ein Sicherheitsdienst, der von der Stadt beauftragt ist, sor-gen für die äußere Sicherheit.

Die Heidelberger Flüchtlingsstrategie 2017

Vor dem Hintergrund der nach wie unsicheren und unübersichtlichen Ge-samtentwicklung bereitet sich die Stadt Heidelberg vor, orientiert am Zuwei-sungsschlüssel des Landes, in Jahresfrist Zug um Zug bis zu 1800 zusätzli-che Flüchtlinge aufnehmen zu können und in die Stadtgesellschaft zu inte-grieren. Mit unserer Heidelberger Flüchtlingsstrategie 2017 wollen wir die-ses Ziel erreichen. Unter dem Motto „miteinander leben statt untereinander bleiben" geht es darum, Flüchtlinge als Neubürger dezentral in allen Stadt-teilen unterzubringen. Das ist gut für die gesellschaftliche Integration, für die gleichmäßige Auslastung der vorhandenen Infrastruktur in Kitas und Schu-len, und wir wollen es so vermeiden, Zelte oder Turnhallen für die Unter-bringung heranziehen zu müssen.

Um den Herausforderungen organisatorisch gerecht zu werden, wurden unter der vom Oberbürgermeister geleiteten Lenkungsgruppe „Menschen auf der Flucht" zwei Sonderstäbe gebildet: städtischer Sonderstab „Flücht-linge" und Sonderstab „PHV", jeweils unter der Leitung des Sozialbürger-meisters.

Suche nach neuen Wohnstandorten

Zu den Aufgaben des städtischen Sonderstabs „Flüchtlinge" gehört die Su-che nach neuen Standorten für die Unterbringung von Geflüchteten. Dafür wurden in allen Stadtteilen in Frage kommende und im Zugriff der Stadt lie-gende Standorte (unbebaute Grundstücke, Plätze, bestehende Gebäude und Wohnungen) benannt und in einem strukturierten Verfahren auf der Basis von Geeignetheit und Verfügbarkeit u. ä. bewertet. Auch die Kostenfrage für die Entwicklung eines Standorts und die Möglichkeit, Fördergelder für einen Neubau oder für Sanierungsarbeiten zu beantragen, spielten bei der Ent-scheidung eine Rolle. Auf diese Weise wurden 14 Standorte in allen Stadttei-len ermittelt, die von der Bedarfsplanung her in überschaubaren Einheiten belegt werden können.

Vier Standorte sind für die Anschlussunterbringung vorgesehen. Sie werden so bebaut, dass sie, jenseits der Flüchtlingskrise, dauerhaft dem Heidelberger Wohnungsmarkt als preiswerter Wohnraum zur Verfügung stehen. An drei Standorten ist mit dem Bau bzw. der Bauvorbereitung bereits begonnen worden. Dabei geht es um ein Bauinvestitionsvolumen von annähernd 10 Mio. Euro. Die übrigen zehn Standorte sind für die vorläufige Unterbringung reserviert. Bei Bedarf könnten hier in mobiler Pavillonbauweise Unterbringungsmöglichkeiten mit einer Nutzungsperspektive von zwei bis drei Jahren geschaffen.

Leitziele für eine gelingende Integration und ihre Umsetzung

Wohnen ist aber nur ein Aspekt gelingender Integration. Soziale Durchmischung sichern und Segregation vermeiden ist Teil des Leitbildes der Stadt Heidelberg für ein aktives und solidarisches Leben in den Stadtteilen. Im Stadtentwicklungsplan heißt es: „Heidelberg will eine Stadt des sozialen Ausgleichs sein, die Armut bekämpft, Ausgrenzung verhindert und sozialräumliche Spaltungstendenzen überwindet". Entscheidend dafür ist eine gelingende Integration durch die Einbindung in die vorhandenen Strukturen der Stadtgesellschaft vor Ort, z. B. in Kitas, Schulen, Jugendzentren, Vereinen (Sport-, Stadtteil-, Musik-, …), Kirchengemeinden, Seniorenzentren. Dies kann nur durch eine stadtweite Verteilung der Standorte gelingen.

In gleicher Weise müssen die oben beschriebenen, stadtweiten Betreuungs- und Versorgungsnetzwerke auf die Stadtteile heruntergebrochen werden. Dabei kommt es auf das reibungslose Zusammenwirken der haupt- und ehrenamtlichen Strukturen an, also auf die Menschen, die in ihnen tätig sind. Das heißt konkret, dass der Flüchtlingsbeauftragte und die Sozialarbeiter/innen des Amtes für Soziales und Senioren eng vernetzt zusammenarbeiten mit den stadtweit tätigen Organisationen und deren hauptamtlichem Personal (Asylarbeitskreis, Caritas, Deutsches Rotes Kreuz, Diakonie und weitere Partner). Diese wiederum sind verbunden mit den bestehenden und noch entstehenden Initiativen in den Stadtteilen: Arbeitsgruppe Asyl-Rohrbach sagt ja; AK Flüchtlingspaten Ziegelhausen; AK Handschuhsheim hilft; Kirchheim sagt ja; Koordinierungskreis Weststadt sagt ja; Auf gute Nachbarschaft – Geflüchtete in Bergheim willkommen heißen; Initiative in Neuenheim; Altstadt sagt ja. Ein weiteres wichtiges Bindeglied stellt die Internetplattform der Freiwilligen Agentur dar. Immer wiederkehrende Themen, über die kommuniziert werden, sind: Organisation von Freizeitangeboten im Stadtteil, Sprachkurse, Patenschaften, Einbindung in die Stadtteilstrukturen und Schulungsangebote für Ehrenamtliche. Seit April 2016 finden Netzwerktreffen statt, eine Kontaktliste aller Akteure für den schnellen Austausch wird gepflegt. Die Netzwerkpartner sind darüber hinaus auf der

Homepage der Stadt Heidelberg in einer eigenen Rubrik als Ansprechpartner präsent.

Sprachvermittlung als Schlüssel zur gesellschaftlichen Integration

Sprache ist der Schlüssel zum Bildungserfolg und sozialer und kultureller Teilhabe. Die Stadt Heidelberg hat deshalb das freiwillige kommunale Engagement in diesem Feld schon seit Langem systematisch entwickelt und finanziell gefördert. Bei der Aufnahme von Flüchtlingskindern in Kindertageseinrichtungen und Schulen steht zunächst deutlich im Vordergrund, den Kindern ein Gefühl zu vermitteln, dass sie „willkommen" und „sicher aufgehoben" sind. Dies ist aufgrund der sprachlichen Barrieren, des unterschiedlichen kulturellen Hintergrundes und der oft traumatischen Vorerlebnisse dieser Kinder und der Eltern für die pädagogischen Fachkräfte eine große Herausforderung, und es bedarf einer aufmerksamen individuellen Begleitung. Dazu ist ein engmaschiges Netz unter den Helfenden nötig, ein empathisches und engagiertes Eingehen auf die Bedürfnisse der Familien sowie professionelle Unterstützung der pädagogischen Fachkräfte zum Thema „Interkulturelle Kompetenz", „Umgang mit Traumata" und „Sprachförderung".

Kommunale Sprachförderung in Kitas

Sprachliche Bildung und Spracherwerb vollziehen sich im Alltag in allen Handlungen und beschränken sich nicht auf bestimmte Situationen. Es geht hier vor allem darum, den Tagesablauf in der Kita so zu organisieren, dass eine Vielfalt von kommunikativen Situationen entsteht, die von den pädagogischen Fachkräften zur Sprachanregung genutzt werden. Haben die Kinder dann erste Grundkenntnisse in der deutschen Sprache erworben, erhalten sie z. B. in den städtischen Kitas über das kommunal finanzierte Programm „Deutsch für den Schulstart" durch externe Sprachförderkräfte eine zusätzliche Förderung. Das Programm, nicht nur für Flüchtlingskinder entwickelt, existiert bereits seit 2002.

Kommunale Sprachförderung in Schulen

Aufgrund des offensichtlichen Bedarfs an weiterreichender Anschlussförderung im schulischen Primarbereich wurde „Deutsch für den Schulstart" weiterentwickelt und 2007 zunächst auch in den ersten und zweiten Klassen der Grundschulen angeboten. 2009 wurde wegen der besonderen Herausforderungen des Einzugsgebietes an der Grundschule Emmertsgrund in einem Modellversuch des Instituts für Deutsch als Fremdsprachenphilologie der Universität Heidelberg (IDF) die „Integrierte Sprachförderung" in den Klassen 3 und 4 erprobt und dann auf weitere Schulen ausgeweitet. Je nach

Bedarf und Jahrgangsstufe erhalten Schülerinnen und Schüler also „additive" (zusätzlich zum Regelunterricht) und/oder „integrative" Sprachförderung (im Rahmen des Regelunterrichts durch eine zusätzliche Sprachförderkraft, die sich insbesondere den sogenannten „Fokuskindern" annimmt), um Wortschatz und Aussprache sowie Lese- und Schreibkompetenz zu stärken.

Das mittlerweile gut etablierte Schulprogramm hat im Schuljahr 2015/16 über 600 Schülerinnen und Schüler an 15 Grundschulen und SBBZ (Sonderpädagogische Bildungs- und Beratungszentren) erreicht. In der Sekundarstufe findet die Förderung in 5 Heidelberger Schulen und 27 Klassen statt. Für die teilnehmenden Schülerinnen und Schüler ist das Programm kostenfrei. Die Stadt Heidelberg bietet die „Durchgängige Sprachförderung" als kommunales Unterstützungssystem mit einem Gesamtbudget von 350 000 Euro in den Klassen 1 bis 6 an, qualitätsgesichert durch die Pädagogische Hochschule.

Aktuelle Weiterentwicklung der kommunalen Sprachförderung – Das Projekt Seiteneinsteiger

Auf dem Bildungsmarkt gibt es zahlreiche Konzepte samt Material für Deutsch als Fremd- oder Zweitsprache. Typischerweise ist dies wortschatzbildendes Material und Material für die Vermittlung grammatischer Strukturen. Angesichts der vielen, sehr jungen Menschen auf der Flucht, deren Bildungsbiographie zudem in hohem Maße heterogen ist, zeigen die bisher existierenden Materialien allerdings deutliche Schwächen: zu lange Lernzeiträume werden zugrunde gelegt, homogene Leistungsniveaus werden vorausgesetzt, Lerninhalte passen nicht zur Lebenswelt und schon gar nicht zu einer beruflichen Qualifikation der meist jungen Menschen.

Gefragt sind funktional-pragmatische Unterrichtsmaterialien, welche die Komplexität der deutschen Sprache didaktisch reduzieren, wiewohl im Ausdrucksvermögen umfassend vermitteln und dabei gleichzeitig den Wortschatz trainieren, um das knappe Gut der Pflichtschulzeit – nebst aller damit verbundenen Ressourcenfragen – bestmöglich zu nutzen, so dass die Kinder und Jugendlichen schnell auf den Unterricht in Regelklassen vorbereitet werden.

Ein bildungsplanbezogenes, handlungsorientiertes Konzept zu entwickeln, welches dies – auch altersgerecht – leisten kann, war der hohe Anspruch, mit dem Frau Prof. Dr. Berkemeier von der Pädagogischen Hochschule Heidelberg und ihre Mitarbeiterinnen und Mitarbeiter 2014 an der PH die Arbeit an diesem Projekt aufgenommen haben. Ziel ist es, Lehrerinnen und Lehrern (insbesondere an Schulen mit Vorbereitungsklassen) Materialien und Techniken an die Hand zu geben, mit denen sie Seiteneinsteigern und Seiteneinsteigerinnen schnell, individualisiert, aber dennoch umfassend und motivierend die deutsche Sprache vermitteln können. Das Vorhaben steht kurz vor seiner Einführung in die schulische Praxis. Wir wollen mit den Heidelberger Schulen beginnen, die VKL-Klassen im Primarbereich eingerichtet haben. Als nächster Schritt erfolgt dann die Adaptierung der Sprachfördermaterialien für den Bereich der Jugendlichen und jungen Erwachsenen.

VKL- und VABO-Klassen in Heidelberg als Aufgabe des Landes

Nicht alle Kinder und Jugendlichen, die zugewandert und bei uns bis zum 18. Lebensjahr schulpflichtig sind, verfügen über ausreichende Deutschkenntnisse, um sofort dem regulären Unterricht folgen zu können. Schnelle Abhilfe schaffen sollen spezielle Sprachförderklassen, bzw. Vorbereitungsklassen. Deren Einrichtung und Ausstattung mit der entsprechenden Lehrerressource liegt in der Zuständigkeit des Landes. Die sogenannten „Vorbereitungsklassen" (VKL) für die allgemeinbildenden Schulen und die sogenannten „VABO-Klassen" (Vorqualifizierung Arbeit / Beruf mit Schwerpunkt Erwerb von Deutschkenntnissen) an den beruflichen Schulen, welche bedarfsgerecht durch das zuständige Schulamt bzw. Regierungspräsidium eingerichtet werden, müssen von der „Durchgängigen Sprachförderung" in kommunaler Verantwortung unterschieden werden.

Das Land Baden-Württemberg hat auf die Sprachbildungsbedarfe, die in jüngerer Vergangenheit durch Menschen auf der Flucht entstanden sind, reagiert, im Registrierungszentrum PHV ein erstes Bildungsmonitoring installiert und flächendeckend die Möglichkeit eröffnet, Vorbereitungsklassen einzurichten. Seit dem Schuljahr 2013/14 hat sich deshalb die Anzahl der Vorbereitungsklassen an den Heidelberger Schulen mehr als verdoppelt. Im Schuljahr 2015/16 gibt es in Heidelberg 17 Vorbereitungsklassen (zehn an Grundschulen, sieben an weiterführenden Schulen) mit über 270 Schülerinnen und Schülern. Im Bereich des Vorqualifizierungsjahrs Arbeit/Beruf zum Erwerb von Deutschkenntnissen, in denen Schülerinnen und Schüler auf die Aufnahme einer Berufsausbildung vorbereitet werden, ist mit weiter steigenden Bedarfen zu rechnen. Dabei liegt die Koordination der Sprachförderung in dem Aufgabenbereich der Schulleitung.

Sprachförderung für Erwachsene

Erwachsene Asylbewerberinnen und -bewerber erhalten nach ihrer Ankunft in Heidelberg zunächst einen Sprachkurs bei der Volkshochschule zur Vermittlung von einfachen Sprachkenntnissen, der von der Stadt durch das Amt für Soziales und Senioren finanziert wird. Dieser Sprachkurs umfasst 100 Unterrichtseinheiten, die in einem Zeitraum von vier Wochen stattfinden. Im Anschluss hieran kann ein darauf aufbauender Sprachkurs mit ebenfalls 100 Unterrichtseinheiten besucht werden. Die Kursgebühren von 132 Euro werden zum einen aus Spendenmitteln (pro TN 100 Euro) und zum anderen durch einen Eigenanteil von 32 Euro durch die TN finanziert. Zur Einübung und Vertiefung organisieren Asylarbeitskreis und Caritas zusätzlich niedrigschwellige Sprachkurse direkt vor Ort in den Unterkünften, die in der Regel von Ehrenamtlichen durchgeführt werden.

Auf zwei neue Sprachförderprogramme, die aus der Heidelberger Bürgerschaft heraus entstanden sind und von dort getragen werden, möchte ich besonders hinweisen: Das Projekt „Sprachbrücken" des Asylarbeitskreises bietet mit ehrenamtlichen Lernbegleitern in Teams von zwei bis drei Personen einen ganzheitlichen Sprachunterricht in Kleingruppen an, um auf die Voraussetzungen und Schwierigkeiten der einzelnen Lerner besser eingehen zu können. Ziel ist es, durch die Ehrenamtlichen eine Brücke zu den bestehenden Angeboten der VHS und ähnlichen Einrichtungen aufzubauen, daher der Begriff „Sprachbrücken". Der Unterricht wird handlungsorientiert gestaltet und mit integrativen Komponenten ergänzt, z. B. durch Ausflüge, Sport sowie Kontakte zur Bevölkerung. Zudem findet der Unterricht direkt in der Unterkunft statt, um die Hemmschwelle zu senken und für alle zugänglich zu sein. Ab Sommer 2016 will der Asylarbeitskreis zusätzlich im ehemaligen Hotel Metropol (Einrichtung der vorläufigen Unterbringung) ein Sprach-Café eröffnen, das Raum für Gespräche bietet.

Auf Initiative des Rotary Clubs Heidelberg-Alte Brücke plant dieser gemeinsam mit der VHS Heidelberg ein neues, langfristig angelegtes Projekt „Deutsch Paten". Engagierte Freiwillige sollen als Deutsch-Paten die Deutsch-Lernenden zusätzlich zum Unterricht der VHS unterstützen und ihre Integration in die Gesellschaft fördern. Die ehrenamtlichen Deutsch-Paten sollen mit den Lernenden, die auf unterschiedlichem Niveau eine zusätzliche Betreuung benötigen, Unterrichtsthemen üben und vertiefen. Das Verhältnis Deutsch-Pate zu Lernendem soll in der Regel 1:1 sein.

Das zentrale, künftig verbindliche Instrument der Sprachförderung ist nach wie vor der Integrationskurs des Bundesamts für Migration und Flüchtlinge (BAMF), der aus einem Sprachkurs und einem Orientierungskurs besteht. Der allgemeine Integrationskurs umfasst in der Regel 660 Unterrichtseinheiten (UE), kann aber auch unter Umständen bis zu 960 UEs betragen. Das Kursziel ist das Erreichen des Sprachniveaus B1. Die Voraussetzung, eine Ausbildung zu beginnen, ist aber das Erreichen des Sprachniveaus B2.

Schließlich ist darauf hinzuweisen, dass der Bund ab 1. Juli 2016 die berufsbezogene Sprachförderung für Zugewanderte, einschließlich der Geflüchteten, die eine gute Bleibeperspektive haben, erweitert. Auch EU-Bürgerinnen und -Bürger sowie deutsche Staatsangehörige mit Migrationshintergrund können an diesen berufsbezogenen Sprachkursen teilnehmen. Die berufsbezogene Deutschsprachförderung baut unmittelbar auf den Integrationskursen des BAMF auf. Arbeitsuchende Migranten und Flüchtlinge werden in berufsbezogenen Sprachkursen kontinuierlich auf den Arbeitsmarkt vorbereitet. Der Kurs besteht aus mehreren Komponenten, wie Deutsch für den Beruf, ein betriebliches Praktikum sowie Betriebsbesichtigungen und darüber hinaus Fachunterricht und Bewerbungstraining. Die Entscheidung über die Teilnahme treffen die Arbeitsagenturen und Jobcenter.

Schlussbetrachtung

Alles, was wir bisher erreicht haben, und alles, was wir für die nahe Zukunft planen und umsetzen wollen, sind wohl eher Etappenziele als abschließende Problemlösungen. Wir können heute nicht vorhersehen, wie und in welchem Ausmaß sich die Wanderungsbewegungen weiterentwickeln werden. Zu viele Variable sind hier im Spiel: Kann dem IS bald Einhalt geboten werden? Was passiert, wenn die Taliban wieder an Boden gewinnen? Wie geht es mit der letzten großen christlichen Glaubensgemeinschaft im Nahen Osten weiter, den Kopten in Ägypten? Und der Jemen ist auch nicht weiter von Europa entfernt als Eritrea.

Für Heidelberg als Stadt des sozialen Ausgleichs und der kulturellen Vielfalt könnte man als Handlungsmaxime formulieren: Gemeinsamkeit suchen und Verschiedenheit zulassen. Dazu ist allerdings eine beiderseitige Dialogbereitschaft der Stadtbevölkerung und der Asylsuchenden notwendig, die geprägt ist von gegenseitiger Toleranz und Anerkennung. Daran sollten wir 2016 arbeiten – den Kölner Ereignissen zum Trotz.

Reinhard Mehring / Kay Müller

„Handlungsmanagement".
Interview mit einem Flüchtlingsbeauftragten*

Herr Müller, Sie sind Flüchtlingsbeauftragter der Stadt Schwetzingen. Bitte schildern Sie eingangs knapp Ihren Werdegang.

Bevor mir die Stadt Schwetzingen die Position des Flüchtlingsbeauftragten anvertraute, war ich als Journalist und in der PR tätig. Ich habe an der PH-Heidelberg studiert. Es war allen Beteiligten klar, dass es ein großer Vorteil ist, viele Menschen innerhalb der Stadt und nicht zuletzt die bestimmenden Behörden und Institutionen zu kennen. Dadurch verfüge ich über ein breit gefächertes Netzwerk, welches mir heute zugute kommt.

Was sind heute Ihre wichtigsten Aufgaben?

Ich bin der zentrale Ansprechpartner in allen Flüchtlingsfragen, fungiere als Schnittstelle zwischen den Bürgern, Organisationen und der Stadtverwaltung – eben allen in der Flüchtlingsarbeit Aktiven –, und selbstredend versuche ich auch immer wieder im persönlichen Gespräch, den geflüchteten Menschen zu helfen.

Was klappt gut, was weniger?

Die Herausforderung ist groß, weil noch immer die Zahl der geflüchteten Menschen groß ist. Obwohl in Schwetzingen zwischenzeitlich etwa 2000 Menschen und damit zehn Prozent der Bevölkerung lebten, war die Stimmung erstaunlich gut. Das liegt vor allem daran, dass die Ehrenamtlichen, der Asylkreis, aber beispielsweise auch die Kirche oder die Wohlfahrtsverbände, tagtäglich den Geflüchteten das Gefühl geben, nicht alleine gelassen zu werden. Es ist natürlich nicht einfach, alle Menschen für das Flüchtlingsthema zu öffnen. Deshalb zählt auch die Kommunikation, das Gespräch auf Augenhöhe, zu meinen entscheidenden Aufgaben. Es ist von zentraler Bedeutung, die Menschen ernst zu nehmen mit ihren Sorgen und gleichzeitig auf Zuständigkeiten hinzuweisen, vor allem in den Mittelpunkt zu stellen, welche Schicksale sich hinter den geflüchteten Menschen verbergen und dass sich die Allermeisten enorm anstrengen, sich zu integrieren und in Deutschland eine Zukunft zu haben.

---

* Schriftlich im Juli 2016 geführt mit Reinhard Mehring.

Welche nächsten Schritte halten Sie als Maßnahmen bzw. Lösungen für erforderlich?

Wir müssen vom Krisenmanagement ins Handlungsmanagement gelangen. Integration ist die Voraussetzung für ein friedliches und fruchtbares Zusammenleben. Und erfolgreiche Integration ist kein Zufall, sie kann vielmehr als zentrale Zukunftsfrage erachtet werden. Kommunen, welchen eine erfolgreiche Integration gelungen ist und noch immer gelingt, begreifen Zuwanderer als Chance, sie sehen ihre Potenziale und Talente und fördern diese gezielt. Ganzheitlich und nachhaltig sollten Integrationskonzepte verstanden werden.

Wo sehen Sie die jetzigen Flüchtlingsgruppen perspektivisch in fünf Jahren?

Das ist eine Frage, die nur schwer zu beantworten ist. Weil sie von unglaublich vielen Parametern abhängt, von der tagtäglichen praktischen Arbeit vor Ort – nehmen Sie alleine die Öffnung des Arbeitsmarktes – bis hin zur großen Politik. Es wird aber hoffentlich viele Menschen geben, die in Schwetzingen eine Heimat gefunden haben. Sie auf ihrem Weg dorthin zu begleiten, darauf freue ich mich.

Was hat Sie negativ besonders überrascht?

Dass der scheinbare fortwährende sekundenschnelle Zugriff auf Informationen innerhalb der digitalen Welt und damit zugleich die manipulative Verwendung von Halbwahrheiten ein riesen Problem ist, fällt sicher nicht nur einem Flüchtlingsbeauftragten auf. Schockiert hat mich aber, dass es zuweilen Personen / Unternehmen gibt, die zuallererst Profit mit dem Schicksal der Geflüchteten machen möchten unter dem Deckmantel der Hilfe.

Was hat Sie positiv besonders beeindruckt?

Die schier unerschütterliche Lebensfreude vieler der Geflüchteten und ihre Kraft. „Survivors", so nennen dies wohl die Sozialwissenschaftler. Und natürlich die Arbeit der Ehrenamtlichen. Empathievermögen, das zeichnet diese Menschen aus. Sie kommen aus den verschiedensten Gesellschaftsschichten und Berufsfeldern. Weshalb die eine Person, ganz unabhängig von Religion, ihre Hand ausstreckt und hilft und die andere sich weg duckt und hetzt, das wird die Sozialwissenschaftler weiter beschäftigen.

Bitte schildern Sie eine Begegnung, die Sie besonders erfreute bzw. nachdenklich machte.

Die enormen engen sozialen Kontakte, die sich ergeben und nachhaltig wirken zwischen den Menschen von hier und aus fernen Ländern, beeindrucken mich fortwährend. In Schwetzingen gibt es eine kleine Fußgängerzone, fahrradfrei von elf bis 18 Uhr. Viele fahren dennoch, von der älteren Schwetzinger Dame bis hin zum Jugendlichen auf dem Weg zur Schule oder zum Sport. Und wer wurde angehalten und lautstark aufgeklärt darüber, wie das hier in Deutschland so zu laufen hat (oder ich werde am Telefon darauf hingewiesen)? Es sind die jungen Männer aus Eritrea, Gambia, Syrien etc.

Steffen Feuchtmüller

„Irgendwann sind die Heime voll!" Interview mit einem Sachbearbeiter im Jugendamt[*]

Mit den Flüchtlingszahlen ist auch die Anzahl der unbegleiteten Minderjährigen angestiegen. Wie hat sich Ihre Arbeit im Zuge der Flüchtlingskrise verändert?

Ab Mitte des Jahres (2015) haben wir immer mehr Fälle von unbegleiteten Minderjährigen rein bekommen haben. Der Anstieg war so gewaltig, dass ich Ende des Jahres nur noch diese Fälle bearbeitet habe und alle anderen liegen blieben. Das war schon heftig. Nicht nur wir waren auf diesen Ansturm nicht vorbereitet, sondern auch die anderen Ämter. Es dauerte dann bis Ende des Jahres, bis eine eigene Abteilung gegründet wurde, die sich ausschließlich mit den Fällen von unbegleiteten Minderjährigen befasst. Es wurden extra neue Kollegen eingestellt.

Was genau passiert, wenn die unbegleiteten Minderjährigen ankommen?

Die Flüchtlinge kommen hier an und die Kommune oder der Kreis sind dann zuständig für die weitere Verteilung. Wenn in den Aufnahmestellen unbegleitete Minderjährige festgestellt werden, werden sie an uns weitergeleitet. Wir, also das Jugendamt, nehmen die Kinder dann in Obhut. Zu allererst werden sie ausführlich registriert, das heißt, wir prüfen, wie alt sie sind und ob es einen geeigneten Vormund gibt. Dann verteilen wir sie auf Heime oder Pflegefamilien, wobei die Anzahl so schnell in die Höhe ging, dass Pflegefamilien eher die Ausnahme sind. Die Kinder sind dann solange in der Obhut von uns, bis sie volljährig sind.

Wie findet man einen „geeigneten" Vormund?

Zuerst wird geprüft, ob es irgendwo Verwandte gibt, die als Vormund in Frage kämen. Ein erwachsener Bruder oder ein Onkel, eine Tante etc. Ist dies nicht der Fall, ist es in Baden-Württemberg so, dass das Jugendamt die Vormundschaft übernimmt. Wir haben spezielle Sozialarbeiter, die für mehrere Kinder und Jugendliche die Vormundschaft übernehmen. Es gibt da eine maximale Anzahl an Vormundschaften, die eine Person übernehmen kann, etwa vierzig Minderjährige. Auch in diesem Bereich haben wir einige neue Mitarbeiter bekommen. Das war auch notwendig, da alle unbegleiteten Minderjährigen, die letztes Jahr ankamen, versorgt werden mussten.

---

[*] Das Interview entstand im Zusammenhang mit der Abschlussarbeit: Das Recht auf Asyl. Ein Grundrecht im Wandel, PH-Heidelberg, 2016.

Sie haben gesagt, dass das Alter bestimmt wird.
Werden spezielle medizinische Verfahren angewandt?

Die Jugendlichen geben häufig ein Alter an, das sehr fragwürdig ist. Sie tun dies, um noch als Minderjährige zu gelten. Ich habe von diesen medizinischen Verfahren gehört. Man untersucht die Knochen und kann dann Rückschlüsse auf das Alter ziehen. Ich habe davon gehört, glaube aber nicht, dass das wirklich bei uns angewandt wird. Die Kinder und Jugendlichen machen bei ihrer Registrierung Angaben zu ihrem Alter. Da sie meistens keine Papiere mehr haben, können wir schlecht im Ausweis nachsehen. Aber mit der Zeit entwickelt man eine gewisse Routine und kann ungefähr einschätzen, ob es stimmt. Meine Devise ist hier: im Zweifel für den Angeklagten. Wenn ich mir überlege, dass wir bei jedem Zweifelsfall eine ärztliche Untersuchung angeordnet hätten... unser Chef hätte sich bedankt. Ich kann mir nicht vorstellen, dass die günstig sind.

In welchem Alter sind die meisten unbegleiteten Minderjährigen?

Die meisten sind zwischen 16 und 18 Jahren alt. Aber man muss auch bedenken, dass die Reise, die die Kinder hinter sich haben, meist sehr weit ist und selbst für einen 16jährigen eine extreme Herausforderung darstellt. Die meisten, die ankommen, sind männliche Jugendliche. Ich hatte noch kein unbegleitetes Mädchen. Das liegt wahrscheinlich an den Bedingungen in den Heimatländern. Ich habe schon erlebt, dass ein Jugendlicher direkt bei uns vor der Tür abgegeben wurde, mit einem Zettel in der Hand, auf dem stand, dass er vor dem Militärdienst geflohen ist und man helfen soll. Sonst hatte er nichts dabei, keine Papiere oder andere Dokumente. Er konnte auch kein Englisch oder Deutsch. Der Jugendliche war 16 Jahre alt und ist aus seiner Heimat geflohen, da er sonst gezwungen würde, für das Militär zu kämpfen. Das zeigt, finde ich, deutlich, dass die Flucht geplant und mit Unterstützung organisiert wurde. Man hatte ihm wahrscheinlich gesagt, geh nach Deutschland, melde dich im Jugendamt, dort wird dir geholfen.

Sie meinen, dass die Flüchtlinge im Ausland gut informiert sind?

Ja! Das soll keine Wertung sein, lediglich eine Feststellung, dass die Flucht nach Deutschland ein System hat.

Wie ist es mit der Beschulung?

In Sachen Beschulung weiß ich nicht viel. Ich denke, dass die Kinder so schnell wie möglich einer Schule zugeteilt werden. Es gibt für die ankommenden Kinder Crashkurse in Deutsch. Viele von denen, die zum Beispiel aus Afghanistan kommen, haben noch nie eine Schule besucht.

Können Sie mir die Asylverfahren etwas erläutern?

Die unbegleiteten Minderjährigen kommen als Flüchtlinge in Deutschland an. Sie stellen einen Antrag auf Asyl, der genauso bearbeitet wird, wie der

eines Erwachsenen. Wenn festgestellt wurde, dass es sich bei den Antrags-
stellern um Minderjährige handelt, erhalten sie eine Duldung. Denn für unbegleitete Minderjährige gilt ein Abschiebeverbot. Der Asylantrag kann dann
abgelehnt oder bewilligt werden, wie bei den Erwachsenen. Aber wenn er
abgelehnt wird, darf erst ab der Volljährigkeit abgeschoben werden.

Wie entscheiden Sie über den Erziehungsbedarf und die passende Unterkunft?

Für jeden unbegleiteten Minderjährigen sieht der Gesetzgeber einen gewissen Etat vor. Die Kinder werden dann im Heim beurteilt, es wird dort entschieden, welchen Erziehungsbedarf der Minderjährige hat. Die genaue Entscheidung treffen dann die Erzieher im Heim und der Vormund.

Mit welchen Schwierigkeiten hatten Sie besonders zu kämpfen?

Das größte Problem ist der immense Arbeitsaufwand. Wir waren auf die so
schnell wachsende Anzahl an Fällen absolut nicht vorbereitet. Das finde ich
sehr schlimm, wenn man so viele Fälle hat und ihnen nicht gerecht werden kann. Ein großes Problem war es auch, einen passenden Heimplatz und
einen Vormund zu organisieren. Die vorhandenen Plätze waren sehr schnell
belegt. Ich muss schon sagen, so eine Belastung habe ich in den Jahren zuvor
nicht gehabt. Jetzt mit der eigenen Abteilung und den neuen Mitarbeitern
läuft es in geregelteren Bahnen ab.

Was ist Ihre Einschätzung für die Zukunft?

Eine richtige Prognose finde ich schwierig, weil man nicht absehen kann,
wie sich die politische Situation in den Krisengebieten entwickelt. Ich finde
es sehr schlimm, dass so viele Menschen gezwungen sind zu flüchten. Vor
allem natürlich, dass es so viele unbegleitete minderjährige Flüchtlinge gibt.
Ich kann die Gründe „Krieg", „Verfolgung", „Gewalt" zwar verstehen, aber
es fällt mir sehr schwer nachzuvollziehen, wie man sein eigenes Kind alleine auf eine solche Reise in ein fremdes und weit entferntes Land schicken
kann. Ich habe einen 17jährigen Sohn und könnte mir das niemals für mein
Kind vorstellen. Ich hoffe das Beste für die Kinder und bin mir sicher, dass
meine Kollegen ebenso denken. Doch ein Leben alleine in einem Heim ist
auch in Deutschland kein Zuckerschlecken. Irgendwann sind die Heime voll,
und die Stimmung in der Bevölkerung droht jetzt schon zu kippen. Also, ich
hoffe, dass die Kriege bald enden und die Menschen nicht mehr gezwungen
sind zu fliehen. Mir geht das Thema persönlich sehr nahe.

Miriam Falter

„Als Willkommenskultur ist die Schule wichtig!" Erfahrungen aus der VKL

Auf der Suche nach Informationen

Im Rahmen meiner Zulassungsarbeit[1] habe ich mich mit der schulischen Integration von Flüchtlingskindern in das deutsche Schulsystem befasst. Seit über einem Jahr gebe ich ehrenamtlich Deutschkurse für Asylsuchende in einer Unterkunft in der Region. Die Situation der Geflüchteten dort hat sich nach über einem Jahr kaum merklich verbessert und die Integration der jungen Männer in den Arbeitsmarkt gestaltet sich auf Grund von sprachlichen und bürokratischen Hürden weiterhin als äußert schwer.

Knapp 55% der Flüchtlinge, die in Deutschland leben, sind unter 18 Jahre, also in einem beschulungsfähigen Alter. Dies macht die zentrale Rolle der Schule bei der Integration deutlich. Aus diesem Grund wollte ich untersuchen, wie Integration in unserem selektiven Schulsystem vollzogen und verstanden wird und was für Integrationsmaßnahmen getroffen werden. Mit Hilfe eines theoretischen Fundaments, in dem ich einen Fokus auf den Umgang mit Geflüchteten in Heidelberg legte und auf die rechtlichen Verankerungen, Rahmenbedingungen und Beschulungsmöglichkeiten, speziell auf die Vorbereitungsklassen (VKL) und die damit verbundene Förderdiagnostik einging, konnte ich Leitfragen erstellen und diverse Lehrkräfte interviewen, die in Vorbereitungsklassen tätig sind. So lässt sich die Theorie mit der Praxis vergleichen, um Chancen und Herausforderungen für die Integration von Flüchtlingskindern im baden-württembergischen Schulsystem zu ermitteln.

Gleich zu Beginn meiner Recherche wurde mir klar, dass Heidelberg auf Grund der Erstaufnahmeeinrichtung in der ehemaligen US-Kaserne Patrick-Henry-Village in seinen Flüchtlingszahlen nicht repräsentativ ist. Durch die Erstaufnahmeeinrichtung, in der die neu ankommenden Flüchtlinge registriert werden und derzeit über 100 Flüchtlinge untergebracht sind, ist Heidelberg seit 2015 von der weiteren Aufnahme neuer Flüchtlinge befreit, sodass seitdem keine neuen Flüchtlinge mehr hinzukamen. Derzeit leben – außerhalb des Village – ca. 540 Flüchtlinge in Heidelberg. Die größte Gruppe

---

[1] Miriam Falter, Die Integration von Flüchtlingskindern in das deutsche Schulsystem am Beispiel Heidelbergs, Wissenschaftliche Abschlussarbeit, eingereicht an der PH-Heidelberg, 2016.

bilden hier mit 13% die Flüchtlinge aus Gambia, gefolgt von Serbien und Syrien mit jeweils 9%. Von den ca. 540 Flüchtlingen sind ca. 106 unbegleitete minderjährige Flüchtlinge in Heidelberg untergebracht. Da mein Fokus vor allem auf der schulischen Integration lag, war diese Gruppe für mich von besonderem Interesse.

Eigene Anfragen bei der Stadt über die Anzahl der Kinder- und Jugendlichen, die Zahlen der Jugendlichen oder die Vorbereitungsklassen erbrachten keinerlei Informationen. Auch nach mehrfachen Telefonaten, in denen ich zu verschiedenen Anlaufstellen und Behörden weitergeleitet wurde, konnte ich kaum Informationen erhalten. So entstand für mich der Eindruck, dass die Stadt selbst nicht genau über die Zusammensetzung Bescheid weiß. Auf Anfrage wurde ich an das Jugendamt verwiesen. Eine Ansprechperson wurde mir nicht genannt. Das Jugendamt selbst konnte oder wollte ebenfalls keine Auskunft geben. Man sagte mir, es existiere kein Verzeichnis. Es gibt einen Flüchtlingsbeauftragten als zentrale Anlauf-, Beratungs- und Koordinierungsstelle für alle Flüchtlingsangelegenheiten. Er ist auch Ansprechpartner für Bürgerfragen. Im Laufe meiner Recherchen wurde ich jedoch kein einziges Mal an ihn weitervermittelt.

Gewiss ist es einigermaßen nachvollziehbar und verständlich, dass die Bürgerkommunikation im Andrang der neuen Aufgaben sich schwierig gestaltet und die Behörden evtl. andere Prioritäten setzen müssen. Ich hoffe nur, dass die internen Abläufe besser klappen. Schon die Dezentralisierung erschwert es, sich über die Zuständigkeiten Informationen zu verschaffen. Gelegentlich wurde auf datenschutzrechtliche Gründe verwiesen. Nach mehrfachem Nachfragen wurde ich an das Regierungspräsidium Karlsruhe verwiesen. Dort erlebte ich dieselbe Prozedur erneut. Beim staatlichen Schulamt Karlsruhe gelangte ich dann durch Internetrecherche über die Seite des staatlichen Schulamtes an eine Tabelle mit allen VKL im Bezirk. Ich würde dergleichen für das staatliche Schulamt Mannheim und ganz Baden-Württemberg wünschen, um besserer Transparenz und Vernetzung willen. Aber natürlich waren meine Recherchen subjektiv und beschränkt.

Im Folgenden erörtere ich einige Themen und Probleme, die mir im eigenen Unterricht begegneten und die auch von anderen Lehrerinnen und Lehrern immer wieder genannt wurden, und illustriere diese Aspekte durch signifikante – sprachlich gekürzte und geglättete – Interviewausschnitte.[2] Es folgt also eine thematisch sondierte Interviewzitatcollage.

---

[2] Die Interviews wurden im Frühjahr 2016 mit Lehrerinnen und Lehrern in der Region geführt.

Lehrer benennen Aufgaben und Probleme

Während meiner Recherche über die Erstaufnahmeeinrichtung wurde ich
auf die Bildungsbiografische Erfassung (BBE) aufmerksam. Sie wird von Seiten des Landes Baden-Württemberg als eine der besten Möglichkeiten dargestellt, der starken Zunahme von Flüchtlingskindern gerecht zu werden
und eine angemessene Beschulung sicherzustellen. Die Erfassung vor Ort
ermittelt schulrelevante Daten: so die Dauer des Schulbesuchs, vorhandene
Fremdsprachenkenntnisse, Alphabetisierung etc., und soll bei der gezielten
Vermittlung an die passenden Schulen und bei der gezielten Förderung
aufgrund der schulischen Vorerfahrungen helfen. Meine Befragungen von
Lehrkräften waren für dieses Instrument jedoch ernüchternd: Fünf der sieben Lehrkräften war die BBE nicht bekannt. Lediglich zwei kannten diese
Erfassung, die jedoch nicht an die Schulen weitergegeben wurde. Eine Lehrkraft sagte, dass sie nur den Namen und das Geburtsdatum weitergeleitet
bekämen. Eine andere gab zu bedenken, dass die BBE, die seit Januar 2016 im
Patrick-Henry-Village durchgeführt wird, zu spät ansetzt, da die meisten SuS
zu diesem Zeitpunkt bereits im Schulsystem aufgenommen wurden. Lediglich „Nachzügler" könnten damit erfasst werden. Sie meinte: „Meine Flüchtlingskinder kamen alle vor dem Zeitpunkt, das heißt, ich habe keine Ahnung
über deren Vorbildung. Was schwierig ist, weil die es mir nicht mitteilen
können, weil es keine Brückensprache gibt oder keinen Übersetzer. Das war
sehr schwierig, weil ich überhaupt nicht wusste, wo die stehen. Ich finde
es cool, dass es erfasst wird, weil ich als Lehrkraft dann gleich weiß, wie
ich mit ihnen umgehen kann, wie ich kommunizieren kann, ob jemand vielleicht englisch spricht, auf welchem Niveau, oder welche anderen Sprachen
er kann. Ich habe diese Erfassung allerdings bis jetzt noch nicht erhalten,
weil meine SuS allesamt bereits länger als ein halbes Jahr da sind und deshalb auch nicht erfasst wurden. Deswegen denke ich, dass das Ganze für
meine Gruppe nicht so viel bringt, weil der große Teil ja schon da ist und
jetzt nur noch Nachzügler erfasst werden."

Offiziell besteht für die SuS kein festgelegter Zeitpunkt für den Übergang
von der Vorbereitungsklasse in die Regelklasse. Dieser sollte aber spätestens
nach einem Jahr vollzogen werden. Die SuS haben in der Regelklasse dann
zu Beginn einen speziellen Notenschutz und besondere Fremdsprachenre-
gelungen, und sie sollen in nicht-sprachlichen Fächern, wie Sport oder Musik, auch vorab teilintegriert werden. Diese Teilintegration stellt sich in einigen Fällen aber als problematisch dar. Es fehlt das sprachliche Verständnis und deshalb auch der Integrationswillen auf Seiten der Regelschüler und
Regellehrkräfte. Eine Lehrkraft meinte dazu: „Was meine Erfahrungen sagen,
bräuchten wir in den Vorbereitungsklassen nicht nur Deutschunterricht, sondern eben Mathematikunterricht, auf Deutsch. Aber nicht auf dem Niveau

einer neunten Klassen, wie die meisten Schüler eigentlich eingestuft werden, sondern auf dem Niveau einer siebten oder fünften Klasse. So ist es auch im Englischen. Die Schüler tun sich unheimlich schwer, bei uns in der Regelklasse mitzukommen. Sie werden zwar in manchen Fächern teilintegriert, wie Sport, BK, Musik. Da haben wir sie gleich am Anfang in die Regelklasse gegeben, damit sie sozialen Anschluss haben. Aber die Schüler wurden von den Regelklassen irgendwie nicht aufgenommen, von den unterrichtenden Lehrern auch nicht, und dann waren die Regelklassen eigentlich eher froh, wenn die Schüler nicht anwesend waren."

Eine bedeutende Herausforderung bei der Implementierung von Vorbereitungsklassen ist der Lehrermangel. Der Klassenteiler einer VKL liegt bei 24 Schülerinnen und Schülern. Gemeinsamer Unterricht mit 24 SuS ist aufgrund der kulturellen Heterogenität und unterschiedlichen Lern- und Leistungsständen der SuS aber, nach dem Urteil zahlreicher Lehrkräfte, oft nicht möglich. Deswegen behelfen sich viele Lehrkräfte so, dass sie Vorbereitungsklassen in Gruppen teilen: „Wir haben einen Teiler von 24, aber wir machen die Vorbereitungsklassen nicht voll, weil es nicht möglich ist, mit 24 Schülern zu unterrichten. Wenn wir in zwei Gruppen teilen, müssen wir die 27 Wochenstunden aber aufteilen, und jede Gruppe hat dann nur dreizehneinhalb Stunden. Wir könnten die 24 zusammen unterrichten, wenn ich eine Teampartnerin hätte, aber mit 24 Schülern macht das Sprachenlernen keinen Sinn, weil jeder individuell nicht so gefordert ist und nicht zum Sprechen kommt." In der Praxis gibt es auch eine Priorität des Regelunterrichts vor dem VKL-Unterricht. „Es war am Anfang des Schuljahres mal gedacht, dass eine Kollegin vorwiegend in der VKL-Klasse drin ist. Also das ist nur die Absicht. Es ist oft nicht realisierbar, weil der Fachunterricht, also der Regelunterricht, Vorrang hat. Wenn irgendwo ein Lehrer ausfällt und eine Lücke ist, dann fällt meist der VKL aus, leider."

Eine Lehrkraft schlug ein Tandem-Prinzip vor, bei dem SuS als Assistenten kooptiert werden: „Wenn es Schulen gibt, an denen es so läuft wie bei uns, dass man eben kleine bis große Vorbereitungsklassen-Schüler hat, die in separaten Gruppen unterrichtet werden, dann können SuS in eine Art Assistentenrolle schlüpfen. Es wäre vielleicht ganz gut, wenn man die Großen ein bisschen mehr zum Sprechen ‚zwingt'. Dann habe ich Kollegen angesprochen: ‚Wie wär's denn, wenn immer einer von den Großen einmal die Woche einen Block mit zu den Kleinen kommt und als Assistent helfen darf?' Dann hätte ich Unterstützung. Die Schüler sind zwölf bis achtzehn Jahre alt, die können helfen und bekommen dann auch mehr Routine beim Sprechen." So könnten SuS in die Rolle des Experten schlüpfen und in realen Situationen sprechen.

Fehlende oder unzureichende Materialien stellen das Improvisationstalent der Lehrkraft ebenfalls auf harte Proben. Das gängige Material trifft oft nicht die Interessen der Geflüchteten und ist zu teuer: „Einen VKL-Koffer für 500 Euro kaufen und dann nur 15% davon verwenden? Also, dann setze ich mich lieber selbst hin und bastle etwas." „Ich hab mir die Themenfelder selbst ausgesucht, die ich für alltagsnah und wichtig halte, und dann die Materialien erstellt. Man bastelt sich was zusammen. Es muss jeder selbst für den Unterricht suchen. Pädagogen können individuelles Lehrmaterial herstellen, es bringt nichts, dass bundesweit oder landesweit irgendwelche Lernpakete erstellt werden, man kann sie oft nicht anwenden, weil man individuell auf die kleinen Menschen, großen Menschen eingehen muss. Dafür ist allerdings dringend mehr Zeit erforderlich!"

Die Schulkultur ist von Heterogenitäten geprägt, von unerwarteten Situationen und mancherlei Herausforderungen. Alle diese Dimensionen kommen in einer Vorbereitungsklasse geballt zusammen. Dort hat man unterschiedliche Sprachen, Bildungsniveaus, kulturelle Hintergründe und Fluchterfahrungen. In kürzester Zeit wurde versucht, auf die neue Situation der Flüchtlinge mit Vorbereitungsklassen zu reagieren. „Wie es halt so ist, passiert erstmal die Praxis und danach wird eine Fortbildung angeboten. Baden-Württemberg war überhaupt nicht vorbereitet auf Vorbereitungsklassen." Die Vorbereitungsklassen sind ein Konstrukt, eine Art Subkultur. Keiner weiß genau, was es ist. Aus dem Nichts sollte eine Art Schule neu erfunden werden. Vorbereitungsklassen lassen sich mit einer Seifenblase vergleichen: Für den wahren Pädagogen sind sie etwas sehr Schönes, aber auch sehr Gebrechliches, das nur von kurzer Dauer ist. Sie sind formbar und wandelbar, nicht starr festgelegt. Den Weg der Seifenblase kennt nur der Wind.

Wenn es die VKL heute gibt, muss man auch mit der Implementierung von Qualifizierungsangeboten in den Hochschulen und Universitäten darauf reagieren. Durch Pflichtangebote im Bachelor- und Masterstudiengang werden die angehenden Lehrkräfte besser auf die steigenden Heterogenitäten und Anforderungen vorbereitet. Eine engere Verzahnung des 1. und 2. Staatsexamens sollte auch angestrebt werden. Eine Dozentin forderte dazu mehr Querschnittskompetenzen in der Lehrerbildung: „Zuwanderung im Kontext sprachlicher und kultureller Diversität" sollte verpflichtend und prüfungsrelevant für alle Lehramtsstudierenden eingeführt werden. Eine Lehrkraft äußerte dazu zustimmend: „Das war mir nicht klar, dass jetzt schon die Hochschulen die Flüchtlingsfrage thematisieren. Das finde ich toll!"

Eine bessere Lehrerausbildung hilft auch den bereits praktizierenden Lehrkräften. Sie wünschen Fortbildungen im Bereich „kultureller Umgang": „Wir bekommen jetzt die Quittung für die Versäumnisse der letzten Jahre: dafür, dass wir vor dem Thema der schulischen Integration von Kindern mit Migrations- und Zuwanderungshintergrund lange die Augen verschlossen und keine Strukturen geschaffen haben. Das geschieht immer noch nicht hinreichend. Wenn wir nicht die bestmöglichen Rahmen- und Förderungsbedingungen sicherstellen, steigt der Frustrationspegel unserer Kolleginnen und Kollegen, und das verschlechtert das Arbeitsklima und die eigene Gesundheit. Eigentlich bräuchte ich DaF-Konzepte, aber DaF passt auch nicht ganz, ich bräuchte eigentlich eine Mischung aus allem, ganz viel DaZ, aber DaF auch, einen Mix aus Fremdsprachen- und Mehrsprachigkeitsforschung. Wenn man methodische Zugänge entwickelt, ist den Kollegen sehr geholfen. Wir müssen aber auch über die kulturellen Prägungen der Werte mehr wissen. Die Lehrkräfte kommen da manchmal an ihre Grenzen, wenn aufmüpfige junge Männer da sind, die sich von einer Lehrerin nichts sagen lassen und sie wie Luft behandeln. Was mach ich da? Wie trete ich dagegen auf? Wie artikuliere ich mich?"

Schulen und Lehrkräfte übernehmen nicht nur den Deutschunterricht; sie helfen auch bei aufenthaltsrechtlichen Belangen und geben psychosoziale Unterstützung. „Man muss zum Teil Therapeut, Erzieher und Löwenbändiger sein." Lehrkräfte sollten deswegen in ihrer Rolle deutlich mehr Unterstützung erhalten. Deswegen wird von Seiten der Lehrkräfte auch der Wunsch nach zusätzlichen Unterstützungsangeboten geäußert: nach Leitfäden, Hausaufgabenbetreuungen, Pflichtförderangeboten, Einzelförderung für schwächere SuS, Dolmetschern. Die Schule ist ein wichtiges Instrument, um den SuS eine Perspektive und die Integration in den Arbeitsmarkt zu ermöglichen; sie vermittelt kulturelle Werte und Traditionen und auch „Lebensweltkompetenz", wie eine Lehrerin es nannte: „Gerade in den großen Pausen und durch die Einschulung in die Regelklasse lernen die Kids die Kultur kennen. Sie lernen den Umgang miteinander und Respekt voreinander. Ich glaube, dass die Schule nicht nur Bildungsinhalte vermitteln kann. Sie kann auch zwischenmenschliche Kontakte fördern, das Miteinander und die Regeln in der deutschen Gesellschaft". Hier wurden auch typisch „deutsche" Werte genannt, die für Perspektiven in den Arbeits- und Wohnmarkt fundamental sind. Eine Lehrkraft sagte: „Die Schule kann den Kindern keine Perspektive ermöglichen, sie kann nur das Werkzeug vermitteln, damit sie sich diese Perspektive selbst schaffen." Das finde ich treffend. Es schließt die sprachliche Bildung selbstverständlich ein, jedoch nicht als primäres Ziel. Oft wurde die Schule als ein Ort bezeichnet, in dem Integration gelebt wird und an dem sich die SuS willkommen fühlen sollen. Die Schule hat die Funktion der „sozialen Integration, also Freundschaften zu bilden, und da merk ich, dass das ganz toll gelaufen ist in meiner Klasse. Die Lehrperson ist ein positives Vorbild und eine Vertrauensperson, bei der sie sich sicher und wohlfühlen können. Als Willkommenskultur ist die Schule wichtig!"

Die Teilintegration wird als Chance gesehen. Die Regelschüler können positive Sprachvorbilder sein, von denen gelernt wird, es können sich Freundschaften entwickeln, sodass das Sprachenlernen und die Integration über den schulinternen Input hinaus geht. Hierbei wurden vor allem der Sportunterricht und Musikprojekte genannt: „Die Schüler brauchen manchmal einfach etwas, was nicht schulisch ist. Wir hatten jetzt diese Trommel-Projekte, um Flüchtlingsschüler mit anderen Schülern zu vernetzen. Wenn sie in Deutsch schon die Looser sind, zeigen sie dennoch: Ich kann auch etwas! Das hat hier für die Integration der Schüler total viel gebracht. Das sind nicht mehr die, die kein Deutsch können, sondern das sind die, die super trommeln können. In ihrer afrikanischen Kleidung haben sie richtig gerockt." Daraus könnten sich gemeinsame Interessen entwickeln. Die sprachliche Barriere steht dann nicht mehr im Vordergrund. Die gelebte „Willkommenskultur" ermöglicht eine emotionale Integration der SuS, die ein Türöffner und Schlüssel zur gelungenen Integration ist.

Eine positive Einstellung hilft aber auch den Lehrkräften in einer VKL. Die VKL wird dann als Bereicherung wahrgenommen, in der Vielfalt gelebt werden kann. „Sie sollte kein Problem sein, für das wir eine Lösung suchen." Das Umdenken sollte von den Problemen und Defiziten zu den positiven Chancen und einer positiven Haltung führen, die die VKL als bereichernde, vielfältige Gemeinschaft betrachtet, in der die SuS viel von unserer Kultur lernen, aber auch etwas von ihrer Kultur weitergeben. Die meisten Kollegen führen Fehler nicht auf mangelnde Intelligenz oder geringen Lernwillen zurück. Wenn sich Kollegen auf die Neuankömmlinge in ihren Klassen freuen oder extra aufgestockt haben, um in einer Vorbereitungsklasse tätig zu werden, so sind das positive Zeichen, die zeigen, dass der Wunsch und Wille zur Integration der SuS bei vielen Lehrern sehr groß ist. Zwei Lehrkräfte betonten in den Interviews, „dass es trotz allem eine sehr befriedigende Arbeit ist, die Spaß macht". Auf ihre Lehrerfolge sind sie stolz. Diese Wahrnehmung deckt sich mit meinen Erfahrungen in meinem Deutschkurs: Auch wenn die Arbeit teils anstrengend ist und es Rückschläge – etwa durch Abschiebungen oder Praktikumsabsagen – gibt, ist es eine vielseitige, beglückende und bereichernde Arbeit. Man muss viel Zeit investieren, bekommt aber auch wahnsinnig viel wieder zurück und lernt viel für und über sich selbst.

Emeti Morkoyun

„Das geht recht unbürokratisch!" Schulleiter, Lehrerin und Lehrer, Erzieher und Flüchtling im Interview*

Eine bedrohliche Konsequenz der Flüchtlingssituation zeigte sich im März 2016 bei den Landtagswahlen in Baden-Württemberg, Rheinland-Pfalz und Sachsen-Anhalt: Xenophobe Einstellungen, die der humanitären Aufnahme von Flüchtlingen ablehnend gesonnen sind, haben deutlich zugenommen. Dabei scheint man sich wenigstens in einer Frage weitgehend einig zu sein, ganz egal, welchem politischen Lager man in diesen Tagen angehört: Flüchtlinge, die in Deutschland angekommen sind, müssen Integrationshilfen erhalten, und das kann nur mit einer angepassten und fairen Arbeitsmarkt- und Schulpolitik geschehen.

Mehr als ein Drittel der ankommenden Flüchtlinge ist im schulpflichtigen Alter. Angesichts der anhaltend hohen Zahlen von Flüchtlingskindern und Jugendlichen stehen Bund und Länder nun vor großen Aufgaben. Baden-Württemberg legt den Schwerpunkt, anders als etwa Hamburg oder Berlin, auf eine parallele Beschulung im berufsbildenden Sektor, der Jugendliche ab dem 16. Lebensjahr mit dem Erwerb der Sprache und einer anschließenden Hauptschulqualifikation auf eine Berufsausbildung vorbereiten soll. VABO nennt sich das neue Schulprogramm. Es lehnt sich konzeptionell an die bereits bestehenden VAB-Klassen an (Vorbereitungsjahr Arbeit und Beruf), wobei das „O" für „ohne Deutschkenntnisse" steht.

Bislang wurden bei Kindern und Jugendlichen, die in das deutsche Schulsystem integriert werden sollen, keine Erhebungen zu ihrem Bildungsstand durchgeführt. In der Frage nach einem passenden Förderprogramm, das das Ziel einer schnellstmöglichen Integration in das Regelschulsystem verfolgt, gewann der Aspekt der Bildungsbiographie aber zunehmend an Bedeutung. Die Landesregierung bietet deshalb seit Beginn des Jahres 2016 mit der Einführung der *Bildungsbiographischen Ersterfassung* (kurz: BBE) in den Landeserstaufnahmestellen Entscheidungshilfen an, in welcher Schulart und nach welchem Programm die Fortsetzung einzelner Bildungsbiographien sinnvollerweise erfolgen kann. Der Schulverwaltung dienen die Daten zur Einrichtung entsprechender Vorbereitungsmaßnahmen und zur Personalplanung in den Schulen. Neben der zielgerichteten Zuweisung von Flüchtlingskindern können anhand der erhobenen Informationen Einblicke in das er-

---

* Die Interviews wurden anonymisiert, gekürzt und sprachlich geglättet.

worbene Wissen gewonnen werden, damit an entwickelte Kompetenzen an-
geknüpft werden kann. Dieses Vorgehen soll die Arbeit von Lehrkräften und
Schulleitungen vor Ort erleichtern und eine effektive Eingliederung in das
deutsche Schulsystem ermöglichen.

Eine weitere Orientierungshilfe bietet das Ministerium mit der Verwaltungsvorschrift *Grundsätze zum Unterricht für Kinder und Jugendliche mit
Sprachförderbedarf an allgemeinbildenden und beruflichen Schulen.* Mit dieser Vor-
gabe wird ein entsprechendes Angebot für die Eingliederung von Kindern
und Jugendlichen geregelt, die über die erforderlichen Deutschkenntnisse
für den regulären Unterricht noch nicht verfügen. Der Geltungsbereich der
Verwaltungsvorschrift umfasst alle ausländischen Kinder und Jugendlichen
ohne familiären Erwerb der deutschen Sprache sowie Kinder von Asylbewerbern. Mit dem Ziel, eine „Richtschnur für die volle schulische Integration" zu schaffen, sollen Schüler mit nichtdeutscher Herkunftssprache
eine ihrem Alter und der Schulart entsprechende Schulklasse mit geeigne-
ter Fördermaßnahme besuchen.

Die Schulen werden mithilfe der BBE von einem zeitintensiven Diagno-
stikverfahren entlastet. Jedoch bleibt die konkrete Ausgestaltung der schulischen Integration noch immer Aufgabe der Schulleitungen und Lehrkräfte.
In den Schulen wird letztendlich entschieden, in wie weit die Integration
der Flüchtlinge gelingt, wie erfolgreich Sprachförderprogramme durchlaufen werden und wer sich am Ende soweit qualifiziert, dass eine Eingliederung in den Arbeitsmarkt folgen kann. Die Schulpolitik kann lediglich Orientierung und Mindeststandards vorgeben, um internationale Abkommen mit
deutschem Recht in Einklang zu bringen. Bei allen Überlegungen zur kulturellen und gesellschaftlichen Integration ist deshalb die konkrete Schulpraxis
maßgeblich.

Während meiner Lehrtätigkeit in einer berufsbildenden Schule arbeitete ich in einer der beschriebenen VABO-Klassen. Parallel arbeitete ich an
meiner Zulassungsarbeit,[1] die mithilfe von qualitativen Interviews einen
Einblick in die Lage von Flüchtlingskindern und die Arbeitssituation der
Lehrkräfte gab. Mein besonderes Interesse galt den Flüchtlingskindern, die
ohne elterliche Begleitung nach Deutschland kamen. Sie stellen die schutz-
bedürftigste Gruppe dar, was besondere Herausforderungen mit sich bringt.
Für meine Abschlussarbeit interviewte ich zwei Lehrer, die überwiegend
in VABO-Klassen unterrichten. Außerdem interviewte ich einen Schüler,
die Schulleitung und einen Erziehungshelfer, der in der außerschulischen
Wohngruppenbetreuung mit den Flüchtlingsschülern tätig ist und eine er-
weiternde Perspektive auf die Versorgung der Flüchtlingskinder einbrin-

---

[1] Emeti Morkoyun, Flüchtlinge in Heidelberg als Bildungsaufgabe. Interviews und
Analysen aus der Erstaufnahme. Wissenschaftliche Abschlussarbeit, eingereicht an der
PH-Heidelberg, 2016.

gen konnte. Alle Interviewpartner wurden in narrativen Interviews zu ausgewählten Themenschwerpunkten befragt. Den Gesprächen lag ein Interviewleitfaden zugrunde, der die Implementierung spezieller Fördermaßnahmen näher zu analysieren erlaubt. Ich wählte Fragen, die auf konkrete Auswirkungen der jüngsten Entwicklungen im System Schule abzielten und den Entwicklungsprozess von Förderklassen aus verschiedenen Perspektiven nachzeichnen sollten.

Die Evaluation ergab weitgehend übereinstimmende Ergebnisse in mehreren Bereichen: In Bezug auf strukturelle Vorgaben und Rahmenbedingungen ist die Schule offenbar auf die Initiative der Schulleitung und Lehrkräfte stark angewiesen. Es stellte sich heraus, dass die Absicht der Landesregierung, „einen passgenauen Bildungsweg" für jedes Flüchtlingskind zu ermöglichen, sich derzeit noch vorwiegend auf die Konzeption der BBE selbst konzentriert und eine an der Lebensrealität der Flüchtlinge orientierte Gestaltung von Bildungsprozessen bisher noch von der Initiative der Lehrkräfte und Schulleitung abhängt. Die *Bildungsbiographische Ersterfassung* hat bisher noch keinen der von mir betreuten Schüler erreicht. Für die individuelle Förderung einzelner Schüler bedeutet dies, dass die Planung und Entwicklung der Bildungsprozesse nur durch die Lehrkräfte kompensiert werden kann. Die befragten Lehrkräfte sprechen von einem „Überraschungsmoment" in ihrer Berufslaufbahn, den sie weder vorhersehen noch beeinflussen konnten. Nicht nur die Flüchtlingskinder stehen einer neuen Situation gegenüber. Für die effektive Praxis fordern die Schulleitung und Lehrkräfte deshalb zunächst einen Lehrplan, der auf die spezifischen Herausforderungen der Flüchtlingsbeschulung und das Bildungsziel der Hauptschulreife zugeschnitten ist. Angesichts der geltenden Qualifikationsrichtlinien zum Ausbildungszugang wird eine Herabsetzung der Standards vorgeschlagen, derzeitige Bestimmungen werden als ungenügend beschrieben.

Weil die Flüchtlingsbeschulung noch in den Kinderschuhen steckt, ist die große Einsatzbereitschaft, positive Beziehungsgestaltung und Flexibilität der Schulleitung und Lehrkräfte doppelt hervorzuheben. Das lässt hoffen, dass die Beschulung von Flüchtlingskindern gelingen kann und ihnen die Perspektive eröffnet wird, Anschluss an die deutsche Gesellschaft zu finden. Mir scheint die Passung zwischen den Bildungsmöglichkeiten der UMA (Unbegleitete Minderjährige AusländerInnen) und Standards des Bildungssystems noch unzureichend. Die Arbeit ist dadurch erschwert: Es fehlt an klaren curricularen Vorgaben und deren Verankerung in Rahmenlehrplänen. Im Schulalltag mit UMA spielt die wachsende Heterogenität in den Klassen eine wichtige Rolle. Durch meine Lehrtätigkeit wurde mir deutlicher bewusst, dass Einzelschicksale eine weit gewichtigere Rolle spielen, als gemeinhin angenommen. Für die Anpassung des Bildungssystems sollten neue Lösungswege aus der Zusammenarbeit der politischen Akteure mit anderen

Entscheidungsträgern, auch in der Wirtschaft, entwickelt werden. Nur gemeinsam werden Regelungen und Richtlinien für die Beschulung und berufliche Qualifizierung von Flüchtlingen entstehen, die die Schulen in die Praxis umsetzen werden.

Schulleiter

Sie sind Schulleiter in einer Berufsschule in der Region. Können Sie einen kurzen Überblick über die Entstehung von Flüchtlingsklassen an Ihrer Berufsschule geben?

Die ersten Flüchtlinge kamen im Sommer 2014 an unsere Schule. Das war die Zeit, als die Flüchtlingswelle immer größer wurde. Als Berufsschule, die Teil einer Jugendhilfeeinrichtung ist, waren wir für die Jugendämter die ideale Stelle für die Unterbringung unbegleiteter minderjähriger Flüchtlinge (UMA). Die Jugendämter aus der Region fragten uns deshalb an, ob wir für Jugendhilfemaßnahmen Plätze frei hätten. Zu Anfang kamen die ersten Flüchtlingskinder von grenznahen Regionen in Baden. Dort kam man schon im Jahr 2014 bald über die Kapazitätsgrenze.

Wir haben anfangs vier Jugendliche in unsere sogenannten VAB-Klassen (Vorqualifizierungsjahr in Arbeit und Beruf) integriert, da es die heute gängigen VABO-Klassen noch nicht gab. Dort haben wir versucht, die Flüchtlinge innerhalb der Regelklasse differenziert zu beschulen. Das lief bis Winter 2014. Da wir bis dahin schon acht Schüler aufgenommen hatten, haben wir die Gruppen geteilt, in eine Klasse mit ausschließlich deutschsprachigen Schülern in einer VAB-Klasse und in eine für Flüchtlingskinder (VABO). Aus dem Stundenpool musste ich dann sehen, wie ich zurechtkomme, weil die Finanzierung noch nicht vom Regierungspräsidium abgeklärt war. Auch wir sind bald schon nach Einführung der VABO-Klasse an unsere Kapazitätsgrenzen gestoßen, woraufhin wir hausintern beschlossen haben, nur noch solche Flüchtlingskinder aufzunehmen, die aus dem Rhein-Neckar-Kreis kommen.

Das heißt, sie wurden von Jugendämtern direkt angesprochen?

Unbegleitete minderjährige Flüchtlinge sind nach ihrer Registrierung jugendschutzrechtlich in Obhut zu nehmen. Da wir an unserer Schule Jugendhilfemaßnahmen, also auch eine Heimeinrichtung besitzen, war es naheliegend, dass wir die Hauptaufnahmestelle des Rhein-Neckar-Kreises werden würden. Wir hatten außerdem offene Heimplätze zur Verfügung.

Wir bekommen für jeden Flüchtling eine Kopfsatzbezuschussung, das bedeutet, das Land zahlt für jeden UMA einen gewissen Betrag für die Beschulung. Das sind rund 680 Euro pro Jahr. Mit diesem Geld muss ich auskommen, um eine Klasse zu bilden, einen Stundenplan zu stellen und eine Klasse zu führen. Praktisch bedeutet das für mich, Lehrkräfte und Sachkosten zu bezahlen, auch Heizung und Miete. Am Ende ergibt das eine Klasse mit durchschnittlich 18 bis 21 Jugendlichen. Diese Richtlinie wurde im März 2015 erlassen, zuvor gab es noch eine Ausnahmegenehmigung, sodass die UMA in gemischten VAB-Klassen mitbeschult werden durften.

Wie erfolgt die Schulanmeldung von unbegleiteten minderjährigen Flüchtlingen?

Das geht recht unbürokratisch. Wenn ein Jugendlicher vom Jugendamt aufgenommen wird, wird er gleich bei uns eingeschult, auch um der Aufsichtspflicht gerecht zu werden. D. h. wir nehmen die Flüchtlinge gleich in den Unterricht mit rein.

Ich habe ein Konzept entwickelt für die Flüchtlingsklassen. Jetzt kommen allerdings wieder neue Richtlinien raus, an die wir uns anpassen müssen. Früher orientierte sich alles an den regulären VAB-Klassen mit einer Klassenstärke von 28 bis 33 Schüler. Mittlerweile geht man zurück auf 20 bis 25, weil die Behörden merken, dass das zu viel ist. Wir haben Analphabeten, wir haben Alphabetisierungen durch Koranschulen, das bedeutet, die Flüchtlinge können auf Arabisch lesen und schreiben. Es gibt Jugendliche, die sind drei Jahre in die Schule gegangen, oder andere, die sind acht Jahre in die Schule gegangen. Es gibt verschiedene Bildungshintergründe, das muss differenziert werden. Aber das ist kaum machbar. Optimale Förderung ist das nicht.

Mit welchen Institutionen arbeiten Sie zusammen?

Die Lehrer gehen in die Wohngruppen und übernehmen einige Schüler. Mit den Erziehern können wir uns über einzelne Schüler besprechen und schauen, wie sich die Integration entwickelt. Wir haben hier kurze Wege. Ein regelmäßiger Austausch ist konzeptionell vorgesehen. Das ist aber nirgendwo festgeschrieben, das hat sich so eingebürgert. Dann gibt es das Hilfeplangespräch mit dem Jugendamt. Der Vormund des Flüchtlings ist dabei und das Jugendamt als Geldgeber. In diesem Gespräch können wir für jeden einzelnen Flüchtling die nächsten Schritte besprechen. Oft geht es um Fragen des Aufenthalts und der weiteren Beschulung.

Nach welchen Richtlinien werden unbegleitete minderjährige Flüchtlinge unterrichtet?

Es sollten Lehrpläne und Curricula für Flüchtlinge entwickelt werden. Wir warten aber noch darauf. Was wirklich wichtig wäre, ist ein Stoffverteilungsplan oder Lehrplan für die Sprachniveaus A2 und B1, oder eine Art Lehrplan, dass wir eine Richtlinie haben, wie wir am besten vorgehen.

Welche Unterstützungssysteme gibt es für Sie?

Es gibt einen regionalen Arbeitskreis im Regierungsbezirk Karlsruhe. Da sind wir nicht drin, das haben wir zu spät erfahren. Aber wir haben befreundete Kollegen, daher kriegen wir Informationen. Dann haben wir vom Kreis aus eine Fortbildung zum Thema Traumatisierung besucht, ich habe außerdem Kontakte zu den öffentlichen Berufsschulen. Wir müssen sehen, wie wir zurechtkommen. Im Grunde sind wir auf die Initiative im Kollegium angewiesen.

Gelingt individuelle Förderung?

Aus unserem Stundenpool nehme ich Stunden von anderen Maßnahmen in die Flüchtlingsklassen rein, damit ich die Klassen teilen kann. Aus dem normalen Stundenplan und der Kopfsatzbezuschussung ist das schwer, da wären wir auf zusätzliche Hilfe angewiesen. Es ist eine Kunst, eine Gratwanderung. Was dazukommt, sind die ehrenamtlichen Studierenden, die unterstützen uns in der individuellen Förderung. Gute Erzieher tragen auch dazu bei, es geht nicht überall, aber in Einzelfällen klappt das bereits gut.

Können Ihrer Meinung nach Flüchtlingskinder chancengleich gefördert werden?

Nein, auf keinen Fall, das liegt schon in der Natur der Sache. Das Bildungssystem ist für alle offen, aber es wird keiner noch einmal acht Jahre auf die Schule gehen, die meisten hören früher auf. Die Chance besteht eben nicht, weil sie in einer ganz anderen Lebenszeit hierher kommen und wir eigentlich gar nicht darauf vorbereitet sind. Wir haben kein geeignetes Bildungssystem, weil sie fast erwachsen zu uns kommen, die Sprache nicht kennen und in den Naturwissenschaften keine Vorbildung haben.

Welchen Abschluss streben Sie in der Beschulung von Flüchtlingen an?

Es gibt die Möglichkeit, das VABO einjährig und zweijährig zu besuchen, und dann sollte eine VAB-Maßnahme anschließen. Aber ein Analphabet oder Koranschüler kann noch nicht einmal die Grundrechenarten. Im VAB werden die Schwerpunkte Mathematik und lernfeldbezogenes Lernen eingeführt. Im Anschluss daran soll der Schüler den Hauptschulabschluss machen. Es ist utopisch zu glauben, dass das ein Schüler in zwei Jahren schaffen kann. Das ist der Wunsch der Politiker, aber die Realität sieht ganz anders aus. Er braucht fünf oder sechs Jahre dafür, wenn er motiviert und kognitiv stark ist. Wir haben sehr motivierte Jugendliche. Aber es gibt auch welche, die nicht gut lernen, die nicht motiviert sind, die keine Lust auf Schule haben. Auch mit ihnen müssen wir umgehen.

Wie viele Jugendliche schaffen einen Abschluss und kommen in die Ausbildung?

Wir sind gerade dabei, das zu beobachten. Eine Gesellenausbildung zu machen, wird schwer für Flüchtlinge, da wird ja ein guter Hauptschulabschluss oder ein mittlerer Realschulabschluss vorausgesetzt. Es wird in Lernfeldern unterrichtet, in eigenverantwortlichem Arbeiten, in Teams, das fordert ja schon unsere guten Hauptschüler. Die Flüchtlinge wollen aber so schnell wie möglich in Arbeit kommen oder eine Ausbildung machen. Deswegen empfehlen wir eine reduzierte Ausbildung. Sie ist sprachlich einfacher, von

der Komplexität der schriftlichen Aufgabenstellung her lange nicht so an-
spruchsvoll wie eine Gesellenausbildung. Wenn einer nach zwei Jahren wirklich durchstartet, kann er die volle Gesellenausbildung machen. Wir merken aber, die wollen nicht ewig in die Schulen gehen, sondern so schnell
wie möglich Geld verdienen. Flüchtlingskinder können nicht nochmal vier
oder fünf Jahre in die Schule gehen, sondern hören irgendwann auf und
gehen zum Arbeitsamt und beziehen Hartz IV. Wir haben zwei Jugendliche, die über zwei Jahre bei uns im VAB sind, sehr intelligente und aufge-
weckte Schüler. Sie sollen demnächst den Hauptschulabschluss versuchen.
In Deutsch wird es knapp, aber das wird sich zeigen. Wir probieren es, sie
sollen die Möglichkeit bekommen.

Die Flüchtlingskinder müssen eigentlich nur die Bereitschaft mitbringen, dass sie hier bleiben, und dass sie das lernen, was wir ihnen anbieten.
Viele haben Probleme mit der neuen Umgebung. Anpassungskompetenz ist
sehr wichtig und Disziplin. Wir haben die Erfahrung gemacht, dass gerade
Flüchtlingskinder aus Syrien große Probleme hatten, sich hier einzugliedern.
Ich kann Ihnen nicht genau sagen, woran das liegt, vielleicht ist es Erziehung. Mit Kindern aus Afrika haben wir oft bessere Erfahrungen gemacht.

Gibt es kulturelle Herausforderungen im Schulalltag?

Ich habe eine Stunde in der Klasse, da sollen sie Fragen formulieren, was
sie gerade bewegt. Da kommen immer kulturelle Fragen. Wie es zum Beispiel in der Armee ist. Der Jugendliche, der diese Frage gestellt hat, kommt
aus Schwarzafrika. Da sind Milizen und Paramilitärs unterwegs, dort geht es
ziemlich gesetzlos zu. Der Schüler hat sich dafür interessiert und die anderen
auch. Ich merke, wenn wir über unsere Kultur, unsere Art des Zusammenlebens sprechen, dass die das aufsaugen. Und dann spricht man auch darüber.
Aber von den Jugendlichen selbst kommt oft nichts. Ich frage nach, wie es
in Afghanistan oder Gambia ist, dann kommt was. Aber mit unserer Kultur
sind die Jungs absolut überfordert. Mancher Frust zeigt sich in Aggressionen,
dieser Frust und die Aggression lassen in dem Maße nach, wie sie Deutsch
lernen. Da dachten wir erst, die Schüler wären traumatisiert und dadurch
aggressiv, aber eigentlich war es die Kommunikation, die gefehlt hat.

Wir müssen da viel mehr mit ihnen arbeiten. Ich habe beispielsweise
die Nachkriegszeit behandelt. Da haben die Jugendlichen gestaunt, wie das
Ganze sich entwickelt hat, und dadurch verstehen sie auch, wo wir eigentlich stehen und warum Deutschland so reich ist. Wie die Leute miteinander
umgehen, wie freizügig die Menschen hier sind, in der Sprache, in der Me-
dienlandschaft oder im Kleidungsstil. Aber da müssen wir viel dran arbeiten.
Und die Jugendlichen da abholen, wo sie sind. Sie müssen das mit ihrem
Background in einen Einklang bringen. Sonst kommen wir schnell in eine
Sackgasse und enden in Vorwürfen: „Die sollen doch …, sie müssen doch",
was man so an Stammtischen hört. So funktioniert das nicht.

Wie beurteilen Sie die Bedeutung der Religion der UMA?

Wir machen die Erfahrung, dass die Jugendlichen kaum religiöse Praktiken haben.

Denken Sie, dass eine integrative Beschulung in Regelklassen eine bessere Alternative wäre?

Also, der direkte Kontakt ist wichtig. Aber mit 20 Schülern kann ich das nicht machen. Denkbar wäre eine Patenschaft durch deutsche Schüler. Sie haben kaum Kontakte, meine Empfehlung war immer, dass die Schüler in Vereine gehen. DLRG, Fußball, THV, Rotes Kreuz, Handball, irgendetwas, einfach rein und sich mit den Deutschen auseinandersetzen. Im Moment gleicht das gesellschaftliche Leben der Flüchtlinge eher einem Ghetto.

Wo sehen Sie erste Erfolge?

Wir haben positive Erfahrungen gemacht, was die Motivation betrifft. Die allermeisten möchten sich bilden und tun ihren Teil dazu. So, wie es momentan läuft, wo sich der Schulalltag einspielt, läuft es sehr gut. Es ist ein entspanntes Arbeiten.

Was müsste sich systemisch verbessern?

Die Klassengröße müsste sich verringern. Wenn ich eine Klasse von 18 oder 20 Jugendlichen mit fünf verschiedenen Bildungshintergründen und Deutschniveaus habe, dann geht es mit der individuellen Förderung nur schwer voran. Es gibt auch Ressentiments verschiedener Ethnien innerhalb einer Klasse. Beispielsweise zwischen Schwarzafrikanern und Afghanen. Wenn ich es locker angehe als Lehrer und interaktive Situationen schaffe, dann wächst die Bereitschaft. Aber es kommt auch vor, dass die Situation überkocht.

Es hat sich schon etwas geändert, da ich jetzt eine Lehrerin habe, die Erfahrung im Fremdsprachenbereich hat. Wir bräuchten mehr Kapazitäten für Teamteaching, dass man auf die Schüler gezielt eingehen kann. Aber der Schlüssel ergibt sich aus den finanziellen Vorgaben. Wir haben als Privatschule Schulgeld zu beziehen, da haben wir einen Nachteil. Von der Ausstattung her sind wir gut versorgt, das Zusammenwirken mit der Jugendhilfe klappt auch gut. Und ein Lehrplan sollte her. In den Universitäten sollten mehr Zusatzqualifikationen in „Deutsch als Fremdsprache" gemacht werden, dass jeder sich besser auskennt, da unsere Gesellschaft sich immer weiter und stärker durchmischt.

Klassenlehrerin in einer VABO-Klasse

Sie haben ursprünglich Berufsschüler unterrichtet, bis immer mehr Flüchtlinge kamen. Wie unterscheidet sich ihre Tätigkeit mit den Flüchtlingen?

Man merkt, dass es durch die Integration der Flüchtlinge ruhiger und geregelter zugeht. Sie haben einen positiven Einfluss auf die deutschen Schüler, die hier lernen. Und vor allen Dingen macht mir der Lehrerberuf wieder Spaß. Wie Sie hier selbst sehen können, sind die Flüchtlingsschüler sehr wissbegierig und motiviert, und das wirkt sich auch auf die anderen Schüler aus.

Ich war die Lehrerin an der Schule, die von Anfang an Flüchtlinge in der VABO-Klasse unterrichtet hat. Man hat mich da relativ alleine gelassen. Weil ich eine Fremdsprache studiert habe, ging man davon aus, dass ich die Fremdsprachendidaktik aus dem Englischen in den Deutschunterricht übertragen kann. Es war eine sehr mühsame Zeit für mich, da ich mir erst einmal das Wissen aufbauen musste. Dadurch hat mein Unterricht aber eine neue Qualität bekommen, da ich mich noch einmal völlig neu einarbeiten musste. Da kam von außen eigentlich nicht viel, ich bekam die Flüchtlinge zugewiesen und hatte sie zu unterrichten.

Wie beurteilen Sie die kulturelle Integration der Flüchtlinge, können Sie dazu eine Aussage treffen?

Am Anfang gibt es sicherlich ein Anpassungsproblem. Flüchtlingskinder bringen einfach eine andere Mentalität mit sich. Wenn ich aber merke, wie sie ticken, kann ich mich als Lehrperson darauf einstellen. Beispielsweise sind die Meisten in einer Koranschule sozialisiert worden. Das ist eine ganz andere Welt. Da ist sicherlich noch Bedarf, beispielsweise bei Fragen zu Geschlechterrollen. Dazu habe ich immer wieder Unterricht gehalten und mithilfe eines Übersetzers erklären lassen, dass ich als weibliche Lehrerin in Deutschland genauso respektiert werde, wie ein männlicher Lehrer. Ich denke, der wichtigste Punkt ist, den einzelnen Schülern aus verschiedenen Herkunftsländern mit Respekt zu begegnen, auch im Hinblick auf ihre Kultur. Dann treten Auseinandersetzungen in Bezug auf kulturelle Unterschiede kaum auf, sie handeln dann in der Regel auch respektvoll und wertschätzend. Ich muss als Lehrkraft bei mir selbst anfangen und von Anfang an respektvoll mit den Flüchtlingen umgehen, dann gibt es keine Probleme in Bezug auf die Akzeptanz unserer Kultur in Deutschland. Meine Erfahrung ist, dass es immer dann Probleme gibt, wenn wir als Lehrer oder Erzieher selbst mit wenig Verständnis auf die Schüler reagieren.

In welchen Fächern unterrichten Sie Flüchtlinge?
Welche Kompetenzen verfolgen Sie mit ihrem Unterricht?

In den Flüchtlingsklassen trimmt man die Schüler auf die deutsche Sprache, selbst wenn Sie Mathematikstunden haben, dann geschieht dies unter der Prämisse des Spracherwerbs. Im Fach „Lebensbezogene Kompetenz" (LBK) bin ich um praktische Tätigkeiten bemüht, d. h. ich mache Exkursionen mit meinen Schülern, damit sie die Stadt kennenlernen. Sie dürfen ihre Bücher in der Bibliothek bestellen oder ich gehe mit ihnen einkaufen. Ich versuche dies immer mit dem Deutschunterricht zu verknüpfen. Beim Thema Bürgerbüro bietet sich an, mit den Flüchtlingsschülern die Stadtverwaltung kennen zu lernen.

Sie arbeiten mit Flüchtlingskindern, die neben schwierigen schulischen
Voraussetzungen auch problematische Erfahrungen mitbringen.

Es kam schon zu Auseinandersetzungen und Zusammenstößen. Aber ob das mit der Flucht zu tun hat oder mit einer möglichen Traumatisierung, kann ich nicht genau sagen. Die Jugendlichen reden über ihre Vergangenheit nur sehr wenig. Da halten sie sich bedeckt und verschlossen. Oft kristallisiert sich aber heraus, dass problematische Verhaltensweisen aus einer Hilflosigkeit in Bezug auf die Sprache entstehen. Den Jugendlichen geht es oft sehr viel besser, wenn sie sich auf Deutsch verständigen können.

Welche Unterstützungsmaßnahmen können Sie in Anspruch nehmen?

Zu Anfang gingen die UMA, wie andere Flüchtlinge, in die Volkshochschule. Nachdem immer mehr Flüchtlinge ankamen, kam dann der Gedanke auf, dass man eine Beschulung an unserer Schule anbieten könnte. Das passierte von heute auf morgen, ohne Vorwarnung. Weil nach der neuen Gesetzgebung Minderjährige nicht mehr ins Flüchtlingsheim dürfen, haben wir sie in unsere Heimeinrichtung integriert. Da sie morgens keine Betreuung durch Erzieher haben, war es auch naheliegend, dass die Flüchtlingskinder an der Schule teilnehmen. Ich habe keine großen Unterstützungen bei meiner Arbeit erfahren. Die Lehrkräfte mit einem mathematischen Schwerpunkt kamen nicht in Frage und ich mit meiner Fremdsprachenausbildung war dann am Geeignetsten. Später konnte ich an einer Fortbildung teilnehmen, aber da hatte ich bereits einige Monate Flüchtlinge unterrichtet und mir bereits einiges erarbeitet.

Wie können sich die Flüchtlinge hier für den Arbeitsmarkt qualifizieren?

Wir stoßen hier permanent an unsere Grenzen. Ein Hauptschüler hat neun Jahre Zeit, bis er den Hauptschulabschluss macht. Die Flüchtlingskinder sollen jetzt innerhalb von zwei Jahren den Abschluss schaffen. Das ist mehr als ein Turboabitur. Das zu fordern, geht eigentlich nicht. Wir streben deshalb erst einmal die Sprachprüfung auf dem A2-Niveau an. Was man von den Flüchtlingskindern in Bezug auf den Hauptschulabschluss verlangt, ist absurd. Kürzlich haben wir Musterprüfungen vom Regierungspräsidium bekommen. Ein kleiner Teil der Flüchtlinge wird sie vielleicht schaffen, aber im Grunde sind die Anforderungen viel zu hoch und gehen an der Realität vorbei. Man merkt, dass das Prüfungsformat am Schreibtisch entstanden ist und nicht aus reellen Herausforderungen.

Können die Flüchtlinge mit einer bestandenen Sprachprüfung,
beispielsweise mit dem A2-Niveau, eine Ausbildung beginnen?

Daran arbeiten wir im Moment. Es ist so, dass wir Gespräche führen mit der Agentur für Arbeit und den Handwerkskammern. In unserer Schule schaffen die meisten Schüler die Qualifikation zur Hauptschulprüfung nicht. Auch der Gewerkschaftsbund macht momentan einen Aufruf an die Politik, dass die nötigen Voraussetzungen für Flüchtlingskinder geschaffen werden. Beispielsweise könnten die Flüchtlinge eine sogenannte reduzierte Ausbildung machen, was das richtige für sie wäre. Das bedeutet, dass der Ausbildungsstoff sprachlich und fachlich so heruntergebrochen ist, dass sie auch mit wenig Deutschkenntnissen die Chance auf eine erfolgreiche Ausbildung hätten. Diese Ausbildungsform ist ursprünglich für Auszubildende mit Lernstörungen oder anderen Beeinträchtigungen entwickelt worden. Das Problem ist, dass dieser Ausbildungsgang nur mit einer Testung der Agentur für Arbeit bewilligt werden kann. Die Tests wurden aber für deutschsprachige Auszubildende entwickelt, d. h. dem Flüchtling fehlen die sprachlichen Voraussetzungen, daran teilzunehmen. Man wehrt sich auch dagegen, dass Flüchtlinge an dieser Maßnahme teilnehmen können, weil sie in der Regel keine kognitiven Einschränkungen haben. Und die Handelskammern rücken von ihren Prüfungsordnungen nicht ab. Darum werden jetzt von unserer Seite Gespräche geführt, dass sich etwas bewegt. Es gibt Schüler, die in der Lage wären, eine Ausbildung zu machen. Aber wir können sie nicht aufnehmen, weil sie den regulären Hauptschulabschluss nicht schaffen, in dem sie Inhaltsangaben oder Berichte schreiben müssen. Jemand, der erst seit einem Jahr in einem Land lebt, kann keine Erzählung schreiben oder eine Stellungnahme, das muss man doch einsehen.

Wir sind hier ein bisschen im Einzelkämpfertum gefangen, aber wir versuchen uns gegenseitig mit Material zu unterstützen. Alles was den Schulunterricht betrifft, verantworte ich in der Regel selbst. Erst einmal habe ich lehrwerksunabhängig unterrichtet und nur mit selbst gesammeltem Material von Leuten, die in der Flüchtlingshilfe arbeiten. Die Einführung eines Lehrplans wäre in jedem Fall eine Erleichterung. Allerdings hoffe ich dann, dass er von Leuten konzipiert wird, die die Lebenssituation der Flüchtlinge berücksichtigen. Viele Lehrwerke und Materialien wurden von guten Didaktikern entwickelt. Aber es geht oftmals an der Lebenswirklichkeit eines Flüchtlings vorbei. Beispielsweise hat ein Flüchtling heute Morgen eine

Englischarbeit im Rahmen der Hauptschulprüfung geschrieben. Der Schüler
sollte einen Kommentar zu der These „Geburtstagspartys sind langweilig"
schreiben. Der Jugendliche las die Aufgabe und kam auf mich zu, weil er
nicht wusste, was eine Geburtstagsfeier ist. So finden Sie in Deutschbüchern
Themen wie Urlaubsreisen oder ähnliches. Die meisten Flüchtlinge wissen
überhaupt nicht, was das ist. Verstehen Sie, das geht einfach an der Realität der Menschen vorbei. Ich habe deswegen Texte oft selbst geschrieben,
damit sie ins Weltbild der Schüler passen. Auch Didaktiker brauchen eine
sogenannte kulturelle Kompetenz für ihre Arbeit, nicht nur die Flüchtlinge.

Die Flüchtlingskinder sind neben der Schule in Wohngruppen untergebracht.
Wie arbeiten Sie mit den Erziehern dort zusammen?

Wir gehen jeden Monat in die Wohngruppen zu den Schülern. Dort sehe ich,
dass die Flüchtlingskinder in ihrem täglichen Leben weitaus mehr Probleme
zu bewältigen haben, als in der Schule. Es geht beispielsweise immer wieder
um Fragen wie Essgewohnheiten oder ähnliches. Die Jugendlichen kennen
es nicht, Brot zu essen oder morgens mit Käse oder Wurst zu frühstücken.
Man erwartet, dass sich die Flüchtlingskinder an unsere Gewohnheiten anpassen und leben wie wir. Das finde ich schade. Aber ich werde mich hüten,
mich da einzumischen. Ich denke, man könnte viel öfter Kompromisse machen.

Wie geht es den Jugendlichen?

Einige sind zufrieden und andere ziehen weiter. Wir hatten einen hohen Zugang von Somaliern, bis auf einen sind alle wieder weg. Wenn die Jugendlichen keinen Anschluss finden, dann reißen sie aus. Ich merke, dass sich bei
Flüchtlingen mit der Zeit Frust anstaut. Das hat nicht nur etwas mit ihrem
teilweise unsicheren Aufenthaltsstatus zu tun. Es geht auch darum, dass Jugendliche keine sichere Perspektive im Hinblick auf ihre Ausbildung haben.
Ich versuche meinen Schülern zu vermitteln, dass ich mich darum kümmere,
was sie bewegt, das brauchen diese jungen Menschen. Die Flüchtlinge sind
in der Pubertät. Genauso wie unsere deutschen Schüler erleben sie eine unsichere Phase der Reifung, nur den Flüchtlingen gesteht man das oft nicht
zu. Sie haben sich oftmals unter schweren Bedingungen an unsere Vorstellungen anzupassen. Das kann dazu führen, dass Flüchtlinge sich hier nicht
optimal integrieren und ausreißen.

Der Lernfortschritt der Schüler ist auf jeden Fall der größte Erfolg für
mich. Bis vor einem halben Jahr hatten wir hier 13 Nationen in einer Klasse,
da hat es geklappt, dass wir uns auf Deutsch verständigen konnten. Es ist
auf jeden Fall ein Problem, wenn die Schülerschaft zu homogen wird. Der
Spracherwerb klappt dann nicht mehr so gut, weil die Schüler in ihrer Sprache miteinander sprechen. Ich kann sagen, je durchmischter die Schülerschaft ist, desto größer sind die Lernerfolge. Am Anfang ist der gesonderte

Unterricht aber sicherlich die beste Methode für den Einstieg in das Schulsystem.

Was müsste sich strukturell verbessern?

Klare Vorgaben und Richtlinien, was die Ausbildungsmöglichkeiten der Schüler betrifft. Auch für uns Lehrer sind solche Vorgaben unbedingt wichtig, dann könnten wir mit unserem Unterricht auf mittelfristige Ziele hinarbeiten. Außerdem brauchen wir eine vereinfachte, reduzierte Ausbildung. Wir schaffen es nicht, in so kurzer Zeit ein Flüchtlingskind auf den Hauptschulabschluss zu prüfen. Einige haben in diesem Punkt falsche Vorstellungen, wenn sie ankommen. Sie denken oft, dass es reicht, ein bisschen Deutsch zu können, um hier zu arbeiten. Dass man in Deutschland für die Ausbildung zum Friseur drei Jahre in die Berufsschule muss, können die Schüler nicht verstehen. Im Grunde müssen wir unsere deutsche Gründlichkeit überdenken, wir müssen mehr Flexibilität zeigen. Unser System kommt in vielerlei Hinsicht ins Wanken. Auch unser Ausbildungssystem muss flexibler werden, zum Beispiel im Hinblick auf unsere Ausbildungsordnung. Dieses System frustriert die Schüler tagtäglich, dabei sind die allermeisten sehr zugänglich und interessiert. Aber ich vermute, dass das auch kippen kann. Deswegen müssen wir Wege finden, den Flüchtlingen eine faire Chance auf dem Arbeitsmarkt zu ermöglichen.

Lehrer in der VABO-Klasse

Sie haben Berufsschüler unterrichtet, bis immer mehr Flüchtlinge in die Region kamen. Heute unterrichten sie neben ihrer normalen Schulklientel junge unbegleitete Flüchtlinge. Wie standen Sie den Veränderungen in der Schule gegenüber, wie würden Sie das beschreiben?

Ich habe ursprünglich Berufsschullehramt mit Fachrichtung Fahrzeugtechnik und Physik studiert. Als ich dann hier angefangen habe, habe ich 70% meiner Deputatsstunden in Flüchtlingsklassen gehabt. Ich habe mich anfangs schwer getan, weil ich nicht wusste, wie ich es angehen soll. Ich habe mich aber relativ schnell eingefunden, weil die Schüler schon auf einem guten Stand waren und von den Lehrern vorbereitet wurden. Vorher konnte ich es mir nicht so richtig vorstellen, jetzt unterrichte ich die Flüchtlinge lieber als die anderen. Ich habe es auf mich zukommen lassen, unvorbereitet und neugierig. Jetzt finde ich es super.

Wie hat sich Ihre Arbeit verändert, seitdem Sie Flüchtlinge unterrichten?

Da sind Welten dazwischen, die Berufsschüler haben in der Regel mindestens neun Jahre Schulerfahrung, die notwendig sind für eine Berufsausbildung. Und sie haben eine gewisse Disziplin, sie wissen, wie man in Gruppen arbeitet, kennen Methoden. Berufsschüler sind selbstständiges Arbeiten gewöhnt. Die Flüchtlinge kennen allenfalls frontalen Unterricht, Gruppenarbeiten haben sie nie kennen gelernt. Man merkt, dass sie einen viel strengeren Unterricht gewöhnt sind, in dem keiner reden darf. Die Flüchtlinge muss man deswegen frontal unterrichten. Es gibt große Unterschiede in Bezug auf den Bildungsstand in der Klasse, das kann man nicht mit Berufsschülern vergleichen.

In welchen Fächern unterrichten Sie Flüchtlinge?

Im Moment nur noch Deutsch. Ich möchte, dass sie Personalpronomen unterscheiden, dass sie Verben konjugieren, sich mit wenigen Worten ordentlich ausdrücken können. Dass sie „ich gehe zum Arzt" sagen können und nicht „ich gehen Arzt". Dass sie lernen, ordentliche Sätze zu formulieren. Wir haben hier noch die Fächer Mathe und LBK („Lebensbezogene Kompetenz"). Mathematische Kompetenzen, die eigentlich allen Flüchtlingen fehlen, sind wichtig für eine weitere Ausbildung. Auch kulturelle Unterschiede in Deutschland sollten sie verstehen, warum Männer und Frauen gleichberechtigt sind, warum man Respektpersonen mit „Sie" anspricht, was mit Feiertagen ist. Das alles versuche ich im Unterricht zu vermitteln. Sie müssen nach und nach lernen, sich in dieser Gesellschaft zurecht zu finden. Dafür braucht man nicht nur die Sprache.

Wie hat man Sie auf die neue Situation vorbereitet?

Vorbereitet wurde ich nicht, aber das Kollegium hat mich mit Materialien unterstützt. Ich habe einfach an einem Montagmorgen hier angefangen. Was Fortbildungen betrifft, habe ich nichts gehört. Es gibt keinen Lehrplan. Ich orientiere mich am Sprachniveau A2. Afghanen und Syrier, die tun sich schwer, weil sie Arabisch sprechen und die Schriftzeichen nicht kennen. Und dann gibt's die Jungs aus Afrika, die Abitur in ihrem Land gemacht haben. Mit ihrem Englisch kommt man schneller weiter, weil sie eine Grammatik abseits der afrikanischen Sprachen beherrschen.

Momentan haben wir 20 Schüler, acht VABO-Anfänger, acht im VABO und vier im VAB. Das VAB ist eine Klasse mit deutschen Schülern. Wünsche meinerseits wären, die UMAs in reduzierte Ausbildungen zu bringen, was derzeit noch nicht funktioniert. Teilweise klappt das in anderen Städten, es hängt von der Arbeitsagentur ab. In Freiburg können Schüler aufgrund von Traumatisierungen mit psychologischen Gutachten in diese reduzierten Ausbildungen kommen. Bei uns würde das gehen, wenn die Agentur für Arbeit und das Jugendamt mitmachen würden. Aber das ist regional von den jeweiligen Behörden abhängig. Normale Ausbildungen gehen nicht, weil mathematische und sprachliche Fähigkeiten nicht so schnell gelernt werden können. Wir haben momentan einen Schüler, der in der Metallausbildung mitläuft, aber inoffiziell, weil die Unterlagen bei der Ausländerbehörde seit

Monaten nicht bearbeitet werden. Wir wollten ihm die Chance geben. Die reduzierte Ausbildung geht auch drei Jahre, aber inhaltlich verkürzt. Man hat die Möglichkeit, hinterher ein Jahr anzuhängen. Unsere Schule gibt im Prinzip die Möglichkeit, von der Ankunft bis zum Abschluss sich in den deutschen Arbeitsmarkt zu integrieren.

Gibt es Schüler, die traumatisiert sind?

Ich weiß, dass sie wahrscheinlich Grausames erlebt haben, aber bisher wurde das nicht thematisiert, weil es nicht nötig war. Wie und ob die Schüler psychologisch behandelt werden, weiß ich nicht.

Mitarbeiter aus der Erziehungshilfe

Als Erzieher arbeiten Sie seit 12 Jahren in dieser Einrichtung.
Vielleicht können Sie kurz erklären, welche Aufgabe Sie hier haben.

Unsere Wohngruppe hat acht Jugendliche, davon drei unbegleitete minderjährige Flüchtlinge, drei Schüler und drei Auszubildende. Früher waren es nur Auszubildende im Alter zwischen 16 und 18, mittlerweile hat sich das geändert. Die Jungs werden rund um die Uhr betreut, auch in den Ferien. Ansonsten gehen sie morgens um acht aus dem Haus, haben bis 14 Uhr Schule und dann sind wir da. Das ist der Tagesablauf. Von 14.30 bis 15.40 haben wir eine Lernstunde, in der wir versuchen, die deutsche Sprache und alltägliche Dinge zu vermitteln, was man eben im Leben so braucht.

Können Sie beschreiben, wie sich Ihre Arbeit mit dem Zuzug von UMA
geändert hat?

Auf jeden Fall ist das ein riesengroßer Unterschied. Wenn sie kein Englisch sprechen, verstehen sie oft die einfachsten Dinge nicht. Es gibt Gruppenregeln, dort treffen Welten aufeinander. Einem Jugendlichen aus Somalia zu erklären, dass er abends nicht so lange Ausgang hat, wenn er morgens nicht pünktlich aufsteht, ist schwierig. Wenn er dazu noch kein Englisch spricht, geht es nur mit Händen und Füßen, mit Bildchen oder Einkaufslisten bestehend aus Bildchen von Werbeprospekten. Weil sie sich in die Gruppe integrieren sollen, müssen sie mitmachen. Bei Arztbesuchen oder Amtsbesuchen werden sie begleitet.

Wie erfolgt die Schulanmeldung?

Das machen wir. Der Vormund segnet das nur ab und wird informiert.

Sie haben Regeln angesprochen. Wie sehen die aus?

Es sind dieselben, wie bei den Deutschen. Es ist nur unheimlich schwer, den UMA das beizubringen. Beispielsweise ist es eine Regel, bis 6.45 Uhr dem Erzieher Guten Morgen zu sagen und sich zu melden. Macht man das nicht, gilt man als verschlafen. Das heißt, man hat abends eine Stunde weniger Ausgang. Normalerweise haben die Jugendlichen bis zehn Uhr Ausgang. Dann geht es auf die Zimmer, Elektrogeräte sind um 23 Uhr aus. Putzdienste machen sie im Allgemeinen sehr reinlich. Die UMA sind eigentlich reinlicher als die deutschen Jugendlichen. Ich denke, sie haben schon ein bischen einen Stolz, auf ihr Zimmer, ihr Bett, ihren Schrank, ihren Stuhl, ihren Tisch. Und das wird gut behandelt, respektvoll behandelt. Was man bei den Deutschen weniger erlebt. Wenn wir jemanden aus Somalia oder Gambia haben, sind sie den Standard von hier sicher nicht gewöhnt. Das ist Luxus für sie. Und das wird gepflegt.

Gibt es besondere Herausforderungen?

Es geht los mit dem Essen. Wir werden vom Jugendamt sehr knapp gehalten. Wir bekommen 1,10 Euro für ein Frühstück und 1,10 Euro für ein Abendessen pro Jugendlichen. Wenn wir unser Rindfleisch beim Türken holen, hat es eine viel bessere Qualität, aber es ist teurer. Teilweise haben wir Jugendliche gehabt, die traten in einen Hungerstreik, weil das Fleisch nicht „halal" war. Das ist dann schwierig. Dann sind wir zum Türken, klar, aber irgendwann geht das nicht mehr. Bei weiblichen Kolleginnen gab es auch schon Probleme, dass die Jugendlichen lautstark verkündeten, dass sie sich von Frauen nichts sagen lassen. Auch mit dem Ramadan. Wir versuchen das zu respektieren. Aber wenn es nachts losgeht, dass sie um drei aufstehen, um etwas zu essen, das wird dann schwierig mit den anderen Jungs, dann ist das ganze Haus wach. Sie dürfen es, wir dürfen da nichts sagen. In Deutschland gibt es Religionsfreiheit. Wir versuchen den Ablauf so zu gestalten, dass die anderen nicht gestört werden.

Beten UMA hier?

Das ist auch so eine Sache. Um 18 Uhr gibt es Abendessen, dann beten einige.

Wie arbeitet ihr mit der Schule zusammen?

Es gibt alle halbe Jahr ein Hilfeplangespräch. Wir wissen weniger, was in der Schule ansteht. Wir können einen Schultagesbericht im internen Schulnetz abrufen. Da steht dann aber nur, ob sie pünktlich waren, ob sie mitgearbeitet haben, wie sie sich verhalten haben. Wenn es ganz aus dem Ruder läuft, kommen die Lehrer zu uns. Dann versucht man, das mit den Jugendlichen zu klären. Auffällig ist, dass sie dann oft nichts verstehen. In meinen Augen ist das aber ein normales Verhalten.

Kriegen Sie mit, was sich die Jugendlichen hier wünschen?

Das Bild von Deutschland ist meistens: Ich komme hierher, kriege sofort Arbeit, Geld und eine Wohnung. Ich lebe praktisch im Paradies. Den Eindruck haben wir oft. Viele Afghanen denken, dass man im Tageslohnverfahren arbeiten kann, das geht hier so nicht. Ich habe einen Kollegen, einen Iraner, der bei uns die Ausbildung zum Erzieher macht, der war über seinen ersten Lohnstreifen schockiert. Da muss man die deutsche Bürokratie erklären. Es gibt große Wissenslücken. Wir versuchen, es zu erklären. Warum es bei uns viele Ärzte gibt, die guten Straßen, dass das alles mit dem Geld bezahlt wird, das die Bürger abgeben, was über die Steuer zurückkommt. Viele denken, sie kommen hierher, Deutschland stellt ihnen ein Dach über den Kopf und dann können sie arbeiten. Sie wollen Geld verdienen. Oftmals ist es auch egal, wie. Wir hatten neulich einen Jugendlichen, der ist achtzehn geworden und ist direkt gegangen. Er dachte, er könnte überall Arbeit finden. Nach drei Wochen kam er wieder und hat gemerkt, dass es anders läuft. Er wollte dann wieder zu uns kommen, aber das geht nicht, wenn man die Einrichtung einmal verlassen hat. Erst wenn sie mal ins Asylheim gegangen sind, merken sie, wie gut sie es hier haben. Wenn der Jugendliche unsere Hilfe annimmt, merkt er schon nach kurzer Zeit, dass er sich verständigen kann, seine Ängste und Wünsche ausdrücken kann, dann kommt er weiter. Wenn er sich verschließt, tritt er auf der Stelle. Erst muss Ruhe einkehren, der Jugendliche muss die Sprache lernen, um dann einen Beruf zu erlernen. Oft sind sie da ungeduldig. Was auch verständlich ist. Ich denke nicht, dass in Somalia irgendjemand eine Ausbildung genießt. Da wird kurz angelernt, man arbeitet, und wenn es nicht mehr gefällt, dann arbeitet man eben woanders.

Haben die Jugendlichen mit ihren Fluchterfahrungen Probleme?

Wir hatten einen Jugendlichen, der schnell Deutsch gelernt hat und dann nach und nach erzählte, was er alles erlebt hat auf seiner Flucht von Afghanistan. Stellenweise gruselige Erlebnisse dabei. Viele erzählen, was ihnen passiert ist, und das tut denen dann gut.

Wie gestaltet Ihr Integrationsarbeit?

Es ist vor allen Dingen schwierig, Unterschiede zwischen Deutschen und UMA zu machen. Dann gibt es Stress, weil es dann heißt, die UMA dürfen mehr als die anderen. Wenn UMA beten und nicht zum Essen kommen, dann sagen die Deutschen, sie beten jetzt auch. Im Moment sind die Jungs sehr verständnisvoll, aber ich habe auch erlebt, dass es zu Rebellionen kam. Wenn der Jugendliche mitmachen will, dann klappt das in der Regel auch. Es sind immer kleine Gruppen, die sich bilden. Da merkt man, da sind Deutsche jetzt nicht erwünscht. Die kapseln sich ab. Es gab auch Auseinandersetzungen, wo Somalia gegen Eritrea kämpfte. Wir versuchen zu deeskalieren, nach Möglichkeit räumlich zu trennen. Es wäre besser, wenn die Jugendlichen in homogenen Gruppen untergebracht würden. Das wäre für die Erzieher einfacher, man hat dann nur eine Kultur, die man beachten muss, nur eine Sprache, die man versteht oder nicht. Hier haben wir einen Somalier, einen Afghanen, einen halben Portugiesen. Für die Sprache ist es besser, wenn eine Durchmischung da ist. Aber es macht auch Schwierigkeiten. Sie kriegen hier Angebote: Fußball- und Fahrrad-AG, Singen, Musik-AG, wir haben auch eine interne Dart-AG. Das wird nur mäßig angenommen. Dienstagmittag kochen wir zum Beispiel. Einige machen da sehr gerne mit, andere sagen nein, das ist Frauenzeug, machen wir nicht. Wenn man die Jungs in Vereine schicken will, wird es wieder schwierig. Da ist dann eine Regelmäßigkeit, die müssen die dann einhalten. Dann wird's schwierig.

Würden Sie sagen, dass Sie einen schweren Job machen?

Es gibt gute Tage, es gibt schlechte Tage. Die schlechten Tage würde ich nicht auf die Flüchtlinge schieben. An den Wochenenden, an denen die deutschen Jugendlichen nach Hause fahren, kann es hier erschreckend still werden. Abends um zehn ist hier Feierabend, da gehen die UMA schlafen. In der deutschen Gruppe kommt das nicht vor.

Was müsste sich strukturell verbessern am Integrationskonzept?

Ich denke, die UMA müssen besser informiert werden, wie es hier funktioniert. Über die Bürokratie, Ausbildung, Arbeitsmarkt und Steuern. Was ein Strafzettel ist, dass man einen Führerschein braucht.

Ich hätte gedacht, so etwas lernen UMA im Alltag.

Wir haben ja verhaltensauffällige Jungs, die es selber nicht auf die Reihe bringen, sich eine Fahrkarte zu kaufen, wenn sie nach Hause fahren. Von denen sollen die UMA etwas annehmen? Das wird schwierig. Von 30 UMA, die diese Gruppe durchliefen, waren 25 tip top.

Wie viele Jungs schaffen eine erfolgreiche Integration?

Weniger als die Hälfte, viel weniger. Über kurz oder lang zieht sie es alle weiter in den Norden, Schweden, dort bekommst du nach fünf Jahren die Staatsangehörigkeit. Bei vielen Jungs merke ich es, wenn sie sich erkundigen. Sie fragen dann, wie weit ist es nach Hamburg, von dort aus nach Schweden oder Norwegen. Und dann trifft es auch zu 90% zu, dass sie noch ein paar Wochen hier sind und dann abhauen.

Warum gehen UMA?

Weil man immer noch zu viel machen muss, um Geld zu verdienen. Wahrscheinlich würden die Jungs für 5 Euro ein ganzes Lager umräumen. Das würden sie machen, aber sie erkennen nicht, dass die 10 Euro morgen wieder weg sind.

Ein Junge (17 Jahre) aus Westafrika

*Du bist aus Westafrika nach Deutschland gekommen, als du 16 Jahre alt warst.
Erinnerst du dich noch, wie du dir früher das Leben in Deutschland
vorgestellt hast?*

Als ich noch in meiner Heimat war, habe ich gedacht, dass in Deutschland
alles besser wird. Ich dachte, wenn ich hier bin, dann hätte ich ein gutes
Leben, könnte in die Schule gehen und würde später vielleicht eine Arbeit
finden. Ich dachte, es würde leicht werden. Aber das läuft nicht einfach so.
In meiner Heimat gibt es das Militär, das Probleme macht. Dann hat meine
Familie entschieden, dass ich gehen muss. Wir hatten genug Geld für meine
Flucht. Ich bin in Westafrika gestartet, dann über Mali, Niger und von Libyen
habe ich ein Boot genommen, mit 70 Leuten. Das Boot war klein, aber es gab
viel zu viele Menschen. Zwei Monate und eine Woche war ich unterwegs.
Dort, wo ich nachts geschlafen habe, ist es nicht wie in einem Hotel, obwohl
man viel Geld zahlen muss.

*Jetzt bist du in Deutschland. Wie ist es dir ergangen und wie kommst du zurecht
mit den Deutschen?*

Die Kultur hier ist ganz anders als in Afrika. In Deutschland kümmert sich jeder um seine eigenen Sachen, man ist nicht so oft in Gruppen und die Leute
unterhalten sich weniger mit anderen Menschen. Hier ist es ganz anders,
aber ich würde nicht sagen, dass es schlechter ist. Ich habe in Deutschland
viele nette Menschen getroffen, an allen möglichen Orten. Ich mag die Deutschen.

Wie hast du es am Ende deiner Flucht in diese Schule geschafft?

Am Anfang bin ich in Karlsruhe angekommen, dort hat mich das Jugendamt
aufgenommen und mich später hierhergeschickt. Sie haben mich gefragt,
was ich machen will. Ich habe gesagt, dass ich Deutsch lernen will und danach einen Beruf haben möchte. Dann haben sie entschieden, dass ich hierher kommen und in die Schule gehen soll. Ich möchte die Sprache lernen
und später in einem Beruf arbeiten. Vielleicht finde ich Freunde hier. Seit kur-
zem mache ich Sport, spiele Fußball in einem Verein mit Deutschen zusammen. Jeden Tag in die Schule gehen, lernen, essen und schlafen, das ging auf
die Dauer nicht mehr. Ich habe dann einen Termin mit dem Fußballtrainer
gemacht. Sie haben ein Probetraining mit mir ausgemacht, und dann wollten sie mich haben, weil ich gut war. Zweimal in der Woche habe ich jetzt
Training und ein Spiel am Wochenende.

Hast du Hoffnung, bald in eine Ausbildung zu kommen?

Ich möchte am liebsten Maler und Lackierer lernen. Die Lehrer in der Schule
sagen, dass ich das schaffen kann. Das Jugendamt will auch gerne, dass

ich eine Ausbildung mache. Aber das Arbeitsamt sagt, dass ich erst die B2-Prüfung bestehen muss. Ich weiß nicht, ob ich das schaffen kann. Aber ich hoffe es sehr. Die Sprache ist mir am wichtigsten. Erst wenn ich gut sprechen kann, schaffe ich einen Abschluss und werde eine Arbeit kriegen. Deswegen würde ich am liebsten nur Deutschunterricht haben, es macht mir auch am meisten Spaß.

Neben der Schule bist du mittlerweile in einer Wohngruppe für minderjährige Flüchtlinge untergebracht. Wie geht es dir dort?

Es läuft gut, aber es gibt so viele Regeln, an die ich mich halten muss. Manchmal fühle ich mich wie ein Kind dort. Es wird immer gefragt, was ich mache oder wohin ich gehe. In meiner Heimat ist es anders. Es gibt viele Regelmäßigkeiten und Kontrollen und ich kann nicht einfach machen, was ich will. Ich muss alles besprechen. Den anderen in der Gruppe geht es ähnlich, aber langsam gewöhne ich mich daran.

Findest du es immer noch richtig, dass du gekommen bist?

Ja, meine Entscheidung war richtig, auch wenn es viel schwerer ist, als ich dachte. Ich bin hierher gekommen ohne Bildung. Aber ich finde es ist toll, dass ich hier die Möglichkeit bekomme, in die Schule zu gehen, wie andere Jugendliche in meinem Alter. Wenn mein Asylantrag sich entscheidet, wird es hoffentlich noch einfacher. Ich habe keine Familie hier, das belastet mich am meisten. Was auch schlimm ist, sind die Reaktionen in der Stadt, wenn die Leute mich sehen. Es ist vorgekommen, dass ich als „scheiß Asylant" beschimpft wurde.

Was wünschst du dir für deine Zukunft?

Ich möchte in drei oder vier Jahren wieder zurück zu meiner Familie gehen, wenn mein Land wieder in Ordnung ist.

Rolf Rieß

Unterricht in der Willkommenskultur. Ein Praxisbericht aus dem Bayerischen Wald

Dies ist ein völlig subjektiver Bericht aus der Improvisation des Willkommensunterrichts. Es geht mir nicht um eine Analyse der Flüchtlingspolitik und nicht um Schuldzuweisungen. Welche Spielräume die Politiker haben, weiß ich nicht, welche Dienstwege einzuhalten sind, ist mir ebenfalls unbekannt. Ich habe viel guten Willen erfahren, aber auch Unsicherheit und Phantasielosigkeit.

Zunächst will ich mich selbst vorstellen: Ich bin ein 1959 geborener Deutscher mit Eltern mit Vertreibungshintergrund aus Böhmen. Von der Ausbildung her bin ich Historiker und Gymnasiallehrer, der seit mehr als 25 Jahren am Gymnasium lehrt, seit 1995 in Grafenau in Niederbayern. Grafenau ist eine Kleinstadt, die seit dem Spätmittelalter das Stadtrecht besitzt, in den letzten Jahrzehnten jedoch stark unter Firmenschließungen, Deindustrialisierung und Abwanderung bzw. geringen Geburtenraten litt. Das Mittelzentrum hat zwar an alter Industrie verloren, vor allem in der Glasindustrie, im Dienstleistungssektor aber, besonders durch den Nationalpark Bayerischer Wald, wieder gewonnen.

Die Grenzöffnung zur Tschechischen Republik, die ca. 30 km entfernt ist, erhöhte zwar den Reiseverkehr, spielt aber im alltäglichen Leben nur eine untergeordnete Rolle. Grafenau verfügt über nahezu alle Schularten mit Ausnahme der Fachoberschule. Die nächste Universität gibt es im 40 km entfernten Passau. Die Bevölkerung ist überwiegend katholisch, mit einer kleinen protestantischen Gemeinde. Der Ausländeranteil ist gering, man ist auf den gut integrierten Italiener stolz, der schon als Einheimischer betrachtet wird, und verhält sich gegen eine pakistanische Familie tolerant, die ebenfalls eine Pizzeria betreibt. Politisch wählt der Ort vorwiegend liberal-konservativ. Die einst starke sozialdemokratische Fraktion schmilzt auch durch den Rückgang der Arbeiterschaft. Extremistische politische Akteure, vor allem im rechtsradikalen Milieu, halten sich bedeckt, sind aber als kleine vernetzte Gruppen vorhanden.

Damit sind einige soziomoralische Basisfakten benannt, die die Lage verdeutlichen, als die ersten Flüchtlinge im November 2015 in Grafenau eintrafen. Als die Flüchtlingswelle anstieg und der südliche Landkreis die Flüchtlinge nicht mehr aufnehmen konnte, hat das Landratsamt eine Turnhalle der

Stadt für die Flüchtlinge geöffnet. Sie war fortan für die Realschule und das Gymnasium gesperrt, die mit ihrem Unterricht auf Ausweichplätze ziehen mussten. Der Unterrichtsausfall hielt sich im Fach Sport aber in vertretbaren Grenzen.

Die Halle wurde von den Hausmeistern mit Hilfe des THW mit Feldbetten ausgestattet, der Zugang reguliert, und für einfache Sanitäranlagen wurde gesorgt. Der im gleichen Gebäude stattfindende Hallenbadbetrieb lief regulär weiter, den Flüchtlingen wurde der Zutritt jedoch von Beginn an versagt. Es kam also nicht zu Übergriffen, wie sie von anderen Schwimmhallen berichtet wurden. Für die Sicherheit sorgte ein privater Sicherheitsdienst.

Insgesamt war die Turnhalle mit bis zu 115 Personen belegt. Dabei handelte es sich meist um 20- bis 30jährige afghanische Männer. Zwei verheiratete Frauen wurden mit ihren Familien bald in ein anderes Übergangswohnheim geschickt. Die Gruppe war also ethnisch und altersmäßig relativ homogen, wobei in Afghanistan allerdings verschiedene Volksstämme deutlich zu unterscheiden sind. Die Paschtunen gelten als „führende" Volksgruppe.

Das Bildungsniveau der Flüchtlinge war überhaupt nicht homogen. Von den 90 Männern konnten gut 30% als völlige Analphabeten weder lesen noch schreiben. Aus einigen Gesprächen, die von Dolmetschern übersetzt wurden, ging hervor, dass es meist die Bedrohung durch die Taliban war, die den Schulbesuch verhindert hatte. Manche der Flüchtlinge waren Waise oder Halbwaise, die bei Verwandten auf dem Land untergekommen waren und dafür bei der Landarbeit mithelfen mussten. Etwa 65% der Flüchtlinge besaßen immerhin eine rudimentäre Bildung auf niedrigem Niveau. Lediglich 5% hatten einen Hochschulabschluss und waren in der Lage, in einfachem Englisch zu kommunizieren. Einige hatten für die US-Armee als Dolmetscher gearbeitet und flohen nun vor der Rache der Taliban. Einige hatten wohl als Ingenieure, Lehrer oder Schneider gearbeitet, die meisten aber dürften in der Landwirtschaft tätig gewesen sein.

Die Organisation irgendeiner Form von Willkommensunterricht entsprach sicherlich dem Willen des Landratsamtes. Besondere Unterstützung erhielten die freiwilligen Lehrer aber vom Landratsamt kaum. Ob die Schulaufsichtsbehörden, Ministerialdienststelle, Schulamt u. a. mit den Schulleitungen Absprachen getroffen haben, ist mir nicht bekannt. Weil die Notwendigkeit eines integrativen Sprachunterrichts augenfällig war, ergriffen zwei Lehrerinnen, zwei Referendarinnen, ein Lehrer und eine Altenbetreuerin die Initiative und erteilten mehrmals in der Woche unentgeltlich, freiwillig und ohne Stundenreduzierung in ihrer Freizeit Deutschunterricht nach dem Thannhauser Modell. Dieses Modell setzt an den Alltagserfahrungen an, die zwischen den Flüchtlingen natürlich erheblich differieren können. Alle Lehrkräfte kamen vom Gymnasium Grafenau, andere Grafenauer Schulen beteiligten sich nicht, obgleich sie von der Problematik informiert und auch teilweise direkt betroffen waren. Die Altenpflegerin reduzierte nach halber Zeit ihr Engagement und stellte es schließlich gänzlich ein. Die Gründe sind mir nicht bekannt. Die Unterstützung durch den Landkreis war eher gering und beschränkte sich auf Zuschüsse zum Lernmaterial.

Der Unterricht fand, provisorisch von den Feldbetten abgetrennt, in der Turnhalle statt und es nahmen fast alle Flüchtlinge daran teil. Der anfängliche Elan ließ aber unter den Schülern bald nach, da die deutsche Sprache doch schwer zu erlernen ist. Wie und was unterrichtet wurde, soll nun kurz geschildert werden.

Was war das primäre Ziel des Unterrichts? Es ging nicht um gymnasiale Ziele wie Verbesserung der Sprachkompetenz, Kenntnis der deutschen Literatur oder Aufsatzlehre, sondern um die Vermittlung von Grundkenntnissen der Sprache zur Kommunikation in unserem Land. Dabei stellte sich schnell heraus, dass die Grundkenntnisse nicht nur Wörter umfassen, sondern bis auf die Lautebene zurückgehen müssen, da viele Afghanen Schwierigkeiten haben, Umlaute zu unterscheiden und Wörter wie „Löwe" oder „müde" distinkt auszusprechen. Schärfung und Dehnung bleiben ihnen ein fast unüberwindbares Hindernis.

Die Wörter, die gelernt wurden, waren dem Alltagsleben entnommen und in Sachbereiche wie Familie, Kommunikation, Arzt und Krankheiten, Einkauf und Verkehr, Zahlen und Tageszeiten u. a. eingeteilt. Das wurde gut angenommen, jedoch oft nur in Grundformen erlernt und beherrscht. Dativ oder Akkusativ blieben den Flüchtlingen fremd. Dies war allerdings auch nicht zu erwarten, die Ergebnisse wären bei deutschen Analphabeten vermutlich wenig anders ausgefallen. Als Unterrichtsmaterialien standen nur Tafel und Kreide zur Verfügung, was zwar das Lerntempo drosselte, aber auch mancherlei Vorteile hat und die haptische Fähigkeiten schult. Die Schrift war für nahezu alle Flüchtlinge wie die Sprache selbst erst zu erlernen. Während der Lehrer die deutschen Wörter im Frontalunterricht mitsamt der Schreibung vortrug, musste ein Dolmetscher sie zunächst ins Englische übersetzen. Dann wurden die deutsch-englischen Ausdrücke in die verschiedenen afghanischen Sprachen – Darsi, Farsi, Paschtu und Urdu – übersetzt, denn ein allgemeines Afghanisch gibt es nicht. Dieser doppelte Übersetzungsprozess war also ziemlich zeitaufwendig, zeremoniell und ermüdend. Reformpädagogische Innovationen waren bei einer solchen Lehrerzentrierung und Primäralphabetisierung nicht möglich. Manches mag wie ein Stille-Post-Spiel geklungen haben. Wiederholt entstand innerhalb einer Flüchtlingsgruppe eine Diskussion, ob die Übersetzung wirklich richtig und angemessen ist. Der Lehrer musste sich auf seine Dolmetscher verlassen.

Das Tafelbild war immer dreiteilig: Deutsch-Englisch-Arabisch. Auch dadurch wurde das Lerntempo gedrosselt. Nach einer dreiviertel Stunde musste bereits eine erste kleine Pause eingelegt werden und danach war allenfalls noch eine dreiviertel Stunde Unterricht möglich. Die Konzentration fiel nun bei zahlreichen Teilnehmern stark ab, die konzentriertes Lernen nicht gewöhnt waren. Nur wenige Flüchtlinge mit höherem Schulabschluss oder akademischem Grad (MA) waren zu konzentrierterer Mitarbeit über einen längeren Zeitraum in der Lage. Sie wünschten und forderten sogar wiederholt Zusatzunterricht und wollten auch anspruchsvollere Aufgaben und komplexeren Unterricht haben. So wollten sie gelegentlich wissen, warum manche Verben im Deutschen unregelmäßig gebildet werden. Einer der Flüchtlinge zeigte ein besonderes Interesse für etymologische Herleitungen. Insgesamt aber muss der Lernerfolg wohl als überschaubar und begrenzt eingeschätzt werden, was jedoch niemanden verwundern sollte. Der Weg eines afghanischen Analphabeten mittleren Alters in den deutschen Schulstandard ist weit. Ich möchte ihn nicht in zeitlichen Dimensionen taxieren.

Zum Schluss will ich noch einige Besonderheiten erwähnen. Der Unterricht wurde von Anfang an von dem privaten (kommerziellen) Dienst gesichert, der in der Halle anwesend war. Da die Sicherheit aber zu keiner Zeit gefährdet war, weder für die Lehrkräfte einschließlich der „Schülerinnen", konnten die Sicherheitskräfte den Raum ruhig verlassen. Aus anderen Notaufnahmezentren wurde dagegen durchaus berichtet, dass es zu Spannungen zwischen verschiedenen Nationalitäten gekommen sei.

Die Afghanen begegneten den Lehrkräften immer sehr respektvoll, auch den weiblichen Lehrkräften und den drei Schülerinnen. Eine Schülerin hat ihre Hilfe nach den Silvestervorfällen in Köln aber eingestellt, eher aus einem diffusen Gefühl denn aus Angst oder Protest. Es gab keine Vorfälle aufgrund der Geschlechtsunterschiede. Jedoch erlebte eine Lehrerin eine Situation, die sie einigermaßen konsternierte: Die Kollegin wollte einen Satz schreiben, in dem der Name Mohammed im profanen Alltagszusammenhang vorkam. Viele weigerten sich aus religiösen Gründen, dies zu tun. Es lag nicht die mindeste Provokation der Lehrerin vor, allenfalls die Unachtsamkeit einer westlich-orientierten Frau, die die Weigerung der Teilnehmer als Rückfall in voraufklärerische Zeiten interpretierte. Generell spielte die Religion aber im Unterricht keine große Rolle.

Die Flüchtlinge vermittelten vielmehr durchweg den Eindruck, dass der Spracherwerb und die Bildung von ihnen als hohes Gut angesehen wurden und die Lehrkräfte als besondere Respektpersonen zu betrachten seien. Zwei Beispiele mögen dies verdeutlichen: Beim Betreten des Unterrichtsraumes standen alle Afghanen unaufgefordert auf, am Ende des Unterrichts klatschten sie und bedankten sich. Der deutlich älteste Flüchtling, ein würdevoller Bauer in afghanischer Kleidung, wollte dem Lehrer die Unterrichtsmaterialien mehrmals nachtragen und forderte auch die Jüngeren dazu auf. Ich verstand das als Gesten der Dankbarkeit und des Respekts. Ab und zu ließ ich mir arabische Ausdrücke vorsagen und versuchte sie nachzusprechen, was nicht immer gelang und für große Heiterkeit sorgte. Ein solcher entgegenkommender Rollenwechsel wurde von den Teilnehmern dankbar verstanden und half mir die Schwierigkeiten bewusst zu machen, denn ich konnte – und kann bis heute – kein Wort auf Arabisch schreiben.

Kurz vor Weihnachten wurden die Flüchtlinge mit Unterstützung der Schulleitung und zahlreicher Lehrer in die Schule eingeladen und es kam zu sympathischen, teils rührenden Begegnungen. Die Verlegenheiten und Schwierigkeiten, die diese Begegnung mit christlichen Weihnachtsbräuchen einigen Flüchtlingen vielleicht machten, wurden von den Organisatoren im Vorfeld heftigst und kontrovers diskutiert. Die Begegnung verlief für beide Seiten aber erfreulich und eindrucksvoll. Was davon nachwirkt, kann ich nicht sagen. Die Antisemitismus- und Rassismusforschung schätzt die positive Wirkung solcher persönlichen Begegnungen jedoch hoch ein.

So plötzlich die Flüchtlinge da waren, so schnell und unvermittelt waren sie nach ca. drei Monaten auch wieder verschwunden. Das Ende dieses außerordentlichen Intermezzos konnte von den Akteuren kaum begleitet werden. Für Abschied und Trauer war keine Zeit. Die Turnhalle gehört heute wieder den Schülerinnen und Schülern. Ich möchte das Grafenauer Flüchtlingsintermezzo nicht mit dem überraschenden Einbruch von Staatsgästen oder einer Landung von Außerirdischen vergleichen. Den Ort hat es aber wenig geprägt. Fast hat man heute den Eindruck, es sei nichts gewesen. Ich möchte auch nicht sagen, dass das Schuljahr 2015/16 für die Grafenauer Schüler des Gymnasiums irgendwie im Zeichen der Flüchtlinge und Flüchtlingsbegegnungen gestanden hätte. Persönliche Kontakte gab es, nach meiner subjektiven Wahrnehmung, vielmehr erstaunlich wenige. Für die beteiligten Lehrkräfte war das Intermezzo freilich eine eigentümliche und wichtige Erfahrung. Mich persönlich würde heute besonders interessieren, was aus den Menschen geworden ist und werden wird. Wie blicken sie auf Grafenau und die Schule im Bayerischen Wald zurück? Wir haben es gestemmt oder geschafft, will ich nicht ohne Befriedigung meinen. Werden sie ihr Leben in Deutschland auch meistern? Und was ist es eigentlich, was die Kanzlerin schaffen will?

Andreas Nerschbach

EU-Binnenmigration und Migrationspädagogik

Einige Fakten zur EU-Binnenmigration

Seit 2015 wird die Europäische Union und insbesondere Deutschland mit einem enormen Anstieg von Immigranten konfrontiert. Die größte Gruppe kommt aus Syrien und sieht sich aufgrund des dort seit Jahren herrschenden Krieges gezwungen, ihre Heimat zu verlassen und über die Türkei in die EU zu fliehen. Daneben existiert eine starke Migrationsbewegung aus dem afrikanischen Kontinent über das Mittelmeer in die Union, welche in den instabilen politischen und wirtschaftlichen Verhältnissen der afrikanischen Staaten begründet liegt. In der Hoffnung auf Arbeit, Bildung und soziale Standards zieht es die Menschen in die EU und besonders in die Bundesrepublik Deutschland, welche aufgrund ihrer wirtschaftlichen Stärke und des resultierenden Wohlstandes ein Hauptziel der meisten Migranten ist. Über den von Medien und Politik geprägten Begriff der „Flüchtlingskrise" wurde deshalb inzwischen in der deutschen Öffentlichkeit auch eine Diskussion in Gang gebracht, die um die Frage kreist, ob ein Land einer solch großen Zahl von Migranten gewachsen ist, ob eine Integration wegen unterschiedlicher sprachlicher, kultureller und religiöser Hintergründe möglich ist und wie sie durch schulische bzw. berufliche (Aus)Bildung sowie entsprechende Arbeitsangebote gelingen kann.

Die so genannte Flüchtlingskrise verdeckt aber den Blick auf Migration innerhalb der Europäischen Union.[1] Im Laufe der Zeit auf 28 Mitgliedstaaten mit über 500 Millionen Bürgerinnen und Bürger angewachsen, lässt sich ein Anstieg der Binnenmigration feststellen. Dieser Anstieg resultiert zum einen der Erweiterung der Union um 13 Mitgliedstaaten seit 2004[2] und der für die Menschen aus diesen Staaten neu gewonnenen Möglichkeit, von der Personenfreizügigkeit (PFZ) Gebrauch zu machen. Zum anderen lässt er sich – wenn auch nicht im selben Ausmaß – auf die so genannte Wirtschafts- und Finanzkrise bzw. Eurokrise zurückführen, von der ab 2008 u. a. die südeuro-

---

[1] Dazu Andreas Nerschbach, Ursachen und Folgen der EU-Binnenmigration und deren Auswirkungen auf das deutsche Schulsystem, Wissenschaftliche Abschlussarbeit, eingereicht an der PH-Heidelberg, 2016.

[2] 2004: EU-10, 2007: EU-2, 2013: Kroatien.

päischen Länder betroffen waren und sind. Obwohl für die Menschen aus Südeuropa die PFZ schon sehr viel länger Bestand hat, war die Eurokrise der Auslöser dafür, diese stärker zu nutzen als zuvor.

Die Gewährleistung auf vollständige PFZ für die ab 2004 beigetretenen Staaten hatten die bisherigen Mitglieder (EU-15) jeweils individuell geregelt. Für die EU-1[3] waren z. B. Großbritannien und Irland zunächst die Haupteinwanderungsländer, da deren Regierungen auf eine Übergangsfrist komplett verzichteten. Im Fall der EU-2[4] konzentrierte sich der Migrationsstrom zunächst auf Spanien und Italien. Spanien gewährte z. B. den Rumänen schon nach einer zweijährigen Frist die vollständige PFZ, Italien öffnete seinen Arbeitsmarkt mit dem Beitritt schon in den wichtigsten Sektoren. Für die neuen Mitgliedsstaaten erwies sich der (teilweise) Verzicht auf Übergangsfristen als entscheidender Pull-Faktor,[5] während die geringen Aussichten auf einen Arbeitsplatz oder geringere Löhne und die damit verbundene Armut in den Heimatländern die entsprechenden Push-Faktoren[6] darstellten. Nachdem die für Deutschland geltenden Fristen Ende 2010 (EU-10) bzw. Ende 2013 (EU-2) ausliefen, begann sich der Strom der Migranten in Richtung Bundesrepublik umzulenken. Verstärkt wurde dieser Effekt noch von der Finanz- und Wirtschaftskrise in den südeuropäischen Ländern Griechenland, Italien, Portugal und Spanien und in vielen mittel- und osteuropäischen Mitgliedsstaaten als entscheidender Push-Faktor. Neben dem Umlenken des Migrationsstromes kam es im Zuge dieser Krise also auch zu einem Anstieg der direkten Migration aus den Krisenstaaten selber. Auch die deutsche Wirtschaft war zwar von der Rezession betroffen, konnte sich aber vergleichsweise schnell wieder erholen. Der Arbeitsmarkt erwies sich als relativ robust. Diese Punkte, sowie der in einigen Bereichen vorherrschende Bedarf an gut ausgebildeten Fachkräften, hohe Löhne und soziale Standards erwiesen sich als die maßgeblichen Pull-Faktoren. Schon vor der Krise und der Öffnung der Arbeitsmärkte waren es diese Tatsachen, die Deutschland zu einem attraktiven Einwanderungsland, besonders für Menschen aus den mittel- und osteuropäischen Mitgliedsstaaten der EU, gemacht haben.

Zusammengefasst lässt sich festhalten, dass es nicht zu einer gleichmäßigen Migration zwischen den EU-Mitgliedsstaaten kam. Ab dem Jahr 2004 vollzogen sich die Wanderungsbewegungen hauptsächlich von Osten nach Westen und ab dem Jahr 2008 zunehmend von Süden nach Norden. Der entscheidende Faktor war die wirtschaftliche Situation in den jeweiligen Ländern. Die Menschen aus wirtschaftlich „schwächeren" Staaten migrierten

---

[3] Estland, Lettland, Litauen, Malta, Polen, Slowakei, Slowenien, Tschechien, Ungarn, Zypern.
[4] Bulgarien, Rumänien.
[5] Faktoren, die ein bestimmtes Land als Einwanderungsland attraktiv erscheinen lässt.
[6] Faktoren, die Menschen dazu bewegen, aus ihrem Heimatland auszuwandern.

in die wirtschaftlich „stärkeren" Staaten der EU. Die Staaten reagieren darauf unterschiedlich. Einige, darunter Deutschland, versuchen, diesen Prozess mit Hilfe von Übergangsfristen zu kontrollieren, um den Arbeitsmarkt und die Sozialsysteme zu schützen. Andere Staaten hingegen, darunter das Vereinigte Königreich, haben komplett auf Übergangsfristen verzichtet.

In Deutschland fanden in den letzten Jahren öffentliche Debatten bzgl. der Qualität der Zuwanderung statt. Während der Zuzug von jungen, gut ausgebildeten Arbeitskräften und Akademikern begrüßt wird, wird auf der anderen Seite immer wieder befürchtet, dass es über die uneingeschränkte PFZ vermehrt zu einer sogenannten „Armutszuwanderung" in die deutsche Gesellschaft kommt. Für die Auswanderungsländer hingegen ergibt sich das Problem, dass die emigrierenden Fachkräfte und Akademiker eigentlich im eigenen Land gebraucht werden, um die wirtschaftliche Lage zukünftig zu verbessern.

EU-Migration nach Deutschland 2004–2011

Die EU ist „für Deutschland der mit Abstand wichtigste Herkunftsraum von Zuwanderung, nicht zuletzt dank der insgesamt gestiegenen innereuropäischen Mobilität".[7] Der Anteil von zugezogenen Unionsbürgern am Gesamtzuzug (ohne deutsche Staatsangehörige) betrug zwischen 2007 und 2011 durchschnittlich 60 Prozent. Allein im Jahr 2011 waren es fast zwei Drittel aller Menschen, die aus anderen EU-Mitgliedsstaaten nach Deutschland zugewandert sind. Die Staatsangehörigen aus den EU-10 und den EU-2 stellten dabei die größte Zuwanderergruppe dar. Deutlich sichtbar ist auch der Anstieg der neu zur EU beigetretenen Länder im Jahr 2004 bzw. 2007 sowie der Anstieg in 2010 bzgl. der EU-14[8], was mit den Folgen der Wirtschafts- und Finanzkrise in Verbindung gebracht werden kann.

EU-Migration nach Deutschland 2008–2015

Während im vorherigen Abschnitt die Einwanderungszahlen nach Deutschland anhand der An- und Abmeldungen am Wohnort betrachtet werden, lohnt es sich darüber hinaus, einen Blick in die Zahlen aus dem Ausländerzentralregister (AZR) zu werfen. Dort wurden zugewanderte Personen bei doppelter An- bzw. Abmeldung nicht doppelt in die Statistik gezählt. Außerdem werden im AZR nur die Menschen erfasst, die sich mindestens drei Monate im Bundesgebiet aufhalten. Insofern liefert das AZR nicht einfach nur eine Statistik über Wanderungs*fälle*, sondern eine Statistik über Perso-

---

[7] Sachverständigenrat deutscher Stiftungen für Integration und Migration (SVR): Erfolgsfall Europa? Folgen und Herausforderungen der EU-Freizügigkeit für Deutschland. Jahresgutachten 2013 mit Migrationsbarometer, Berlin 2013, 54.
[8] EU-Mitgliedsstaaten vor 2004 ohne Deutschland.

nen, die nicht nur vorübergehend nach Deutschland migriert sind. Aufgrund dieser Vorgehensweise sind die Zahlen des AZR niedriger als die der Zu- und Fortzugsstatistik. Ein weiterer Vorteil besteht darin, dass das AZR Daten bis zum Jahr 2015 liefert, während das Jahresgutachten 2013 des SVR, welches sich explizit mit EU-Binnenmigration und ihrem Bezug zu Deutschland beschäftigt, „nur" Daten bis 2011 vorweist.

Es zeigt sich ein Anstieg der in Deutschland lebenden ausländischen EU-Bürgerinnen und Bürger um fast 1,5 Millionen von 2008 bis 2015. Somit sind in diesem Zeitraum im Schnitt jährlich mehr als 200 000 Menschen aus anderen EU-Mitgliedsstaaten in die Bundesrepublik eingewandert. Alleine von 2012 bis 2015 waren es jährlich über 300 000 Menschen. War die Gesamtzahl der Bürgerinnen und Bürger aus den EU-27[9] von 2009 noch fast identisch mit der von 2008, stieg sie danach immer mehr an. Ende betrug 2014 die Aufenthaltsdauer dieser Zuwanderer im Schnitt 16,5 Jahre. In den letzten Jahren ist diese Zeitspanne relativ konstant geblieben.

Migrationspädagogik und interkulturelle Bildung

Wie geht ein Land wie Deutschland mit der resultierenden Heterogenität der Gesellschaft um? Dies betrifft insbesondere auch die Frage einer angemessenen Schulbildung für die Kinder von Migrantenfamilien. Dafür hat sich seit einigen Jahren die Teildisziplin der Migrationspädagogik entwickelt. Im Prinzip ist Schule in Deutschland ein System, welches darauf ausgelegt ist, Differenzen zu ignorieren. Sie geht von einer „Gleichartigkeits-Normalität" aus und sieht sich durch Diversität und Heterogenität eher gestört. Das Verhältnis zwischen Bildung und Migration beschreibt Mecheril (2005) mit historischen Rückblicken auf die entsprechenden Politiken der Staaten Preußen, der Weimarer Republik und der Nachkriegszeit der Bundesrepublik Deutschland als „ein durchgängiges Kennzeichen des Schulsystems im Umgang mit ethnisch-kulturellen Minderheiten", die nationale Schule zu bewahren. Der historische Umgang mit Heterogenität und Differenz habe die bestimmte Funktion, die „auf die Homogenität der Schüler und Schülerinnen zielende und die mit Homogenität rechnende Schule als ‚Regelfall' in ihren Grundstrukturen unangetastet zu lassen".[10] Bis heute werden im deutschen Schulwesen Maßnahmen getroffen und Programme angeboten, welche einzelnen Gruppen von Menschen einen *speziellen* Förder- oder *einseitigen* Integrations- (Änderungs-/Anpassungs-)bedarf

---

[9] EU-28 ohne Deutschland.
[10] Paul Mecheril, Das Anliegen der Migrationspädagogik, in: Rudolf Leiprecht, Anne Kerber (Hg.), Schule in der Einwanderungsgesellschaft. Ein Handbuch, Schwalbach 2005, 25–53, hier: 27.

attestieren und sie damit gleichzeitig stigmatisieren und institutionell dis-
kriminieren. Es wird mit einem pauschalen Konzept „des und der Anderen" operiert, das nicht weiter danach fragt, ob etwa die Zielgruppe aus
Ausländer/Ausländerinnen, Migranten/Migrantinnen oder Menschen mit Migrationshintergrund besteht. Eine solche Pädagogik muss, so Mecheril, Unterschiede als Abweichungen von einem normativen Maßstab verstehen. Das
Anderssein wird dann zu einem „Mangel, der durch den Einsatz pädagogi-
scher Maßnahmen zu beheben oder zumindest zu mildern ist."[11] Dagegen
richtet sich die Migrationspädagogik. Sie beschränkt sich aber nicht auf ziel-
gruppengerichtete Eingliederungs- und Fördermaßnahmen, sondern umfasst alle beteiligten Personen und Handlungsbereiche. Das Ziel von Migrationspädagogik liegt nicht darin, Migrantinnen und Migranten zu verändern
und anzupassen, sondern der Blick fällt auf die vorherrschenden hege-
monialen Ordnungen und die jeweiligen Möglichkeiten ihrer individuellen
Veränderung.

Schule soll ein Lern- und Lebensort für alle sein. Dazu gehört ein Umfeld, in dem sich die Kinder und Jugendlichen sowie deren Eltern – unabhängig von ihren Hintergründen und Ursprüngen – von Anfang an willkommen fühlen und ihnen breite Mitwirkungsmöglichkeiten zur Gestaltung
des Umfeldes eröffnet werden. Ein solches Umfeld erreicht man nicht, wenn
sich Schule als nationale Schule versteht, in der nur die dominierende Kultur
und Sprache hervorgehoben wird. Interkulturelle Öffnung kann nur gelingen, wenn das Potenzial von sprachlich-kultureller Vielfalt als Chance gesehen und interkulturelles Lernen initiiert wird. Es ist von großer Bedeutung,
dass keine Kultur, Sprache oder Religion über eine andere gestellt wird und
dass Antidiskriminierung, Antirassismus und demokratische Werte vorgelebt
und vermittelt werden.

Lehrerinnen und Lehrer an Schulen sind heute intensiv mit migrationsbedingter Heterogenität konfrontiert. Fürstenau und Gomolla[12] stellen
fest, dass Lehrerinnen und Lehrern die Anforderung aufgebürdet wird, den
„Wandel voranzubringen, zu dem sich die Politik noch viel zu wenig bekennt". Erst zäh und langsam wird der Bereich der interkulturellen Bildung und Erziehung heute zu einem mehr oder weniger festen Bestandteil
der Ausbildung von Lehrkräften. Die interkulturelle Öffnung und Vermittlung interkultureller Kompetenzen muss eigentlich noch früher und intensiver schon bei der Ausbildung ansetzen und Lehrkräfte aller Schulformen
und Klassenstufen zum produktiven Umgang mit migrationsbedingter Heterogenität befähigen. Die vielfältigen sprachlichen, soziokulturellen oder re-

---

[11] Mecheril, Das Anliegen der Migrationspädagogik, in: Schule in der Einwanderungsgesellschaft, hier: 31.
[12] Sara Fürstenau, Mechthild Gomolla, Migration und schulischer Wandel, Wiesbaden
2009, 14.

ligiösen Hintergründe sollten sich dabei annähernd auch in der Zusammensetzung der Lehrerschaft zeigt, als einem Querschnitt der Gesellschaft. Dazu
muss das Lehramtsstudium für Menschen mit Migrationshintergrund attrak-
tiver werden und auch die Anerkennung vergleichbarer, im Ausland erwor-
bene Abschlüsse sollte erleichtert werden.

Migration hat heute unbestreitbar starke Auswirkungen auf das Schulsystem. Das Bildungssystem und die Schulen in Deutschland sehen sich immer mehr mit der Tatsache konfrontiert, dass Diversität und Heterogenität
zunehmen. Dabei muss unbedingt verhindert werden, dass Vielfalt und Heterogenität in Segregationen umschlagen und es zu einer Spaltung der Gesellschaft oder Ausgrenzung einzelner Individuen und Gruppen kommt. Das
Bildungssystem muss die Menschen von frühester Kindheit an auf das Leben in einer pluralistischen und demokratischen Gesellschaft vorbereiten. *Allen* Kindern und Jugendlichen sollte ein größtmöglicher Bildungserfolg für
eine gleichberechtigte Teilhabe am gesellschaftlichen Leben ermöglicht werden. Schule muss die interkulturelle Öffnung und den Abbau struktureller
Diskriminierung forcieren. Vor dieser Herausforderung stehen eigentlich alle
europäischen Bildungsysteme, und sie können sie nur gemeinsam als europäisches Projekt lösen.

Mareike Stief

Dilemmageschichten als interkulturelles Diskursmodell moralisch-politischer Intuitionen

„Nichts scheint weniger selbstverständlich zu sein als die Moral – ausgenommen vielleicht deren Selbstverständlichkeit."[1]

Pfade im Wertepluralismus: Dilemmageschichten

Grundlegende moralische und humanitäre Wertevorstellungen scheinen angesichts der aktuellen Flüchtlingskrise auf eine harte Bewährungsprobe gestellt zu sein – das wird gerade an jenen politischen Akteuren deutlich, die unmittelbare Verantwortung tragen und im Zugzwang schnelle Entscheidungen treffen müssen. Die Konsequenzen kommentiert die Presse drastisch: Die Flüchtlingspolitik sei moralisch gescheitert, die Entsolidarisierung der Europäischen Union mit ihrem Trend zu populistischen Einstellungen und nationalistischen Bestrebungen sei alles andere als vorbildlich. Schlagzeilen dieser Art lassen vor allem eines deutlich werden: Es gibt krisengeprägte Zeiten – und in einer solchen befinden wir uns gegenwärtig in Europa –, in denen es alles andere als leicht ist, normativen Maßstäben und moralischen Grundprinzipien gerecht zu werden. Deshalb darf die Orientierung am demokratisch-europäischen „Werte- und Handlungskompass" jedoch nicht aufgegeben werden. Auch unter höchstem Entscheidungsdruck muss verantwortliches und verantwortbares Handeln die Basis sein, und dabei muss reflektiert sein, welche Werte durch eine politische Entscheidung – oft auf Kosten einer gleichwertigen Wertprämisse – beachtet und welche missachtet werden: Ja oder Nein zur Begrenzung der Zuwanderung durch Obergrenzen? Ja oder Nein zur Verschärfung der Asylgesetze? Ja oder Nein zu nationalen Grenzschließungen? Ja oder Nein zu schnellen Abschiebungen? Kein Zweifel: Die gegenwärtige Flüchtlingskrise berührt ethisch-moralische Fragen, die die Politik und Gesellschaft nicht selten in dilemmatische Entscheidungssituationen zwängen.

Aber auch im schulischen Bereich stehen Pädagoginnen und Pädagogen vor enormen Herausforderungen: Welche ethischen Prinzipien sind für

---

[1] Georg Lind / Hans Hartmann / Roland Wakenhut (Hg.), Moralisches Urteilen und soziale Umwelt. Theoretische, methodologische und empirische Untersuchungen, Weinheim 1983, 4.

einen toleranten und mitmenschlichen Umgang unerlässlich? Mit welchen Werten, Normen und Ordnungsprinzipien sollen sich Menschen mit Flüchtlingsbiografien identifizieren? Aber vor allem: Was können und dürfen wir voneinander erwarten? Die überwiegende Mehrheit der geflüchteten Menschen stammt aus muslimisch geprägten Krisenländern, die kaum Erfahrungen mit demokratischen Aushandlungsprozessen haben. Die Integration dieser Flüchtlinge in die demokratische Wertegemeinschaft wird daher zutreffend als eine zentrale gesellschaftliche und bildungspolitische Frage und Herausforderung beschrieben. Der vorliegende Text gibt einen kleinen Beitrag[2] zur Didaktik der interkulturellen Reflexion divergierender moralisch-politischer Intuitionen. Die Autorin leitet folgender Gedankengang: Durch eine bewusste Werte-„Diskussion" und das Eintreten in einen Werte-„Dialog" soll nachhaltige Urteils- und Diskursfähigkeit auf unterrichtlicher Ebene angebahnt und gefördert werden. „Dilemmageschichten" stellen in diesem Kontext einen zielführenden methodisch-didaktischen Weg dar: Narrativ inszenierte Entscheidungskonflikte sollen einen reflektierten Zugang zu demokratischen Werten und zum Rechts- und Demokratieverständnis ermöglichen und einen Raum interkultureller kommunikativer Begegnung und Verständigung schaffen. Die Identifikation mit rechtsstaatlichen Werten und Tugenden kann nämlich nur im Dialog gelingen.

Kohlbergs Lernmodell

Welche demokratischen Verhaltensnormen und Bildungsziele sind für eine institutionelle Wertevermittlung essentiell? Eine prägnante Antwort könnte lauten: Es ist die Gesamtheit derjenigen gültigen Werte und freiheitlichen Grundüberzeugungen, die – über die individuellen und pluralistischen kulturell-religiösen Bekenntnisse hinaus – ihren Niederschlag in den Gesetzesbüchern der Menschen- und Grundrechte gefunden haben und damit einen universellen Geltungsanspruch haben. Kritiker meinen, dass es solche universellen Werte eigentlich nicht gibt und das universalistische Kleid der moralischen Werte nur die politische Hegemonie „des Westens" verschleiert. Die Universalität der Menschenrechte ist strittig. Ich meine aber, dass sich hier allgemeine Vorstellungen über ein menschenwürdiges Leben und Miteinander aussprechen. Dilemmageschichten sind geeignet, diese Universalität zu reflektieren.

Was aber ist Moral? So einfach und kurz die Frage, so schwer ist ihre korrekte Beantwortung. Gesellschaftstheoretisch betrachtet wird „Moral" bei-

---

[2] Dazu Mareike Stief, Moralische Entwicklung als Ziel politisch-demokratischer Bildung. Implikationen für den politischen Unterricht unter Anwendung demokratieorientierter Dilemmageschichten in der Sekundarstufe 1, Wissenschaftliche Abschlussarbeit, eingereicht an der PH-Heidelberg, 2016.

spielsweise als ein Komplex aus jenen kulturkreisspezifischen (rechtlichen) Normen verstanden, „die in einem bestimmten Gesellschaftssystem als allgemein verbindlich, damit auch als verlässlich eingehalten gelten"[3] und den einzelnen Menschen als normative Handlungsbasis dienen. Jeder Streifzug durch die Historie zeigt, dass sich Individualrechte, Normbegründungen und politische Legitimität stetig verändert haben. Vor allem der Schutz und die Bewahrung der Würde des Menschen waren nicht immer gelebte Grundnormen und -werte. Der Moralbegriff impliziert den Bezug auf konkrete „Handlungen". Deshalb hat Moralität eine soziale Funktion und einen gesellschaftlichen Kontext. Grundfragen und Erfordernisse des menschlichen Zusammenlebens im demokratischen Rechtssystem haben einen moralischen Kern. Wir trennen aber Moral und Recht auch. Kann man einen Menschen moralisch nennen, der sich ohne innere moralische Anteilnahme einzig aus Furcht vor Strafe strikt an alle bestehenden Gesetze hält? Ist jedes moralische Handeln nur ein Handeln nach bestehenden Gesetzen? Schon Immanuel Kant trennte strikt zwischen Legalität und Moralität. Die kurzschlüssige Gleichsetzung von Moralität mit gesetzlich geregelten Normen ist im Alltagsverständnis zwar noch weit verbreitet; sie kann aber nicht – und das machte vor allem die Zeit der nationalsozialistischen Schreckensherrschaft deutlich – als ausreichend gelten, weil externe Entscheidungsmerkmale (Gesetzeskonformität in Verbindung mit blinder „Gehorsamsmoral") keine „echte" Moralität bezeugen. Moralität kann nicht nur über äußere Handlungszuschreibungen definiert werden, sondern vielmehr dadurch, „dass eine Person in einer bestimmten Situation, die sie als moralisch bedeutsam wahrnimmt und bewertet, moralisch relevante Kognitionen und Emotionen entwickelt und – bei Vorliegen weiterer personaler und situativer Bedingungen – entsprechend handelt."[4]

Unumstritten ist, dass allgemein generierbare Moralgrundsätze solche sein müssen, die uns und unseren Mitmenschen physisch und psychisch nicht schaden, sondern dem Fürsorge- und Gerechtigkeitsprinzip entsprechen. Fragen der Moral betreffen – indirekt/direkt oder positiv/negativ – immer Dritte oder auch Natur und Umwelt. Jede Gesellschaft hält Normen und Werte bereit, die als konstitutiv gelten. Moralische Urteilsfähigkeit muss also gängige (Umgangs-)Regeln auf das eigene Leben anwenden, und zwar gerade dann, wenn Entscheidungskonflikte, Divergenzen und Differenzen sozialverträglich ausgehandelt und reflektiert ausgetragen werden wollen. Das auf der Kantschen Tradition fußende Moralverständnis des berühm-

---

[3] So Peter Köck / Hanns Ott, Wörterbuch für Erziehung und Unterricht, Donauwörth 5. Aufl. 2002, 487.
[4] Elfriede Billmann-Mahecha / Detlef Horster, Wie entwickelt sich moralische Wollen? Eine empirische Annäherung, in: Detlev Horster (Hg.), Moralentwicklung von Kindern und Jugendlichen, Wiesbaden 2007, 77–102, hier: 83.

ten Moralpsychologen Lawrence Kohlberg (1927–1987) schließt diese soziale Sinndimension ein: Nicht verbindliche Regeln und präzise Vorschriften also, sondern vielmehr (flexible) Prinzipien und Leitideen, die sich an der „Gerechtigkeit" als übergeordnetem Richtsatz orientieren, machen Moralität aus – und damit wird ein Wandel von der „Gesinnungsethik" zur „Verantwortungsethik" sichtbar.[5] Das moralische Handlungsprinzip muss zwei aufeinander verweisende Aspekte beachten: die kollektiven Gerechtigkeitsvorstellungen sowie Wohlwollen und Fürsorge gegenüber Dritten. Die individuelle Gewissens- und Handlungsfreiheit hat ihre Grenze an unsozialen, ungerechten und undemokratischen Handlungsfolgen: „Jede Art von moralischer Lösung eines Problems setzt die Bereitschaft der Beteiligung voraus, nicht nur an den eigenen Vorteil zu denken, sondern zu überlegen, ob sie das gewählte Lösungsprinzip auch dann akzeptieren würden, wenn sie ‚auf der anderen Seite der Barrikade' stünde."[6] Unsere Moralkompetenz wird immer dann besonders gefordert, wenn wir uns in einer Zwickmühle, einem Dilemma befinden und zwischen scheinbar gleich „unmoralischen" Entscheidungsmöglichkeiten wählen müssen. Deshalb gilt es zu lernen, konflikthafte Situationen moralisch kompetent zu beurteilen, das heißt „moralisch Verantwortbares – das annähernd Gute – identifizieren und von dem Unverantwortbaren unterscheiden zu können."[7]

In zivilisierten Ländern werden demokratische Leitprinzipien wie Respekt, Gleichberechtigung, Toleranz, Solidarität, Nächstenliebe und der Verzicht auf Gewalt in der Regel als absolut angesehen, und die große Mehrheit der Menschen ist auch bereit, nach ihnen zu leben. Bei der Wertevermittlung muss aber gelten: Weder einseitige Belehrung und Konditionierung noch Werterelativismus und „laissez-faire", sondern die „Stimulierung der natürlichen moralisch-kognitiven Entwicklung"[8] muss im Mittelpunkt stehen. Es geht nicht um eine direkte Übernahme bestimmter, vorab definierter Werte und Grundüberzeugungen, sondern vielmehr darum, den Heranwachsenden die Möglichkeit zu geben, komplexer zu denken, indem sie ethisch-moralische Konflikte kommentieren, bewerten und beurteilen. In diesem Lernprozess gelangen sie – der moralpsychologischen Entwicklungstheorie Kohlbergs entsprechend – zu einer höheren moralischen Stufe und

---

[5] Dazu vgl. Gertrud Nunner-Winkler / Marion Meyer-Nikele / Doris Wohlrab (Hg.), Integration durch Moral. Moralische Motivation und Ziviltugenden Jugendlicher, Wiesbaden 2006, 17.

[6] Fritz Oser / Wolfgang Althof, Moralische Selbstbestimmung. Modelle der Entwicklung und Erziehung im Wertebereich, Stuttgart 2. Aufl. 1994, 133.

[7] Georg Lind, Moral ist lehrbar. Handbuch zur Theorie und Praxis moralischer und demokratischer Bildung, München 2. Aufl. 2009, 11.

[8] So Günter Schreiner, Zum Verhältnis von moralischer Erziehung und politischer Bildung, in: Dietmar Pohlmann / Jürgen Wolf (Hg.), Moralerziehung in der Schule?, Göttingen 1982, 175–211, hier: 187.

schrittweisen Ausbildung einer differenzierten Urteilskraft. Eine solche „prozedurale" Auffassung von Moralität durch diskursive Aushandlungsprozesse scheint eine solide und gerechtfertigte Grundlage für unterrichtliche moralische Erziehung und Sensibilisierung zu sein, da sie bewusst darauf zielt, die im Heranwachsenden angelegten moralisch-kognitiven Urteilsstrukturen zu stimulieren und zu fördern.

Diese Vorstellung von „Moral" als eine Art Wissen und als intellektuelle Einsicht (moralischer Kognitivismus) ist zwar nicht unumstritten; sie erklärt aber vor allem, „warum es zwischen moralischer Gesinnung und Handeln oft eine große Kluft gibt"[9] und weshalb etwa jugendliche Straffällige zumeist die gleichen moralischen Wertevorstellungen haben wie nicht straffällige. Inzwischen hat sich in diversen empirischen Untersuchungen gezeigt, dass es „zwischen (moralischen) Einstellungen und Werthaltungen einerseits und dem Verhalten in kritischen Situationen andererseits [...] kaum einen systematischen Zusammenhang gibt. Zudem können moralische Einstellungen und Werthaltungen, wenn nötig, in fast beliebiger Weise simuliert werden."[10] Individuelle Handlungsfehltritte lassen sich nicht immer mit „Moral" oder „Unmoral" erklären, sondern vielmehr als Defizit in der konsistenten und nachhaltigen Lösungsfähigkeit der Probleme und Konflikte.

Moral kann folglich als das Vermögen definiert werden, „in Bezug auf die eigenen moralischen Ideale konsistent und in Bezug auf die jeweilige Situation angemessen (differenziert) zu urteilen und zu handeln".[11] Von der einen Moral des Menschen ist aber nicht auszugehen, sondern wir müssen hier – sokratisch – zwei Aspekte voneinander unterscheiden: die moralische Orientierung und die moralischen Gefühle eines Individuums einerseits und seine moralische Kompetenz andererseits. Moralische Orientierung beschreibt die Ausrichtung des idealen Verhaltens, stets das Gute zu wollen – das ist nicht lehrbar, sondern angeboren. Schon Aristoteles meinte: Alle Menschen streben ihrer Natur nach nach dem Guten. Der Mensch verfolgt naturgemäß hohe moralische Ideale; er ist aber faktisch imperfekt, weil er nicht weiß, wie er sie im Alltag umzusetzen und anzuwenden hat. Die moralische Kompetenz, also die Fähigkeit, diesen Idealzustand herstellen zu können, ist eine Eigenschaft und eine Struktur des Verhaltens, und damit ist sie durch konkrete Erfahrungen durchaus beeinflussbar. Jeder Mensch will a priori gut sein, aber wir haben große Schwierigkeiten damit, gut sein zu können. Also muss in der (didaktischen) Ausbildung moralisch-demokratischer Intuitionen aufgezeigt und konkretisiert werden, was das „Moralischsein" so schwer macht.

---

[9] Lind, Moral ist lehrbar, 72.
[10] Jutta Standop, Werte-Erziehung. Einführung in die wichtigsten Konzepte der Werteerziehung, Weinheim 2005, 29.
[11] Lind, Moral ist lehrbar, 33.

Die Methode der Dilemmageschichte

Genau hier knüpft die Methode der sogenannten „Dilemma-Diskussion" an: „Das Führen moralischer Diskussionen kann als Prozedur gelernt und selbst zur eingelebten Praxis werden. In Diskursen können ethische Normen etabliert und zugleich die Bedingungen entwickelt werden, die psychologisch die Deutung und Akzeptanz von Normen, das heißt ein moralisches Urteil, erst ermöglichen. Um die Entwicklung eben dieser moralischen Kompetenz geht es [...] uns in der moralischen Erziehung im öffentlichen Raum der Schule."[12] Wäre „Moral" lediglich eine unveränderliche Charakter- oder Persönlichkeitseigenschaft, dann müssten sich „moralische Bildung und Erziehung darauf beschränken [...], dem Heranwachsenden die vorgegebenen moralischen Regeln der Gesellschaft einsichtig zu machen oder ihn auf andere Weise dazu zu bringen, dass er sie (zumindest verbal) akzeptiert."[13] Wenn wir anerkennen, dass „Moral" eine durch Bildung erlernbare Fähigkeit ist, muss die schulische Praxis die Moralkompetenz als Kern der Demokratiekompetenz entwickeln: die „Fähigkeit, Probleme und Konflikte auf der Grundlage universeller Moralprinzipien durch Denken und Diskussion zu lösen, statt durch Gewalt, Betrug und Macht".[14] Lind meint dazu: „Wenn uns die Probleme über den Kopf wachsen, weil der gesellschaftliche Wandel groß ist, aber unsere Bildungsinstitutionen (Eltern, Schulen, Hochschulen) uns nicht ausreichend Gelegenheit zur Entwicklung von Moralkompetenz gegeben haben, dann fallen wir zurück auf niedrige Formen der Konfliktlösung, wie Gewalt, Betrug und Macht. Wenn auch das nicht weiterhilft, rufen wir nach einer starken Macht, die unsere Probleme und Konflikte für uns löst – was der Abschaffung des demokratischen Zusammenlebens zugunsten einer Diktatur gleichkommt."[15] Nur wenn wir in der Lage sind, auch in schwierigen Situationen nach liberalen Grundsätzen zu denken und zu handeln, kann ein gewaltfreies Leben in einer Solidargemeinschaft stattfinden. Da Menschen auf ein friedlich-organisiertes Zusammenleben in einem Sozialgefüge existenziell angewiesen sind, stehen sie seit jeher vor der Aufgabe, Konflikte zu lösen und verbindliche Regeln, Entscheidungen, Ordnungen, Elemente und Strukturen festzulegen – eben „Politik zu organisieren." Diese Grund- und Orientierungslinien gilt es nachwachsenden Generationen in lernprozessualen Abläufen zu vermitteln.

---

[12] Vgl. Wolfgang Edelstein, Gesellschaftliche Anomie und moralpädagogische Intervention. Moral im Zeitalter individueller Wirksamkeitserwartungen, Berlin 1997, 29; vgl. ders., Demokratiepädagogik und Schulreform, Schwalbach 2014.

[13] Lind, Moral ist lehrbar, 36.

[14] Lind, Moral ist lehrbar, 36.

[15] Lind, Moral ist lehrbar, 3. Aufl. 2015, 39.

Gerade durch unterrichtliche Bestrebungen und Anstrengungen sollen die – dem demokratisch verfassten Staat übergeordneten – regulativen Sozialisationsziele „Mündigkeit" und „Partizipation" eingeübt und die Weichen für politische Bewusstseins-, Werte- und Verständnisbildung gestellt werden. Staatstragende Leitideale (Autonomie, Verantwortung, Identität etc.) brauchen moralische Integrität – auf der politisch-gesellschaftlichen Makroebene ebenso wie auf der individuellen Mikroebene. Eine demokratieförderliche Einstellung – so die gängige Meinung zahlreicher Didaktiker und Fachwissenschaftler – muss gerade im politischen Unterricht erfahrbar gemacht werden. Es ist eine Binsenweisheit, dass Menschen nur das lernen, was sie annehmen wollen. Das gilt gerade für die „Werte". Deshalb kann der politische Unterricht keine Werte „aufzwängen", sondern nur die Übernahme von Grundwerten ermöglichen.[16] Schülerinnen und Schüler wachsen heute in einer dynamischen Zeit unaufhaltsamer gesellschaftlicher, medialer und soziodemografischer Umwälzungsprozesse auf. Die Bewältigung dieser Dynamik setzt voraus, dass Jugendliche in der Lage sind, die auf sie einwirkenden Faktoren zu beurteilen und mit zu bestimmen: Sie müssen dazu befähigt werden, ihre eigene Persönlichkeit mit den Bedingungen ihrer Lebenswelt in ein Verhältnis zu setzen, damit sie kompetent agieren können und Verhaltensdefiziten, Normbrüchen und Devianzen vorgebeugt werden kann.

Die Versuchung liegt zwar nahe, auf die rasanten Veränderungsprozesse und Orientierungsunsicherheiten doktrinär, appellativ und oktroyierend zu reagieren.[17] Lehrer sollten aber „vielmehr die Voraussetzung für moralische Diskurse in ihren Klassen herbeiführen." (Lind) Jugendliche können in der Pubertät häufig nur schwer mit ihren Gefühlen umgehen und sind mit ihrer zunehmenden Verantwortung und Entscheidungsfreiheit oft überfordert: Vor allem in emotional aufwühlenden Konfliktsituationen fällt es ihnen noch recht schwer, rational begründete Entscheidungen zu treffen. In dieser Entwicklungsphase werden die in der Kindheit internalisierten Normvorstellungen häufig erstmals erst bewusst wahrgenommen und identitäts- und sinnstiftend reflektiert. Moralität stellt sich nicht naturgegeben und quasi automatisch im Laufe der menschlichen Entwicklung und als Resultat „guter" Erziehung einfach ein. Deshalb müssen gerade junge Menschen lernen, Handlungsalternativen abzuwägen, Entscheidungen zu begründen und dabei sowohl die Gefühle und Bedürfnisse anderer als auch die Konsequenzen des eigenen Handelns als „gut" oder „schlecht", „richtig" oder „falsch", „gut" oder „böse" zu bewerten.

---

[16] Dazu Peter Henkenborg, Werte und kategoriale Schlüsselfragen im politischen Unterricht, in: Gotthard Breit / Siegfried Schile (Hg.), Werte in der politischen Bildung, Schwalbach 2000, 263–287.

[17] Dazu vgl. Georg Lohmann, Werte, Tugenden und Urteilsbildung. Gegenstände und Ziele von Ethikunterricht und Politikunterricht, in: Gotthard Breit / Siegfried Schile (Hg.), Werte in der politischen Bildung, Schwalbach 2000, 202–217.

Die „Konstanzer Methode der Dilemma-Diskussion" (Lind) betont die zentrale Bedeutung der Auseinandersetzung mit Gegenargumenten für die moralisch-politische Entwicklung. Sie meint, dass gerade Argumente, die der eigenen Meinung widersprechen, das kognitive und moralische Denken besonders anregen und auf die Entwicklung des Urteilsniveaus wirken. Den Kern der Methode bildet die Kontroversdiskussion von Dilemmageschichten im Plenum. Auf der Grundlage einer problem- und dilemmaorientierten Geschichte sollen die Schülerinnen und Schüler vernunftgelenkte und wohlüberlegte Entscheidungen treffen, indem sie ihre internalisierten Werte und Prinzipien gegeneinander abwägen, verbalisieren und konkretisieren. Eine moralisch-kognitive Herausforderung soll erfolgreich – argumentativ in einem friedlichen Diskurs – bewältigt werden und gemeinsam soll nach einer gerechten Lösung und Begründung gesucht werden: Die Fähigkeit, schwierige problematische Konfliktsituationen dialogisch zu lösen, ist das Hauptanliegen der Methode und ein notwendiges Kriterium für ein friedliches Miteinander – auch außerhalb des Klassenzimmers. Werte sollen in der Diskussion nicht relativiert werden, sondern es sollen vielmehr absolute Normen definiert und bestimmt werden. Dabei gibt es für ein „richtiges" moralisches Dilemma keine einfache Lösung. Exemplarisch lässt sich folgende „Dilemmageschichte" unkommentiert anführen:

„New York, Times Square, Sommerabend. Die Menschen strömen heute in riesigen Massen in das wohl bekannteste Theaterviertel, auch Broadway genannt. Man freut sich auf eine schöne Theater- oder Musicalvorstellung. Doch alles kommt anders, als man denkt. Die Polizei erhält eine Bombendrohung. Laut Informant sollen drei Bomben am Times Square versteckt sein, die bei einer Explosion eine gewaltige Menschenmenge töten und verletzen würden. Kurze Zeit später werden vier Verdächtige festgenommen, von denen einer ganz sicher der Täter ist und die anderen unschuldig sind. Die Polizei ist hilflos, da jeder beteuert unschuldig zu sein, während sich die scharfen Bomben immer noch am Times Square befinden. Sie beginnt zwar sofort mit der Evakuierung des Broadways, doch diese ist noch längst nicht abgeschlossen. Die Zeit rennt davon. Der Polizeichef schlägt nun vor, durch Prügel der Verdächtigen den Ort der Bomben ausfindig zu machen, um damit viele Menschenleben retten zu können. Der Plan funktioniert. Der Täter verrät die Verstecke, woraufhin die Bomben entschärft werden. Der Polizeichef wird suspendiert. Unschuldige wurden gefoltert."[18]

Arbeitsauftrag: *Wie würden Sie entscheiden? Ist Folter dann moralisch gerechtfertigt, wenn es darum geht lebensrettende Informationen zu erhalten? Ist der Einsatz von Folter (dann) mit dem Prinzip der Rechtsstaatlichkeit vereinbar?*

---

[18] Vgl. https://www.unitrier.de/fileadmin/fb1/prof/PAD/BW1/mueller/ Unterrichtsentwuerfe/Folter2_komplett.pdf Stand: 20. 6. 2016.

Gerade in Diskurssituationen müssen Werteorientierungen formuliert und hinterfragt werden, mit dem Ziel, politische Orientierungen durch den Aufbau von moralischen Kompetenzen (Empathie, Gerechtigkeit, Konfliktbearbeitung u. a.) auszubilden. Die „Dilemmadiskussion" ist dafür eine geeignete Methode. Unterrichtliche moralische Entwicklung vollzieht sich immer dann, wenn in konkreten moralischen Konfliktsituationen bestehende Wertevorstellungen konfligieren und reflexiv hinterfragt werden müssen. Individuelle Auffassungen müssen dialogisch angeeignet werden; die fraglose Annahme moralischer Tugenden (Wertevermittlung im Sinne von Werteindoktrination) ist in modernen, pluralistischen (multikulturellen und multikonfessionellen) Gesellschaften nicht mehr vertretbar. Politischer Unterricht ist kritischer Unterricht, kein doktrinärer Werteunterricht. Die Bewusstseins- und Charakterbildung im Sinne moralischer Intuitionen bedarf einer Didaktik, die die Heranwachsenden stimuliert. Politikunterricht muss als „erziehender Unterricht" auf Einsicht statt auf „Verordnung" zielen. Die Schüler sollen Werte reflexiv aneignen, das zeichnet politische Rationalität aus. Wenn Reflexivität das Merkmal moderner Erziehungskonzepte darstellt, dann liegt in der Bereitstellung interaktionistischer, subjektbezogener, aktivierender und kommunikativ ausgerichteter Lehr- und Lernarrangements eine der zentralen Aufgaben einer jeden Lehrkraft. So ist die Konfrontation mit konkreten und rational-sachgebundenen moralischen Problemsituationen und Interessenskonflikten (Gentechnick, Atomkraft, Sterbehilfe u. a.) entscheidend, da gerade hier bestehende Einstellungen auf ihre Gültigkeit und Relevanz für die eigene Lebensführung hinterfragt werden. Es gibt einen Zusammenhang zwischen der moralischen Urteilskompetenz und politisch-demokratischem Bewusstsein: „Höheres Niveau moralischer Entwicklung und höheres Niveau der kognitiven Entwicklung korrespondiert mit kritischerem politischen Bewußtsein. Dabei ist aber die Wichtigkeit des ersten Faktors höher einzuschätzen, da im Gegensatz zur kognitiven Entwicklung die moralische Entwicklung ein eindeutig kritisches Bewußtsein bedingt und damit eine auch inhaltlich bestimmte, kritische politische Richtung."[19]

Eine pluralistische Gesellschaft braucht Grundwerte als ethischen Minimalkonsens und „Ordnungsrahmen". Auch die Grundwerte sind als abstrakte Größen aber stets interpretationsbedürftig und so kann es im Anwendungsdiskurs der Handlungsfolgen auch über die Grundwerte – trotz des bestehenden Grundwertekanons – zu Konflikten und unterschiedlichen Auffassungen kommen. Die Etablierung der Moralerziehung ist im Unterricht schon deshalb wichtig, weil Schule als Erfahrungsraum eine sensible soziale Dimension hat. Heranwachsende mit unterschiedlichen soziomoralischen und -kulturellen Voraussetzungen treffen hier zusammen und so er-

---

[19] Peter-Michael Friedrichs, Menschenrechtserziehung in der Schule. Ein kognitions-psychologisch orientiertes Konzept für den Politikunterricht, Opladen 1983, 55.

geben sich zahlreiche Anlässe, Konflikt- oder Problemsituationen, die diskursive Möglichkeiten für moralische Bildungsprozesse eröffnen.

Für eine interkulturelle Erweiterung der Dilemmamethodik

Abschließend sei der Bogen zur Ausgangsthematik zurückgespannt. Die didaktische Ausgangsüberlegung dürfte klar geworden sein: Die derzeitigen Migrationsbewegungen sind eine besondere Herausforderung für die politische Bildung: in Schule und Gesellschaft. Die moralisch-politischen Erfahrungen und Intuitionen der Migranten unterscheiden sich vielfach erheblich von der durchschnittlichen Sozialisation und den Werteinstellungen der meisten Deutschen. Wir brauchen eine Migrationspädagogik, die didaktische Perspektiven für die Kommunikation dieser heterogenen moralisch-politischen Intuitionen und Einstellungen entwickelt. Dilemmageschichten sind eine bewährte Methode der Kommunikation von Wertepluralismen. Das Potential von „Dilemmageschichten" sollte deshalb weiter entwickelt werden. Die Didaktik der „Dilemmageschichten" lässt sich um eine „interkulturelle Kompetenzzuschreibung" erweitern: Wenn interkulturelle Konfliktthemen angesprochen werden, kann es zu reflexiven Annäherungen und Begegnungen kommen und eine differenzierte Betrachtung von interkulturellen Differenzen möglich werden. Dilemmatische kulturell-religiöse Konfliktsituationen können interkulturelle Verstehensprozesse initiieren. Viele Konfliktszenarien ließen sich in Dilemmageschichten als schulische Fallbeispiele ausarbeiten: „Religionsfreiheit" versus „staatliche Neutralitätspflicht" (Darf eine Lehrerin im Unterricht Kopftuch tragen?); „Pressefreiheit" und „unbequeme Presse" versus „religiöse Gebote und Gefühle" von Mitmenschen (Der Karikaturenstreit); „Religionswürde" versus „kulturelle Gepflogenheiten und Kulturwerte" (Verweigerung des Handschlags mit einer Frau). Gegenseitiges Verständnis und Diskurs, Empathie und Interesse, aber auch die Vermittlung von freiheitlich-rechtsstaatlichen Zielen sind Voraussetzungen für eine nachhaltige Integration. „Dilemmageschichten" sind als Unterrichtsmethode ein Schlüsselweg erfolgreicher und nachhaltiger Integration. Sagen wir es abschließend leicht paradox oder dilemmatisch: „Ist das Ziel von Erziehung die Mündigkeit des Menschen, so setzt der Pluralismus die Mündigkeit des Menschen voraus."[20]

---

[20] Jutta Standop, Werte-Erziehung. Einführung in die wichtigsten Konzepte der Werteerziehung, Weinheim 2005, 23.

Emeti Morkoyun

„Diese Menschen bräuchten eine Integration!"
Interview mit dem syrischen Künstler
Ayham Majid Agha*

Sie sind Professor für Schauspielkunst aus Damaskus und auch als Schauspieler tätig. Können Sie mir etwas über die Gründe erzählen, die dazu geführt haben, dass Sie 2014 nach Deutschland kamen?

Ich studierte Schauspiel am Heine-Institut für Drama. Dann habe ich mit Workshops weitergemacht und wurde Dozent für interaktives Theater in Syrien und anderen Ländern. Ich hatte Projekte in Syrien, mit denen ich zwischen 2003–2011 in über 200 Städten spielte. Und wir spielten in vielen Städten in Europa. Es war nicht wirklich meine Entscheidung hier zu leben. Ich verließ Beirut für ein Gastspiel in Hannover, als ich dann zurück wollte, gab man mir ein Visum von fünf Tagen für den Libanon. Sie änderten die Einreisegesetzte und ich hatte eine Menge Papierkram zu erledigen. Das wollte ich von Deutschland aus machen. In dieser Zeit lernte ich das Gorkitheater und die dortigen Kollegen näher kennen. Deswegen bin ich hier, als Syrer und Theatermacher.

Über Deutschland wusste ich zu dem Zeitpunkt nichts, kannte nur die großen Namen der Schriftsteller, Regisseure und der Theater. Ich hatte nie daran gedacht, einmal in Deutschland zu leben. Für mich war es das fremdeste aller Länder, selbst wenn ich wusste, dass Deutschland das Herz Europas ist. Aber in Syrien redete man wenig über Deutschland, wir kennen die Geschichte der Mauer in Berlin. Das war's. Sicherlich kennen wir Brecht und Kafka, aber es ist mit diesen deutschen Schriftstellern anders als beispielsweise mit Dostojewski. Wenn du Dostojewski liest, fühlst du dich als Teil der russischen Gesellschaft. Über Deutschland gibt es das Klischee der Bürokratie und dass die Deutschen „ernste" Maschinen seien. So denkt man in arabischen Staaten über Deutschland. Selbst im Fußball nennt man die deutsche Mannschaft „die deutschen Maschinen". Aber im Ernst, ich hatte nie daran gedacht, einmal hier zu leben oder hier zu arbeiten. Selbst Indien war mir in Gedanken näher, oder Japan. Ich kannte lediglich die Kultur der Bücher aus Deutschland.

---

* Ayham Majid Agha wurde 1980 in Syrien geboren. Er studierte an der Kunsthochschule in Damaskus und lehrte dort als Juniorprofessor 2006–2012. Er studierte auch in England und Italien und arbeitete international an zahlreichen Theaterprojekten mit.

Als ich dann hier war, kam mir manches merkwürdig vor. Ich verbrachte die erste Nacht am Flughafen, weil ich auf meine Papiere warten und eine Lösung für meine Situation finden musste. Über Freunde fand ich dann eine Wohnung. Niemand dachte damals daran, dass es mit Syrien so schlimm enden würde. Als dann in meinem Leben das erste Mal der Begriff „Flüchtling" fiel, war das wirklich sehr fremd für mich. Wir benutzen dieses Wort in unserem Land nicht. Ich bin ursprünglich Tschetschene, aber niemand würde in Syrien auf die Idee kommen, mich als solchen zu bezeichnen.

Sie haben eben davon gesprochen, welches Bild Sie von Deutschland hatten, bevor Sie das Land kennen lernten. Hat sich Ihre Einstellung geändert?

Natürlich hat es das. Ich war zu Anfang sehr enttäuscht, dass Berlin nicht so schön ist, wie ich es mir vorgestellt hatte. Aber da war die Kunst auf den Straßen. Die Straßenkünstler, die Freiheit, auf der Straße Kunst zu machen. Ich dachte nicht, dass es sowas in Berlin geben würde. Vielleicht in Los Angeles oder New York, aber nicht in Europa.

Ich hörte eine Menge über das deutsche Theater, aber man muss tatsächlich suchen, wenn man ein gutes finden will. Außerhalb des Gorkitheaters habe ich eine Menge Künstler kennen gelernt, die vor allen Dingen sich selbst darstellen und bekannt machen wollen. Am Gorki versucht man, ohne diese „Stars" auszukommen. Mich überrascht, dass so viele mit Flüchtlingen am Theater arbeiten. Ich frage mich manchmal, was die Leute vorher gearbeitet haben. Aber Flüchtlinge kriegen für die Arbeit in der Kunst oft kein Gehalt. Also, was ist das für eine Zusammenarbeit? Ich denke, es ist grade einfach sehr erfolgreich, sich mit Flüchtlingen zu präsentieren. Es gibt in diese Richtung einen großen Hype.

Mich würde interessieren, was für Sie eine „Willkommenskultur" ausmacht.

Ich denke, da geht es nicht darum, mit einer Flasche Wasser Flüchtlinge am Bahnhof zu empfangen und sie dann wieder zu vergessen. Heißt die Menschen nicht willkommen und lasst sie dann im Zelt zurück. Man sollte sich mit den Menschen und ihrer Herkunft beschäftigen. Syrien beispielsweise ist ein kleines Land, es ist nicht schwer, etwas darüber zu lernen. Man sollte die Menschen ansprechen, sie fragen, was sie bisher gemacht haben, und ihnen die Chance geben, sich damit hier einzubringen.

Was bedeutet für Sie „Integration"?

Mit den Mitmenschen ins Gespräch kommen, das ist Integration für mich. Ich denke, Integration funktioniert einfacher, als viele denken. Das Gesetz in Deutschland zu verstehen, ist nicht schwer, jeder kann sich daran halten. Ich habe oft den Eindruck, dass mit dem Begriff der Integration Zwang und negative Zuschreibungen verbunden werden. Das müsste so nicht sein. Ich denke, es ist sehr wichtig, dass die Deutschen sich erinnern, dass sie vor 70 Jahren selbst zu Flüchtlingen wurden.

Wie beurteilen Sie die Lage in Syrien?

Momentan ist Syrien ein einziger Markt. Jeder verkauft seine Waffen dahin. Ich frage mich, warum die gemäßigte Opposition so wenig unterstützt wird. Man muss sich schon fragen, warum die Freie Syrische Armee mittlerweile als zerschlagen gilt. Sie sind umgekommen durch ausländische Streitkräfte. Wenn Russland interveniert, sollten sie auch deutlich sagen, dass sie kommen, um das Regime zu sichern.

Was halten Sie vom Abkommen mit der Türkei in diesem Zusammenhang?

Ich habe ein Problem mit dem Regime in Syrien, weil es die Bevölkerung tötet. Dasselbe macht Erdogan. Er denkt, er braucht sein Volk nicht. Weil er die Grenzen öffnen kann, fügt man sich und überlässt das türkische Volk seinem Führer.

Was wären Ihre Ratschläge in Bezug auf die Integration in Deutschland?

Wichtig ist, jeden in seinem Beruf ernst zu nehmen. Ich kenne eine Menge Flüchtlinge mit einer wirklich guten Ausbildung. Menschen, die gut gebildet sind, die gerne arbeiten würden, Ärzte, Architekten, Informatiker, diese Menschen warten in den Heimen. In den Medien präsentiert man gerne den typischen Muslim, so wie man ihn sich aus europäischer Sicht vielleicht vorstellt. Ich habe das auch erlebt. Man extrahierte meine Randbemerkungen zum Islamischen Staat in Syrien, nutze nur diesen Teil des Interviews. Meine Forderung ist, dass sich die Medien um mehr Authentizität bemühen. Bevor Assad kam, gab es 2300 Moscheen im Land. Dann wurden mit seiner Politik über 11 000 Institute eingerichtet, um den Koran zu lehren. Es gab 400 Kinos, es sind gerade einmal 11 übrig geblieben, drei Theater und zwei Bars in Damaskus, das ist der westlich orientierte Assad, von dem hier alle reden. Er ist ein Unterstützer der Hamas, der Hisbollah und anderer Jíhadisten.

Erzählen Sie mir bitte von Syrien, was sollte ich über Ihre Heimat wissen?

Syrien ist ein Land, in dem 17 Sprachen gesprochen werden. Armenisch, Assyrisch, Syrisch, andere arabische Akzente, Kildanisch, Türkmenisch, Kurdisch, Kaukasisch usw. Es gibt eine Vielzahl an Ethnien und Religionen. Drusen, Araber, Asiden, Moslem, Alawiten, Schiiten, Syrien ist ein vielfältiges Land. Das macht Syrien aus. Assad schützt eine Minderheit der Menschen, nicht die Mehrheit. Er hat niemals die Menschen geschützt, die Opfer des IS wurden. Die Freie Syrische Armee versucht das zu tun.

Wie sieht es mit radikalen Gruppierungen in Deutschland aus?

Ich höre immer wieder, dass die Rechten betonen, dass sie keine Rechtsradikalen seien. Aber ich kann sehen, dass viele Menschen unglücklich sind. Beispielsweise die Menschen, die bei der Pegida mitlaufen. Wenn sie die Macht hätten, gegen bestimmte Gruppen vorzugehen, sie würden es tun.

Diese Menschen bräuchten eine Integration, vielleicht ist das wichtiger als unsere.

In Deutschland wird derzeit viel über muslimische Traditionen diskutiert.
Wie schätzen Sie diese Debatte ein?

Wenn Menschen vor eben diesen Zuständen fliehen, über die hier gesprochen wird, werden sie mit Sicherheit daran interessiert sein, dass diese Zustände hier keine Rolle mehr spielen. Auch in Deutschland passiert es, dass Männer ihre Frauen schlagen. Diese Frauen und Männer sind nicht immer Muslime. Was beim IS passiert, betrifft einen sehr kleinen Teil der Welt. Ich bin kein gläubiger Mensch, ich lese die heiligen Schriften als Bücher, nicht mehr. So wie ich Marx lese. Nicht jedem Buch, das ich lese, glaube ich. Alle lesen den Koran in einer anderen Sprache. Sie werden ihre eigenen Schlüsse über den Islam ziehen.

Teil III

Der Spiegel des Auslands: Statements von Kollegen

*Meher Pestonji**

What Is the Future for Syrian Refugees? Considerations from an Indian Point of View about Germany and Europe

I had just finished reading Linda Sue Park's *A Long Walk to Water*[1] when the Syrian refugee crisis hit world headlines. As the image of three year old baby Aylan washed up on a beach in Turkey wrenched hearts around the world my thoughts were still with eleven year old Salva, Sue Park's real life protagonist, who survived war torn Sudan by walking through jungle, desert and even a crocodile attack while crossing a river.

A Long Walk to Water tells how Salva got separated from his family when his village school was bombed and teachers urged children to run into the bush to save their lives. For the next eleven, yes eleven years, Salva became a refugee, walking – with people from his village, with strangers from his tribe, fatigue, hunger and thirst being his only constant companions till they reach refugee camps first in Ethiopia and then Kenya.

All walkers live at the edge, reluctant to share food or water. The one friend he makes on the unending journey is devoured by a lion while sleeping at the edge of the group. An uncle, who miraculously connects with the same group, is shot dead in front of Salva's horrified eyes. Yet Salva stumbles

* Meher Pestonji ist Journalistin und hat seit den 1970er Jahren ein breites Arbeitsspektrum. Sie hat als Theaterkritikerin gearbeitet, Buchautorin und -rezensentin, und sie hat auch Romane verfasst: insbesondere zu den sozialen Problemen Indiens, über Straßenkinder und Wohnrechte für Slumbewohner. Sie ist Teil der Parsi-Religionsgemeinschaft (Religion Zarathustras) und setzt sich generell für religiöse Toleranz zwischen den Religionen ein. 1999 brachte Harper Collins India ihre erste Sammlung von Kurzgeschichten heraus: „Mixed marriage and other Parsi stories". Darauf folgte „Pervez", ein Roman, der gezielt gegen die Zerstörung der Babri-Moschee in Ayodhya (das Werk radikaler Hindus) gesetzt wurde, welche Unruhen in ganz Indien zur Folge hatte. Ihre zweite Novelle „Sadak Chhaap" verfolgt das Straßenleben eines obdachlosen Kindes. Das Theaterstück „Piano for sale", das zwei unterschiedliche Frauenleben in den Blick nimmt, wurde 2005 im „National Centre for the Performing Arts" uraufgeführt. Ihr zweites Stück „Feeding Crows" gewann den Preis des „South Indian segment of the British Council/BBC Radio Playwriting Competition" 2008. Frau Pestonji arbeitet eng mit Prof. Dr. Klaus Hupke und der Abteilung für Geographie und ihre Didaktik an der PH-Heidelberg zusammen, die einen besonderen Schwerpunkt auf den Bereich Indien legt.
[1] Linda Sue Park, A Long Walk to Water, 2010.

on, one step at a time, braving the elements to emerge as a youth leader in the process of keeping himself alive.

Savla's true story starkly brought home the horrors Syrian refugees are experiencing today. Only desperate people abandon home with uncertainty staring them in the face, attempting to cross seas in flimsy inflatable boats, handing over life savings to smuggling syndicates in a fragile hope for survival.

When their numbers run into millions as they land on European shores clutching little but hope in their hearts the world is faced with a major humanitarian crisis. Most European countries closed their borders refusing to get drawn into problems not their own. Only Germany with her incredible Chancellor Angela Merkel stood up for ethics and humanitarian values, setting up relief camps, providing assistance in health care and basic education for migrant children.

Initially the majority of Germans supported Merkel's policy, welcoming refugees with roses but as the tide of incoming refugees refused to ebb and shabby shanties with aimlessly wandering people made an appearance in meticulous German towns it hit home that kindness may not be the way to solve the problem. That continuing to absorb refugees would damage the fabric of German life.

The New Years Eve incident of immigrants groping German women drove in the culture contrast. Young immigrant men unused to seeing uncovered women got aroused by revealing attire and gave in to their base hormonal instincts. Simmering German discontent found the loop it needed to voice antipathy for refugees while around the world people were outraged.

„It's a huge challenge to fit people from a very conservative society into a liberal society where women are in the workforce as equal partners with men," said Anil Dharkar, columnist, writer and founder-director of the Tata Lit-Live Mumbai International Literature Festival, at a personal conversation a few weeks ago. „Refugees face a culture shock. Initial relief at reaching security gives way to amazement as they confront a lifestyle completely alien to their own. Integration has to be a gradual process. They have to be assimilated into society by accelerated acclimatisation through education".

„The nearest parallel in India is our experience with Bangladeshi refugees," he continued. „There was a huge influx in the sixties which stopped after the liberation of Bangladesh but a trickle has continued. Most are unskilled, uneducated, like Syrian refugees. Over the years they have integrated into Indian society because ethnically and culturally we are the same kind of people."

„The problem in Germany is much more severe. How do you integrate people who look different, who don't speak the same language, who have no work skills and who practice a completely different culture?"

The seriousness of the problem hit home when six women in Berlin were brutally murdered by their own families for attempting to break free of orthodoxy and adopt a Western lifestyle. When within their community such crimes are seen as 'honour killings' a clash of values becomes evident and the question of integration becomes more complex.

„There is absolutely no honour in killing," emphasises Islamic scholar Irfan Engineer, chairperson of the Centre for Studies in Society and Secularism, talking to me last month. „The murderers should be punished according to the laws of the country they are living in. That alone will serve as a deterrent. There should also be an intensive education campaign stressing that equality between men and women is a sacred value and that no community will be allowed to follow practices against the national Constitution".

Culture conflicts also become evident in less confrontational arenas. Karen Schreitmüller, who teaches German to foreigners in Stuttgart, had a conservative Muslim refusing to shake hands with colleagues because, according to him, Islam forbids men to touch women who are not part of their immediate family. When shaking hands is an integral form of greeting in the West won't a group that refuses to do so keep them apart?

„When people who have lived with particular beliefs come into contact with a completely different culture they can't change overnight," said Irfan. „Society needs to accommodate them as long as they are not troubling anyone. Its different from eve-teasing which cannot be tolerated under the pretext of being from a different culture".

People tend to feel challenged when they come in contact with different cultures and become insistent about asserting their own. Open minded interactions, with an emphasis on the core values of civility, equality, justice and a tolerance of superficial differences might smooth the process of integration. For refugees, like migrants anywhere, fear losing their identity and might wall themselves into ghettos if they are expected to assimilate too much of the new culture too soon.

„This ultra-liberal approach leads to no attitudinal change," said Anil. „The other approach is 'if you want to live in our country you better integrate, shake hands, learn to treat women as equals. No one is asking you to give up the central values of Islam – saying namaaz, fasting during Ramadhan. Only superficial ones that came in at the instance of mullahs later. Radicals will oppose any attempt to change so there has to be an element of compulsion."

He cites the example of Britain which has large heartedly embraced people from former British colonies. „Britain has been exceedingly soft on people who've taken advantage of a liberal democracy to preach its exact opposite. In the name of permitting free speech they've allowed mullahs to preach hatred, to preach overthrowing British values while living in England. They should have been arrested."

„Britain has made a conscious effort to encourage multiculturalism. Partly because of its colonial history but largely because it acknowledges that multiculturalism enriches British culture," continued Anil. „They actively encourage international drama groups, encourage troupes to use coloured actors in Shakespearean plays, host art exhibitions from all over the world. There has been a genuine sustained effort".

The result is evident. In central London you mingle with people from all over the world. In the early years gangs of British ,teddy boys' protested against this invasion into their country and attacked Pakistanis, Indians and others of non-white descent. That protest seemed to have quietened with Britain accepting its multi-ethnic multi-racial population.

But the shocking murder of British MP Jo Cox overturned the prevailing ethos. Cox's concern for 95 000 unaccompanied Syrian children made her urge Britain to take in 3000 kids which became a provocation to her assailant who shouted ,Britain First' while attacking her. Though he was clearly driven by ultra-nationalist sentiments combined with mentally instability, the media has repeatedly pointed to his sympathy for neo-Nazi and pro-aparthied groups.

Since 9/11 the world has been gripped by Islamophobia with knee-jerk reactions ascribing almost every terrorist attack to Islamic groups even before intelligence reports come in. „Any psychologist will confirm that phobias have no basis. Islamic State may be at war with Western civilization but the average Muslim worldwide does not support IS," said Irfan. „The phobia against Islam has been fed by the media. The first bombings in London were done by IRA. The Lords Army is inflicting horrendous atrocities in Sudan. But that hasn't made people anti-Christian. Because the media has not brought those atrocities into people's homes via television."

In a situation where the world views Muslims as potential sources of danger refugees feel even more vulnerable as they are in an alien land surrounded by strangers. It is impossible to know how many unstable persons exist in society or monitor their activities. While intelligence agencies comb the internet for connections between individuals and terrorist groups there will always be the ,lone wolf' that remains outside their radar. Insecurity feeds the anxiety of average citizens propelling them to opt for a seemingly safe society peopled by their own kind. Refugees who are clearly different may be viewed as a threat.

Just as Britain embraced multiculturalism because of its colonial history Germany is atoning for its Nazi past by bending over backwards to accommodate refugees. But Chancellor Merkel's ethical stand is becoming difficult to maintain as more and more Germans wonder whether opening doors to refugees was a mistake.

Russia's Vladimir Putin has publicly called her migration policy „an act of political suicide which has empowered Germany's fascist right". The zenophobic backlash has propelled marginal right wing parties into the mainstream. Should Merkel lose the next election the refugee's future could become extremely grim.

The Brexit referendum triggered a slew of heated debates with people resorting to inflammatory speeches and baseless rhetoric of the Donald Trump kind. The unexpected verdict, hailed as a victory of democracy, is also a victim of populism. It appears to question the fundamental premise of multi-culturalism with a marginal majority of Britons opting for insularity by quitting the European Union. Anti-racial graffiti and street insults have made a re-appearance but equally vehement are the protest voices sounding across Britain with one commentator concerned that large hearted ‚Great Britain' risked getting reduced to ‚Little England'. In this polarised scenario Angela Merkel commented that „the exaggeration and radicalisation of language has not helped to foster an atmosphere of respect".

Civil discourse with an open mind is an imperative of the globalised world today with international business connections and travel being central to future planning. Around the world societies are multicultural, with both North and South Americas peopled by immigrants from all parts of the world and national barriers in Europe breaking down with no visa formalities or job restrictions within the European Union. But while the vast majority of Europeans are white, refugees are racially different. Can Europe become a multi-racial, multicultural society like England?

„Europe may be predominantly white but Europeans have lived with religious differences – Catholics, Protestants, Jews – for a long time. Now they have to make space for Muslims," said Irfan. „Since Germany has taken in refugees they should accept aspects of their culture that doesn't clash with their own lifestyle. And refugees must acknowledge that Germans have a right over their own country, that they have to adapt, learn its language, respect all its laws and appreciate its values to fit in."

Integration will be tough for the first generation but the second and third generations are likely to assimilate more easily as children go to common schools, interact with peers from an early age and learn from text books emphasising the strengths of diversity.

Another resistance to refugees stems from the fear of their taking over unskilled low paying jobs currently held by people from the East who are less educated, less affluent than West Germans. Germany being technologically advanced there are few jobs for unskilled labour with even ordinary work like cleaning streets done by machines operated by trained personnel. Refugees might be willing to take on menial work at lower wages posing a challenge.

Speaking at a public function Raghuram Rajan, Governor of the Reserve Bank of India, said, „Internationally the emerging threat is not from migrants but from robots who are positioned to take over more jobs in the next five years. This will enable industrialised countries to produce goods at lower prices and become more competitive. Jobs like cooks, gardeners, security guards may be available but the pressure on white collar jobs will grow."

As unemployment grows so will social unrest with frustration among the youth setting off violence that may get attributed to ethnicity. One can visualise frustrated refugees getting into gang wars with unemployed white youth. While there is a real risk of terrorists slipping into Europe in the guise of refugees, a parallel risk is that of unemployed youth becoming breeding grounds for future terrorists. Only when the economy is growing and there are enough jobs can social unrest be contained.

„Germany and France are no strangers to racial tension," points out Irfan. „French workers clashed with Arab migrant labourers from the former French colony Algeria. There was resistance to the Re-unification of Germany because West Germans didn't want to share resources with their brothers from the East. Right-wingers are adept at drawing ‚we' versus ‚they' battle lines and demonising the other. Only empathy and willingness to share resources can counter them."

„Lets not forget Europe is partly responsible for the refugee crisis," he continues. „Britain was a strong ally of the United States in the Iraq war on the pretext of Weapons of Mass Destruction with very little evidence. Other countries provided financial and logistic support. They could have explored other approaches – boycotts, sanctions. Those may have taken time to kick in but they could have been effective. No one invaded South Africa, apartheid was dismantled largely through sanctions".

Under intense pressure Merkel is struggling to find solutions to the refugee problem without losing the support of her electorate. One attempt involves repatriating refugees to culturally similar countries like Turkey and Jordan in the hope that it will be easier for them to fit in with the predominantly Muslim population. Europe will provide economic support for their rehabilitation. Should the experiment work Merkel will be hailed as an ethical and politically astute leader.

However Irfan has reservations about its success. „You are transferring the problem, not solving it," he said. „Till a few years ago Turkey used to be intolerant of Islam. Burquas were not allowed except in certain neighbourhoods. Jordan is almost as modern as a Western democracy. It's a mistake to think all Arabs share one culture. Arab societies have great diversity. There are Shias, Sunnis, Jewish people – all speaking the same language but cultu-rally quite different."

„What about Saudi Arabia and U. A. E. where the kings and amirs spend millions on palaces, diamond cars – so far removed from genuine Islamic teachings. They have the land, they have the resources. Yet they haven't ac-cepted a single refugee. Why doesn't the world pressurise them into taking in refugees?"

Takeshi Gonza

Der Bann des Nationalismus.
Ein Blick auf Deutschland aus japanischer Sicht

Am 28. Februar 2016 hat NHK-BS, der japanische öffentliche Sender, ein anderthalbstündiges Programm über die Flüchtlingskrise gesendet. Das NHK-Programm hat die Problematik des Flüchtlingsstroms nach Deutschland, die der syrische Bürgerkrieg herbeigeführt hat, aus zwei unterschiedlichen Perspektiven behandelt: In der ersten Hälfte hat es die Erfahrungen einiger Flüchtlingen dargestellt, die aus Syrien über die Türkei und Griechenland nach Deutschland oder Schweden fahren wollten. In der zweiten Hälfte hat es die Erfahrung einiger Dresdener geschildert, die an der Protestbewegung gegen die Flüchtlingspolitik der deutschen Regierung, 1 Million Flüchtlinge aus Syrien aufzunehmen, beteiligt waren.

In Fallbeispielen wurde u. a. berichtet: Zwei Schwestern aus Syrien haben die bis zur Ruine bombardierte Hauptstadt Damaskus, wo ihr Vater noch wohnt, verlassen und sind über die griechischen Inseln gefahren und in Stockholm eingetroffen, um da ihr Studium fortzusetzen und in der Zukunft dem Heimatland zu dienen. Sie sind spät in der Nacht noch in der Stadt herumgegangen, um Winterkleidung und Lebensmittel einzukaufen. Ein anderer Mann aus Syrien wohnt schon in Plettenberg und ruft mit Smartphone seine noch in Damaskus verbliebene Familie an, um sie eventuell nach Deutschland zu holen. Ein weiteres Beispiel erzählt von einer Frau mit zwei Kindern, die über die griechischen Inseln nach Salzburg gefahren ist, um Ihren Mann wiederzutreffen, der das neue Leben dort bereits vorbereitet hat. So berichtete das NHK-Programm in Bild und Ton zuerst vom schwierigen Weg der syrischen Flüchtlinge, dem Leiden des Bürgerkriegs zu entfliehen und zum versprochenen Land zu streben. Danach interviewte es einige normale Bürger in Dresden, die an der Demonstration gegen die deutsche Flüchtlingspolitik teilgenommen haben. Einer stimmte dem Slogan der Demonstration vorbehaltlos zu, die eigene Religion, d. i. die christliche Identität beizubehalten. Eine andere fürchtete, der Bau einer Flüchtlingsanlage, wo Ausländer wohnen, die nicht deutsch sprechen, könnte die öffentliche Sicherheit in der Nachbarschaft verschlechtern. Ein dritter debattierte mit seinem Nachbarn, für den die Flüchtlinge in Deutschland willkommen sind und dem es darauf ankommt, die Religionsfreiheit der Muslime zu achten.

Zwei Perspektiven der gegenseitigen Teilnehmer repräsentieren die entgegengesetzten Richtungen der Flüchtlingspolitik. Die beiden Perspektiven verschränken sich nicht leicht miteinander, sondern streiten wie Antinomien über die Ansicht der Nation und die Aufnahme- und Integrationsfähigkeit Deutschlands: Aus syrischer Sicht können – erstens – die Flüchtlinge aus den zerfallenen Staaten durch einen Willensakt in die andere Nation aufgenommen werden. Das ermöglicht auch das neue – am 1. Januar 2000 in Kraft getretene – deutsche Staatsbürgerschaftsgesetz (Staatsangehörigkeitsgesetz; StAG) von 1999, nach dem – bei unbefristetem Aufenthaltsrecht eines ausländischen Elternteils – der Geburtsort, nicht die Abstammung über die Staatsangehörigkeit entscheidet. Nach dieser Sicht bedeutet die Nation nicht mehr die Abstammungsgemeinschaft aufgrund des gemeinsamen ethnischen Bandes, sondern die Willensgemeinschaft aufgrund des subjektiven Willens, die eigene Nation zu bilden, also „ein tägliches Plebiszit" (E. Renan). Die meisten Deutschen kennen und akzeptieren aber weiterhin nur das alte Staatsbürgerschaftsgesetz von 1913, das sich am Blut- und Abstammungsrecht (Jus sanguinis) orientiert. Nach dieser Sicht wird die Nation erst aus der gemeinsamen Sprache, Religion und Kultur naturwüchsig herausgebildet, also die Sprache, Religion und Abstammung schafft erst die Nation (J. G. Fichte).[1]

Die syrischen Flüchtlinge können sich – zweitens – auf die deutsche Initiative vom Sommer 2015 berufen, die syrischen Bürgerkriegsflüchtlinge aufzunehmen, die durch das individuelle Grundrecht auf Asyl gerechtfertigt war, das auch der Asylkompromiss von 1993 in GG Art. 16 bewahrt hat, wenn auch auf Kosten von Drittstaaten (Drittstaatenregelung, Dublin-Abkommen). Die deutsche Sicht verweist heute auf die mangelnde Aufnahmebereitschaft der europäischen Nachbarstaaten und den ungleichen Anteil der Flüchtlingsaufnahmen. Ein französischer Sender, France 2, nannte im März 2016 hier als Zahlen, dass Deutschland etwa ein Drittel der Flüchtlinge (35%) aufnimmt, Ungarn 18% und Schweden 12%. Deutschland hält das für eine moralische und finanzielle Überforderung, mit weiteren Folgekosten etwa für Investitionen in Wohnungsbau sowie Schulen, zumal Deutschland an Luftangriffen gegen Syrien, d. i. den Auslöser des syrischen Flüchtlingsstroms, nicht beteiligt war.

Aus syrischer Sicht können – drittens – die Flüchtlinge aus den islamischen Ländern durch die Erlernung von Sprache und Berufsbildung allmählich erfolgreich in der Bundesrepublik integriert werden. Aus deutscher Sicht ist die Aufgabe, die politische Kultur der Bundesrepublik, d. i. die westlichen Werte der Menschenrechte und Demokratie zu verinnerlichen, „eine

---

[1] Johann Gottlieb Fichte, Reden an die deutsche Nation, 1808, Hamburg 2008; vgl. allgemein Jörg Fisch, Das Selbstbestimmungsrecht der Völker. Die Domestizierung einer Illusion, München 2010.

der größten Herausforderungen" (H. A. Winkler),[2] sowohl für die Menschen aus den islamischen Ländern als auch für die Menschen aus den Aufnahmeländern. Wenn die Diskriminierung gegen Immigranten dauerhaft in der Lebenswelt bleibt, wenn dann die Anzahl an solchen arbeitslosen Jugendlichen immer weiter steigen sollte, die nicht mehr an die westlichen Werte glauben können, muss man schon für die nächste Zeit eine gegenläufige und paradoxe Entwicklung erwarten: den plebiszitären Rückfall in den Glauben an die Abstammungsgemeinschaft, der jeder Form von Fundamentalismus neue Nahrung gibt.

Ob Deutschland das alte Verständnis von der Nation als Abstammungsgemeinschaft überwinden und zum neuen Verständnis als Willensgemeinschaft wechseln kann, ob es die Verantwortung für die Flüchtlinge auf sich nehmen und die Integrationsaufgabe bewältigen und sich als Bildungsstandort bewähren kann – die Antwort auf diese Fragen wird der täglichen Option und Praxis jedes Menschen überlassen.

Wenn ich eine persönliche Erinnerung erzählen darf, so habe ich in Deutschland in den frühen Neunzigerjahren eine ähnliche Erfahrung gemacht. Nachdem Deutschland im Oktober 1990 die volle Souveränität zurückgewonnen hatte und die Wiedervereinigung jubelnd feierte, hat es eine neue und unilaterale Außenpolitik begonnen, die an dem Selbstbestimmungsrecht der Völker, d. i. dem Kernpunkt des Nationalismus orientiert ist. Die Bundesrepublik hat am Zerfall Jugoslawiens mitgewirkt, indem sie die Teilrepubliken Kroatien und Slowenien vorzeitig anerkannte. Dieser deutsche Alleingang in der Jugoslawienpolitik hat die Auflösung des Vielvölkerstaats sicherlich beschleunigt und als Folge eine Flüchtlingswelle aus der ehemaligen Teilrepublik Bosnien-Herzegowina hervorgerufen. Als die Zahl der Asylbewerber dann dramatisch anstieg und man eine Änderung des Asylrechts als Vorkehrung gegen „Asylmissbrauch" einmütig forderte, kam es im Frühling 1992 in Deutschland überall zu Brandstiftungen auf Asylheime: von Rostock bis Hoyerswerda, bei denen viele „normale" Bürger den ausländerfeindlichen Verbrechen erstaunlicherweise Beifall klatschten. Eine solche Akklamation von Sündenböcken wirkte auf mich wie der wiederkehrende Alptraum des deutschen Nationalismus. Danach bin ich enttäuscht in mein Heimatland zurückgekehrt und habe eine lange Zeit gebraucht, bis ich Deutschland wieder besuchte. Der unterbewusste Wunsch nach einer homogenen Gemeinschaft kann erst beherrscht und bewältigt werden, wenn man ihn als die Wiege des Ultranationalismus begreift.

Im vorigen Jahr 2015 war bei uns von „70 Jahren Nachkriegszeit" die Rede, die Deutschland und Japan miteinander verband. Beide Länder wurden von außen zur Nationalstaatsgründung gedrängt und wurden dann von

---

[2] Heinrich August Winkler, Wer hat die Deutschen zu Richtern der Nationen bestellt?, in: Süddeutsche Zeitung Nr. 295 vom 22. Dez. 2015, S. 11.

der Welle des Nationalismus mitgerissen, die sie zur Niederlage im Weltkrieg und Einführung der ersten Demokratie führte. Das Ende des Kalten Krieges und die deutsche Wiedervereinigung hat die Problematik des Nationalismus nicht gelöst, sondern den unterbewussten Wunsch des Verlierers nur verstärkt, den gleichen Status des Siegerstaates zurückzugewinnen. Die Befreiung aus dem Bann des Nationalismus bleibt eine gemeinsame Aufgabe von Deutschland und Japan, die von den beiden Ländern zu lösen ist.

Robert Hettlage

Der große Kanton.
Die Schweiz blickt auf Deutschland

Die Schweiz besteht aus 26 Kantonen. Kantone entsprechen in mancher Hinsicht den deutschen Bundesländern, ihre Kompetenzen und vor allem ihr Selbstverständnis reicht aber oft darüber hinaus. Das kommt u. a. in einem Zweikammern-System (Nationalrat = Bundesparlament, Ständerat = Länderkammer) zum Ausdruck, das den regionalen Interessen auch in sehr kleinen Räumen relativ große Macht einräumt. Vor allem können sie von den, für Schweizer Verhältnisse, großen Kantonen (Zürich, Genf, Basel, Bern, Waadtland) nicht majorisiert werden. Dies hat neben der direkten Demokratie und der sog. „Zauberformel" im 7-köpfigen Bundesrat (Regierung), wonach die stärksten Parteien im Kabinett durch 2 oder 1 Mitglied vertreten sind, zur Konfliktbegrenzung, zur Stabilität und zum Selbstbewusstsein dieses sehr komplexen Kleinstaates (8 Mio. Wohnbevölkerung 2016) beigetragen.

In den letzten 25 Jahren ist die Schweiz deshalb immer wieder als Modell für die Gestaltung Europas ins Gespräch gebracht worden. Der Erfolg war nur begrenzt. Zu sehr sind die EU-Staaten mit sich selbst beschäftigt, zu gering ist die Kenntnis dieses Landes. Die Franzosen reden etwas herablassend von „la petite Suisse", die Deutschen begnügen sich häufig mit dem Klischee von der „Insel der Seligen", auf der vieles erfolgreich und alles etwas anders zugeht. Große Aufmerksamkeit wird dem politischen, gesellschaftlichen und kulturellen Geschehen im Kleinstaat Schweiz in der Mitte und zugleich am Rande Europas jedoch nicht gewidmet. Einzig die Wochenzeitung „Die ZEIT" wartet seit einigen Jahren mit regelmäßigen Berichten zur Lage in der Schweiz auf.

Umgekehrt verhält es sich ganz anders. Ein Kleinstaat muss den großen Nachbarn gegenüber immer wachsam bleiben, besonders dann, wenn man mit ihnen negative Erfahrungen gemacht hat. Auf Deutschland, den nördlichen Nachbarn, trifft das in besonderem Maß zu. Es galt seit jeher als „unruhig" und hat in den letzten 150 Jahren immer wieder tiefgreifende Auseinandersetzungen in Gang gesetzt, die auch in der Schweiz zu beträchtlichen Turbulenzen geführt haben.

Häufig wird Deutschland in der Schweiz als der „große Kanton" bezeichnet, um sich scherzhaft oder satirisch über Deutschland auszulassen. So auch im gleichnamigen Kinofilm von Victor Giacobbo (2014), der in mokierender

Absicht die Frage stellt, ob die Schweiz nicht Deutschland als 27. Kanton aufnehmen solle, um alle Probleme mit dem Nachbarn zu lösen. Der Begriff „großer Kanton" spricht an sich die traditionell enge Verflechtung beider Länder an. Auf der anderen Seite schwingt auch eine große Portion Distanz und Abwehr mit. Für die Mehrheit der Schweizer, und das sind die Deutschschweizer (mit rund 2/3 der Schweizer Bevölkerung), ist und bleibt Deutschland eben ein unsicherer Kantonist. Das hat handfeste (historische) Gründe.

Die kleine Schweiz und der „große Kanton" 1870–1989

Tatsächlich sind die geographischen und demographischen Dimensionen immer auch von politischer und gesellschaftlicher Relevanz. Sie wirken wie ein „Datum", von dem aus viele politische Entscheidungen gesteuert werden. Das gilt auch für das Verhältnis der Schweiz zu seinem Nachbarn im Norden. Deutschland bildet kraft seiner Größe ein Schwergewicht, das ein Kleinstaat schlechterdings nicht negieren kann. Zu stark sind die verschiedenen wirtschaftlichen und politischen Interessenlagen ineinander verschlungen. Man denke nur an die Verkehrsanbindung und deren wirtschaftliche, kulturelle, ja auch militärische Bedeutung. Am Gotthard-Tunnel (seit 1882) hatte schon Bismarck großes Interesse. Die Neue Alpentransversale (NEAT), der Gotthard-Basistunnel, der Anfang Juni 2016 eröffnet wurde, wird europaweit als starkes Symbol übergreifender Gemeinsamkeiten begrüßt (NZZ, 2. 6. 2016, S. 13ff.). Oder man denke an die gemeinsame Sprache, die zu vielfältigen Chancen der Durchdringung, aber auch zu Risiken der kulturellen Überlagerung führt. Blickt man nur in die neuere bis neueste Geschichte, so sieht man diesen Zusammenhang zweifellos bestätigt: Die Schweiz konnte sich den Einflüssen u. a. deutscher Interessen nie ganz entziehen.

Schon der deutsch-französische Krieg von 1870/71 blieb nicht ohne gravierende Rückwirkung auf die an sich unbeteiligte, seit 1815 neutrale Schweiz. Anlass war der Grenzübertritt der geschlagenen französischen Südarmee (sog. Bourbaki-Armee) mit 85 000 Mann, die sich auf diese Weise der Gefangennahme entzog. Ob die Deutschen nachsetzen und sich das ehemalige preußische Fürstentum Neuchatel/Neuenburg, das erst 1856 an die Schweiz abgetreten worden war („Neuenburger Handel"), wieder aneignen würden, war damals eine konkrete Bedrohung, die wohl nur deshalb nicht in die Tat umgesetzt wurde, um England nicht zu provozieren. Als unmittelbare Folge begann die Schweiz schon 1874 damit, die vordem kantonal zersplitterte Armeeorganisation zu zentralisieren. Sie hatte dazu 40 Jahre Zeit. Dann stand die nächste territoriale Gefährdung vor der Tür.

Bekannt ist die Tatsache, dass sich die Schweiz in den beiden Weltkriegen des 20. Jahrhunderts erfolgreich auf ihre Neutralität berief und sich auf diese Weise aus dem unmittelbaren Kriegsgeschehen heraushalten konnte. Das heißt jedoch nicht, dass sie damit die permanente Bedrohung durch das kriegführende Deutschland und seine Verbündeten abwenden konnte. Man konnte sich einfach nicht sicher sein, ob der nördliche Nachbar nicht doch versuchen würde, sich die Schweiz einzuverleiben, so wie er es mit anderen Staaten auch versucht hatte.

Im Ersten Weltkrieg war diese Gefahr noch nicht so groß, denn da ging es eher darum, territoriale Unversehrtheit zu bewahren, nicht aber darum, eigentliche Gebietsansprüche abzuwehren. Gleichwohl waren die militärischen und diplomatischen Anstrengungen groß, um die Kriegsparteien davon zu überzeugen, dass die Schweiz es nicht dulden würde, wenn ihr Territorium – auch nur vorübergehend – für Umgehungsangriffe an den festgefahrenen Fronten vorbei genutzt würde. Tatsächlich gab es, wie sich später herausstellte, solche Pläne durchaus: auf französischer (Plan H) wie auf deutscher Seite (Schlieffen-Moltke-Plan). Vorsorglich hatte die Schweiz im Sommer 1914 450 000 Soldaten mobilisiert und ihre Grenzen bis 1918 abgeriegelt. Das führte zu innenpolitischen Spannungen, da die Westschweizer mit Frankreich, die Deutschschweizer mit Deutschland sympathisierten („Le Fossé" – der kulturelle Graben). Auf diplomatischem Gebiet mussten eine Reihe von Geheimabkommen geschlossen werden, um im Fall eines Angriffs einer der kriegführenden Parteien die jeweils andere zum Beistand zu veranlassen.

Im Zweiten Weltkrieg, nur rund 20 Jahre später, hatte sich an dieser geostrategischen Lage nichts geändert. Da das nationalsozialistische Deutschland 1940 Holland, (das neutrale) Belgien, Luxemburg und Frankreich im Blitzkrieg überrannte, stellte sich für die neutrale Schweiz wieder die Frage, ob sie als Aufmarschgebiet herhalten müsste. Zusätzlich, und viel bedrohlicher, ging es darum, ob und wie lange sie den deutschen Truppen gegebenenfalls Widerstand zu leisten imstande wäre, wenn diese sich in Marsch setzen und die kleine Schweiz „schlucken" sollten. Der deutsche Einmarsch konnte zwar bekanntlich verhindert werden; ob die allgemeine Mobilisierung von $\frac{1}{2}$ Million Schweizer Soldaten, ob die Grenzschließung und -befestigung durch die Armee (sog. „Aktivdienst") bzw. ob die geplante Rückzugstrategie in die Alpen („reduit national") darauf aber einen nennenswerten Einfluss hatten, wird heute stark bezweifelt. Der Überfall schien eher eine Frage des richtigen Zeitpunkts zu sein.

Die kleine Schweiz blieb jedenfalls erpressbar und konnte sich der Zusammenarbeit mit „Großdeutschland" nicht entziehen. Geheime wirtschaftliche und finanzielle Kooperationen mit Nazi-Deutschland dienten beiden Seiten: Das „Reich" verfügte somit über eine „neutrale" Finanz- und Transportdrehscheibe, die Schweiz war von deutschen Kohlelieferungen abhängig. Der ständig erwartete Angriff aus dem Norden wurde auf die Zeit nach einem eventuellen deutschen Sieg an der Ostfront verschoben, fiel aber nach der verlorenen Schlacht um Stalingrad (1944) in sich zusammen.

Die „Kumpanei mit den Nazis" hat dem internationalen Ansehen der Schweiz jedenfalls sehr geschadet. Bei den Alliierten galt sie nach 1945 deswegen als „Kriegsgewinnler", ein Vorwurf, der später offiziell zwar fallengelassen, aber im kollektiven Bewusstsein nie ganz gelöscht worden ist. In der Schweiz wurde der Reputationsverlust allein dem Dritten Reich und vereinzelten Schweizer Nazi-Kollaborateuren im eigenen Land angelastet. Man wähnte sich offiziell eher auf der Seite der Sieger oder mindestens derer, die sich keiner Mitschuld zu bezichtigen hatten.

Unbestritten ist hingegen, dass die Mobilisierung des Widerstandswillens (sog. „geistige Landesverteidigung") in der Bevölkerung Wurzeln geschlagen hatte und das früher positive Verhältnis der Deutschschweizer zu Deutschland nachhaltig aus den Angeln gehoben hatte. Es bedurfte einer Zeitspanne von rund einem halben Jahrhundert, also des Absterbens der „Aktivdienst-Generation", bis dieses Trauma der Nazi-Kooperation (Stichwort: „Nazigold") überhaupt offiziell bearbeitet (Bergier-Kommission 1996–2002) und einigermaßen verarbeitet werden konnte.

Der Blick auf Deutschland hatte sich also stark eingetrübt. Die anfängliche Sympathie für den „großen Kanton" war einer pauschalen Abwehr alles Deutschen, ja einer latenten, wenn nicht sogar offenen, gegen Deutsche gerichteten Xenophobie gewichen. Deutschland hatte in den Augen der Schweizer sein Kapital gründlich verspielt. In der Nachkriegszeit hatten sie Deutschland kollektiv den Rücken zugewendet, was sich u. a. daran zeigte, dass „man" nach Deutschland nicht mehr reiste. Die meisten Schweizer kannten Italien, Frankreich und andere westeuropäische Länder gut, Deutschland hingegen blieb für sie ein weißer Fleck auf der Landkarte. Deutschland war unbeliebt. Deutsche Siege im Sport (z. B. das „Wunder von Bern" 1954) berührten eher peinlich, deutsche Niederlagen hingegen wurden seither immer beklatscht. Das gilt im Fußball heute noch. Deutsche Lebensart, deutsche Küche, deutsche Landschaften wurden verächtlich abgewertet, der deutsche Wiederaufbau in Wirtschaft und Politik hingegen mit Erstaunen und Vorbehalten verfolgt. Deutschland hatte man am liebsten kleinlaut und verzagt. Zu groß waren das Misstrauen und die lange eingeübte Wachsamkeit gegenüber dem großen Kanton im Norden, der großdeutsche Träume hegte. Im Verhältnis der Schweiz zu Deutschland war ein weiter Weg zurückgelegt worden – von der anfänglichen Sympathie im ausgehenden 19. und frühen 20. Jahrhundert über die Angst vor der Überwältigung durch das Hitler-Regime (seit 1933 bzw. besonders zwischen 1938–1945) bis zum latenten Unbehagen in der 2. Hälfte des 20. Jahrhunderts.

Die Veränderung der historischen Koordinaten nach 1990

Mit der deutschen Wiedervereinigung 1989/90 hat sich in ganz Europa eine Wende vollzogen. Die Mehrheit der Bevölkerungen kennt den Zweiten Weltkrieg nur noch vom Hörensagen. Die neu herangewachsenen Generationen haben ein unbefangeneres Verhältnis zur Geschichte. Für sie sind die innereuropäischen Grenzen offen. Das gilt im Prinzip auch für die Schweizer in ihrem Verhältnis zu Deutschland. Dennoch wirkt die Kriegs- und Nachkriegszeit in diffuser Weise nach:

Die Bundesrepublik und die DDR waren Geschöpfe der Alliierten, die über 40 Jahre die Hand auf der Entwicklung des jeweiligen deutschen Teilstaates hatten. Die Halbsouveränität dauerte bis zum Fall der Mauer im November 1989 an. Mit der Bundestagswahl im Oktober 1990 entstand ein nicht flächenmäßig, aber ein hinsichtlich der Bevölkerungszahl von 82 Millionen Einwohnern „großes" Deutschland. Die Teilung Deutschlands nach 1945 (bzw. 1949) wurde überall als der Preis wahrgenommen, der für die Niederschlagung der Diktatur zu zahlen war. Zwar herrschte dann ein kalter Krieg zwischen den beiden Supermächten, der heiße Kriegsszenarien nicht ausschloss, aber das Problem des großen und notorisch unruhigen Nachbarn im Norden wenigstens schien aus der Sicht der Schweiz (und vieler anderer Staaten) endgültig gelöst zu sein. Deutschland war durch die USA in ein westliches Militärbündnis (Nato) und in einen europäischen Integrationsprozess (EWG, EU) eingebunden worden, so dass deutsche Alleingänge, Sonderwege, Gebietsansprüche und Eroberungen nicht mehr zu befürchten waren. Entsprechend intensiv entwickelte sich der Austausch mit Deutschland, das zum größten Handelspartner der Schweiz avancierte. Deutschland ist heute durchaus geachtet, aber eine kulturelle Nähe ist daraus nicht entstanden. Die Deutschschweizer orientieren sich nicht direkt (zwangsläufig aber indirekt) an der deutschen Kultur. Das ist anders bei den Französisch sprechenden Westschweizern („Romands"). Für sie ist Paris, nicht Zürich oder gar Bern die Kulturhauptstadt.[1]

Mit der Wiedervereinigung hat sich das Koordinatensystem der Nachkriegszeit allerdings erheblich verschoben. Deutschland hat seine Souveränität und Reputation wieder gefunden. Es ist nicht nur zum bedeutsamsten Mitglied der EU, sondern auch zu einem wichtigen „global player" aufgestiegen, der seinen wirtschaftlichen und politischen Handlungsspielraum zwar behutsam, aber doch beharrlich ausweitet. „German power" ist wieder ein latentes Problem in Europa geworden.[2] Das hat allgemein, besonders aber bei

---

[1] Christophe Büchi, Die Romands – ein Volk von Franzosenfressern?, in: Neue Zürcher Zeitung, 26. Mai 2016, S. 17.

[2] Dazu Hans Kundnani, German Power. Das Paradox der deutschen Stärke. München, 2016.

den deutschen Nachbarn zu angespannter, argwöhnischer Aufmerksamkeit geführt. Ist Deutschland wieder die unruhige Mittelmacht geworden, die es schon einmal war?

Noch halten die europäischen Integrationsklammern. Deutschland selbst scheint derzeit sogar der stärkste Verfechter einer noch engeren europäischen Einheit zu sein. Aber wenn es zu offen und harsch in die Minderheit versetzt wird, wie es in der Euro-Krise (2008), der Griechenland- und der Flüchtlingskrise (2015/6) der Fall war, erheben sich die ersten besorgten Warnungen. Vor allem Frankreich ist sichtlich bemüht, trotz z. T. gegensätzlicher Interessen, Deutschland nicht „von der Leine" zu lassen. Es war schließlich Frankreich, das sich 1990 zum Wortführer für die Einbindung Deutschlands in eine europäische Währung machte.

Auch in der Schweiz wird das so gesehen (vgl. NZZ, 12. 2. 2016). Sie ist zwar nicht Mitglied der EU (und will es auch nicht werden), sieht „Europa" aber als historisch einmaliges Friedensprojekt, von dem sie großen Nutzen zieht. Auch der Schweiz kann an einer Isolierung der „Macht in der Mitte Europas"[3] nicht gelegen sein. Käme hier Sand ins Getriebe und würde Deutschland als Motor und Finanzier der gigantischen „Kompromissmaschine EU" dauerhaft ins Abseits gestellt – wie es durch das Revival nationalistischer Tendenzen überall in Europa und darüber hinaus den Anschein hat –, dann wäre das Projekt einer europäischen Wertegemeinschaft gescheitert. Die alte Angst vor dem unberechenbaren Deutschland würde unversehens neue Nahrung erhalten. Was daraus entstehen könnte, hat uns allen, auch der neutralen und vom Krieg verschonten Schweiz, das „gewalttätige 20. Jahrhundert" vor Augen geführt. In der Tat sind solche Ängste schnell wiederzubeleben, denn der alte Denk- und Gefühlshabitus ist nicht verschwunden, sondern vom dünnen Firnis einer immer wieder beschworenen europäischen Zusammengehörigkeit nur leicht überdeckt. Das ist in der Schweiz unschwer zu erkennen.

Alte Wahrnehmungsmuster in Latenz

Die gravierenden Altlasten im Verhältnis der Schweiz zu Deutschland sind seit einer Generation beseitigt. Dazu haben bei vielen Schweizern die als vorbildlich geltende Vergangenheitsbewältigung, die Kriegsverbrecherprozesse (allen voran der Auschwitz-Prozess 1963), die Stabilität der Bonner Republik und die „Unsichtbarkeit" deutscher Interessenpolitik beigetragen. Besonders beruhigend war die entschiedene europäische Wende des „großen Kantons". All das wurde in der Schweiz positiv registriert. Das fand seinen

---

[3] Dazu Herfried Münkler, Die Mitte und die Flüchtlingskrise. Über Humanität, Geopolitik und innenpolitische Folgen der Aufnahmeentscheidung, in: Aus Politik und Zeitgeschichte Jg. 66, 14–15 (2016), 4. April 2016, 3–8, hier: 4ff.

Niederschlag darin, dass es nun für die Schweizer interessant und schick wurde, nach Berlin und in die neuen Bundesländer zu reisen und sogar in Deutschland Ferien zu verbringen. So konnte man sich langsam an das Nachkriegsphänomen des „neuen" Deutschland herantasten: an den Wiederaufbau, die Demokratie, die politische Zuverlässigkeit als Bündnispartner und an deutsche Kultur und Wissenschaft. Das ging so weit, dass die neu-deutsche Neigung zur Selbstanschwärzung, die vielen Intellektuellen als politischkorrekt galt, bei den Schweizern zunehmend auf Unverständnis stieß. Vor allem das kritizistische Gehabe und das Krisengerede galten als typisch für ein Land, das seines gesunden Patriotismus beraubt sei. Im neuen Deutschland sei (deswegen) eben die Stimmung immer schlechter als die Lage. Für die Schweiz mit ihrem identitätsstiftenden, hohen Vertrauen in die eigenen Institutionen war solch eine Attitüde fremd.

Umgekehrt ließ die genaue Dauerbeobachtung der großen Nachbarn nicht nach. Die großen Tageszeitungen der deutschsprachigen Schweiz (Neue Zürcher Zeitung, Tagesanzeiger, Bund, Basler Zeitung) waren und sind voll mit Berichterstattungen und Kommentaren über deutsche Politik, Wirtschaft und Gesellschaft. Sie sind interessiert, fair, gut informiert und meist ohne gehässigen Unterton. Es wird ein ziemlich komplettes und rundes Bild gezeichnet. Kaum aber ist der beruhigende Rahmen des Vertrauten und Erwarteten überschritten, beginnen die lange verinnerlichten Alarmglocken zu schrillen. Das galt immer schon für erste Anzeichen eines neuen Antisemitismus oder Rassismus, wird aber besonders genährt durch die neue neonationalistische Sichtbarkeit in Form der Pegida-Bewegung in Dresden und Leipzig oder den Zulauf für offen nationalistische, antieuropäische Tendenzen und Parteien. Hier steht Deutschlands „Alternative für Deutschland" (AfD) zwar nicht allein: es wird von Frankreich, Holland, Polen, Kroatien und sogar Skandinavien oft übertrumpft. Aber Deutschland ist und bleibt eben ein Sonderfall. Es wird von seiner Vergangenheit in Windeseile eingeholt. Ist es schon wieder so weit? Stecken dahinter wieder die kriminelle Energie, verbunden mit fataler Zielstrebigkeit, wie man sie von früher her kannte? Das fragt man sich besorgt und fällt in die alte Distanzierungshaltung der Nachkriegszeit zurück. Man ist doch ruhiger, wenn Deutschland weltoffen, europäisch, entspannt und liberal ist und sich nicht auf seine typisch deutschen Tugenden und Untugenden besinnt. Wenn schon Macht, dann wenigstens „soft power", nicht „hard power".[4] Zuchtmeister sind unbeliebt. Wen wundert's.

Beispielhaft dafür ist die „Affäre" um den damaligen Bundesfinanzminister Peer Steinbrück (2005–2009): Beim Versuch, die internationale Steuerhinterziehung einzuschränken und u. a. das Schweizer Bankgeheimnis auf-

---

[4] Dazu Thomas Paulsen, Das Paradox deutscher Macht in Europa, in: Neue Zürcher Zeitung, 27. Dezember 2012, S. 17.

zuweichen, beklagte er den Widerstand aus Bern und der großen Finanz-
zentren Zürich und Genf. Er drohte im März 2009 der Schweiz mit der
Peitsche und damit, die „Kavallerie ausrücken" zu lassen. Das war nicht
der Ton, den die Schweiz gerade aus Deutschland „goutierte". Der deutsche Botschafter wurde mehrfach ins Schweizer Aussendepartement bestellt,
was in der diplomatischen Sprache auf ein ernstes Zerwürfnis hindeutete.
Es ging ein Rauschen durch den Schweizer Blätterwald wie selten zuvor.
Steinbrück hatte genau den Ton angeschlagen, der alle alten Ressentiments
gegenüber dem arroganten, säbelrasselnden „hässlichen Deutschen" wach
rief. Die Schweizer Bevölkerung war tief getroffen und hat die Kavallerie-
Metapher bis heute nicht vergessen. Denn die „kleine Schweiz" fühlte sich
davon zwar nicht bedroht, aber vom großen Kanton respektlos behandelt
und an ihrer schwachen Seite touchiert, nämlich nur als putziges Bergvölk-
chen wahrgenommen zu werden.

So schnell kann es gehen, wenn jemand „deutsch und deutlich" redet,
eine Wortverbindung übrigens, die in der Schweiz gängig ist. Sie gilt eigentlich als „unschweizerisch", es sei denn, man wird scharf und grob oder setzt
Dampf auf, weil man sich auf dem Kasernenhof befindet. Dort wird nämlich
– im Gegensatz zum Schweizer mundartlichen Alltag – das als hart und herrisch erlebte „preußische" Hochdeutsch praktiziert (NZZ vom 19. 4. 2016). Die
Dialekte sind in der Schweiz die eigentlichen „Identitätsmarker". Die deutsche Hochsprache hingegen – obwohl offizielle Landessprache – wird nur
zu besonderen Gelegenheiten verwendet. Die daraus folgende mangelnde
alltägliche Vertrautheit mit dem Hochdeutschen hat nach Beobachtung des
in Hamburg lehrenden Schweizer Ökonomen Thomas Kraushaar bei vielen Schweizern zu einem Minderwertigkeitskomplex gegenüber der „fixen
Lippe" der Deutschen geführt. Sie macht empfindlich. Vielleicht ist diese
Sprachbarriere heute nicht weniger entscheidend für das Verhältnis zwischen Schweizern und Deutschen als die latente Spannung zwischen Klein-
und Großstaat.[5] Das gilt nicht für die Westschweizer, die ganz der französischen Kultur zugewandt sind. Aber die Franzosen als Zuwanderer oder nur
als Grenzgänger sind ihnen dennoch suspekt oder zuwider. Folglich reichen die Gründe doch noch tiefer in die Dialektik von Nähe und Distanz
hinein. Georg Simmel hat das in seiner Kultursoziologie der Moderne eingehend erörtert: nämlich dass jedes „Näher-Herankommen" an Dinge und
Menschen „uns sehr oft erst zeigt, wie fern sie uns noch sind",[6] bzw. dass
uns das Entfernteste vertrauter wird, um den Preis, dass wir zu Näherem
Distanz nehmen.

---

[5] Thomas Kraushaar, Nehmt Dampf aus der Flüchtlingsdebatte, in: Neue Zürcher Zeitung, 27. Februar 2016, S. 31.
[6] Georg Simmel, Philosophie des Geldes, 1900, Köln 2009, 769.

Auch wenn Deutschland mittlerweile als normales europäisches Land wahrgenommen wird, lässt sich das kollektive historische Gedächtnis nicht völlig ausschalten. Die neu erlangte Sonderstellung Deutschlands in Europa, die noch nie so eindeutig war wie zu Beginn des 21. Jahrhunderts, ruft ein Unbehagen und einen latenten Angstreflex hervor. Es ist nicht nur die Angst des Kleinstaates vor dem „geoökonomischen Halbhegemonen", sondern auch die Ratlosigkeit, die damit verbunden ist, angesichts neuer globaler Kräfteverhältnisse „immer unbedeutender zu werden".[7] Abschließung, Selbstisolation, Xenophobie und Angst vor Überfremdung sind allenthalben die Folge und haben die europa- und fremdenfeindliche SVP, Christoph Blochers Schweizerische Volkspartei, zur stärksten politischen Kraft werden lassen (vgl. die verschiedenen Volksinitiativen seit den 1970er Jahren). Deren letzte Initiative zum Stopp von Massenzuwanderung datiert aus dem Jahr 2015. Sie kam aus der Sicht eines überaus fragmentierten Kleinstaates, der gemäß einem ausgeklügelten System von Kräftebalancen lebt, nicht ganz unerwartet.

Auffällig im Sinn des anti-deutschen Angstreflexes ist aber nicht so sehr, dass man Massen von der Einwanderung fernhalten will (das tun auch andere Länder, wie die europäische Flüchtlingskrise von 2015/6 gezeigt hat), sondern darüber hinaus, dass sich die Sensibilität gegen „zu vielen" Deutschen im Land gesteigert hat. Bekanntlich ist die ruhige und wohlhabende Schweiz ein beliebtes Ziel für deutsche Auswanderer aus den alten und neuen Bundesländern. Sie finden hier in verschiedensten Berufen und Regionen ein gutes Auskommen. Unübersehbar ist die „deutsche Kolonie" im Gastgewerbe und im Gesundheitswesen. Krankenhäuser ohne deutsche Ärzte und Pflegepersonal würden nicht mehr funktionieren können. Das wird von der Schweizer Bevölkerung – und das ist typisch – mit „einer Faust im Sack" (= Hosentasche) registriert, also mit innerem Widerstand zur Kenntnis genommen: „Schon wieder diese Deutschen! Die sind doch überall!"

Eine besondere Blüte dieses Abschottungswunsches gegen den „großen Kanton" zeigte sich im Jahr 2013/4, als anlässlich einer geplatzten Berufungsliste an der Uni Zürich (auf der nur Deutsche figurierten) öffentlich verhandelt wurde, ob an den beiden Zürcher Universitäten nicht „zu viele Deutsche" als akademisches Lehrpersonal tätig seien. Man schloss sofort auf eingespielte deutsche Netzwerke und kulturelle Überlagerung, die zu immer mehr deutschen Berufungen geführt hätten. Die Erregung und die gegen Deutsche gerichtete Xenophobie schlug hohe Wellen in Zürich (Tagesanzeiger 17. 6. 2015) und sie beruhigte sich erst ein wenig, als die Analyse zeigte, dass die Deutschen (mit immerhin 33% (!)) nicht die größte Professoren-

---

[7] Kaspar Villiger, Eine Willensnation muss wollen. Die politische Kultur der Schweiz: Zukunfts- oder Auslaufmodell?, Zürich 2009.

gruppe stellte. Diese „Anderen" waren aber nicht so „sichtbar" wie die unge-
liebten Deutschen.

Umgekehrt ist die anti-deutsche Haltung an den in Zürich lebenden
Deutschen auch nicht unbemerkt vorbei gegangen. Sie spürten die oft etwas selbstgerechte Distanzierung als mögliche Zurücksetzung im beruflichen und im Alltagsleben so stark, dass sie einen deutschen Interessenver-
band gründeten, der sie vor rechtlichen Nachteilen schützen soll. Gerade
das aber führte bei vielen Schweizern zu wütenden Reaktionen: er wurde
als ungehörig, als grober Undank der Zuwanderer, ja als eine Form von
„Rassismus" empfunden. (Obendrein: Der deutsche Hochschulverband hat
es sich dann nicht nehmen lassen, deutsche Akademiker wegen der bekannten „Animosität gegen Deutsche" vor einer Bewerbung an die Uni Zürich zu
warnen).

In der Tat ärgern sich viele in der Schweiz lebende Deutsche über „die"
Schweizer und deren Neigung (besonders der älteren Generation) sich ein-
zuigeln. Sie zitieren gerne das Wort des Schweizer Schriftstellers Max Frisch[8],
wie „heimatlich" doch die Schweiz ohne den Schweizer Chauvinismus sein
könnte. Die meisten Deutschen leben jedoch gern in der Schweiz, so gern,
dass sie sich auch ohne ausgeprägte „Willkommenskultur" im Allgemeinen
und gegenüber Deutschen im Besonderen auf Dauer in der Schweiz niederlassen wollen. Denn die Schweiz ist nicht nur schön und eine Reise wert, sie
ist auch „behaglich" und erlaubt vielen ein gutes Leben.[9] In manchem ist sie
sogar vorbildlich.

---

[8] Frisch, Max, Gesammelte Schriften in zeitlicher Abfolge. Band VI-2 (1968–1975). Frankfurt 1976, 117.
[9] Jürgen Dusch, Schön behaglich, in: Frankfurter Allgemeine Zeitung, 11. Juli 2014, S. 18.

Gabor Boros

Deutschland ohne Grenzen: eine Identitätsfrage

In den letzten Jahren hat sich in Deutschland ein Vorgang abgespielt, der seinesgleichen sucht. Ein Land, das jahrhundertelang eine Art geschlossenen Staat mit möglichst homogener Bevölkerung als Ideal vor sich hatte, welches eine dominierende Position – teils im kulturellen, teils im ökonomisch-politischen Sinne – anstrebte, hat in den letzten Jahrzehnten und vor allem in den letzten Jahren eine Kehrtwende teils gemacht, teils – *nolens-volens* – erlebt.

Versucht man den Sinn dieser Kehrtwende zu erklären, so bin ich der Meinung, dass man sehr gut den alten Ausdruck Gelassenheit in mehrfacher Hinsicht in Anspruch nehmen kann. Wenn ich mich nicht irre, hat zwar niemand dieses Wort ausdrücklich zu diesem Zweck aufgegriffen; es scheint mir jedoch naheliegend, es der Sache nach zu benutzen. Zugleich kann man wohl auch auf den bekannten englischen Ausdruck *melting pot* zurückgreifen, nicht zuletzt, weil er eine Anspielung auf den chinesischen kulinarischen Ausdruck *hot pot* erlaubt und ergänzt mit dem ungarischen Sprichwort „edd meg, amit főztél" – „du sollst essen, was du gekocht hast" – einen guten Sinn, zumindest *meinen* Sinn perfekt ausdrückt. Ich sehe hier eine eigenartige Kreisbewegung: sich zuerst in den *melting pot* einbeziehen, dann sich im *hot pot* ziemlich zwangsläufig kochen lassen, um am Ende zu essen, was so gekocht wurde – was im Grunde genommen doch nicht nur Ende, sondern ebenso Anfang ist: Was durchs Kochen hergestellt worden ist, wird wiederum in den *melting pot* eingezogen.

Weniger bildhaft formuliert: In der deutschen Nachkriegsgeschichte folgte eine Migrationswelle auf die andere, und paradoxerweise sind nicht nur die im ursprünglichen Sinne gemeinten deutschen Bürger (siehe: „gut-bürgerliche Küche") den immer neuen Migrationswellen ausgesetzt worden, sondern auch die, die im jeweils früheren Prozess integriert worden waren. Man denke an die italienische, spanische, griechische, türkische, sowjet-russische, vietnamesische, polnische Welle, um nur einige, vielleicht aber die wichtigsten Beispiele zu nennen, deren Tropfen-Mitglieder in den letzten Jahren und Jahrzehnten nicht nur als deutsche Mitbürger dastanden, sondern sogar Würdenträger wurden und als ranghohe Politiker, ikonische Schriftsteller oder Sportler beachtliche gesellschaftlichen Rollen und Funktionen realisierten. Es muss betont werden, dass zu diesen emblematischen Gestalten wohl auch die *einfachen* andersstämmigen Mitbürger hinzugerechnet werden müssen, die man in Deutschland im Alltag natürlich doch häufiger trifft als die Würdenträger: den Taxifahrer aus Kasachstan etwa, der mich einmal vom Flughafen Paderborn in die Innenstadt beförderte und sich über den Unwillen nicht weniger *neuerer* Flüchtlinge empörte, Deutsch zu lernen und sich einzugliedern – wie er selbst es gemacht habe.

Das Bild ist jedoch gewiss viel komplizierter: man darf keineswegs vergessen, dass sich die Integration der Migranten schon vor der jetzigen Flüchtlingswelle alles andere als problemlos erwies. Denn neben den gelungenen Fällen hat es immer auch – vereinfacht gesagt – den Typ Neukölln mit seinen äußerst problematischen Schulen gegeben. Das lenkt den Blick sofort auf den doppelten Zwangscharakter des Prozesses: Es ist einerseits von den Deutschen erwartet worden, die Migranten gelassen und sogar wohlwollend aufzunehmen, während es andererseits von den Migranten erwartet wird, sich in eine für sie fremde Sprache, Kultur und eventuell Religiosität hineinziehen zu lassen. Und da reihen sich schon die eigentlich unüberwindlichen Probleme, denn das Hineinziehen kann prinzipiell mehrere Modalitäten nehmen: locken, zwingen, usw., und es ist schwierig, wenn nicht unmöglich, Fragen zu beantworten wie folgende: „Mit welchen Mittel kann man sie locken?" „Unter welchen Bedingungen und mit welchen Mitteln darf man sie zwingen?" Also ist es kein Wunder, dass seit eh und je die heftigsten Diskussionen und Debatten – Kämpfe, Rangeleien, Handgreiflichkeiten – diese Kreisbewegung begleitet haben. Dazu war es eigentlich gar nicht nötig, dass die Terrorismusgefahr so akut wurde, wie sie es nun geworden ist, oder dass die kulturelle Differenzen in solchen extrem-kriminellen Formen zum Vorschein kommen wie bei den gruppenmäßig-aggressiven Gewaltakten in Köln und anderen Städten.

Nach diesem Sinn der *Gelassenheit* möchte ich jedoch eine Schicht tiefer gehen und auch den mystisch-geistlichen Sinn des Ausdruckes – als Vernichtung des alt-egoistischen Wesens – ansprechen: eine Vernichtung, die für die Geburt einer neuen – ursprünglich religiösen, heutzutage jedoch gerade überreligiösen, laizistischen oder säkularisierten – Identität Platz machen soll. Der eigentliche Sinn der Kreisbewegung wäre es also, dass sowohl die Aufnehmenden als auch die Aufgenommenen ihre alten, den anderen ausschließenden Identitäten hinter sich lassen und eine neue, tolerantere Identität in sich ausarbeiten. Man kann darüber leicht schreiben. Viel schwieriger ist es aber, solche Gedanken in Taten umzusetzen, besonders unter den jetzigen Umständen, wo die Bereitschaft zur Aggressivität und sogar zur Tötung auf beiden Seiten furchterregend gestiegen ist. Man steht fassungslos vor den grausamsten Taten. Und so braucht die Bevölkerung und auch die Führungsschicht der Politiker – allen voran die Kanzlerin – Gelassenheit im verbreitetsten Sinne, um den immer neuen, unerwarteten, die Erwartungen immer wieder vereitelnden Entwicklungen entgegenzusehen und die notwendigen Debatten zu akzeptieren und auszustehen.

Die Situation ist freilich noch komplexer und brisanter dadurch, dass Deutschland nach einem definitiv vollzogen Brexit immer mehr eine oder die leitende Macht innerhalb der EU sein wird. Das heißt einerseits, dass die kreis- oder vielleicht muss man eher meinen: spiralförmige Bewegung der *melting pot*-Politik womöglich zum Paradigma für die anderen EU-Länder werden soll; wie man bis heute schon reichlich erfahren konnte, ist das bisher nicht der Fall: Die meisten EU-Staaten – allen voran mein eigenes Land, Ungarn – haben es zurückgewiesen, an einer gerechten Verteilung der Flüchtlinge ernsthaft mitzuwirken. Dann werden andererseits sich die leitenden deutschen Politiker darauf einstellen müssen, dass sie in die merkwürdigsten und schwierigsten Beziehungen mit verschiedenen Politikern der verschiedenen europäischen und außereuropäischen (im politischen Sinne) Staaten eintreten müssen. Dann wird das ohnehin sehr hitzige Klima (*hot pot...*) noch hitziger werden.

Ein weiterer Faktor, der irgendwie hinzugenommen werden muss, besteht darin, dass die einigermaßen bewusst agierenden Menschen mit Wertvorstellungen agieren, die häufig oder vielleicht sogar in den meisten Fällen religiöse oder religiös gefärbte Werte sind. Ein unleugbares Problem ist hier, dass diese religiösen – oder vielleicht doch nur allgemeinmenschlichen – Werte nicht selten im totalen Gegensatz zu den religiösen Werten stehen, die die meisten Flüchtlinge für wichtig halten und in ihre Taten umsetzen. Noch schwerwiegender scheint jedoch der Umstand zu sein, dass weder die deutschen Politiker noch die breitere Schicht der Bevölkerung diese abendländischen religiösen und allgemeinmenschlichen Werten attraktiv genug finden, sie wirklich zum ernsten Leitfaden und Orientierungsposten ihres Tuns zu nehmen. Stattdessen greifen sie auf partikularmenschliche Werte zurück, die Handlungsweisen nahelegen, die teils rousseauistische und teils sogar nationalsozialistische Züge aufweisen und auch in anderen europäischen Staaten ihre Anhänger finden. Mir scheint, dass sich diese Entwicklungen selbst dann abgespielt hätten, wenn es nicht zu den entarteten Taten gekommen wäre, die den meisten deutschen Bürgern – egal, ob es sich dabei eventuell um frühere *melting-pot*-Deutsche handelt – völlig unakzeptabel oder sogar kriminell erscheinen und die es tatsächlich auch sind: im Sinne der geltenden deutschen Gesetzbücher.

Die Lage ist also hoffnungslos, aber nicht schwer, wie man in Ungarn im Gefolge von Péter Esterházy zu sagen pflegt.

István M. Fehér

Deutschland und Europa:
Idee, Identität, Selbstverständnis

I.

Im Referendum vom 23. Juni 2016 über den Verbleib des Vereinigten König-
reichs in der Europäischen Union hat die Mehrheit für den Austritt aus der
EU gestimmt. Die Vermutung dürfte kaum abwegig sein, Englands Austritt
aus der EU hänge wesentlich mit der von der EU vertretenen und von
Deutschland maßgeblich beeinflussten und mitbestimmten Migrations- und
Flüchtlingspolitik zusammen. Eine Volksabstimmung über die Migrationspolitik Ungarns soll im Oktober 2016 stattfinden, und das Resultat ist kaum
zweifelhaft: Die überwiegende Mehrheit der Bevölkerung wird im Referendum souverän entscheiden und der Migrationspolitik der ungarischen Regierung zustimmen. Die Parole des Ministerpräsidenten Orbán lautet: „Niemand kann Ungarn Migranten aufzwingen!"[1]

   „Wir können die Menschen nicht bei einer Entscheidung heraushalten,
die ihr Leben stark verändern und auch Einfluss auf kommende Generationen haben wird. Die Quote würde das ethnische, kulturelle und religiöse
Profil von Ungarn und Europa verändern", so hat Orbán in einem Interview
mit der deutschen Tageszeitung *Bild* betont.[2]

   Die mehr oder minder unkontrollierten und unkontrollierbaren Flüchtlingsströme offenbaren eine grundsätzliche Schwäche der Europäischen
Union: ihre Unfähigkeit, die eigenen Außengrenzen – von Griechenland und
der Türkei her – zu schützen oder zu kontrollieren. Dabei ist nicht zuletzt die
Sorge lebendig, es könnte Zusammenhänge zwischen Migration und Terrorismus geben. Viele der Menschen, die in den Ländern der Migranten leben,
betrachten nämlich die Europäer als Feinde. Diese Leute sinnen auf Rache
gegenüber den europäischen Nationen und können sich leicht unter die Flut
der Migranten mischen, wie es jüngste Terroranschläge auch klar vor Augen
führten. Es wurde auch bereits davor gewarnt, dass sich unter den hundert-
tausenden Migranten eine beträchtliche Zahl von militärisch ausgebildeten

---

[1] http://unser-mitteleuropa.info/2016/05/03/interview-mit-viktor-orban-niemand-
kann-ungarn-migranten-aufzwingen/
[2] http://www.euractiv.de/section/eu-aussenpolitik/news/commission-questions-the-
hungarian-referendum-on-migrant-quotas/

Männern befinden, was Anlass zu höchster Sorge sein müsse. Aber auch abgesehen von der Möglichkeit, die Chancen und Gefahren des Terrorismus zu erhöhen: Was da kommt, kann weder ein einziges Land noch die Europäische Union noch der Kontinent Europa in dieser Geschwindigkeit und dieser Massierung schultern.

Die Absicht der ungarischen Regierung, ein Referendum über die verbindlichen EU-Quoten für Migranten abzuhalten, um eine EU-Zwangsquote zu verhindern, vermag vor diesem Hintergrund Befürchtungen zu erwecken: Wie bei Großbritannien dürfte eine Hauptsorge in Brüssel wie auch Berlin sein, dass das Vorhaben Nachahmer in Europa finden könnte, und ebenso wie im Falle Großbritanniens könnte dies zu weiteren Austritten, letztendlich zum langsamen Zerfall der Europäischen Union führen. Die Überzeugung ist aber sicherlich richtig: Flüchtlinge aufzunehmen mag der europäischen Identität passend und zugehörig sein. Aber gibt es nicht auch Gastgeberrechte? „Wenn jemand nach Ungarn kommen will, muss er sich an die hier geltenden Regeln und Gesetze halten, einen offiziellen Grenzübergang benutzen und seine Ausweispapiere vorlegen. Diejenigen, die versuchen, auf andere Art und Weise, also illegal nach Ungarn zu gelangen, werden als Straftäter behandelt", sagte Orbán.[3]

II.

Die Auseinandersetzung mit der nationalsozialistischen Vergangenheit ist in der Bundesrepublik Deutschland nach wie vor eine der wichtigsten intellektuellen Angelegenheiten. Sie ist sowohl Last als auch Verpflichtung, wie dies im Titel eines Vortrags des Historikers Hans Mommsen zum Ausdruck kommt.[4] Diese Auseinandersetzung funktioniert nach wie vor identitätsstiftend; guter Deutscher zu sein (soll dieser Ausdruck noch als sinnvoll erscheinen) besagt demnach, all dem, was in der nationalsozialistischen Vergangenheit geschah, eine energische und unerbittliche Absage zu erteilen. Die Vergangenheit soll dabei hermeneutisch verstanden werden: als Vergangenheit, die wir *sind*, als Gewesenheit, die wir (immer noch) sind, die wir gewesen *sind*, oder auch: die wir *als* gewesen (in der Gegenwart) *sind*. Diese Art negativer Identifizierung kommt prägnant im Hauptwerk der zeitgenössischen Hermeneutik zum Ausdruck: in *Wahrheit und Methode* des Heidelber-

---

[3] http://unser-mitteleuropa.info/2016/05/03/interview-mit-viktor-orban-niemand-kann-ungarn-migranten-aufzwingen/

[4] Hans Mommsen, Die Auseinandersetzung mit der nationalsozialistischen Vergangenheit in der Bundesrepublik Deutschland. Last und Verpflichtung, Vortrag gehalten am 22. Februar 2011 an der Andrássy Gyula Deutschsprachigen Universität, Budapest, Konrad Adenauer Stiftung, 2011 (Vorlesungsreihe der KAS an der AUB).

ger Philosophen Hans-Georg Gadamer (1900–2002). Die betreffende Passage ist beeindruckend plastisch und verdient zitiert zu werden:

„In unseren Verhalten zur Vergangenheit, das wir ständig betätigen, ist jedenfalls nicht Abstandnahme und Freiheit vom Überlieferten das eigentliche Anliegen. Wir stehen vielmehr ständig in Überlieferung, und dieses Darinstehen ist kein vergegenständlichendes Verhalten, so dass das, was die Überlieferung sagt, als ein anderes, Fremdes gedacht wäre – es ist immer schon ein Eigenes, *Vorbild und Abschreckung*, ein Sichwiedererkennen, in dem für unser späteres historisches Nachurteil kaum noch Erkennen, sondern unbefangenste Anverwandlung der Überlieferung zu gewahren ist.“[5]

Abstandnahme, wie Gadamer sie versteht, und Absage, wie oben verstanden, sind nicht gleichbedeutend. Absage oder Abschreckung wirken identitätsstiftend, Abstandnahme nicht. Abschreckung oder Absage lässt einen nicht unverwandelt und unbetroffen. Identitätsfindung durch Abschreckung oder Absage ist nicht weniger wirksam als positiver Anschluss an eine Tradition. Im Gegensatz zum Vorbild ist Abschreckung eine Art Gegenbild oder Schreckbild, das Menschen ebenso wie ein Vorbild tief anzugehen und sie zusammenzuhalten vermag. Hier geht es jedenfalls um „ein Eigenes, *Vorbild und Abschreckung*, ein Sichwiedererkennen“, d. h. die Abschreckung ist nicht ein Fremdes, sie ist „ein Eigenes“, „ein *Sich*wiedererkennen“.

Wenn es heutzutage irgend etwas geistig Identitätsstiftendes in der Bundesrepublik gibt, das als solches tatsächlich wirkt, ist es, so möchte es scheinen, wohl nur negativ anzugeben: das Schreckbild der eigenen nationalsozialistischen Vergangenheit. In dieser Atmosphäre bzw. vor diesem Hintergrund kann das Schließen der Tür vor jedem Migrant oder Flüchtling den Eindruck antidemokratischer, antiliberaler Haltung erwecken; es kann sogar als Anschluss an bzw. Wiederbelebung einer abschreckenden Vergangenheit erscheinen. Die Unterscheidung zwischen dem Zumachen der Tür, vor der ein Migrant hilflos steht, und dem Zumachen der Tür, die der Migrant vorher gewaltsam eingebrochen hat, tendiert zu verschwinden oder nivelliert zu werden. Man kann auch kaum mehr differenzieren zwischen richtigen Flüchtlingen – denjenigen, die aus politischen Gründen ihr Heimatland verlassen – und denen, die nur in der (an sich durchaus verständlichen) Hoffnung auf ein wirtschaftlich besseres Leben kommen, um von Menschen mit terroristischen Absichten nicht zu sprechen.

Die Aufnahme von Flüchtlingen wurde oben als der europäischen Identität passend und gehörig charakterisiert, und in der Tat kann sie als eine der grundsätzlichen europäischen Werte angesehen werden. Die Entscheidung der Bundeskanzlerin, die Tür aufzumachen, lässt sich sicherlich als „eine

---

[5] Hans-Georg Gadamer, Wahrheit und Methode. Grundzüge einer philosophischen Hermeneutik. Gesammelte Werke, Bd. 1, Tübingen 1990, 286f. (Hervorhebung I.M.F.).

Geste der Humanität" bezeichnen[6] (und Humanität sollte als europäischer
Grundwert gerade den in der NS-Vergangenheit „inhuman" gewordenen
Deutschen unwiderstehlich klingen, die Öffnung der Grenze lasse die Figur
des hässlichen Deutschen vergessen); und sogar die Tatsache, dass sie es im
Alleingang gemacht hat, lässt den Wunsch der Deutschen noch ausdrückli-
cher und nachdrücklicher erscheinen, sich von der eigenen Vergangenheit
wieder einmal – auch auf diese Weise – zu distanzieren und sich Europa
und den europäischen Grundrechten verpflichtet zu fühlen, mag das „empirische" Europa damit einverstanden oder nicht ganz einverstanden sein.

Die Errichtung von Vernichtungslagern und die mangelnde Bereitschaft,
einen jeden Migranten ins eigene Haus eintreten zu lassen, fallen aber
kaum zusammen. Mit Gastfreundschaft, Liberalität und Liberalismus ist
die Meinung wohl nicht unverträglich, man solle als Einladender selber
die Einzuladenden bestimmen können und dürfen. Wobei die Eingelade-
nen/Einzuladenden ihre Bitte um Empfang nicht durch Einbrechen der Tür
begleiten oder antizipieren sollten. Gibt es nicht auch so etwas wie das Recht
der Einladenden? Wegen eines womöglich verlängerten und verborgenen
deutschen Schuldbewusstseins sollten die europäischen Länder mehrere Millionen Flüchtlinge aufnehmen? Was sollen die europäischen Länder wieder-
gutmachen?

III.

Der Austritt Großbritanniens aus der EU und die verfehlte, maßgeblich von
Deutschland her bestimmte und unterstützte Migrations- und Flüchtlingspolitik der EU werfen ein charakteristisches Licht auf gewisse Schwächen
der Union: zunächst auf die, ihre eigenen Grenzen, und damit sich selbst,
zu schützen und zu verteidigen. Als würde man die Tür aufmachen, und es
komme jeder, der will.

In der langen Geschichte der EU gab es von Anfang an Stimmen – und
diese werden in der letzten Zeit immer lauter –, die einen klaren Unterschied und zuweilen auch Gegensatz zwischen dem Prozess der europäi-

---

[6] So der französische Politikwissenschaftler Henri Ménudier, Professor für Politikwissenschaft an der Universität Paris III – Sorbonne Nouvelle, in einem am 24. September
2015 in der Katholischen Akademie in Bayern gehaltenen Podiumsgespräch; den ge-
druckten Text siehe unter dem Titel „25 Jahre nach der Einheit. Ausländische Blicke
aufs ‚deutsche Wesen'", in: zur debatte. Themen der Katholischen Akademie in Bayern
2016/2, S. 1–8, Zitat hier S. 4. Ménudier meint zusammenfassend: „Aus humanitären
Gründen versteht man, was sie [die Bundeskanzlerin] wollte, aber politisch rational
kann man das sehr kritisch betrachten".

schen Integration und der Idee Europa machen.[7] Diese Unterscheidung ist
überaus wichtig, denn sie erlaubt uns, alle Schwächen und Mängel, Lücken,
Unzulänglichkeiten und Unvollkommenheiten der EU scharf und grundsätzlich zu kritisieren und dennoch an der Idee Europa festzuhalten. Und die
Einigung Europas als geschichtlicher Prozess kann letztlich – *last but not least*
– an nichts anderem als der Idee Europa gemessen werden. Es dürfte demnach nicht unnütz sein, auf diesen Punkt etwas einzugehen.

Die Idee der Einheit Europas ist keineswegs neu. In unterschiedlichen
Weisen und Kontexten kann man ihr im Laufe der europäischen Geschichte
immer wieder begegnen. Besonders stark tritt sie im Zeitalter der Aufklärung
hervor. Das Konzept einer Gelehrtenrepublik, wie sie die Wissenschaftler miteinander verbindet und die Intellektuellen des damaligen Europa
tatsächlich zusammengeführt hat, stellte damals eine besondere Ausprägung
der Europaidee dar. Herder sprach von einer „europäischen Republik" und
meinte: „In Europa machen alle Gelehrte einen eignen Staat aus".[8] Diese Gelehrten – „die Grundsätze und Meinungen der scharfsichtigsten, verständig-
sten Männer" – bilden „eine Kette im Fortgange der Zeiten", „sie machen
wirklich eine unsichtbare Kirche, auch wo sie nie voneinander gehört haben.
Diesen Gemeingeist des aufgeklärten oder sich aufklärenden Europa auszurotten ist unmöglich", hieß der optimistische Ausklang von Herders Überlegungen.[9] Die europäische Aufklärung erschöpfte sich auch nicht darin, eine
Gelehrtensache, bloß intellektuelle Bewegung zu sein. Sie „zielte darüber
hinaus auf eine gänzliche Reform der gesellschaftlichen Zustände und des
menschlichen Lebens". „Die Aufklärung implizierte [...] eine *Neubegründung
des Gemeinwesens* außerhalb theologisch-religiöser Begründung und eine materielle Verbesserung im Sinne öffentlicher Wohlfahrt durch Ausbau einer
Infrastruktur, durch Besserung der Rechtspflege und durch Förderung von
Handel und Landwirtschaft. [...] Die Aufklärung war [...] eine *gesamt-
europäische* Erscheinung" und kann „letztlich nur in *gesamteuropäischem* Kontext bewertet und analysiert werden."[10]

---

[7] Siehe z. B. http://unser-mitteleuropa.info/2016/07/06/wollen-sie-die-eu-endgueltig-
zerstoeren-herr-juncker/: „Wir wollen nicht mehr EU, sondern weniger und wir wollen
nicht, dass die EU die großartige Europaidee zerstört."

[8] Johann Gottfried Herder, Ideen zur Philosophie der Geschichte der Menschheit, hrsg.
von Heinz Stolpe, Berlin 1965, Bd. 2, 260, 40.

[9] Johann Gottfried Herder, Briefe zur Beförderung der Humanität, hrsg. von Heinz
Stolpe in Zusammenarbeit mit Hans-Joachim Kruse und Dietrich Simon, Berlin 1971,
Bd. 1, 81.

[10] Richard von Dülmen, Ende der ‚selbstverschuldeten Unmündigkeit': Das Zeitalter
der Aufkärung, in: ders.: Kultur und Alltag in der Frühen Neuzeit. Bd. 3: Religion, Magie,
Aufklärung, München 1994, 212f., zitiert nach Europa. Ein historisches Lesebuch, hrsg.
Wolfgang Behringer, München 1999, 169f. (Hervorhebung I.M.F.).

Vor diesem Hintergrund ist es kaum verwunderlich, dass kein geringerer Gelehrter als Immanuel Kant es gewagt hat, auch auf politischer Ebene „ganz Europa als einen einzigen föderierten Staat" zu denken.[11] Einen solchen „Verein einiger Staaten" hat er charakteristischerweise „den permanenten Staatenkongress" genannt.[12] Sein Konzept hat er dahingehend präzisiert: „Unter einem Kongress wird hier aber nur eine willkürliche, zu aller Zeit ablösliche Zusammentretung verschiedener Staaten, nicht eine solche Verbindung, welche (so wie die der amerikanischen Staaten) auf einer Staatsverfassung gegründet und daher unauflöslich ist, verstanden."[13]

IV.

Die europäische Einigung, katalysiert durch schwerwiegende geschichtliche Ereignisse und gerichtet auf künftige Kriegsverhinderung und Friedenssicherung, hat nach dem Zweiten Weltkrieg zunächst als wirtschaftlicher Prozess eingesetzt und blieb in ihrer Dynamik vorwiegend durch wirtschaftliche und politisch-juristische Instanzen getragen. Von der Parallelität einer intellektuellen Bewegung mit einer Neubegründung des Gemeinwesens kann – im Gegensatz zur Aufklärung – kaum die Rede sein. Es gilt die Reihenfolge festzuhalten: „Denn der Beginn lag im Wirtschaftsbereich, in dem Marktvorgänge ihre eigene Dynamik entfalten".[14] Diese historische Bedingtheit hatte eine ganz bestimmte Rückwirkung auf die Debatten, die über die Idee Europa geführt wurden. Dieser Sachverhalt ist jedoch nicht einzigartig. Ein Blick auf die Geschichte zeigt, dass der allgemeine Tenor und die jeweiligen Motivierungen der Europadebatten weitgehend kontext- und geschichtsgebunden waren. Um nun zur letzten Phase dieser Debatten zu kommen, wird man wohl sagen dürfen: Es war der Ende der achtziger Jahre vollzogene weltpolitische Umbruch, der Zusammenbruch des Ostblocks und das Ende der durch ideologische Gegensätzlichkeiten begründeten bipolaren Weltordnung, kurzum: die Perspektive einer geographisch-politischen Einigung Europas, die die Frage veranlasst und nahegelegt hatte: Gibt es etwas über das bloß Geographische hinaus, das dieses Gebiet zusammenschließt? Wie steht

---

[11] Immanuel Kant, Die Metaphysik der Sitten. Erster Teil. Metaphysische Anfangsgründe der Rechtslehre. Des öffentlichen Rechts zweiter Abschnitt. Das Völkerrecht, § 61. Siehe Kant: Werke in zwölf Bänden. Werkausgabe, hrsg. von Wilhelm Weischedel (fortan: WA), Frankfurt 1977, Bd. 8, 475. (Hervorhebung I.M.F.) Diese Betrachtungsweise soll nach Kant „die Minister der meisten europäischen Höfe" charakterisiert haben, die „in der ersten Hälfte dieses [des 18.] Jahrhunderts in der Versammlung der Generalstaaten im Haag" teilnahmen.

[12] Kant, Metaphysik der Sitten, Bd. 8, S. 474.

[13] Kant, Metaphysik der Sitten, Bd. 8, S. 475.

[14] Rüdiger Bubner, Was wird aus der Verfassung Europas?, in: Eine Verfassung für Europa, hrsg. K. Beckmann, J. Dieringer, U. Hufeld, Tübingen 2004, 51–60, hier: 51.

es mit der Idee Europas? Mit derjenigen Idee, die den in der ersten Hälfte des 20. Jahrhunderts gebräuchlichen Ausdruck „Abendland" abzulösen, aber zugleich dessen Erbe irgendwie anzutreten schien. Es handelte sich um eine ziemlich unbestimmte Idee.

In einer 1995 publizierten Schrift hat Hans-Georg Gadamer im Rückblick auf die Geschichte des Jahrhunderts den angesprochenen Sachverhalt zusammenfassend wie folgt formuliert: „Schon das Wort ‚Abendland' ist heute nicht mehr so modern, wie es in meiner Jugend war, als Oswald Spengler gerade den Untergang desselben verkündet hatte. Jetzt redet man wohl eher von *Europa*, aber da weiß nun auch niemand ganz genau, was das eigentlich sein wird, sondern höchstens, was wir möchten, dass es eines Tages werden soll."[15] Welche Vorgänge auf geistiger Ebene durch die politischen Änderungen initiiert und ausgelöst wurden, geht aus Gadamers Grußwort an das Heidegger-Symposium klar hervor, das er im Umbruchsjahr 1989 auf dem ersten deutsch-ungarischen philosophischen Symposium nach dem Zweiten Weltkrieg gesprochen hat: „Es ist ein bedeutender erster Schritt", sagte er, „den wir heute tun, dass ein neu auf sich besinnendes Europa sich in ein Gespräch miteinander vertieft"[16] – Worte, aus denen die hermeneutische Auffassung Europas als eines sich ins Unendliche fortsetzenden, unabgeschlossenen und unabschließbaren Gesprächs sehr gut hervorgeht.

Die damaligen Debatten über Europa wurden von Redewendungen und Formeln beherrscht: „Europa als geistig-kulturelle Einheit", „europäische Philosophie", „Europa und die Philosophie", „die Idee Europas als philosophische Idee" und zuletzt „Geschichte der Idee Europas". Es dürfte angemessen sein, einige Teiluntersuchungen und Ergebnisse des von Kevin Wilson und Jan van der Dussen herausgegebenen Sammelbandes *The History of the Idea of Europe*[17] kurz zusammenzufassen und zur Diskussion zu stellen.

V.

Hervorzuheben ist zunächst der Befund, eine Europa-Idee sei eigentlich erst nach der Französischen Revolution zustande gekommen. Vorher wurde der Begriff mehr oder minder im geographischen Sinne verwendet. Zwar gab es seit den Griechen den Begriff der Freiheit, später des Christentums, im 16. Jahrhundert dann die Vorstellung vom politischen Gleichgewicht und im 18.

---

[15] Hans-Georg Gadamer, Vom Wort zum Begriff. Die Aufgabe der Hermeneutik als Philosophie, 1995, in: Gadamer Lesebuch, hrsg. Jean Grondin, Tübingen 1997, 100.

[16] Hans-Georg Gadamer, Grußwort an das Symposium, in: Wege und Irrwege des neueren Umganges mit Heideggers Werk. Ein deutsch-ungarisches Symposium, hrsg. István M. Fehér, Berlin 1991, 16.

[17] The History of the Idea of Europe, hrsg. K. Wilson, Jan van der Dussen, London 1993, 2. Aufl. 1995.

Jahrhundert die Idee der Zivilisation. Diese sich entlang der Begriffe Freiheit, Christentum, Zivilisation artikulierende Idee von Europa blieb aber lange unsichtbar bzw. verborgen; von dauerhafter Präsenz kann man erst in den letzten zwei Jahrhunderten sprechen. Anfang des 19. Jahrhundert wird die Geschichte der europäischen Kultur als Idee geboren. Die verschiedenen politischen und religiösen Strömungen in der ersten Hälfte des 19. Jahrhunderts, die Reaktionären und Konservativen, Katholiken und Protestanten, Liberalen und Demokraten haben je unterschiedliche Auffassungen über die Geschichte Europas entwickelt, die angesichts künftiger Erwartungen und Perspektiven jeweils unterschiedlich ergänzt und artikuliert wurden. Die Ideale von Freiheit und Christenheit wurden in die ferne Vergangenheit zurückprojiziert und gründlich ausgearbeitet, während die Zivilisation dem Fortschritt gleichgesetzt wurde.[18] Es genügt hier an Novalis' berühmte Schrift *Die Christenheit oder Europa* zu erinnern, die mit folgenden Worten beginnt: „Es waren schöne glänzende Zeiten, wo Europa ein christliches Land war, wo *Eine* Christenheit diesen menschlich gestalteten Weltteil bewohnte. *Ein* großes gemeinschaftliches Interesse verband die entlegensten Provinzen dieses weiten geistlichen Reichs".[19] Wenn man diese Zeilen liest, lässt sich das christianisierende, nostalgiebeladene, sich der Vergangenheit zugewendete Weltbild der Romantik leicht erkennen, das den Anfang des 19. Jahrhunderts charakterisierte. Der Ausdruck Europa taucht aber noch nicht in der Bibel auf, worauf das Buch *The History of the Idea of Europe* auch verweist.

In seinen großangelegten geschichtsphilosophischen Überlegungen hat Hegel im 19. Jahrhundert eine Vollendung der Weltgeschichte in der christlich-germanischen Welt fixiert. Nach der Logik seiner teleologischen Sehweise hat er die Bewegung der Geschichte auf ein Ziel hin entworfen. „Die Weltgeschichte geht von Osten nach Westen, denn Europa ist schlechthin das Ende der Weltgeschichte",[20] heißt es. „Europa [ist] überhaupt das Zentrum und das Ende der alten Welt".[21] Hegels um Europa zentrierte Perspektive wusste das Zukünftige immerhin richtig einzuschätzen. So heißt es: „Amerika ist [...] das Land der Zukunft".[22] Es ist es jedoch nicht als neue Phase in der Fortbewegung des Weltgeistes, wie in Hegels Geschichtslogik

---

[18] Pim den Boer, Europe to 1914: The Making of an Idea, in: The History of the Idea of Europe, 14.

[19] Novalis, Fragmente und Studien. Die Christenheit oder Europa, hrsg. C. Paschek, Stuttgart 1984, S. 67.

[20] Georg Wilhelm Friedrich Hegel, Vorlesungen über die Philosophie der Geschichte. Theorie Werkausgabe. Auf der Grundlage der Werke von 1832–1845 neu edierte Ausgabe. Redaktion E. Moldenhauer und K. M. Michel, Bd. 12, Frankfurt 1970, Bd. 12, 134.

[21] Hegel, Vorlesungen über die Philosophie der Geschichte, Bd. 12, 130.

[22] Hegel, Vorlesungen über die Philosophie der Geschichte, Bd. 12, 114.

etwa Griechenland auf Asien folgt. Vielmehr ist Amerika etwas Europäisches. „Was in Amerika geschieht, geht von Europa aus".[23]

Das Wesen des europäischen Geistes hat Hegel in einer Weise zusammengefasst, die uns an einige Züge von Husserls Darstellung der geistigen Gestalt Europas erinnert. „Der europäische Geist setzt die Welt sich gegenüber", sagte Hegel, „macht sich von ihr frei, hebt aber diesen Gegensatz wieder auf, nimmt sein Anderes, das Mannigfaltige, in sich, in seine Einfachheit zurück. Hier herrscht daher dieser unendlicher Wissensdrang, der den anderen Rassen fremd ist. Den Europäer interessiert die Welt; er will sie erkennen, sich das ihm gegenüberstehende Andere aneignen, in den Besonderungen der Welt die Gattung, das Gesetz, das Allgemeine, den Gedanken, die innere Vernünftigkeit sich zur Anschauung bringen".[24] Vor allem das Sichfreimachen des Geistes gegenüber der Welt sowie der damit einhergehende „unendliche Wissensdrang", das theoretische Interesse und das Gerichtetsein auf das Allgemeine sind bei allen anderen, gewiss nicht gering zu schätzenden Unterschieden gemeinsame Züge der teleologischen Denkweise Hegels und Husserls. „Wissenschaft, christliche Religion und vernünftige Gestaltung von Natur und Gesellschaft sind die Wesenszüge Europas" aus Hegels Sicht. „‚Europa' als diese kulturelle Geschichte und ‚Idee' umfasst für Hegel die griechische, römische und germanisch-christliche Welt."[25]

Am Ende des 19. Jahrhunderts kommt mit der zunehmenden Krise des Liberalismus und des Fortschrittsoptimismus und dank ihrer eine gewisse „europäische Identität" zum Vorschein, und zwar als Bewusstsein der Bedrohung, des Gefährdetseins. Vor diesem Hintergrund ist die Debatte um Europa zu Beginn des 20. Jahrhunderts „in der Erschütterung der alten europäischen Ordnung als dem Auf- und Umbruch der tradierten Grundlagen

---

[23] Hegel, Vorlesungen über die Philosophie der Geschichte, Bd. 12, 109. Ähnlich dann im 20. Jahrhundert Heidegger (siehe ders., Holzwege. Gesamtausgabe Bd. 5, hrsg. F.-W. von Herrmann, Frankfurt 1977, 112: „Der Amerikanismus ist etwas Europäisches").

[24] Hegel, Enzyklopädie der philosophischen Wissenschaften im Grundrisse, § 393, Zusatz. Theorie-Werkausgabe Bd. 10, 62f.

[25] Ludwig Siep, Die Bedeutung Europas für Hegel und der hegelschen Philosophie für Europa. Zehn Thesen, in: Vermittlung und Versöhnung. Die Aktualität von Hegels Denken für ein zusammenwachsendes Europa, hrsg. L. Siep und E. Rózsa, Münster 2001, 15–20, hier: 15f. Für Parallelen mit Husserl siehe Edmund Husserl, Die Krisis der europäischen Wissenschaften und die transzendentale Phänomenologie, hrsg Walter Biemel, Den Haag 1976, Bd. VI, 318ff., siehe besonders folgende Überlegung S. 319: „Die geistige Gestalt Europas' – was ist das? Die der Geschichte Europas [...] immanente philosophische Idee aufzuweisen, oder, was dasselbe ist, die hier immanente Teleologie, die sich vom Gesichtspunkt der universalen Menschheit überhaupt kenntlich macht als der Durchbruch und Entwicklungsanfang einer neuen Menschheitsepoche, der Epoche der Menschheit, die nunmehr bloß leben will und leben kann in der freien Gestaltung ihres Daseins, ihres historischen Lebens aus Ideen der Vernunft, aus unendlichen Aufgaben." (Herv. Verf.).

der Denk- und Lebensweisen in Gang gekommen. Wesentlich von Nietzsche inspiriert, verbindet sich diese Diskussion u. a. mit Namen wie Max Weber, Georg Simmel, Ortega í Gasset, Paul Valéry oder Edmund Husserl."[26]

In der immer leidenschaftlicher werdenden Debatte über Europa und die Vertiefung seiner Krise Anfang des 20. Jahrhunderts kamen weitere bedeutende Denker zu Wort, deren Positionen hier nicht darzustellen sind. Wesentlich scheint mir aber einen bereits angesprochenen Punkt hervorzuheben: Es geht um eine Differenz zwischen der in der ersten Hälfte des 20. Jahrhunderts entfachten Debatte und der Diskussion der letzten Jahrzehnte: Während die erstere vom Bewusstsein der Krise beherrscht war, ist letztere im Zuge der politischen Umwälzungen von der Hoffnung auf eine Einigung Europas und dem Zusammenwachsen seiner verschiedenen Kulturen geleitet. Etwas vereinfacht gesagt, begünstigte das Klima der ersten Debatte vorwiegend pessimistische Töne und Stellungnahmen (ausschlaggebend war der von Oswald Spengler heraufbeschworene „Untergang des Abendlandes"), während die Diskussion nach 1989/90 zunächst eher optimistisch gestimmt und prädisponiert war. Doch wie es im ersten Falle wichtige Ausnahmen gab (eine war Husserl), so kam in der neueren Diskussion, wie sie Anfang der neunziger Jahre energisch begonnen wurde, um bald immer stiller zu werden, von Anbeginn an auch eine gewisse Orientierungslosigkeit zum Ausdruck. Darauf hat schon Gadamer in der zitierten Rede hingewiesen. Ein Grund mag sein, dass die europäische Einigung – wie angedeutet – von Anfang an vorwiegend einen wirtschaftlich-politisch-juristischen Prozess darstellte, und zwar einen solchen, in dem die Schere zwischen arm und reich immer größer wurde: die Reichen immer reicher, die Armen immer ärmer, die sozialen Unterschiede immer größer. In diesem Prozess trat die Kultur bzw. der Geist nicht nur zurück, sondern sie wurde bedroht, auf die Dauer schwere Verluste zu erleiden. Es genügt der Hinweis auf den sog. Bologna-Prozess, der sich des altehrwürdigsten Namens einer der ältesten Universitätsstädte Europas bediente, um die Hochschulen auch und gerade in Deutschland systematisch zu ruinieren.[27] Exemplarisch zeigte sich das zuletzt an der Aufhebung des Husserl-Heidegger-Lehrstuhls in Freiburg.

---

[26] Hans-Helmut Gander, Einleitung: Europa und die Philosophie, in: Europa und die Philosophie, S. 10.

[27] „Die besten amerikanischen Forschungsuniversitäten bekennen sich zu den Prinzipien der Humboldt'schen Universität, während in Deutschland ihr Tod von Politikern proklamiert und in den Universitäten beklagt wird" (Walter Rüegg, Das Europa der Universitäten: Tradition – Brückenkopf – Liberale Modernisierung, in: Von der Idee zum Konvent. Eine interdisziplinäre Betrachtung des europäischen Integrationsprozesses, hrsg. Jürgen Dieringer, Stefan Okruch (Andrássy-Schriftenreihe, Bd. 3), Budapest 2005, 49–63, hier S. 55. Siehe dann im einzelnen die Beiträge im „Bologna-Schwarzbuch", hrsg. Ch. Scholz, V. Stein, Bonn: Deutscher Hochschulverband, 2009.

VI.

Ehe einige Konsequenzen aus der Debatte über das Wesen Europas zu ziehen sind, scheint es zweckmäßig, zu einem oben im Punkt II kurz behandelten Thema zurückzukehren: Wenn Absage oder Abschreckung identitätsstiftend oder -bildend wirken, so kann man wohl sagen, dass sie zu einem festen Bestandteil des Selbstverständnisses der Bundesrepublik Deutschland wurden. Das Schreckbild der eigenen nationalsozialistischen Vergangenheit scheint seit den ersten Anfängen zum Selbstverständnis der Bundesrepublik zu gehören. Das führt mich zur Frage des wechselnden Selbstverständnisses Deutschlands oder der Deutschen sowie zu den unterschiedlichen Deutschlandbildern. Das ist ein weites Feld, ich muss mich auf einige knappe Bemerkungen beschränken.

Es mag einigermaßen verblüffen, zumindest ironisch klingen, dass eine der mächtigsten und altehrwürdigsten Selbstbestimmungen der Deutschen, nämlich die Vorstellung vom Land der „Dichter und Denker", ausgerechnet von einer Französin stammt: von Madame de Staël (ihr vollständiger Name lautet: Baronin Anne Louise Germaine de Staël-Holstein). Das im 19. Jahrhundert in Europa vorherrschende Deutschlandbild wurde maßgeblich vom Deutschlandbuch der französischen Literatin geprägt, das die Formel vom Land der „Dichter und Denker" verbreitet hatte (*De l'Allemagne*, 1810, 1813, deutsch 1814, ein berühmt-berüchtigtes Deutschlandbuch, in dem vom „peuple des poètes et penseurs" die Rede war).[28] Das besagt: Im innigsten Kern des deutschen Selbstverständnisses liegt eine Fremdbestimmung. Ironisch mag diese Tatsache vor allem da wirken, wo diese Bezeichnung von maßgebenden Persönlichkeiten im feierlichen Ton, mit tödlichem Ernst ausgesprochen wird: als Bekenntnis zum innigsten Wesen, als handele es sich um die tiefste und deutscheste oder urdeutsche Bestimmung der Deutschen. So sagte z. B. Martin Heidegger im Wintersemester 1942/43: Der „ursprünglichere Anfang kann sich nur so wie der erste Anfang in einem abendländisch geschichtlichen *Volk der Dichter und Denker* ereignen. [...] Daher gilt es zu wissen, dass dieses geschichtliche Volk, wenn es überhaupt hier auf ein ‚Siegen' ankommt, schon gesiegt hat und unbesiegbar ist, wenn es das *Volk der Dichter und Denker* ist, das es in seinem Wesen bleibt, solange es nicht der furchtbaren, weil immer drohenden Abirrung von seinem Wesen und so einer Verkennung seines Wesens zum Opfer fällt."[29] War Heidegger – der

---

[28] Siehe hierzu Viktor Žmegač, Deutschlandbilder von der Romantik bis zur Gegenwart, in: Neohelicon, vol. 32, n. 2, November 2005, S. 47–58. Siehe noch etwa Hans Mayer, Das Wort von den Dichtern und Denkern. Von guten und schlechten Traditionen deutscher Sprache und Literatur, in: Zeit Online, 10. April 1964. Internet: http://www.zeit.de/1964/15/das-wort-von-den-dichtern-und-denkern

[29] Martin Heidegger, Gesamtausgabe (= GA), Bd. 54, 114 (Herv. Verf.). Siehe noch z. B. GA 55, 123; GA 39, 290.

große Meister der Destruktion, des Zurückgehens zu den allerersten Ursprüngen und Anfängen –, so könnte eine Zwischenfrage lauten, sich wohl bewusst, dass das den Deutschen zugesprochene, für die Deutschen beanspruchte Eigenste *ursprünglich* einem Blick aus Paris zu verdanken ist? Wie dem auch sei, was das Buch von Madame de Staël anbelangt, ist sicherlich folgender Feststellung zuzustimmen: „Manches daraus verfestigte sich zum Stereotyp, zum gängigen Bild, das auch dort erkennbar ist, wo das Werk selbst kaum noch genannt wird". „Galten die Deutschen früher als ungehobelt und dumm, nahezu als Barbaren, steigen sie nun plötzlich kulturell in den höchsten Rang auf. Das feuilletonistische Kennwort ließ nicht lange auf sich warten. Es wurde aus Madame de Staëls Buch abgeleitet und lautete: das Volk der Dichter und Denker."[30]

Diese Vorstellung vom Land der „Dichter und Denker" findet sich in der zweiten Hälfte des 19. Jahrhunderts häufig. Man begegnet ihr etwa bei Friedrich Paulsen, 1902, wo nach der Reichsgründung rückblickend eine eigentümliche *Kompensationsthese* vertreten wird: Da es „dem deutschen Volke an einem anderen Mittelpunkt des nationalen Lebens, als Wissenschaft und Literatur, damals fehlte, [...] konnte es geschehen, dass dem deutschen Volk in der europäischen Gemeinschaft die Rolle ‚des Volks der Denker und Dichter' zufiel oder [sie] übrig gelassen wurde".[31] Damit erklärte Paulsen auch die Entstehung und den Aufstieg der Humboldt'schen Universität, die von Anfang an eine Quelle des Nationalstolzes darstellen sollte und deren Ursprung schon Wilhelm von Humboldt selbst in seiner klassischen Gedenkschrift mit dem „intellectuelle[n] Nationalcharakter der Deutschen"[32] in einen Zusammenhang brachte: „Die Stellung, die in der ersten Hälfte des 19. Jahrhunderts die Universitäten einnahmen, hatte zur Voraussetzung auch den Umstand, dass es dem deutschen Volke an einem anderen Mittelpunkt des na-

---

[30] Viktor Žmegač, Deutschlandbilder von der Romantik bis zur Gegenwart, 50, 52.

[31] Friedrich Paulsen, Die deutschen Universitäten und das Universitätsstudium, Berlin 1902 (Nachdruck: Hildesheim 1966), 9.

[32] Die Überlegung, zufolge welcher Nationalcharakter und Neigung zur Philosophie (bzw. Philosophie und Religion, Philosophie als Metaphysik) miteinander aufs engste zusammenhängen, ja, jener gerade in diese versetzt wird, ist bei Humboldt klar präsent. Fügt er doch, nachdem er in seiner Denkschrift seinen Wissenschaftsbegriff als Forschen und als charakterbildende Einstellung entfaltet und ihn als „ein dreifaches Streben des Geistes" näher erörtert, gleich hinzu: „Allerdings lässt sich das geradezu nicht befördern, es wird aber auch Niemand einfallen, dass unter Deutschen dies erst befördert zu werden braucht. Der intellectuelle Nationalcharakter der Deutschen hat von selbst diese Tendenz" (Wilhelm von Humboldt, Über die innere und äußere Organisation der höheren wissenschaftlichen Anstalten in Berlin, in: ders., Gesammelte Schriften. Ausgabe der Preußischen Akademie der Wissenschaften, Berlin 1903ff. Band X, 250–260, hier: 254; Herv. vom Verf.).

tionalen Lebens, als Wissenschaft und Literatur, damals fehlte".[33] Nach der Reichsgründung von 1871 entstand in Inland und Ausland dann aber „ein neues Deutschland-Bild: die Feder als Emblem weicht dem Automobil, dem chemischen Labor und der Krupp-Kanone. Kurzum, auch aus der Sicht des Auslands tritt der Literat in den Hintergrund, verdrängt vom homo faber".[34] Gegen Ende des 19. Jahrhunderts regte sich im Namen des industriellen Fortschritts also in Deutschland selbst Widerstand gegen das Klischee vom Volk der Dichter und Denker und es trat ein Ideal technischer Perfektion an seine Stelle. Nicht mehr Hegel und Hölderlin, vielmehr Krupp und Thyssen sollten nun symbolische Verkörperungen deutschen Wesens darstellen.

Die oben erwähnte *Kompensationsthese* kann allerdings in eine *Komplementaritätsthese* umschlagen, nach der die politisch-wirtschaftliche Durchsetzung ein Zeichen geistig-kultureller Überlegenheit sei. Einer derjenigen, die von Anfang an energisch widersprach und gegen die Komplementarität oder gar Gleichsetzung auftrat, war Friedrich Nietzsche. Seine erste *Unzeitgemäße Betrachtung* erschien im dritten Jahr nach der Reichsgründung und enthält schon im ersten Kapitel eine radikale Zeitkritik. Der Grundgedanke lautete, der deutsche Sieg über Frankreich vermöge den „Sieg in eine völlige Niederlage zu verwandeln: in die Niederlage, Exstirpation des deutschen Geistes zugunsten des ‚deutschen Reiches'".[35] Es sei ein Irrtum zu meinen, „dass auch die deutsche Kultur in jenem Kampfe [gegen Frankreich] gesiegt habe.'

VII.

Technische Perfektion und Organisation einerseits, dichterisch-denkerische Kraft und Weltauffassung andererseits und, drittens, die totalitäre NS-Vergangenheit – diese Züge möglicher deutsche Identität liegen als Charakteristiken doch ziemlich auseinander, und es wäre sinnlos zu fragen, was davon dem deutschen Wesen ursprünglich oder wirklich zugehört. Wenn man kaum über einen festen und unveränderlichen Kern reden kann, dann soll es auch nicht verwundern, dass ähnliche Unbestimmtheit in den Debatten

---

[33] Friedrich Paulsen, Die deutschen Universitäten und das Universitätsstudium, Berlin 1902, 9; siehe hierzu auch F. W. J. Schelling, Vorlesungen über die Methode des akademischen Studiums, in: Schellings sämmtliche Werke, hrsg. K. F. A. Schelling, Stuttgart 1856–61, Bd. V, 207–352, hier: 235f.: „In Deutschland könnte, da kein äußeres Band es vermag, nur ein inneres, eine herrschende Religion oder Philosophie, den alten Nationalcharakter hervorrufen, der in der Einzelnheit zerfallen ist und immer mehr zerfällt." Ausführlicher zu dieser Thematik siehe István M. Fehér, Schelling – Humboldt: Idealismus und Universität. Mit Ausblicken auf Heidegger und die Hermeneutik, Frankfurt 2007, 92ff.

[34] Viktor Žmegač, Deutschlandbilder von der Romantik bis zur Gegenwart, 55.

[35] Friedrich Nietzsche, Kritische Studienausgabe, hrsg. G. Colli und M. Montinari, Berlin 1988, Bd. 1, 159f. Zum folgenden ebd.

über das Wesen Europas zu herrschen scheint. Als vorübergehendes Fazit
lässt sich kurz zusammenfassen: In den Debatten über das Wesen Europas
konnte man keinen ständigen Kern auffinden. Die Suche nach dem Wesen
Europas scheint bis heute nicht von Erfolg gekrönt zu sein. Man sieht aber
gewisse Züge immer wiederkehren, die am Ende in eine Paradoxie münden,
welche am Plastischsten wohl von den Herausgebern des Bandes über *The
History of the Idea of Europe* formuliert wurde. Es heißt da: „The description of
Europe perhaps most in vogue is that of ‚unity in diversity'. Europe is pre-
sented as the continent that never bowed to a single ruler, that never made
culture uniform, that never settled for final truth, that kept questioning, de-
bating, remaining self-critical, thereby generating a unique dynamism. The
paradox of the underlying reality of Europe [consists in] containing no singu-
lar European essence. [...] there is a rich reservoir of ideas linked to Europe
but [...] there is no stable core, no fixed identity, no final answer".[36]
    Diese Position kommt bereits in einer Mitte der achtziger Jahre gehalte-
nen Rede Gadamers klar zum Ausdruck, deren Titel vielsagend lautet: *Die
Vielfalt Europas*. Gadamer spricht hier u. a. von einer „Differenzierung unserer geistigen Tätigkeiten [...], wie wir sie in der Unterscheidung von Wissenschaft, Kunst, Religion, Philosophie kennen",[37] und er weist mit Nachdruck
darauf hin, dass es „nur in Europa [...] eine solche Differenzierung [...] gegeben" hat. „Wer könnte schon sagen", stellt er sich die Frage, „dass Tschuang
Tse oder ein anderer der chinesischen Weisen mehr ein religiöser, mehr ein
Wissender, mehr ein Denker, mehr ein Dichter war? In Europa hat unser gei-
stiges Schicksal dadurch Gestalt gewonnen, dass zwischen diesen vielfachen
Ausformungen geistiger Schöpferkraft die schärfsten Spannungen ausgetragen wurden."
    Was Gadamer als kennzeichnende Differenzierungen, auch „schärfste
Spannungen" anspricht, tritt auch aus Texten anderer Autoren mit unterschiedlichen Schwerpunkt- und Akzentsetzungen vielfach hervor. Differen-
zierungen und Spannungen als dauerhafte Merkmale gehören wesensmäßig
zu solchen Zuständen, wo Freiheit herrscht, und auch Husserl meinte, dass
die neue Epoche der Menschheit, die Europa auszeichnet, an wesentlichen
Punkten durch die *freie Gestaltung ihres Daseins*, aus Ideen der Vernunft, charakterisiert ist. Dieser Punkt verdient weiter erläutert zu werden: Der Politikwissenschaftler und Philosoph Hans Maier, langjähriger bayerischer Kultus-
minister, hat in einem wichtigen Aufsatz über „Die neuen Kulturen und Europa" die Charakterzüge Europas wie folgt zusammengefasst: „Schon in der
Antike [...] wurden Grundzüge des europäischen Zugangs zur Welt sichtbar: politisch in der Freiheit gleichberechtigter Menschen (im Unterschied

---

[36] The History of the Idea of Europe, a.a.O., S. 11; vgl. ebd., S. 178ff.
[37] Hans-Georg Gadamer, Die Vielfalt Europas. Erbe und Zukunft, Stuttgart: Robert
Bosch Stiftung, 1985, 14. Zum folgenden ebd.

zu Herrschaft und Knechtschaft in orientalischen Reichen); philosophisch im freien Erkennen und Wissenwollen (im Gegensatz zu östlicher Weisheit und Versenkung). […] Von daher galt als europäische Kultur eine Lebensordnung, die getragen wurde von beweglichen, erfinderischen, anpassungsfähigen Menschen; die bestimmt war von Entdeckungsfreude und rationalem Zugriff auf die Welt; der die Individualität mehr bedeutete als die Masse, die Freiheit mehr als die Macht."[38] „In diesen äußeren Verhältnissen, aber mehr noch in der inneren Haltung der Europäer lag es begründet, dass sich Europa immer wieder gegen Versuche der Fremdbestimmung, der Eroberung und Aneignung von außen, behauptet hat. Aber auch Hegemonialbildungen im Innern waren nie von Dauer […] Die europäische Staatenwelt war stets *pluralistischer und vielgliedriger* als die der byzantinischen, mongolischen, osmanischen und großrussischen Nachbarn."[39] „Europäische Kultur – das war *kein einheitliches Gebilde*. Es war ein Ensemble sehr verschiedener, oft in *Spannung* stehender, sich wechselseitig anziehender, abstoßender, steigernder Kräfte – von den antiken und christlichen Überlieferungen bis hin zu den säkularen Schöpfungen der Moderne in Recht, Ökonomie, Technik und Politik."[40] Obwohl die europäische Kultur *kein einheitliches Gebilde* darstellt, gibt es jedoch etwas, was die genannten Glieder zusammenhält: Zum Grundzug des Pluralismus oder der Vielfalt kommt ein wesentlicher, ihn ergänzender Charakter hinzu, was bereits als ‚unity in diversity' angesprochen wurde. „Keine [der] neuen […] Kulturen ist in einem so ausgeprägten Sinn transnational, wie es die europäische war. […] In die europäische Kultur sind stets nicht nur nationale, sondern auch übernationale, ‚ökumenische' Elemente eingeflossen – Elemente der jüdischen und christlichen, der griechischen und römischen Überlieferung. Sie war immer mehr als nationale Kultur; daher ging sie in den Kriegen, die Europas Völker gegeneinander führten, nicht unter."[41] Weder „die alte Diktatur des Allgemeinen"[42] noch die „kulturelle Hegemonie Europas"[43] soll wieder hergestellt werden; vielmehr sollte „die Isolation der heutigen Kulturen […] schleunigst überwunden werden; sie steht im Widerspruch zu der sich bildenden Weltgesellschaft […] Das kann nur geschehen durch Austausch, Dialog, Aufeinanderhören, Rezeption, Anverwandlung des Fremden […]"[44] – so lautet das hermeneutisch zu nennende Fazit Hans Maiers.

---

[38] Hans Maier, Eine Kultur oder viele? Die neuen Kulturen und Europa, in ders.: Eine Kultur oder viele? Politische Essays, Stuttgart 1995, S. 35f.

[39] Hans Maier, Eine Kultur oder viele?, 37.

[40] Hans Maier, Eine Kultur oder viele?, 39 (Herv. Verf.)

[41] Hans Maier, Eine Kultur oder viele?, 56.

[42] Hans Maier, Eine Kultur oder viele?, 58.

[43] Hans Maier, Eine Kultur oder viele?, 60.

[44] Hans Maier, Eine Kultur oder viele?, 60.

Dass Europa sich gerade „durch seine Verschiedenheit von Nationen, durch seine Vielgewandtheit von Sitten und Künsten" auszeichnet, wurde bereits von Herder in seinen geschichtsphilosophischen Schriften eingehend geschildert. „Es ist so formenreich und gemischt; es hat durch seine Kunst und Kultur so vielfach die Natur verändert", so hat er betont, „dass ich über seine durcheinandergemengte, feine Nationen nichts Allgemeines zu sagen wage".[45] Zur Vielfalt und Pluralität der europäischen Kultur, ihrer Beweglichkeit und Dynamik, finden wir einen wichtigen Hinweis auch bei dem Münsteraner Philosophen Joachim Ritter: „Zum abendländischen Christentum gehört in einem sehr bestimmten Sinn von Anbeginn an die Unterscheidung der göttlichen und der politischen weltlichen Ordnung, [...], der *civitas caelestis* und der *civitas terrena* [...] Aber ihre Unterscheidung ist im Islam unbekannt. Islam ist schlechthin ‚Unterwerfung', Unterwerfung des ganzen Daseins in allen seinen Bereichen unter die Gesetze und Gebote des Koran und der mohammedanischen Überlieferung."[46]

Zur „Unterscheidung der göttlichen und der politischen weltlichen Ordnung", so können wir hinzufügen, kommt noch eine weitere Differenzierung innerhalb der politischen weltlichen Ordnung selbst. So hat Wolfgang Behringer im Vorwort des von ihm herausgegebenen Bandes *Europa. Ein historisches Lesebuch* auf einen weiteren Zusammenhang aufmerksam gemacht: „Gerade die oft gescholtene politische Fragmentierung des alten Kontinents hat eine ungeheure *Meinungsvielfalt* hervorgebracht, die von den frühen Ketzerbewegungen über den Kommunismus bis hin zur Ökologiebewegung oder dem Feminismus immer wieder zu radikalen Infragestellungen der bestehenden Verhältnisse führen konnte und Auseinandersetzungen hervorrief, deren Austragung zu den wesentlichen Stärken Europas zu gehören scheint."[47]

Zu den Stärken Europas gehört auch noch etwas, das „die europäische Institution *par excellence*" genannt werden kann: die Universität. Sie ist „als Gemeinschaft von Lehrenden und Lernenden, ausgestattet mit besonderen Rechten der Selbstverwaltung, der Festlegung und Ausführung von Studienplänen und Forschungszielen sowie der Verleihung öffentlich anerkannter akademischer Grade" „eine Schöpfung des europäischen Mittelalters", eine Institution, die „mit ihren überlieferten Strukturen und ihren wissenschaftlichen Leistungen in der ganzen Welt universale Geltung erlangt" hat.[48] Es

---

[45] Johann Gottfried Herder, Ideen zur Philosophie der Geschichte der Menschheit, hrsg. von Heinz Stolpe, Berlin 1965, Bd. 1, 219.

[46] Joachim Ritter, Europäisierung als europäisches Problem, in: ders., Metaphysik und Politik Studien zu Aristoteles und Hegel, Frankfurt 1969, 333.

[47] Europa. Ein historisches Lesebuch, hrsg. W. Behringer, München 1999, 13. (Herv. Verf.).

[48] Walter Rüegg, Die Universität als europäische Institution, in: Geschichte der Universität in Europa, hrsg. W. Rüegg, Bd. 1: Mittelalter, München 1993, 13.

handelt sich um eine „europäische Institution" nicht zuletzt deshalb, weil sie wissenschaftliche Erkenntnisse und Methoden entwickelt und vermittelt, auf dem gemeinsamen Erbe Europas gründet und eine geistige Elite ausbildet, „deren Ethos auf einer gemeinsamen europäischen Wertordnung beruht und alle nationalen Schranken transzendiert."[49] Auf dieses „europäische Modell" der Universität hat sich auch Jacques Derrida in einem berühmten Vortrag berufen und es „klassisch" genannt.[50] Die von Humboldt geprägte Universität hat weltweit eine große Wirkung ausgeübt, gerade auch in Amerika. Sheldon Rothblatt schreibt dazu: „The intellectual ideals of *Bildung, Wissenschaft, Lehrfreiheit* and *Lernfreiheit* were hothouse attractions for British and American scholars".[51]

VIII.

Ich komme zum Schluss. Will man aus den hier – ohne Anspruch auf Vollständigkeit behandelten – nur kurz angesprochenen Zügen für die Idee Europa einen nicht ganz unzutreffenden zusammenfassenden Ausdruck finden, so mag sich „unity in diversity", Einheit in der Vielfalt, Vielstimmigkeit, anbieten. Vielfalt, Pluralismus der Meinungen und der Lebensformen als innerer und äußerer Rahmen europäischer Existenz, Unterscheidung der religiösen und der politisch-weltlichen Ordnung sollten deshalb auch bewahrt und gegen dogmatische Attacken von Außen verteidigt werden. Die Sache

---

[49] Walter Rüegg, Die Universität als europäische Institution, ebd. Die ganze Geschichte der Universitäten, hat Rüegg anderswo betont, „can be seen largely as a set of processes of stabilisation, differentiation, narrowing, enrichment, amalgamation and polarisation of the two fundamental demands, namely the rational search for truth, and the intellectual training of political and social elites" (Walter Rüegg, The Traditions of the University in the Face of the Demands of the Twentiy-First Century, in: The University of the Twenty-First Century: A Symposium to Celebrate the Centenary of the University of Chicago. Minerva. A Review of Science, Learning and Policy, vol. XXX, number 2, Summer 1992, 192.).

[50] Jacques Derrida, Die unbedingte Universität, Frankfurt 2001, 9: „Unter der ‚modernen Universität' verstehen wir jene, deren europäisches Modell [...] ‚klassisch' geworden ist." (Herv. Verf.).

[51] Sheldon Rothblatt, The Modern University and Its Discontents. The Fate of Newman's Legacies in Britain and America, Cambridge 1997, 24. In bezug auf Humboldt siehe aus der neueren Literatur etwa Jaroslav Pelikan, The Idea of University: A Reexamination, New Haven 1992, hier: 84: „it was above all the German university that the ‚research university' in the form we know now had been invented [...]. In 1810 the establishment of the University of Berlin under the leadership of Wilhelm von Humboldt [...] set the pattern, with the philosopher Johann Gottlieb Fichte as the first rector. It was, moreover, from the German university, including not only Berlin, but also the University of Göttingen, that the Ph.D. was adapted when it was introduced in the United States in 1860."

kann nur innerhalb der eigenen Grenzen – im metaphysischen Sinne sowohl als auch im konkret-politischen Sinne – bestehen. Die (Außen-) Grenzen Europas gehören zum Wesen Europas.

Ein anderes Fazit könnte heißen, dass für den real-existierenden, geschichtlichen Integrationsprozess nur die Idee Europa selbst als Maßstab dienen kann. Europa ist Diskussion, Dialog, Austausch, und erschöpft sich nicht
im freien Strom der Waren. Solange die europäische Union vorwiegend wirtschaftlich fortgesetzt wird, bleibt der Einigungsprozess einseitig, brüchig und
schwankend von innen – und deshalb auch schutzlos gegen Einbrüche von
außen.

Mohamed Ait El Ferrane

Deutschland appelliert

Es gibt mindestens zwei Elemente, die das heutige Deutschlandbild bestimmen: nämlich seine moderne Geschichte und die Beziehungen zu den Nachbarn. Letzteres nicht unbedingt in dem Sinne, dass der Nachbar ein europäischer Bruder sein soll – es könnte auch ein Araber, ein Afrikaner oder sogar einer aus einer fremden Kultur, aus einem fernen Kontinent sein. Das ist eine Tatsache, die mir in den letzten Monaten klarer geworden ist, als eine große Welle von Flüchtlingen nach Europa kam – Menschen, die vor allem Deutschland als bevorzugtes Ziel angaben, um vor Krieg, Armut und Unterdrückung zu flüchten, die sie in ihrer Heimat erleiden müssen.

Warum suchen hoffnungslose Menschen Europa als Fluchtziel? Und warum ist Deutschland ein Paradies für die meisten Immigranten? Warum spaltet sich Deutschland in einen Teil, der „Ja" und „Willkommen" sagt, und einen anderen, der „Nein" und „fort von hier" ruft? Es gibt mehrere Wege, Antworten auf jene Fragen zu finden. Ich werde versuchen, mit dem Hintergrund meiner persönlichen Erfahrungen als ehemaliger Student in Heidelberg und als großer Liebhaber der deutschen Literatur und Kultur hier einige Antworten zu finden.

Deutschland gehört zu den beliebtesten Ländern der Welt und nimmt einen bedeutenden Raum im Gedächtnis der meisten arabischen Intellektuellen und Hochschulangehörigen ein. Drei wichtige Gründe sind meiner Meinung nach hierfür verantwortlich: Erstens: Die Philosophen und die philosophische Geschichte Deutschlands. Die Gelehrten der deutschen Philosophie und ihre Werke sind gut bekannt und zum größten Teil sehr schön ins Arabische übertragen. Man kann zweifelsohne sagen, dass das philosophische Denken der Deutschen die heutige Denkweise der modernen Araber beeinflusst und sogar deutlich geprägt hat. Zweitens: Die Orientalistik-Bewegung im Allgemeinen und die Fachrichtung Islamwissenschaft in fast allen Universitäten Deutschlands haben eine wichtige Rolle für das wahre Gesicht des Landes gespielt. Viele Forschungsstudien gehen davon aus, dass die deutsche Orientalistik im Großen und Ganzen neutral war. Die meisten deutschen Orientalisten haben der arabischen Kultur und Geschichte Recht gegeben, mit Liebe und Verständnis geforscht und berühmte Bücher des Islam gelesen, wissenschaftlich bearbeitet und publiziert. Drittens: Das

Bild von Deutschland nach dem Zweiten Weltkrieg fasziniert die arabischen Länder. Mit großer Hochachtung wird auch heute noch auf das „deutsche Wunder" geblickt. Deutschland ist daher nicht nur ein Fluchtziel für Arbeitssuchende geworden, sondern auch ein Traumland für hochqualifizierte Wissenschaftler, die nach humanen Arbeitsbedingungen und einer freien politischen Atmosphäre streben. Diese drei geschilderten Gesichtspunkte haben Deutschland zu einem idealen Ziel für viele Araber gemacht. Vielleicht werden die meisten von ihnen gar nicht traurig sein, wenn sie weiter in Deutschland leben können, anstatt in ihren Heimatländern.

Was musste geschehen, dass dieses Idealbild der Araber von Deutschland ins Wanken geriet? Den ersten Faden einer vernünftigen Antwort findet man in den jüngsten unangenehmen Ereignissen, die in einigen deutschen Städten in den letzten Monaten bedauerlicherweise stattfanden. In anderen europäischen Städten wiederholte sich dieses Bild leider. Damit möchte ich sagen, dass es nicht im öffentlichen Interesse Deutschlands sein kann, seine neue und alte Geschichte in Abrede zu stellen. Deutschland darf seine geistige und zivilisierte Rolle in der Welt nicht aufs Spiel setzen.

Ich sehe die politische Entscheidung in Deutschland, die die Flüchtlingsströme betrifft, als sehr vernünftig an – insofern, als das Land dadurch seine historische und menschliche Verantwortung bewusst übernommen hat. Die Mühe lohnt sich nicht, die anderen ablehnenden Stellungnahmen zu berücksichtigen, da sie eine kleine Minderheit der deutschen Nation darstellen, die neues Licht und frischen Wind für die Generation von Heute und Morgen verhindern wollen. Die Bundeskanzlerin hat völlig Recht gehabt, als sie „Ja" zu den Asyl-Suchenden gesagt hat, als sie ihre Vernunft und ihr Herz für die Migranten geöffnet hat. Ich sehe die dunkle und schmerzliche Sylvesternacht in Köln als eine schnell vorüberziehende Winterwolke an unserem gemeinsamen Himmel. Hinter ihr verbirgt sich ruhig die stets strahlende Sonne. Vielleicht ist das eine kostbare Erfahrung, die jeder von uns braucht, damit wir uns besser kennenlernen. Konflikte schaffen Menschen, Konflikte machen Zivilisationen! Die Vorfälle in der Sylvesternacht beruhen auf einem falschen Verständnis unserer noch kleinen Söhne, die im Grunde vor Neuem und Ausländern Angst haben. Wir müssen uns beeilen, damit wir uns zum einen selbst entdecken können und zum anderen genau wissen, wo wir uns jetzt befinden.

Ich möchte hier von zwei konkreten Erlebnissen erzählen, die ich in zwei verschiedenen Richtungen meiner Berührung mit der deutschen Kultur und den Menschen hier gesammelt habe:

Erstens: Vor ungefähr sechs Monaten schrieb eine berühmte Tageszeitung in Deutschland über einen deutschen Orientalisten und früher sehr bekannten Dichter, der aber heute beinahe in Vergessenheit geraten ist: „Vor 150 Jahren starb einer der größten Dichter Deutschlands. Heute kennt ihn kaum jemand. Dabei wusste Friedrich Rückert[1] schon damals, wie die Integration von Flüchtlingen gelingen kann." Rückert soll ca. 44 orientalische Sprachen und mehrere Schriftsysteme beherrscht haben. Unter zahlreichen Übersetzungen des Koran ist seine poetische Koranübersetzung ins Deutsche (1888) die einzige, die man tatsächlich bequem, mit Freude und Genuss lesen kann. Rückert starb 1866, hatte eine Vision, „die Deutschland mehr denn je nötig hat". Rückert war der Ansicht: Wenn Menschen die Poesie und Literatur anderer Völker lesen, dann bekommen sie Zugang zu deren Lebensstil und Gefühlen, so wird die fremde Kultur ein Teil ihrer selbst. Er pflegte deshalb große Werke aus anderen Kulturen und Sprachen ins Deutsche zu übertragen, so dass sie ihren ursprünglichen Charakter gut bewahrten. Nicht nur der Koran als ein sehr poetisch geprägter Text, sondern auch andere altarabische, zum Teil sprachlich sehr schwierige Texte hat Rückert ins Deutsche übersetzt. Die Sammlung Hamassa von dem berühmten Dichter Abu Tammam (788–845) und die Hariri Maqamat sind zwei bekannte Beispiele, die er mit Liebe und Verständnis übertragen hat.[2] Rückert war ganz bei sich, als er sein Leben als Dichter und Übersetzer für „fremde" Kulturen und Sprachen geopfert hat. Was würde er uns heute sagen, wenn man ihn fragte, wie man die Integrationsfrage der Immigranten in Deutschland angehen soll? Der kluge Leser hat hier grenzlose Möglichkeiten, über passende Antworten zu spekulieren.

Zweitens: Am Anfang des letzten Fastenmonats, dem Ramadan, habe ich von einer sehr netten Kollegin der Pädagogischen Hochschule in Heidelberg ein schönes Schreiben bekommen, als sie aus Anlass des heiligen Monats im Namen der Studierenden, Kolleginnen und Kollegen der PH mir und meiner kleinen Familie schöne Grüße geschickt hat. Die E-Mail lautet ohne Änderung wie folgt: „Lieber Mohamed, / an unserem gestrigen Marokkoabend verwandelten wir das Foyer der PH in einen kleinen Djemaa el Fna, mit Gewürzhandel, Hennamalerinnen, Geschichtenvorlesern, Film- und Diashows, Verkleidungsmöglichkeiten für Marokkoselfies, Musik aus allen Ecken, Kalligrafieübungen, Marokkoquiz … mit Minztee und dem leckeren Buffet konnten wir jedoch nicht bis zum Sonnenuntergang warten. Aber wir haben ganz fest an Euch gedacht, uns mit so großer Freude an den wunderschönen, herzlichen, köstlichen Abend bei Euch zurückerinnert und bei Sonnenuntergang ein herzliches Bismillah zu Euch an den Iftar-Tisch geschickt. Wir alle wünschen Dir und Deiner Familie einen gesegneten Ramadan. / Alles Gute und ganz herzliche Grüße / aus Heidelberg an Dich, Fatiha

---

[1] Friedrich Rückert (1788–1866), Orientalist, Dichter und Übersetzer.
[2] Hamâsa oder die ältesten arabischen Volkslieder, gesammelt von Abu Temmân, 2 Bde. 1846; Die Verwandlungen des Ebu Seid von Serûg oder die Makâmen des Hariri, 2 Bde. 1826/1837.

und Ilias / Susanne und Lissy und Eugenia und Regina und alle Studierenden von diesem und dem letzten Jahr."

Die Kooperation zwischen der Pädagogischen Hochschule in Heidelberg
und der Fakultät für Geisteswissenschaften in Marrakesch läuft bereits 15
Jahren. Wir haben noch nicht alles geschafft, wofür wir gemeinsam sehr
viel Zeit und Liebe investiert haben. Projekte haben irgendwann ein Ende
– menschliche Beziehungen und die Nähe zu den anderen bleiben bestehen.

Blicke auf Deutschlands Nachkriegsgesellschaft 1947/48 aus der Perspektive des Prager Holocaust-Überlebenden, Philosophen und Charakterologen Emil Utitz (1883–1956)

Reinhard Mehring

Einleitung

Emil Utitz (1883–1956) war ein deutschsprachiger Prager Jude; Klassenkame-
rad von Franz Kafka, studierte er Philosophie in Leipzig, München und Prag,
promovierte in Prag und habilitierte sich später in Rostock. 1925 wurde er
Ordinarius für Philosophie in Halle. 1933 verlor er als Jude seine Professur,
kehrte in seine Heimatstadt zurück und erhielt dort 1934 an der deutschen
Karls-Universität erneut eine Professur für Philosophie, die er mit dem Einmarsch Deutschlands in Prag 1939 aber wieder verlor. Utitz gelang es dann
nicht mehr zu emigrieren. Er war von 1942 bis 1945 im Konzentrationslager Theresienstadt interniert, überlebte und blieb in seiner Heimatstadt Prag.
Etwa 270 000 tschechoslowakische Juden wurden im Holocaust ermordet.
Die CSSR verfolgte nach 1945 dann unter Beneš zunächst eine radikale Politik der „ethnischen Säuberung" und Vertreibung der starken deutschen Minderheit. Etwa drei Millionen Deutsche wurden enteignet und vertrieben. Als
deutschsprachiger Prager Jude, der vor 1933 für Deutschland optiert hatte,
fiel auch Utitz zunächst unter die Beneš-Dekrete und wurde erneut verfolgt.
Von den wenigen überlebenden deutschsprachigen tschechoslowakischen
Juden verblieben insgesamt wohl „nicht mehr als 500 in der Tschechoslowakei".[1] Zu ihnen gehörte Utitz. 1947/48 publizierte er in tschechischer und
deutscher Sprache eine Broschüre *Psychologie des Lebens im Konzentrationslager
Theresienstadt*. Utitz war wohl der einzige deutschsprachige Ordinarius für
Philosophie, der ein Konzentrationslager überlebte und darüber als Philosoph schrieb. Diese und andere späte Texte wurden unlängst mit historisch-
biographischer Einleitung und Kommentaren unter dem Titel *Ethik nach Theresienstadt* erneut publiziert.[2] Für nähere Informationen zu Utitz und dessen
schwierigen Lebensumständen vor und nach 1945 sei auf diese Publikation
verwiesen.

---

[1] So Dieter Gosewinkel, Schutz und Freiheit? Staatsbürgerschaft in Europa im 20. und
21. Jahrhundert, Berlin 2016, 378, vgl. 409.

[2] Reinhard Mehring (Hg.), Ethik nach Theresienstadt. Späte Texte des Prager Philosophen Emil Utitz (1883–1956), Würzburg 2015 (Kürzel: ET); dort finden sich in der
Einleitung und im Fußnotenapparat auch zahlreiche weitere Informationen und Lite-
raturangaben zu Utitz und zum politischen Schicksal der Prager Universität und der
CSSR vor und nach 1933 und 1945. In den Brentano-Studien wird ein Aufsatz über die
beiden Broschüren erscheinen.

Der folgende Text erschien 1948 als Broschüre *Německo mezi včerejškem a zítřkem*[3] in tschechischer Sprache und wurde von Tereza Matějčková ins Deutsche übersetzt. Die Übersetzung wurde um einfacher Lesbarkeit willen sprachlich überarbeitet, von Füllworten entlastet, verknappt, im Ausdruck verschärft und stilistisch geglättet, so dass vieles eher sinngemäß als wörtlich zu verstehen ist. Einige Erläuterungen wurden [...] eingefügt. Als Prager Jude sprach Utitz muttersprachlich deutsch. Sein „Pragerdeutsch" klingt uns heute aber schon recht fremd. Anders als etwa Franz Kafka nahm er im deutschsprachigen Prager Gymnasium nicht am freiwilligen Unterricht der tschechischen Sprache teil. Zeitlebens sprach er, wie Zeugen berichteten, nicht fehlerfrei Tschechisch. Auch die vorliegende Broschüre schrieb er zunächst in deutscher Sprache, wie ein im Teilnachlass[4] erhaltenes umfangreiches Manuskript beweist, das in verblasster Tinte und mikrogrammatischer Schrift aber fast unleserlich ist. Die vorliegende Übersetzung erhebt nicht den Anspruch einer kritischen Edition, macht aber ein historisches Dokument erstmals zugänglich. Alle Fußnoten wurden von mir (R.M.) hinzugefügt.

Utitz schrieb seine Eindrücke und Überlegungen für den Tag und die Mitwelt ohne besondere akademische Ansprüche, wie schon der Verzicht auf bibliographische Nachweise und Fußnoten zeigt. Manches klingt subjektiv und leichtgewichtig, anderes – etwa der Vergleich zwischen der Psychologie der deutschen Nachkriegsgesellschaft und den KZ-Insassen Theresienstadts – strittig und anstößig. Der Text hat nicht die Qualität der Theresienstadt-Broschüre oder mancher anderer Schriften von Utitz. Schon durch die individuelle Perspektive des deutschsprachigen Prager Juden und Holocaust-Überlebenden ist er aber ein beachtliches Dokument der frühen Nachkriegszeit.

Utitz bekennt sich energisch zum „Sozialismus" und vertritt doch zahlreiche liberale Einschränkungen. Einem dogmatischen Materialismus und ehernen Geschichtsbild steht er fern. Seine Position klingt vielfach sozialdemokratisch. Der Leser kann aber mitunter nur schwer unterscheiden, ob und inwieweit der doktrinäre Ton individuellen Überzeugungen, der Zensur, Verfolgungserfahrung oder Furcht vor neuerlicher Verfolgung geschuldet ist. Die Kritik der „Schizothymisierung" trifft Utitz nach 1945 so auch ein Stück weit selbst. Utitz schrieb seine Broschüre vor der Sowjetisierung der CSSR in der Übergangszeit der „nationalen Front". Die damalige Beneš-Regierung sah er vermutlich noch in der Kontinuität und Legitimität der Masaryk-Nachfolge. Das stalinistische Regime unterschätzte er in seiner verständlichen Suche nach Alternativen und einem friedlichen und verständigungsorientierten „demokratischen" Aufbruch. Manches klingt uns heute ziemlich

---

[3] Emil Utitz, Německo mezi včerejškem a zítřkem, Praha 1948.
[4] In: Archiv der Akademie der Wissenschaften der tschechischen Republik (Prag).

Grabstein Emil und Otilie Utitz auf
dem jüdischen Friedhof in Prag
(Foto R.M.)

naiv und blauäugig. Die ankommentierte Broschüre wird hier durch drei
kleinere Artikel ergänzt, die Tereza Matějčková ebenfalls aus dem Tschechischen übersetzte und die Utitz in den 50er Jahren in der Zeitschrift *Věstnik
Židovké obce náboženské* publizierte,[5] dem Nachrichtenblatt der jüdischen Re-
ligionsgemeinden, in dem Utitz auch noch weitere Artikel zu jüdischen Fragen publizierte. Die Artikel machen die Theresienstadt-Erfahrung und das
Bekenntnis zum politischen Schicksal und ethischen Vermächtnis des liberalen, assimilierten Judentums deutlicher.

---

[5] Emil Utitz, Německo mezi včerejškem a zítřkem, Prag 1948; Terezínké transporty
(Transporte nach Theresienstadt), in: Věstník Židovské obce náboženské 17 (1955), 6–7;
Heinrich Graetz a konstrukce židovských dějin (Heinrich Graetz und die Konstruktion
der jüdischen Geschichte), in: Věstník Židovské obce náboženské 13 (1951), 530; Učeni
židovských dějin (Die Lehre des Judentums), in: Věstník Židovské obce náboženské 13
(1951), 393–394.

Emil Utitz

Deutschland zwischen Gestern und Morgen

Vorrede

Diese Schrift entstand im Sommer des letzten Jahres. Einige Details, die hier festgehalten wurden, mögen der Wirklichkeit nicht mehr entsprechen. Das Wesentliche blieb jedoch unverändert.

Einzelne Teile dieser Arbeit habe ich bereits in Auslandssendungen des tschechoslowakischen Rundfunks[1] vorgetragen, weil meine Einsichten sich vor allem an das Ausland und die Deutschen richten: Die Überlegungen sollen der Herausbildung eines einheitlichen, demokratischen und fortschrittlichen Deutschland die Richtung weisen. Die ganze Auseinandersetzung ist von dieser Absicht getragen. Deshalb hoffe ich auch, dass das Buch in andere Sprachen[2] übersetzt wird. Zugleich gehe ich aber davon aus, dass sich auch meine Mitbürger für Fragen von so weitreichender und entscheidender Bedeutung interessieren.

Im März, 1948[3]

I. Einleitung

Die Anzahl der Titel, die sich heute mit Deutschland befassen, nimmt beträchtlich zu. Mittlerweile ist es geradezu eine Mode geworden, dass jeder seine Eindrücke veröffentlicht, die er während einer noch so kurzen

---

[1] Die Broschüre hat demnach einen propagandistischen Kern.

[2] Gemeint ist vermutlich vor allem die deutsche Sprache.

[3] Diese Datierung ist sehr bedeutungsvoll. Sie markiert den damaligen politischen Machtwechsel in der CSSR. Die „dritte Republik" der CSSR und Koalitionsregierung der „nationalen Front" unter dem Präsidenten Edvard Beneš (1884–1948) wurde damals im „Februarputsch" mit sowjetischer Unterstützung von einer Einparteiendiktatur der kommunistischen Partei abgelöst. Klement Gottwald (1896–1953) wurde erster kommunistischer Staatspräsident. Der gewaltsame Charakter dieses Umsturzes zeigte sich schon im sog. „dritten" Prager Fenstersturz, bei dem der Außenminister Jan Masaryk (1886–1948), der Sohn des von Utitz verehrten Staatsgründers Tomáš Masaryk (1850–1937), vermutlich gewaltsam ums Leben kam.

Deutschlandreise gewonnen hat.[4] Wenn ein Reisender aber in einem ausländischen Fahrzeug unterwegs ist oder gar als amtliche Person oder Journalist anreist, so berichten die Deutschen im Grunde nur das, was sie der Welt mitteilen wollen. Auch solchen Besuchern bleibt das materielle Elend und riesige Ausmaß der Verheerungen gewiss nicht verborgen. Echte Stimmungen aber, wirkliche Befürchtungen und Hoffnungen, Ängste und Wünsche, geistige Stellungnahmen und politische Ansichten – all das bleibt unter der Decke.

Ich meine, dass man die komplizierten Umstände der Vorkriegszeit selbst [am eigenen Leibe] erfahren haben muss, um heute nicht unwillkürlich falsche Schlüsse zu ziehen. Auch sollte man die Bedeutung alter Freunde, mit denen man vertraulich und offen die Umstände diskutieren kann, nicht unterschätzen. Keine Gelegenheit zum direkten Umgang darf ungenutzt bleiben. Man muss jedoch darauf gefasst sein, dass eine Deutschlandreise recht anstrengend sein kann: Vor Geschäften winden sich Schlangen, Züge und Straßenbahnen sind überfüllt, und der Reisende muss sich auf lange Wartezeiten an Bahnhöfen gefasst machen. Dadurch darf er sich nicht entmutigen lassen. Auch sollte er sich nicht wundern, wenn er zum Friseur Seife und Handtuch selbst mitbringen muss.

Jeder Besucher sollte ein einwandfreies Deutsch sprechen. Wenn die Deutschen mit dem ersten Wort einen Fremden entlarven, wechseln sie auf einen „diplomatischen" Umgang: Sie sind dann bemüht, einen möglichst guten Eindruck zu hinterlassen und sich allerlei Vorteile zu verschaffen, vornehmlich in Form von Lebensmitteln. In der Regel überhäufen sie dann das Vaterland des Besuchers mit Schmeicheleien, womit jeder ungezwungene Umgang dahin ist.

Keineswegs würde ich ein Vorgehen begrüßen, das den Deutschen vortäuscht, ein anderer zu sein. Das ist Betrug. Auch ich durchquere mein Vaterland mit dem Zug oder der Straßenbahn, besuche den Friseur oder eine Gaststätte, ohne im Geringsten veranlasst zu sein, mich fremden Menschen vorzustellen. Falls ich aber mit jemandem ins Gespräch komme, gebietet es der Anstand, keinen Zweifel an meiner Person aufkommen zu lassen. Jeder Verdacht, man wolle den anderen aushorchen, muss vermieden werden.

---

[4] Zum Genre der verfassungspolitischen Broschüren nach 1945 etwa Michael Greven, Politisches Denken in Deutschland nach 1945. Erfahrung und Umgang mit der Kontingenz in der unmittelbaren Nachkriegszeit, Opladen 2007; die Form des Reiseberichtes wurde damals von zahlreichen Beobachtern gewählt. Ein Beispiel ist Hannah Arendt, Nachwirkungen des Naziregimes. Ein Bericht aus Deutschland, in: dies., In der Gegenwart. Übungen im politischen Denken II, hrsg. Ursula Ludz, München 2000, 38–64; die Form des Reiseberichtes war Utitz schon durch seinen Prager Schicksalsgefährten und Freund Egon Erwin Kisch vertraut, dem Utitz zuletzt eine Biographie (Egon Erwin Kisch, der klassische Journalist, Berlin 1956) schrieb.

Ganz simple Tatsachen stelle ich hier fest, gegen die jedoch heute oft verstoßen wird. Ich halte das auch deshalb so nachdrücklich fest, weil die armen Gefangenen der Konzentrationslager bei ausländischem Besuch[5] immer enttäuscht waren, wenn sich der Besucher mit einer amtlichen Überprüfung zufrieden gab, und sie wurden zutiefst misstrauisch, wenn die Gäste persönliches Interesse äußerten. Von schlechten Erfahrungen belehrt, ahnten sie in jedem Kontakt einen Spitzel. Es ist gar nicht einfach, sich breite und zuverlässige Grundlagen für die Beobachtung zu sichern, ohne auf Offenheit und Redlichkeit zu verzichten. Viel hängt davon ab, was für ein Mensch der Beobachter ist und dass er seiner Distanz zum Trotz auf Güte und Menschlichkeit nicht verzichtet.

Soll ich mich nach diesen vorläufigen Bemerkungen getrauen, ein Urteil über meine Befähigung zur Beobachterrolle abzugeben, so will ich mich darauf berufen, dass ich nahezu ein Vierteljahrhundert an deutschen Universitäten[6] unterrichtet habe und den Umgang mit Menschen aus unterschiedlichsten Bevölkerungsschichten pflegte. Weil ich meine langen Urlaube regelmäßig in meinem Vaterland, der Tschechoslowakei, verbrachte, hatte ich genügend Gelegenheit zum Vergleich. Meine Kontakte wurden dann durch Hitlers Schreckensherrschaft unterbrochen. Nachdem sich aber einige alte Bekannte wieder gemeldet haben, konnte allmählich an innige Freundschaften angeschlossen werden. Dank meiner Korrespondenz, umfassender Lektüre und einer längeren Deutschlandreise[7] habe ich mein Bild ergänzen können.

An dieser Stelle will ich noch eine grundsätzliche Bemerkung machen: Jede Schilderung, die sich aus taktischen Gründen von der Wahrheit entfernt oder sich etwas zurechtlegt, ist gefährlich. Damit ist keinem gedient. Jede Äußerung von Sentimentalität bekräftigt die Deutschen darin, sich als Ausgestoßene wahrzunehmen und auf Mitleid Anspruch zu machen. Das unter den Deutschen verbreitete Gefühl, ungerecht behandelt oder zu streng bewertet zu werden, ist nicht ohne Gefahren. Natürlich kann man den Deut-

---

[5] Dazu vgl. Utitz, Ethik nach Theresienstadt, 53.

[6] Utitz habilitierte sich 1910 in Rostock und wechselte als „persönlicher Ordinarius" 1925 nach Halle, wo er bis zum Entzug seiner Lehrbefugnis 1933 lehrte.

[7] Utitz nennt nicht den genauen Zeitraum und Verlauf der Reise. Sein Reisebericht bezieht sich nur auf eine Reise von Prag nach Halle im Sommer 1947. Dokumente im Prager Teilnachlass belegen, dass die Universität Utitz im Februar 1946 schon nach Halle zurückberufen wollte. Ein Schreiben des Dekans Hans Weyhe beantwortete Utitz am 26. März und 15. April 1946 mit der Erklärung seiner grundsätzlichen Bereitschaft, woraufhin der Rektor der Universität, der Theologe Otto Eissfeldt, Utitz mit Schreiben vom Juli 1946 nach Halle bat. Im Frühjahr 1947 war er sicher wieder in Halle und erklärte auch seine Bereitschaft, im Sommersemester 1948 Gastvorlesungen zu halten. Die genauen Daten seiner Reisen nach Halle konnten aber nicht ermittelt werden. Später reiste Utitz erneut wiederholt in die DDR und auch ins westliche Ausland. Er verstarb 1956 auf einer Vortragsreise in Jena.

schen zugestehen, dass sie eine schmerzliche und schwere Zeit durchmachen, aber dabei sollte nicht verschwiegen werden, dass andere Völker einen wesentlich schwereren Leidensweg gegangen sind und bis heute nicht das wirtschaftliche Niveau Deutschlands erreicht haben. Übertriebenes Gejammer und hochgeschraubte Verzweiflung verraten ein unschicklich theatralisches Benehmen, das mit Kalkül zur Schau gestellt wird. Falsche Sentimentalität lässt solches Unkraut wuchern und versperrt den erhofften Erfolg.

Andererseits ist es unangebracht, jeglichen Glauben an die Genesung des deutschen Volkes abzulehnen. Ein Verbrecher kann zu Tode oder lebenslanger Haft verurteilt werden, wenn aber ein Volk weiterlebt, muss die Möglichkeit zugelassen werden, es könne sich zum Besseren entwickeln. Diese Hoffnung muss immer dann bekräftigt werden, wenn sich Anzeichen einer Besserung bemerkbar machen. Überhaupt ist es notwendig, sich so gründlich wie möglich aller Vorurteile zu entledigen: Auf wirkliche Phänomene muss man sich einlassen. Keineswegs will ich aber bestreiten, wie schwer es ist, auf einem so heiklen Boden eine zuverlässige Wahrnehmung zu gewinnen.

II. Gesamteindruck

Um es gleich vorab zu sagen: Der Gesamteindruck ist schlecht, äußerst schlecht sogar. Aber die Vernunft belehrt uns: Lässt sich zwei Jahre nach Kriegsende etwas Besseres von einem Land erhoffen, das bis zum bittersten Ende ein längst verlorenes und hoffnungsloses Ziel verfolgte? Einem Land, das nicht eher kapitulierte, bis seine Mittel gänzlich erschöpft waren? Das seine Nachbarstaaten dermaßen ausgesaugt und geplündert hat, dass diese nun aus letzten Kräften um Erholung und Wiedergewinnung einer Lebensnormalität ringen? Die Antwort könnte mit einer beliebig langen Reihe rhetorischer Fragen fortgesetzt werden.

Ich bin mir bewusst, dass solche Erwägungen den Deutschen missfallen. Sie unternehmen nämlich heute den Versuch, die Vergangenheit aus ihrem Gedächtnis zu streichen. Eine solche Wirklichkeitsflucht ist aber äußerst bedenklich. Als das im Ersten Weltkrieg geschlagene Heer über die deutschen Grenzen flutete,[8] wurden für die Soldaten Siegestore mit der Inschrift „Im Feld unbesiegt!"[9] errichtet. Es lag der Keim des Bösen darin,

---

[8] Zum Zeitpunkt der deutschen Kapitulation am 11. November 1918 hatte keine einzige ausländische Armee die deutschen Grenzen überschritten und deutsches Territorium besetzt. Die militärische Niederlage wurde deshalb nach 1918 gerne verleugnet. Auch deshalb verfuhren die Alliierten im Zweiten Weltkrieg anders und machten die „totale" Niederlage und Notwendigkeit einer „bedingungslosen Kapitulation" (unconditional surrender) durch vollständigen Einmarsch und Besatzung deutlich.

[9] Die Formel ist ein Teil der „Dolchstoßlegende", die Generalfeldmarschall Paul v. Hindenburg unter Berufung auf einen englischen General am 18. November 1919

dass man solche Lügen nicht nur duldete, sondern auch pflegte. Augenblicklich gebar die verfälschte Wirklichkeit eine eigentümliche Mythologie, zu der die berüchtigte Dolchstoßlegende und etliche weitere Sagen zählen. Alle diese Mythologeme hatten nur ein Ziel: Der Reaktionismus und Militarismus konnten von jeglicher Schuld freigesprochen werden, und es wurden diejenigen zu Sündenböcken erklärt, die in Wahrheit keine Schuld traf.

Heute müssen die wahren geschichtlichen Ereignisse, „wie es eigentlich gewesen ist", ins Bewusstsein gehoben werden. Dabei handelt es sich um keine rein akademische Frage, sondern um eine schwerwiegende Aufgabe, die das innerste Sein eines jeden Einzelnen betrifft. Ich erwähne dies gleich zu Beginn meiner Schrift, da diese Aufgabe von entscheidender Wichtigkeit ist. Keiner, der nicht dazu bereit ist, dem Gestrigen entgegenzutreten, wird sich im gegenwärtigen Chaos orientieren können. Und der morgige Tag verspricht Besserung nur unter der Bedingung, dass die Trümmer der Vergangenheit weggeräumt werden. Genesung ist ausgeschlossen, wenn die richtige Diagnose nicht gestellt und falschen Interpretationen Raum gegeben wird.

Unzweifelhaft sind heute Machenschaften am Werk, die sich um Verdrängungen bemühen. Über ihre Durchsetzungskraft kann ich mir bislang leider keine genaue Vorstellung machen. Die Schuld wird auf einstige Gegner abgewälzt, die Deutschland zerstört haben: auf die Okkupationsmächte und deren angeblich törichte und bösartige Maßnahmen, sowie auf viele andere. Dabei wird aber übersehen, dass man sich im besten Falle mit Konsequenzen, nicht mit den eigentlichen Ursachen auseinandersetzt.

Die Eindrücke, die ich während der ersten Stunden meines Aufenthalts in Deutschland erwarb, waren zunächst gar nicht schlecht. Ich verbrachte einige Stunden in Bad Schandau,[10] weil ich auf eine Zugverbindung warten musste. Es war ein wunderschöner Sonntag. Auf dem Fluss [Elbe] fuhren Dampfer, mit Reisenden dicht besetzt, unter denen sich viele hell gekleidete Frauen fanden. Die Leute machten einen recht fröhlichen Eindruck. Es handelte sich um eine Gegend, die von keiner Bombardierung getroffen war. Bad Schandau sieht heute aus wie eh und je; Veränderungen gab es kaum. Dort kam ich mit einigen Männern aus dem einfachen Volk ins Gespräch. Einst gehörten sie dem Reichsbanner[11] an und wurden unter die sozialen Demokraten gezählt, später wurden sie Mitglieder der Einheitspartei [NSDAP]. Einen gut genährten Eindruck machten sie zwar nicht, ausgehungert

---

im „Untersuchungsausschuss für Schuldfragen" der Weimarer Nationalversammlung propagierte.

[10] Kurort am Rande der Sächsischen Schweiz unweit Dresden und der tschechischen Grenze.

[11] 1924 gegründeter Verband von Demokraten, der zum Schutz der Weimarer Republik Teile von SPD, Zentrum und DDP mobilisierte. Die Mitglieder wurden im Nationalsozialismus verfolgt.

waren sie aber auch nicht. Einer hatte vier Hennen, ein anderer baute im Garten etwas Gemüse an. Die Ernährungslage schien mir zwar nicht rosig, aber auch nicht unerträglich. Die Ansichten, die sie äußerten, waren durchaus vernünftig. Dankbar räumten sie ein, dass [seit Kriegsende] trotz aller Schwierigkeiten – zum Beispiel im Krankenwesen – einiges erreicht wurde. Sie gaben mir das Gefühl, sie würden sich nach ihren Möglichkeiten um die Besserung der Situation bemühen. Ängstliche Bedenken äußerten sie hinsichtlich der unsicheren Zukunft, dem offenbaren Mangel an einem Gesamtplan und der Uneinigkeit der Großmächte. Mit Russen pflegten sie, wie mir schien, freundschaftlichen Umgang.

Dieses [positive] Bild änderte sich, als ich in Dresden ankam. Meine ersten Eindrücke waren dennoch nicht ganz unrichtig. Es sollte nicht vergessen werden, dass die überwiegende Mehrheit der Bewohner in kleineren Städten oder auf dem Land wohnt; dort war die Kriegsverheerung eher gering, und auch die Ernährungssituation ist nicht so katastrophal.

Wenn sich der Zug jedoch Dresden nähert, werden die Reisenden wie von einem Alptraum heimgesucht: Die Verheerung ist massiv. Am schwer beschädigten Hauptbahnhof angekommen, wundert man sich, dass eine so große Stadt über keine Autodroschken verfügt. Nur selten rollt dem Reisenden eine völlig überfüllte Straßenbahn entgegen. Mit Gepäck einzusteigen, kommt überhaupt nicht in Frage, und auf Hilfsbereitschaft stößt man kaum. Schnell macht man die unangenehme Erfahrung, dass die Menschen überwiegend ablehnend, missmutig, fast feindlich gestimmt sind. Ich erkenne darin die Erbschaft des Nazismus, der jederzeit Hass predigte und die Tugenden der Güte und Humanität für Schwäche und Laster hielt. Der Besucher bemerkt sogleich noch ein anderes Phänomen: die Bereitschaft der Deutschen, Trinkgelder anzunehmen und sich mehr oder weniger korrumpieren zu lassen. Von der unbedingten Reinheit und Unbestechlichkeit des einstigen deutschen Beamtentums scheint wenig übrig geblieben zu sein.

Die erste Fahrt durch Dresden ist eine fürchterliche Erfahrung. Später bin ich in den Straßen spazieren gegangen. Wenn man eine Rundfahrt mit der Bahn unternimmt und den Großteil der Stadt besichtigt, bietet sich dem Besucher ein erschreckender Anblick. Die Stadt gibt es im Grunde gar nicht mehr: menschenleere Straßen, Trümmer über Trümmer, Schutt und Ruinen. Um die Neu- und Vorstadt steht es etwas besser, und auch Leipzig macht einen deutlich besser erhaltenen Eindruck, nicht zu sprechen von Halle an der Saale: Obwohl die Schäden für unsere [tschechischen] Maßstäbe auch hier beträchtlich sind, haben diese Städte deutlich weniger gelitten. Gemäß dem Zustand, in dem sie erhalten blieben, hat sich eine neue Rangordnung herausgebildet, die mit den früheren Friedensumständen nicht übereinstimmt.

Es bedarf keiner lebhaften und exzentrischen Phantasie, um nachzuvollziehen, wie deprimierend es sein muss, in einer solchen Umgebung dauernd zu leben – den stolzen gestrigen Tag im Rücken, den unsicheren morgigen vor Augen. Und es sind nicht nur die Spuren der Zerstörung, die den Besucher traurig und verzweifelt stimmen. Schwer wiegt auch andere Verwahrlosung, Verkommenheit und Zerfall. Eine kleine Grünfläche mit einfachen Blumenbeeten vor der Universität Halle hat mich deshalb als Zeichen eines neuen, hoffnungsvolleren Seins zutiefst berührt.

Überall ist der fortschreitende Zerfall augenscheinlich. Die Zustellung eines dringenden Telegramms aus Schönau[12] nach Halle dauert drei Tage, und das telefonische Gespräch zwischen benachbarten Städten wird immer schwieriger. Dabei fällt das starke Bestreben auf, den Verkehr unbedingt aufrechtzuerhalten. So gibt es eine direkte Schnellzugverbindung von Dresden über Leipzig und Magdeburg bis Warnemünde in Mecklenburg. Diese direkten Züge sind aber sehr langsam unterwegs und ihre Wagen sind in einem elenden Zustand. Der Bedarf an solchen Wagen ist riesig. Obwohl man für jede Fahrt eine Genehmigung braucht, scheint ganz Deutschland ständig auf Reisen zu sein: Verwandte wollen sich nach Jahren wieder treffen, Flüchtlinge werden hin und her geschickt, Frauen reisen, um sich Landgemüse zu beschaffen. In jedem Falle schließe ich aus dem regen Verkehr, dass mit Reisegenehmigungen freigiebig umgegangen wird, denn sonst wäre dieser Andrang nicht denkbar.

Eine solche Skizze von Eindrücken bezeugt, wie schwer und erschöpfend das Leben hier ist. Dazu kommt die Notwendigkeit, vor Lebensmittelgeschäften Schlange zu stehen, und es gibt nur eine sehr armselige Ernährung. In einem der einst vornehmsten Lokale in Halle, bei Pottel und Broskovsky,[13] aß ich zu Mittag etwas, was man „Suppe" nannte: einen Rübensalat und ein Gericht, das entfernt dem Spinat ähnelte. Aber die Menschen waren glücklich, wenn sie gleich zwei bis drei Portionen ergattern konnten. Es wird gewöhnlich behauptet, die russische Zone sei den anderen Zonen, was die Ernährung anbelangt, weit überlegen. Im Allgemeinen machen die Frauen und Kinder gar keinen schlechten Eindruck. Um die Männer ist es schlimmer bestellt. Etliche Male habe ich Gestalten zu Gesicht bekommen, die mir Bilder aus dem Konzentrationslager in Erinnerung riefen. Aber darauf komme ich zurück.

Eine weitere Schwierigkeit besteht darin, dass man im Geschäft fast nichts kaufen kann. Man muss schon eine beachtliche Geschicklichkeit aufbieten, um sich [auch nur einfache Alltagsgegenstände wie] Fäden, Schnürsenkel oder Papier zu beschaffen. Am Ende ist der Mensch von diesem

---

[12] Velký Šenov (Groß Schönau), kleine grenznahe Stadt in Böhmen etwa je 40 km zwischen Dresden und Görlitz, an einer Nebenstrecke der Bahn gelegen.

[13] Gaststätte, Lebensmittelgeschäft und Weinhandel in Halle, Große Ulrichstraße 33/34.

ständigen, scheinbar banalen Kampf gegen die Widrigkeiten des Alltags überwältigt und erschöpft.

Aber zwei positive Phänomene muss ich dennoch hervorheben: Die Mark behielt ihren Wert [als Zahlungsmittel] im Verkehr, und jedenfalls in der russischen Zone ist der Schwarzhandel recht unerheblich. Meist fehlt es den Menschen nicht an Geld, um sich zu beschaffen, was ihnen per Lebensmittelmarken zusteht. Überschüssige Mittel können sie für einen Theater- oder Kinobesuch oder für den Einkauf der wenigen Sachen aufwenden, mit denen frei gehandelt wird. Für unsere Verhältnisse erscheint alles auch dann unerhört billig, wenn man die Mark gleich der [tschechischen] Krone setzt, wobei die Mark aber [im Umtausch] bereits für sechzig Heller oder weniger zu haben ist. Dieser Eindruck verschwindet im Nu, wenn man sich über die phantastischen Preise am Schwarzmarkt informiert: Sie verschlagen einem den Atem. Daraus schließe ich, dass sich das Tauschgeschäft zwar im beträchtlichen Maße entwickelt hat, nicht aber der Einkauf und Verkauf gegen Geld.

Das kulturelle Leben gedeiht, wie mir scheint, gut, und es ist lebendig. Die Theater und Kinos sind überfüllt, häufig veranstaltet der Kulturbund[14] Lesungen, und es finden Ausstellungen statt. An Anregungen mangelt es also nicht. Auf diesen Punkt will ich noch zurückkommen.

Der relativ hohe Wohnungsstandard nahezu aller meiner Bekannten hat mich überrascht. Ich weiß nur zu gut, in welchem Elend zahllose Menschen leben, die ihr Heim durch Luftangriffe oder auf ähnlichen Wegen verloren haben. Aber die Mehrzahl hat wenigstens einen Teil ihrer Wohnungen behalten, und so blieb sie auch im Besitz ihrer Möbel oder Bücher. Sofern es möglich ist, wird in der Regel für jede Person ein Raum der bezogenen Wohnung genehmigt. Wissenschaftlichen Arbeitern steht ein Recht auf ein Studierzimmer zu. Zwar herrscht in Sachen Wohnungspolitik eine gewisse Nervosität, da es immer wieder zu Beschlagnahmungen kommt, so dass sich niemand in seinem Heim ganz sicher fühlen kann. Aber dennoch: Die ersten beiden Jahre und mit ihnen die Flut von Obdachlosen sind vorbei.

Fasse ich diese Eingangscharakteristik zusammen, so muss ich mein Erstaunen darüber äußern, wie sehr mich das Leben der Deutschen an das Leben im Konzentrationslager erinnerte, wie ich es im Buch *Psychologie des Lebens im Konzentrationslager Theresienstadt* (1947)[15] darstellte. Ich will an dieser Stelle einige Thesen aus diesem Buch kurz wiedergeben: Im Konzentrationslager erleiden die meisten Insassen eine Charakterveränderung.

---

[14] Im August 1945 als „Kulturbund zur demokratischen Erneuerung Deutschlands" begründete, von Johannes R. Becher geleitete Massenorganisation.
[15] 1947 erschien die tschechische und 1948 die deutsche Fassung.

Im Anschluss an die Forschungen des berühmten Psychiaters Kretschmer[16] würde ich ihre Stimmung als schizothym bezeichnen. Die Temperamente schwanken nicht zwischen fröhlicher und gedrückter, sondern zwischen abgestumpfter und gereizter Stimmung. Zwar bin ich mir bewusst, dass die meisten Menschen nicht bereit sind, Charakteränderungen zuzulassen; ich meine aber, auch diese Zurückhaltung ist eine traurige Erbschaft von Hitlers Zeiten. Denn die Fakten lassen keinen Zweifel zu: Ein an einer Kette gehaltener Hund wird bissig und böse. Wenn ich es schaffe, ihn rechtzeitig zu befreien und gut zu behandeln, wird er anschmiegsam, treu und gutmütig. Natürlich können sich keine Eigenschaften entwickeln, die nicht als Möglichkeit im Gemüt angelegt waren. Welche Eigenschaften jedoch verwirklicht werden, welche sich herausbilden und welche im Hintergrund bleiben, hängt im entscheidenden Maße von Erziehung, Umgebung und Schicksal ab. Der Mensch ist ein formbares Geschöpf. Nur diese Auffassung ist mit einer optimistisch ausgerichteten Pädagogik und Politik vereinbar, bei entgegengesetzter Auffassung müssten wir an der Menschheit verzweifeln.

Wenn die Hypothese von einer Schizothymisierung des Charakters zutrifft, liegen die Gründe auf der Hand: Ich habe bereits die großen und kleinen Schwierigkeiten erwähnt, die unter den gegenwärtigen Bedingungen in Deutschland dazu führen, dass Menschen stumpf oder gereizt reagieren. Ihr Verhalten weist dieselben Züge auf, die am Verhalten eines durchschnittlichen Insassen im Konzentrationslager beobachtet werden konnten. Der immense Druck des Nazismus hat in gleicher Richtung gewirkt. Man ist geneigt, übereilt zu reagieren, geht leicht hoch, ständig kommt es zu Gezänk und Streit, um dann in Stumpfheit zu verfallen. Natürlich trifft das nicht auf jeden zu. Es handelt sich nicht um ein ausnahmeloses Gesetz, aber dennoch stelle ich eine gewisse Regelmäßigkeit fest, die vor allem Ausländern sehr auffallend sein muss.

Spannungen, die mit zuvorkommenden und freundlichen Worten beruhigt werden könnten, werden durch den apathischen Stumpfsinn oder die nervöse Gereiztheit nur noch verschärft. Die Analogie zum Konzentrationslager [Theresienstadt] fällt auf. Fraglos war die Situation im KZ-Lager zwar unvergleichbar bedrohlicher, die Ernährung wesentlich schlechter, die Wohnbedingung noch weit primitiver, der Umgang in jeder Hinsicht grausamer, die Bewegungsfreiheit auf minimalstes Maß eingeschränkt. Zwei Umstände trugen aber zur Erträglichkeit bei: Die Gemeinschaftlichkeit der Gefangenen

---

[16] Ernst Kretschmer (1888–1964), Psychiater; Hauptwerk: Körperbau und Charakter. Untersuchungen zum Konstitutionsproblem und zur Lehre von den Temperamenten, Berlin 1921; von Utitz oft auch kritisch erwähnt. Utitz wusste vermutlich von Kretschmers Verstrickung in den Nationalsozialismus und peripher auch in das Euthanasieprogramm der „Aktion T 4" nur wenig oder gar nichts. Kretschmer prägte den Begriff der „Schizothymie", der an den älteren, von Eugen Bleuler geprägten Begriff der Schizophrenie anknüpfte.

wurde weit stärker wahrgenommen als in dem heute wieder politisch ent-
zweiten Deutschland. Nahezu jeder war der festen Überzeugung, der Nationalsozialismus würde bald zusammenbrechen, und wenn die Schreckens-
zeit einmal überstanden sei, würde eine hoffnungsvollere Zukunft anbre-
chen. Aber nicht alle bekamen die Gelegenheit, sich über die Erfüllung
dieses Wunsches zu freuen. Dennoch war der glühende Optimismus eine
ungemein positive Kraft. Dank ihm konnte die gegenwärtige Lage als etwas Provisorisches,[17] Vorübergehendes wahrgenommen werden. Im heutigen Deutschland herrscht dagegen Pessimismus vor, und auch wenn er nicht
allgegenwärtig ist, ist er doch sehr verbreitet. Man stellt sich auf eine lange
Übergangszeit ein. Ein Volk, das sich gestern noch als Herrscher der Welt
sah, zuckt nun angesichts des tiefen Falls zusammen. Es wird das Leben eines Landes lernen müssen, das die Position einer Weltmacht räumen musste
und sich nun mit geringeren Aufgaben zufriedenzugeben hat. Trotz der genannten Ähnlichkeiten wird dann auch der Unterschied zum Konzentrationslager deutlich. Die Bedingungen für die Schizophrenisierung des Charakters waren zwar im Lager weit stärker ausgebildet, mächtiger war aber
auch der innere Widerstand. Jede vernünftige Volkserziehung muss das edle
Ziel fassen, solchen Widerstand zu stärken.

An dieser Stelle können weitere Analogien mit dem Konzentrationslager betrachtet werden. Weil Nachrichten aus Zeitungen und dem Rundfunk
fehlten, war das Gerücht[18] eine Hauptquelle der Neuigkeiten. Dieses Gerede
prophezeite ein baldiges siegreiches Ende, ein Wunder, das den Schrecken
verscheucht und die Elenden rettet. Wie wertvoll solches Gerede aus bio-
gischer Hinsicht sein kann, habe ich erfahren, allerdings auch seine Gefahren. Nur waren die Auswirkungen im Konzentrationslager nicht annähernd
so verheerend wie im gegenwärtigen Deutschland, wo das Gerede den Blick
auf die Wirklichkeit verstellt. Die Erwartung einer wundersamen Erlösung
erwies sich schon einmal als verhängnisvoll.[19] Nun ist nur noch ein einziger
Weg gangbar: der mühselige Weg aufwärts.

Ich denke, damit kann ich die allgemeine Charakterisierung der Situation beschließen, deren Skizzenhaftigkeit mir bewusst ist. Aber es wurde genug gesagt, um nun auf einzelne Fragen einzugehen. Auch hier werden wir
uns mit Skizzen begnügen müssen, die nur so weit ausgeführt werden, wie
sie für das Verständnis nötig sind.

---

[17] Zu diesem Schlüsselbegriff von Utitz' Diagnose vgl. Utitz, Ethik nach Theresienstadt,
31, 43, 79ff, 93ff.
[18] Dazu Utitz, Ethik nach Theresienstadt, 46ff.
[19] Utitz meint die nationalsozialistische Machtergreifung 1933.

III. Wo sind die Nazis?

Jedem Ausländer drängt sich augenblicklich die Frage auf: Wo sind eigentlich die Nazis? Denn alle versichern, dass sie entweder gar keine Parteimitglieder waren oder der Partei zwar beigetreten sind, aber nur unter äußerstem Druck und gegen ihre Überzeugung. Oft kam mir ein Witz in den Sinn, der in Wien gerne erzählt wurde: Als endlich ein beliebter Komiker[20] jüdischer Herkunft aus Amerika zurückkehrte, eilten ihm seine zahlreichen Bekannten entgegen, um ihn zu versichern, sie wären nie Hakenkreuzler gewesen. „Ich weiß, ich weiß," antwortete der Komiker gutmütig, „als Hitler in Wien einzog, stand ich ganz allein und verlassen auf dem riesigen Opernplatz, erhob meine Rechte zum deutschen Gruß und weit und breit war kein einziger Mensch zu sehen."

Wenn man der Frage, wo die Nazis sind, zielstrebig nachgeht, bekommt man zur Antwort, fast alle seien vor den Russen in die westlichen Zonen[21] geflüchtet, wo sie nun leben. Der Rest kam in Lager,[22] wo Zwangsarbeiten verrichtet werden. Diejenigen Deutschen, denen ich in der Öffentlichkeit begegnete, waren entweder Antifaschisten oder aber unerhebliche, sozusagen harmlose Nazis.

Die Richtigkeit dieser Feststellung kann ich nicht überprüfen. Ich habe aber den Eindruck, dass man ernsthaft bestrebt ist, die Entnazifizierung[23] durchzuführen – trotz einer gewissen Nachsichtigkeit und den schwer zu überwindenden Schwierigkeiten. Man stelle sich zum Beispiel ein großes Krankenhaus vor, dessen Chef zwar ein überzeugter Antifaschist ist, dessen Assistenten aber alle mit der Partei wenigstens liebäugelten. Im Interesse der Sache selbst ist es nicht möglich, sich zur Entlassung aller zu entschließen. Man wird es bevorzugen, die Situation zu beobachten, bis sich einige als re-

---

[20] Nicht ermittelt.

[21] Die amerikanische und die britische Besatzungszone wurden am 1. Januar 1947 zur „Bizone" zusammengefasst und im März 1948 wurde die „Trizone" der West-Alliierten geschaffen.

[22] Die sowjetische Militäradministration betrieb nach Kriegsende 10 sog. „Speziallager" zur „Säuberung" von „feindlichen Elementen". Dazu vgl. Bettina Greiner, Verdrängter Terror. Geschichte und Wahrnehmung sowjetischer Speziallager in Deutschland, Hamburg 2010.

[23] Zur Entnazifizierung an der Hallenser Universität vgl. Daniel Bohse / Henrik Eberle, Entnazifizierung und Elitenaustausch an der Martin-Luther-Universität Halle-Wittenberg, in: Hermann-J. Rupieper (Hg.), Beiträge zur Geschichte der Martin-Luther-Universität 1502–2002, Halle 2002, 498–528; zur Entnazifizierungspolitik der Sowjetunion vgl. Timothy Vogt, Denazification in Soviet-occupied Germany: Brandenburg 1945–1948, Cambridge 2000; Norbert Frei, Vergangenheitspolitik. Die Anfänge der Bundesrepublik und die NS-Vergangenheit, München 1996; Annette Weinke, Die Verfolgung von NS-Tätern im geteilten Deutschland. Vergangenheitsbewältigung 1949–1969 oder: eine deutsch-deutsche Beziehungsgeschichte im Kalten Krieg, Paderborn 2002.

lativ unschuldig herausstellen. Ich will keineswegs behaupten, dass die eine
Hand die andere solange wäscht, bis beide schmutzig sind, aber im Interesse
der „Spezialisten" wird gerne ein Auge zugedrückt. Und die Grenzen sind in
der Tat dermaßen flexibel, dass die individuelle Entscheidung äußerst schwer
fällt.

Das grassierende Denunziantentum macht die Situation nicht einfacher.
Persönliche Antipathien, Feindseligkeiten, Streitigkeiten und Kämpfe werden
oft in Form von Denunziationen ausgetragen. Zur Entspannung der Situation trägt das nicht bei. Es sollte dabei in Betracht gezogen werden, dass nur
ein Bruchteil der Deutschen die dreizehn Jahre des Hitlerismus überstehen
konnte, ohne ab und an ein Zugeständnis zu machen, was natürlich keinen
ehrt. Eine bewährte Antifaschistin hat mir offen gestanden: Eigentlich haben wir alle versagt, entscheidend ist das Maß. Weil jeder über den anderen
etwas weiß, steht der Denunziation im Rahmen der weitgreifenden Schizophrenisierung nichts im Wege. Es wäre hilfreich, einen festen Termin zu bestimmen, wann die förmliche Entnazifizierung abgeschlossen wird. Ein solcher Termin würde natürlich nicht für Neuankömmlinge[24] gelten, [die noch
nicht durch Entnazifizierungsverfahren erfasst wurden]. Es ist aber nicht
zulässig, dass man auf eine passende Gelegenheit wartet, um einzugreifen.
Die Untersuchung sollte systematisch verlaufen, und sie muss auch einmal
ein Ende haben. Zeitungsnachrichten zufolge hat man dieses Verfahren in
der russischen Zone[25] gewählt.

Persönlich bin ich der Meinung, dass die „kleinen" Nazis, die sich ehrlich
bemühen, das Verbrecherische und Wahnsinnige dieses Systems einzusehen
und die Kraft zum inneren Wandel aufbringen, weit nützlichere Mitbürger
sind als verbissene Reaktionäre, die zwar niemals in die Partei [NSDAP] ein-
traten, aber auch nicht das geringste Verständnis für die neue Zeit aufbringen. Man muss auch Faktoren wie Beruf oder Alter mit in Betracht ziehen.
An einen Angestellten in der Landwirtschaft werden geringere Ansprüche
zu stellen sein als an einen Jugenderzieher.

Durchaus verächtlich erscheinen mir zwei verbreitete Sichtweisen: Erstens herrscht das Bestreben vor, aus kollegialen oder menschlichen Rück-
sichten möglichst viele Menschen zu schützen. Letztlich sind aber die Interessen der Gemeinschaft entscheidend, und es gibt etliche Möglichkeiten der
Umschulung auf Berufe, die keine besondere [politische] Verantwortung auf-
erlegen. Deshalb ist die zweite Sichtweise noch fataler: Es wird Straflosigkeit
für besondere Talente [Funktionseliten] gefordert, ohne die man über einen
längeren Zeitraum nicht auskomme. Genialität darf aber nicht mit Narren-
freiheit verwechselt werden. Ein großes Talent hat besondere Pflichten, und
es ist unzulässig, dass im Volk die Überzeugung entsteht, dass nur kleine

---

[24] Gemeint sind hier u. a. Flüchtlinge aus den einstigen Ostgebieten und den Westzonen.
[25] Eine solche definitive Befristung der Entnazifizierung erfolgte nicht.

Diebe bestraft werden, während die großen nichts zu fürchten haben. [Bei der Entnazifizierung der Universitäten] werden die größten Schwierigkeiten dann einem armen Privatdozenten gemacht, der [im Nationalsozialismus] befürchten musste, seine Karriere und materielle Basis wären in Gefahr, wenn er nicht einen Pakt mit dem Nazismus eingeht. Dagegen wird der Rektor[26] durch Tausende von Entschuldigungen in Schutz genommen, der Hunderte von Studenten durch das eigene [schlechte] Beispiel verleitete. Ein solcher Vorgang ist für mich schwer nachvollziehbar. Nicht um Strafe geht es [bei der Entnazifizierung] aber an erster Stelle: Primär sollte der Kontakt zwischen den Studenten und denjenigen, die versagt haben, verhindert werden. Ansonsten müssen wir befürchten, alle Reformen seien gefährdet. Reinheit und Anständigkeit, das Bewusstsein der Verantwortung und Menschlichkeit müssen die Grundsteine sein, auf denen das Deutschland von morgen erbaut wird. Zwar mögen solche Stellungnahmen pedantisch erscheinen, aber sie sind nichts als die lautere Wahrheit. Wird das nicht befolgt, bleibt Deutschland von einem Fluch belastet: Nicht an Talent mangelte es ihm, sondern an Charakter, und das wurde ihm zum Verhängnis.

Bisweilen habe ich den Eindruck, die Schwierigkeiten der Entnazifizierung werden absichtlich übertrieben, um nicht allzu gründlich vorgehen zu müssen und damit man nie zu einem Ende kommen muss. Wenn es aber am guten Willen nicht fehlt, ist es in den meisten Fällen gar nicht schwer, sich ein klares Bild über die Zuverlässigkeit eines bestimmten Menschen zu machen. Es gibt Phänomene, die in der Praxis leichter zu beurteilen sind als bei theoretischer Untersuchung. Hier spreche ich aus Erfahrung: In Prag gehörte ich zu einer kleinen Gruppe von Universitätsprofessoren, denen in Zusammenarbeit mit der Antifaschistischen Kommission[27] die Aufgabe auferlegt worden war, das [politische] Verhalten von Personen zu beurteilen. Nur selten gerieten wir in Zweifel, und eigentlich waren wir uns immer einig.

Kommen wir auf unsere Eingangsfrage zurück: Wo sind die Nazis? Natürlich sind viele in den Westen geflüchtet, etliche andere sind in Lagern. Aber dennoch: Es scheint doch merkwürdig, dass ich keinen wirklichen Nazi getroffen habe. Ein jeder leugnet entschieden die Zugehörigkeit zu dieser Bewegung: Ein Nazi war man keineswegs, sicher nicht im Inneren, und nach Außen nur gezwungen. Solche Aussagen entsprechen der Wahrheit öfter als man denkt. Es wäre natürlich hilfreich, wenn man Einigkeit erlangen könnte, wo die Zugehörigkeit zum Nazismus beginnt und wo sie endet: Wie massiv musste der äußere Zwang sein, damit Anpassung als Notwehr gedeutet werden kann und die freie Wahl ausgeschlossen war? Wird das Maß der nazistischen Gesinnung erst bei ausdrücklich kriminellen Leistungen erwogen und die Schwere des Zwanges überbewertet, tut man sich mit Antwor-

---

[26] Utitz denkt hier vielleicht an Martin Heidegger (1889–1976).
[27] Nicht ermittelt.

ten leichter. Dazu gesellen sich psychologische Umstände, die nicht übersehen oder bagatellisiert werden sollten: Der Kriegsverlauf und das Kriegsende waren für Deutschland dermaßen fatal, dass ein beträchtlicher Teil der Bevölkerung [in seiner nationalsozialistischen Gesinnung erschüttert und] aufgerüttelt wurde. Die Deutschen nehmen heute das ganze Ausmaß ihres Misserfolgs wahr und wissen sehr wohl, dass er ohne grundlegende [Fehler und] Irrtümer nicht hätte geschehen können. So distanzieren sie sich immer deutlicher von ihrer Vergangenheit, bis sie sich selbst davon überzeugt haben, dass sie nie etwas mit ihr gemein hatten.

Die Psychologie belehrt uns, dass sich Erwachsene äußerst schwer tun, wenn sie sich in das Seelenleben von Kindern einfühlen sollen, und wir wissen, dass es schwer nachvollziehbare Gedächtnistrübungen gibt. Die Gegenwart ist [heute] von einer schwer erträglichen Vergangenheit verfinstert und belastet. Viele, äußerst viele von denen, die sich heute vom Nazismus lossprechen, standen einst, als er siegreich war, in einem ganz anderen Verhältnis zu ihm, obwohl er in seiner siegreichen Zeit am brutalsten vorging.[28] Nachdem alle Erwartungen enttäuscht wurden, erinnern sich die Menschen nicht mehr an ihre einstige Billigung und rufen die früheren Zweifel und Befürchtungen, Kritik und Widerwillen ins Gedächtnis. Ich schildere diese Einstellung etwas detaillierter, weil es sich nicht um Ausnahmen, sondern um einen verbreiteten Typus handelt. Wenigstens in gewissem Grad können auch diese Menschen gebildet [umerzogen] werden. Ein Versuch muss jedenfalls unternommen werden. Ablehnen [und ausgrenzen] darf man sie keineswegs, es muss aber gefordert werden, dass sie sich wirklich zur Einsicht durcharbeiten und sich eine neue und eigene Überzeugung gewissenhaft erkämpfen.

IV. Die Schuldfrage

Diese Erwägungen führen zur Schuldfrage. Der bekannte Heidelberger Philosoph Karl Jaspers[29] hat dieser Frage eine eigene Schrift gewidmet, in der er mehrere Arten der Schuld untersuchte.[30] Im kriminellen Sinne sind nur diejenigen schuldig, die selbst Verbrechen begangen haben. Angeblich war

---

[28] Diese Einschätzung ist heute historisch zu korrigieren. Mit der Kriegswende des scheiternden Russlandfeldzug radikalisierte der Nationalsozialismus seinen Antisemitismus und organisierte die „Endlösung". Die „Wannseekonferenz" fand wenige Wochen nach der Kriegswende vor Moskau und dem Kriegseintritt der USA am 20. Januar 1942 statt. Auch Utitz wurde dann 1942 nach Theresienstadt deportiert.

[29] Karl Jaspers, Die Schuldfrage, Heidelberg 1946.

[30] Karl Jaspers (1883–1969) unterscheidet (S. 31ff.) „kriminelle", „politische", „moralische" und „metaphysische" Schuld. Seine „metaphysische" „Kollektivschuldthese" war und ist sehr umstritten. In seiner Ablehnung der „Existenzphilosophie" unterschied Utitz aber deutlich zwischen Heidegger und dem liberalen Jaspers.

das nur eine kleine Minderheit. Mitschuldig an den Taten des Staates seien jedoch alle Bürger, und alle hätten somit auch die Konsequenzen ohne Widerwillen zu tragen. Weder die moralische noch die metaphysische Schuld können durch eine äußere Macht sanktioniert werden: Schuld müsse durch innere Wandlung beglichen werden.

Ich will hier nicht ausführlich auf Jaspers' Schrift eingehen. Nur kurz soll darauf aufmerksam gemacht werden, dass die überzeugende Klarheit der weisen und breitangelegten Überlegungen daran leidet, dass sie mehrere Ziele gleichzeitig verfolgt. Die kühle Objektivität der sachlichen Analyse des Schuldbegriffs ist mit dem Wunsch verschränkt, den Nürnberger Prozess[31] und die Unumgänglichkeit von Reparationen vor den Mitbürgern zu rechtfertigen. Zugleich will Jaspers den Großmächten [Siegermächten] verständlich machen, dass ein milder Friede im eigenen, angemessen erfassten Interesse ist. Wie ein geschickter Anwalt sieht er sich dazu gezwungen, seine Verteidigung bald in diese, bald jene Richtung zu lenken. Gerade diese Tendenz stört und schwächt aber die Überzeugungskraft des Büchleins. Und dann muss hinzugefügt werden: Natürlich lassen sich weder die moralische noch die metaphysische Schuld einfach bestrafen, eine innere Reinigung muss erfolgen. Es bleibt prekär, dass letztlich alles von dieser inneren Wandlung abhängt. Nur sie öffnet aber das Tor zur freien Welt, und ohne sie müssten Zwangsmechanismen [Sanktionen] erhalten bleiben.

Deshalb ist es verblüffend, dass die Deutschen das Gespräch über Schuld scheuen oder kurzerhand abweisen. Die meisten vertreten wohl den folgenden, naiven Standpunkt: „Die Nazis sind schuld, sie sollen bestraft werden, was teilweise bereits geschehen ist. Wir aber sind keine Nazis, somit trifft uns keine Schuld und wir sind vor kein Problem gestellt!" Einem wirklich vernünftigen Standpunkt bin ich nur bei sehr links orientierten Menschen begegnet. Der unheimlichen Schuld Deutschlands waren sie sich bewusst, und sie stellten sich die beängstigende Frage, ob sie wirklich alles unternommen haben, um das Äußerste zu verhindern. Den Zusammenhang von Schuld und Gegenwart sahen sie deutlich.

Ich will ausdrücklich unterstreichen, dass ich jede Art [sentimentalen] schuldbeladenen Geseufzes absolut ablehne, da dies nur zur weiteren Verschlechterung der bereits schlechten Stimmung führt, dazu noch zu lähmender Passivität, Minderwertigkeitsgefühlen oder trügerischen theatralischen Gesten. Ich habe etwas durchaus Praktisches im Sinne: Wer nicht bereit ist einzusehen, dass Deutschland seinen Hitlerkrieg gegen eine Welt verlo-

---

[31] Utitz meint hier vor allem den Nürnberger Prozess gegen die Hauptkriegsverbrecher, der 1945/46 vor einem Internationalen Militärgerichtshof in Nürnberg stattfand. Es gab bis 1949 noch eine Reihe von Folgeprozessen, auf die die sehr unterschiedlichen Entnazifizierungsverfahren in BRD und DDR folgten.

ren hat, die den Frieden suchte und deshalb nur halbherzig aufrüstete,[32] dass es Grausamkeiten aller Art im bislang ungekannten Ausmaß beging, wer leugnen möchte, dass Deutschland eine Trutzburg errichtete, von der aus es alle Werte, die der zivilisierten Welt heilig sind, mit Hohn und Spott überschüttete, der wird nie eine angemessene Antwort auf die jetzige Situation finden.

Wie sollen wir zum Beispiel auf „gebildete" und „kultivierte" Familien reagieren, in denen vollkommene Unwissenheit herrscht, die künstlich aufrechterhalten wird, so dass alle Erinnerungen und Gedanken an die Vergangenheit blockiert sind? Auf die Frage des verdutzten Besuchers, ob sie wenigstens den Film[33] über die Nürnberger Prozesse kennen oder etwas über die Gaskammern gehört haben, erhält man eine fast beleidigte Antwort: „Mit solchen Abscheulichkeiten und Grausamkeiten setzt man sich doch nicht auseinander!" – Vogel-Strauß-Politik pur. Alle anderen sind schuldig, nur die nicht, deren Schuld zum Himmel schreit. So werden beispielsweise die Engländer ihrer barbarischen Vernichtung Dresdens[34] wegen beschuldigt. Dabei wird gänzlich verdrängt, dass es die Nazis waren, die als erste so genannte Terroranschläge auf Städte verübten. Nach dem Luftangriff auf Coventry[35] wurde der vermeintlich witzige Ausdruck „coventrieren" erfunden, und es war damals beabsichtigt, dieses Schicksal so vielen Städten wie möglich zu bereiten. Dass dies nicht gelungen ist, kann den Nazis schwerlich zu Gute geschrieben werden. Die Amerikaner werden verflucht, weil sie sich bei ihrem Einmarsch der deutschen Bevölkerung gegenüber schroff distanziert verhielten. Der Krieg war damals aber noch nicht beendet, und alle hatten das schreckliche Geschehen noch frisch im Gedächtnis: Konnte ein einigermaßen vernünftiger Mensch etwas anderes als kühle Distanz erwarten? Den Russen und Polen fühlen sich die Deutschen kulturell überlegen, und so setzen sie die Lehre vom Herrenvolk heute unter anderen Vorzeichen fort, statt sich beschämt zurückzuhalten und solche Gesten tunlichst zu meiden, die nach allem, was geschehen ist, gegen das deutsche Volk zeugen.

Jemand könnte entgegnen, diese ganze Lehre vom Herrenvolk sei so blanker Unsinn, dass es der Mühen nicht wert ist, sich mit ihr auseinanderzusetzen. In solche Tiefen herabzusteigen scheint eines wissenschaftlich denkenden Menschen unwürdig. Das mag zwar zutreffen, aber leider muss

---

[32] Das ist eine starke und strittige Behauptung. Nicht nur auf Stalinismus und Faschismus wäre zu verweisen. Man spricht heute für die „Zwischenkriegszeit" Europas oft vom „Weltbürgerkrieg" oder „zweiten dreißigjährigen Krieg".

[33] Die US-Army filmte die Nürnberger Prozesse von 1945 bis 1949. Das Material wurde verschiedentlich verarbeitet. Utitz meint wahrscheinlich den 1947 produzierten Dokumentarfilm: Stuart Schulberg, Nuremberg: its Lesson for Today / Nürnberg und seine Lehre, 1947/48.

[34] Die schwersten Luftangriffe auf Dresden erfolgten Mitte Februar 1945.

[35] Luftangriff vom 14. November 1940 mit über 500 Flugzeugen und etwa 1200 Toten.

man – nach den Erfahrungen – solchen Unsinn durchaus ernst nehmen; es scheint sogar so zu sein, dass sich die Gefahren kaum überschätzen lassen. Es wird versucht, die wirklichen Geschehnisse zu vertuschen und zu vergessen, damit die Enttäuschung und Wut in andere Bahnen abgelenkt wird. So wird der neuen Propaganda misstraut, die angeblich nur eine Weiterführung der Goebbelsschen Methoden ist. So hüllt man sich in den Schein eines merkwürdigen Widerstandes gegen den Nazismus, um die Erinnerungen an den [Terror und] Schrecken des Systems von sich zu weisen.

Ich verstehe vollkommen, dass die Welt müde ist, mit furchterregenden Berichten aus dem Krieg, den Konzentrationslagern und Gaskammern konfrontiert zu werden. Nachdem die Menschen so viel vom Hass gehört haben, wollen sie etwas [Positives und] Gutes hören. Und einmal ist es auch wirklich an der Zeit, einen Schlussstrich zu ziehen und mit dem Wiederaufbau zu beginnen. Damit bin ich ganz einverstanden, aber ich muss auch zu Bedenken geben: Der Wiederaufbau ist nur möglich, wenn die Beteiligten, um die es geht, sich nicht dazu verleiten lassen, die Wirklichkeit zu verfälschen und zu flüchten. Es wäre nicht nötig, über die jüngste Vergangenheit zu sprechen, wenn die Niedertracht überall durchschaut wäre. So wie die Dinge aber nun einmal liegen, muss allen deutschen Parteien die unbedingte Pflicht auferlegt werden, die wahren Ursachen der heutigen Krise mit feierlichem Pathos und sittlicher Wahrhaftigkeit immer wieder anzusprechen: nicht etwa um sich im Schmutz zu wälzen, sondern weil erst nach vollbrachter Läuterung der Morgenstern einer neuen Zeit aufleuchten kann. Bücher wie Meineckes *Die deutsche Katastrophe*[36] sollten in Massenauflagen herausgegeben und zum niedrigsten Preis verkauft werden, gerade deshalb, weil dieser große und edelmütige Historiker[37] nicht einfach zur [politischen] Linken gezählt werden kann. Man muss sich darüber klar werden, wie schwer es ihm fällt, vernichtend zu urteilen, und es ist offensichtlich, dass er sich nur vom ehrlichsten Bestreben leiten lässt, der Gerechtigkeit zu dienen.

Es ist mir sehr wichtig, dass gerade dieser Absatz nicht fehlgedeutet wird. Böswillige Menschen, die jedes Wort in sein Gegenteil wenden, habe ich aber nicht vor Augen; eher denke ich an die gutmütigen, die der Gedanke empört, sie sollten sich schuldig fühlen, obwohl sie nach gewissenhafter Selbstprüfung keine eigenen Vergehen sehen. Ich will nicht darüber

---

[36] Friedrich Meinecke, Die deutsche Katastrophe. Betrachtungen und Erinnerungen, Wiesbaden 1946.

[37] Meinecke (1862–1954) lehrte jahrzehntelang als Erbe der historistischen Tradition in Berlin und war schon als Herausgeber der *Historischen Zeitschrift* einer der führenden Historiker seiner Zeit. Der konservative Preuße wandelte sich schon in Weimar zum „Vernunftrepublikaner" und vertrat liberale Positionen. Den Nationalsozialismus lehnte er ab und verkörperte – wie Jaspers, Spranger und manche andere – nach 1945 noch integre Traditionen des national- und verfassungsstaatlichen Denkens. 1948 wurde Meinecke noch der erste Rektor der neugegründeten „Freien Universität" Berlins.

richten, welche Gefühle der eine oder andere in seinem Inneren hegt oder hegen soll. Noch weniger geht es mir um die Frage der Bestrafung; vielmehr habe ich vor allem eine sittliche Forderung im Sinn: Der wirkliche Zustand soll anerkannt werden.

Wenn die Deutschen erwidern, dass ihre Wirklichkeit eine andere ist als die der restlichen Welt, so grenzen sie sich ab und vertreten auf Schleichwegen wieder die alte, absurde Überzeugung, dass neben der allgemeinen Physik und Mathematik noch eine spezifisch deutsche Mathematik und Physik existiere und nur diese verbindlich sei.

Als Psychologe will ich noch ein Zugeständnis machen: Aus Beobachtungen des Kinderzimmers kennen wir die Situation, dass Jungen und Mädchen die Schuldfrage „Warst du das?" mit einem empörten „Nein!" von sich weisen, obwohl sie die Täter waren. Sie wollen die Tat von sich abzuwälzen und verleugnen. Die Situation der Erwachsenen ist wesentlich komplizierter. Die meisten müssen sich ja nicht als die eigentlichen Schuldigen betrachten und können höchstens als Mitläufer gelten. Sie berufen sich auf gänzliche Unwissenheit und wollen nichts erfahren, um sich nicht zu belasten und ihren Glauben und ihr Vertrauen in das deutsche Volk nicht zu erschüttern. Aber ein Glaube und Vertrauen, der auf solchem Blinde-Kuh-Spiel gründet, verdient den Namen nicht. Männliche Reife fordert Mut zur Wahrheit und Glauben und Vertrauen: Das muss auf wahren Werten gründen, nicht auf dem billigen Zauber eines schönen Scheins. Aus eigener Erfahrung weiß ich, dass diejenigen durch ein klareres und ruhigeres Gemüt gekennzeichnet sind, die mit sich ins Reine kommen: Sie verhalten sich ausgeglichen und ungezwungen und tragen keine Spur von Verbitterung, vermuten nicht überall Gemeinheit und Feindseligkeit, sondern wissen, dass Hitlers Fall weder Deutschland noch Europa vernichtet hat. Diese Menschen sind entschlossen, verantwortlich am morgigen Tag mitzuarbeiten. Zuvor muss aber der gestrige bewältigt werden.

V. Das Reaktionäre

In meinen Ausführungen kam ich bereits auf das Problem der Reaktion zu sprechen. Leider ist es weit komplizierter als gewöhnlich angenommen. Ein entfernter Beobachter könnte meinen, Hitlers Gegner gehörten allesamt der Linken an, während sich rechts orientierte mehr oder weniger mit Hitler identifizierten. Das entspricht nicht ganz der Wahrheit. Zum einen versagten auch viele links orientierte, und zum anderen ist unbezweifelbar, dass sich auch im rechten Spektrum viele Persönlichkeiten fanden, die jegliche Gemeinschaft mit dem Nazismus strikt ablehnten und sogar ihr Leben aufs Spiel setzten, um ihn zu stürzen. Das ist durch etliche Publikationen be-

legt.[38] Solche Feststellungen nehmen wir [im sozialistischen Lager] gewöhnlich mit kritischem Argwohn hin und gehen davon aus, dass es nur die
Gewissheit des unseligen Kriegsendes [der kommenden Kriegsniederlage]
war, die einstige Befürworter des Nazismus in Gegner verwandelte. Dennoch bleibt nach eingehender Untersuchung eine ganze Reihe von Personen,
die Hitler aus reinen und edlen Beweggründen bekämpften. Nicht erst nachdem sie einsahen, dass Hitler auf der Verliererseite steht, haben sie sich ab-
gewandt, sondern seiner Brutalität und Grausamkeit wegen schon auf dem
Höhepunkt seiner Macht. Die Lektüre von F. Meineckes oder H. Rausch-
nings[39] Büchern belegt das.

Zweifelsohne fanden sich auch im bürgerlichen Milieu viele, die der Partei fernblieben, weil sie den Nazismus als widerwärtig empfanden, und auch
sie litten unter Verfolgungen. Das muss anerkannt werden, und man sollte
sich hüten, diese Fakten zu verdrängen. Auch im Bürgertum gab es Antifaschisten, wollte das jemand bestreiten oder gar anzweifeln, würde er sich
einer groben Beleidigung schuldig machen und die Wahrheit verleugnen.

Unter diesen bürgerlichen Antifaschisten ist sicherlich ein beträchtlicher
Teil, der sich aufrichtig zur neuen Zeit, Zusammenarbeit und zum Fortschritt
bekennt. Durch Statistiken lässt sich das nicht belegen, und wenn es jemand
versucht, wird er zu keinen schlüssigen Ergebnissen kommen. Die meisten
dieser Deutschen wünschen heute wohl einen liberalen oder auch christlich-
sozialen Staat und werden sich mit den sozialistischen Parteien auseinandersetzen müssen. Dagegen ist nichts einzuwenden, macht es doch das Wesen
der Demokratie aus. In der Demokratie werden verschiedene Ansichten vertreten, und eine jede muss die anderen im gebührenden Maße tolerieren.

Dieser Standpunkt hat aber nichts mit den Reaktionären gemein, deren
Politik erst in einer späteren Passage behandelt werden soll. Es geht hier
nicht um die Reaktionäre, die gestern noch mit dem Strom schwammen und
heute ans Ufer gespült werden; für sie ist in unserem öffentlichen Leben
heute kein Platz mehr. Über ihr Schicksal muss im Entnazifizierungsverfahren entschieden werden. Die Frage [der Integration bürgerlicher Antifaschi-
sten] spitzt sich meiner Meinung nach heute zu, weil sich augenscheinlich
frühere Antifaschisten – bewusst oder unbewusst – gerade in ausdrückliche
Reaktionäre verwandeln. Sie werden nicht von den Urteilen der politischen

---

[38] Utitz meint hier vermutlich nicht zuletzt den Widerstand des 20. Juli 1944 und wirbt
gegenüber der kommunistischen Geschichtsschreibung um Gerechtigkeit insbesondere
für die bürgerlich-liberale Haltung.

[39] Hermann Rauschning (1887–1982) wurde 1932 Mitglied der NSDAP, trat 1934 als
Senatspräsident Danzigs nach einem Streit mit dem Gauleiter aus der NSDAP aus und
emigrierte 1938. Er publizierte Schriften gegen den Nationalsozialismus: Die Revolution
des Nihilismus. Kulisse und Wirklichkeit im Dritten Reich, Zürich 1938; Hitler Speaks.
A Series of Political Conversations on his Real Aims, London 1939; diese *Gespräche mit
Hitler* erwiesen sich allerdings inzwischen weitgehend als fiktiv.

Reinigungskommissionen betroffen, verbleiben im vollen Besitz ihres Amtes und behalten ihre Stellung bei. Unglücklicherweise fehlt es ihnen am politischen Instinkt und Verständnis der Gegenwart. Sie nehmen die gegenwärtigen politischen Herausforderungen nicht an. Statt in die Zukunft zu blicken, sind sie rückwärtsgewandt. Für Deutschland sind sie kein Gewinn, sondern nur ein Verlust.

Es ließen sich noch etliche weitere Gründe nennen, weshalb jemand dem Hitlerismus[40] feindlich oder abweisend gegenüberstand, und alle diese Motive wurden auch geltend gemacht. Einen Menschen von ehrlicher Religiosität widerte das gemeine Heidentum der ganzen Gesellschaft an: der [nationalsozialistische] Hohn über die christliche Moral, die Farce der deutschen Religion. Ein solcher Mensch sah klar ein, dass die Werte, die ihm am heiligsten und höchsten waren, verunehrt und verraten wurden, und nahm eine ablehnende Haltung ein. [Selbst bei den] Gelehrten findet sich aber häufig ein würdeloser Umgang mit der Wissenschaft, widerwärtiger Dilettantismus auf allen Fachgebieten: Nicht nur objektive Wahrheiten wurden geleugnet, sondern auch die Wahrheitssuche selbst. Künstler erstickten in einer Atmosphäre, in der die niedrigste Schundliteratur gefeiert wurde und in der Ikonoklasten wüteten. Viele waren von der grassierenden Unbildung empört, der offenen Barbarei, die sich auf alle Bereiche ausbreitete und das Leben vergiftete. Wieder andere waren von der pompösen, theatralischen Fassade der Politik verbittert, zu deren Grundsätzen Lügen und Versprechensbrüche sowie der vulgärste Wille zur Macht gehörten. Wieder andere waren sich der Verschlechterung der Zustände gegenüber den „guten alten Zeiten" bewusst und wandten sich von demagogischen Äußerungen der Nationalsozialisten ab. Sicher gab es auch Leute, denen die Fassade zu links war und die befürchteten, die Entwicklung könnte in einen wirklichen Sozialismus ausarten und aus dem Blendwerk könnte Ernst werden. Auch Junker und Großindustrielle, die sich vom Nazismus einen Schutz vor der Bolschewisierung Europas versprachen, fühlten sich betrogen. Diese Aufzählung könnte lange fortgesetzt werden, aber schon das Gesagte ist Beweis genug, dass sich im Lager der Antifaschisten eine bunte Gemeinschaft zusammenfand und bei Weitem nicht allen Antifaschisten ein Fortschrittsdenken zu eigen ist, selbst wenn nur die niedrigsten Ansprüche an Fortschrittlichkeit erhoben werden.

Noch etwas muss beachtet werden: Die großen Bedrängnisse, an denen die deutsche Gegenwart krankt, rücken das Gestrige in besseres Licht.

---

[40] Die zeitgenössische Rede vom Nationalsozialismus als „Hitlerismus" findet sich etwa auch bei Meinecke. Sie ist als Verschiebung der Verantwortlichkeiten auf den „allmächtigen" Diktator umstritten, wird aber noch durch jüngste Forschungen relativ bestätigt, die betonen, dass Hitler als Diktator ein „außerordentliches Beispiel für personalisierte Herrschaft" war, weil er sich „neue Herrschaftsstrukturen" selbst schuf (so Peter Longerich, Hitler. Biographie, München 2015, 9).

Die Vergangenheit scheint dann zwar nicht wünschenswert, aber weniger schlimm. Einige driften dann unwillkürlich immer weiter nach rechts. Dabei sollte die unvorstellbare Kurzsichtigkeit der Reichsdeutschen und Geschicklichkeit der vielen Österreicher nicht übersehen werden.

Auch wenn wir Grenzfälle beiseite lassen, wird man schlecht bezweifeln können, dass es einigen höher gestellten Persönlichkeiten nicht gelungen ist, einen Bezug zur neuen Zeit zu knüpfen. Sie sind eifrig und hilfsbereit, verfügen über weite Kenntnisse, sind gebildet und kultiviert, haben aber die Epoche Humboldts oder gar Weimars Goethezeit vor Augen. Bei aller pflichtgemäßen Achtung gegenüber solchen ewigen Schätzen führt kein Weg in die Vergangenheit zurück. Auch eine ausgezeichnete Persönlichkeit wie Meinecke stellt sich die Lage zu einfach vor, wenn er vorschlägt, überall sollten „Goethegemeinden" gegründet werden,[41] die an Sonn- und Feiertagen in Kirchen oder ähnlich feierlichen Räumen zusammenkämen, um sich an ausgezeichneter Lyrik und Epik zu vergnügen. Diese Rückkehr zur Tradition soll dann einen Schlüssel zu einer glücklicheren Zukunft bergen.

Mit der Geschichtsbildung des 19. Jahrhunderts ging die Überzeugung einher, die Architektur dürfe alle Arten der historischen Stile nutzen. Ganz willkürlich wurden Bauten im gotischen oder barocken Stil errichtet, es wurde auf Motive aus Renaissance oder Rokoko zurückgegriffen. Heute sehen wir darin eine närrische Ausschweifung. Die tiefere Besinnung auf das Geschichtliche lehrt uns, dass Stile nicht nach Belieben vergegenwärtigt werden dürfen. Nur der Epoche, die eine eigene Sprache findet, erschließt sich ein Verständnis für die Vergangenheit. Es zeugt von einem Missverständnis der Vergangenheit, wenn wir ihre Gestalten als Kostüme wahrnehmen, die je nach Stimmung angezogen oder beiseitegelegt werden. Von der griechischen Kultur hat eine solche blasse akademische Romantik am wenigsten verstanden: Die Romantiker waren der Meinung, das Griechische könne in unseren Tagen erneuert werden. Etwas von diesem gelehrten Klassizismus ist auch in dem Gedanken enthalten, dass wir durch Rückkehr fortschreiten können.[42] Das Gegenteil ist jedoch der Fall: Erst der Weg nach vorne ermöglicht uns eine schöpferische Rückkehr.

Natürlich soll Bildung immer weiter voranschreiten, aber wirklich fruchtbar wird sie erst dann, wenn man sich mit den grundlegenden Fragen der Gegenwart – Grundstücksreform, Sozialisierung, Erziehung der Jugend usw. – auseinandersetzt. Wenn dies ausbleibt, besteht die Gefahr, dass die humanistischen Restaurationen zu Wirklichkeitsfluchten entarten, und dann verschleiern sie mehr als sie enthüllen. Wenn die unmittelbare Erfahrung unserer Zeit intensiv und wahrhaftig ist, findet sie ihre Vorgänger in der Vergangenheit von selbst: Geist entzündet sich am Geist. Von der Gegenwart hängt

---

[41] Meinecke, Die deutsche Katastrophe, 174ff.

[42] Utitz meint hier evtl. die Bewegung der sog. „konservativen Revolution".

es ab, welche Aspekte der Vergangenheit in ihren Lichtkegel fallen. Man erinnere sich, dass die häufige Aufführung von Beethovens Neunter Symphonie den Nazis wenig hilfreich war, und nicht wirklich gewinnbringend waren auch Neuauflagen von Hölderlin und Stifter. Das alles ist nur schöner Schein. Das möchte ich betonen, weil auch eine gehobene und edelmütige Antwort Gefahren mit sich bringt, wenn man bestrebt ist, den dringlichsten Fragen der Zeit zu entkommen.

Es ist verständlich, dass verängstigte Gemüter nach dem gewaltigen Zusammenbruch des deutschen Schicksals heute in dunkler Nacht den Sternenhimmel durchschweifen, der nichts von seinem Glanz eingebüßt hat. Namen wie Leibniz und Kant, Goethe und Hölderlin sowie aller weiterer Virtuosen des Geistes werden ehrfürchtig ausgesprochen, als ob es sich um Heiligkeiten handelte. Die Erinnerung wird beschworen, um Schutz zu finden. Solche Namen sollen vor der Weltöffentlichkeit auch ein Zeugnis dafür ablegen, dass das Volk, das solche Kultur gebar, nicht verstoßen werden darf.

Ich gestehe, dass ich für die propagandistische Ausnutzung genialer Persönlichkeiten nicht wirklich Sympathien aufzubringen vermag. Wenn die Deutschen für nazistische Verbrechen nicht verantwortlich gemacht werden wollen, haben sie auch kein Recht, sich auf die Werke der Dichter und Denker zu berufen, für die man noch weniger verantwortlich ist. Natürlich müssen die Errungenschaften der Kunst, Wissenschaft, Ethik und Humanität erinnert werden. Die Wahrhaftigkeit eines neuen Anfangs wird aber umso fruchtbarer sein, je konsequenter man von den nächsten, unmittelbaren Angelegenheiten ausgeht.

Erneut befürchte ich, dass man mich missverstehen wird und mir den Vorwurf macht, ich hätte keine Achtung vor der Tradition. Aber jeder Idealismus, der der harten Realität des Lebens aus dem Weg geht, verfällt nur in hohle Deklamation. Die Fragen der Gegenwart können nie gelöst werden, indem man vergangene Muster anlegt. Nur dann kann eine Antwort gefunden werden, wenn man nachdenkt, wie die Genies selbst mit den Fragestellungen umgehen würden, wenn sie heute lebten. Dann lässt man sich auf keine bloße Nachahmung ein, sondern vollzieht eine geistesverwandte Handlung nach, und dann verzichtet man auf Antiquitäten und wird der Tradition gerecht.

So darf zum Beispiel die individuelle Freiheit nicht mit Pathos verteidigt und jede Freiheitsbegrenzung verworfen werden, wenn wir in einer Zeit leben, in der Unzählige ohne Heim herumirren, an Hunger leiden und jegliches Eigentum verloren haben. Selbst der primitivste Begriff von Gerechtigkeit fordert, dass es einen gewissen Ausgleich gibt: nicht als gnädige Wohltätigkeit, sondern nach strengen, gesetzlichen Grundsätzen. Wenn wir Goethes Werk vor solchem Hintergrund lesen, mögen wir erstaunen, wie

modern er gerade in den Werken ist, die er im höheren Alter verfasste.[43]
Oder wir blättern in Schriften begeisterter Anwälte der individuellen Frei-
heit. Man lese sie gründlich und frage sich, was diese Männer in unserer
Situation vertreten würden.

Aber genug: Die Problemlage ist klar. Sie ist von echter Tragik gezeichnet.
Persönlichkeiten von sittlichem Format, die Bedeutendes geleistet haben und
in den schwierigsten Zeiten nicht versagten – nur sie habe ich hier im Auge
–, zählen heute zum alten Eisen. Sie sehnten sich nach dem Einbruch eines
neuen Tages, aber er hat sie verblendet.

VI. Nihilismus

Von diesen Menschentypen lassen sich diejenigen deutlich unterscheiden,
die ich als Nihilisten bezeichne. Im Grunde glauben sie an gar nichts. Sie sind
zutiefst enttäuscht, ernüchtert und zweifeln alles an. Die demaskierende Psychologie des ausklingenden 19. Jahrhunderts trägt in ihnen böse und äußerst
gefährliche Früchte. Jede Maske setzt ein Gesicht voraus, das sie verhüllt. Nihilismus ist dort wirklich, wo man hinter der Maske zwar ein Gesicht vermutet, dann aber ins Leere greift. Die Freude und Spannung des Maskenspiels
besteht darin, dass man hinter dem Schleier einen eigentlichen Träger der
Maske zu erkennen trachtet und der Wahrheit auf der Spur ist. Auch im exo-
tischen Reiz des Fremden und Unbekannten kann doch nicht angezweifelt
werden, dass hinter jeder Verkleidung ein Mensch steckt.

Jede echte Philosophie und Wissenschaft muss aus dem Zweifel hervor-
gehen, falls sie nicht blindem Glauben und unhaltbarem Dogma unkritisch
verfallen soll. Aber noch der schärfste Zweifel, der sich an den Rand des Ab-
grundes traut, darf nur ein Mittel zur Entdeckung einer sicheren Grundlage
sein, die nicht angezweifelt werden kann und einen festen Ausgangspunkt
bietet. Wer das bestreitet, hebt jede Philosophie und Wissenschaft auf. Er tor-
kelt dem Grundlosen, dem Nihilismus entgegen, der mit den theoretischen
Sicherheiten letztlich auch die moralischen aufgibt.

Der Nihilismusgefahr sind sich viele bewusst. Zumeist berufen sie sich
dann auf Nietzsche. Die deutsche Sicht auf diesen dichtenden Philosophen
ist zweideutig. Für seine Psychologie wird er gefeiert, man bewundert sein
prophetisches Auge, erkennt in seinem Denken aber auch einen Strom, aus
dem Böses entsprungen ist.[44] Die Deutschen wollen sich von Nietzsche los-

---

[43] Die „sozialistische" Deutung von Goethes Spätwerk wurde nach 1945 etwa von Georg
Lukács oder Thomas Mann vertreten.

[44] Utitz meint hier auch den Nietzsche-Diskurs und die Nietzsche-Literatur nach 1945.
Prägnant ist etwa Heinrich Scholz, Begegnung mit Nietzsche, Tübingen 1948; das
großartigste Zeugnis ist Thomas Manns Roman *Doktor Faustus* (1947). Die „sozialistische" Kritik an Nietzsche findet sich etwa bei Georg Lukács, Die Zerstörung der Ver-

sagen und hängen ihm doch fasziniert an. Der am häufigsten zitierte grundlegende Satz findet sich dazu in der Schrift *Der Wille zur Macht*, die vor etwa sechzig Jahren verfasst[45] wurde. Er lautet:

„Was ich erzähle, ist die Geschichte der nächsten zwei Jahrhunderte. Ich beschreibe, was kommt, was nicht mehr anders kommen kann: *die Heraufkunft des Nihilismus*. [...] Unsere ganze europäische Kultur bewegt sich seit langem schon mit einer Tortur der Spannung, die von Jahrzehnt zu Jahrzehnt wächst, wie auf eine Katastrophe los: unruhig, gewaltsam, überstürzt: wie ein Strom ähnlich, der ans *Ende* will, der sich nicht mehr besinnt, der Furcht davor hat, sich zu besinnen."[46]

Die Reaktionäre greifen mit besonderer Freude zwei Momente auf: an erster Stelle die Notwendigkeit des Fortschritts, den Nietzsche hier verkündet, und an zweiter Stelle dessen Allgemeinheit. Wenn Nietzsche recht hat, steht Deutschland nicht alleine, sondern es nimmt an einem allgemeinen europäischen Schicksal teil, das in Deutschland lediglich zum klareren Ausdruck gelangte – und das Fatum kann nicht besiegt werden. So entlastet der Nihilismus von deutscher Schuld.

Philosophen gehen so weit, dass sie den Nihilismus entweder bereits am Ende des Mittelalters ansetzen oder vom Deutschen Idealismus her datieren, wobei vornehmlich Hegels System als eine äußerste Überhöhung [Hybris] des menschlichen Geistes gilt. Beide Herleitungen überzeugen mich nicht. Im Deutschen Idealismus erblicke ich nur das deutsche Laster, das Denken in luftige Abstraktionen heraufzuschrauben, so dass sich verrückteste Widersprüche einstellen und einfache, eindeutige Feststellungen nahezu unmöglich werden, obgleich Deutungen nur auf der Grundlage eines klaren und vernünftigen Denkens gelingen können.

Es ist fast unglaublich, dass heute noch ein Universitätsprofessor über die Dreistigkeit verfügt, sich im ersten Heft [Jahrgang?] der *Akademischen Rundschau* auf folgende Prophezeiung einzulassen: „Es ist die Tragödie des Menschen, der nur auf sich selbst angewiesen ist, der sich auf der eigenmächtigen Vernunft gründet und über sich selbst nichts, als dasjenige,

---

nunft, Berlin 1954. Eine politische Geschichte der Nietzsche-Rezeption bei Manfred Riedel, Nietzsche in Weimar. Ein deutsches Drama, Leipzig 1997; Utitz führte seine Sicht aus in: Bemerkungen zur deutschen Existenzphilosophie (1949), in: Utitz, Ethik nach Theresienstadt, 162–175.

[45] Nietzsche selbst hat bekanntlich den Plan eines solchen systematischen Hauptwerks Mitte der 80er Jahre aufgegeben. Unter dem Titel erschien 1906 ein Kompilat von Aufzeichnungen, das Elisabeth Förster-Nietzsche und Heinrich Köselitz mit eigenen Tendenzen höchst umstritten zusammenstellten. Es wirkte über die Baeumler-Neuausgabe intensiv auch auf Heidegger.

[46] Friedrich Nietzsche, Der Wille zur Macht. Versuch einer Umwertung aller Werte. Ausgewählt und geordnet von Peter Gast unter Mitwirkung von Elisabeth Förster-Nietzsche. Mit einem Nachwort von Alfred Baeumler (1930), 12. Aufl. Stuttgart 1980, 3 (Vorrede).

das ihm selbst in die Hand gegeben ist, anerkennt, eine Tragödie, die sich ihrem Ende zuneigt und die durch die Emanzipation der menschlichen Vernunft zu Beginn der Neuzeit ansetzte."[47] Die Aufklärung soll also die Schuld für alle Verbrechen der Nazi-Zeit tragen, während man doch nicht besonders gewitzt sein muss, um im Nazismus ein Werk der falschen, schauderhaften Romantik zu erkennen, die Geist und Kultur vom Thron gestoßen hat, um das Triebhafte und Instinktive an ihre Stelle zu setzen, eine Romantik, die an dunklen und exzentrischen Mythen ihr Gefallen fand. Der Autor kommt nicht umhin, sich auf halsbrecherische und unsinnige Konstruktionen einzulassen, in denen er eine willkommene Möglichkeit erblickt, den Marxismus und Sozialismus soweit wie möglich anzugreifen und den Nazismus nach Kräften zu entschuldigen.

Die Unreinheit, Verwirrtheit und das Betrügerische eines solchen verirrten Intellekts sind die Treibhäuser des vergifteten und vergiftenden Nihilismus, der Religiosität und Innerlichkeit als Medizin empfiehlt. Wo will man aber die Grenze zwischen grauenhafter Götzenverehrung, unsinnigem Aberglauben und blutrünstigen Mythologien ziehen, wenn schon von Anfang an der Glauben an die Vernunft zurückgewiesen und zerschmettert wird?

Wir haben es hier natürlich – mitsamt der Diktion – mit einer oberflächlichen Annäherung an die moderne Existenzphilosophie[48] zu tun. Den Wert dieser Philosophie kann ich sehr wohl positiv einschätzen: Existenzphilosophen sind bestrebt, das Philosophieren wirklich ernst zu nehmen und die Philosophie in ihrer Abgründigkeit zu erkennen. Nicht zu Unrecht wurde festgestellt, die Existenzphilosophie sei in den Schützengräben des Ersten Weltkriegs entstanden: angesichts des Todes und mit dem Rücken zur zerfallenden, ins Unverständliche abdriftenden Welt. Der Mensch blieb ganz al-

---

[47] Das Zitat konnte nicht wörtlich nachgewiesen werden. Gemeint sein könnte die Hamburger Akademische Rundschau und dort der Text des protestantischen Theologen Ernst Wolf (1902–1971), Menschwerdung des Menschen. Zum Thema Humanismus und Christentum, in: Hamburger Akademische Rundschau 1 (1946/47), 45–55 und 85–93 (Heft 2 und 3); auch in: Evangelische Theologie 6 (1946), 4–24; das erste Heft dieser von „Dozenten und Studenten der Hamburger Universität" herausgegebenen frühen Nachkriegsschrift wurde vom Rektor Emil Wolf eingeleitet und enthielt auch einen Beitrag des protestantischen Theologen Hans Schomerus, Neues Denken (Hamburger Akademische Rundschau 1 (1946/47), 4ff), der ebenfalls eine evangelisch-theologische Kritik des „Säkularismus" bietet. Der bedeutende Theologe Ernst Wolf kritisiert aber die „philosophische Anthropologie" vom christlichen Standpunkt aus und fordert eine theozentrische Perspektive und „theologische Anthropologie". „Humanisierung und Säkularisierung" und die „Bildungsreligion" von der „Bildung als Religion" kritisiert er. Solche Revokationen des Christentums waren damals verbreitet. Auch die damaligen Totalitarismustheorien kritisierten mitunter Säkularismus und Modernität. In der Zeitschrift publizierten u. a. auch Bruno Snell, Ludwig Landgrebe und Hans Blumenberg.

[48] Dazu Emil Utitz, Bemerkungen zur deutschen Existenzphilosophie, in: Philosophische Studien 1 (1949), 392–402; Wiederabdruck in: Utitz, Ethik nach Theresienstadt, 162–175.

lein. Die Sorge, Angst und Tod wurden zu furchterregenden Leitmotiven, die aus den äußersten Lebenssituationen [„Grenzsituationen"] geboren werden. Aber obwohl die Existenzphilosophie den Geist unserer Zeit psychologisch deutlich widerspiegelt, kommt sie aus philosophischer Sicht über Mystik nicht hinaus. Sie muss über die eigene Begrenzung hinausstreben, um wirkliche Tiefe zu erreichen. Und ihre besten Vertreter sind sich dessen auch bewusst. Rein physiognomisch betrachtet ist diese Philosophie dem verzweifelten Nihilismus zuzuordnen, der unter allen Bedingungen eine redliche männliche Haltung einzunehmen trachtet. Nüchtern besehen kann sie aber nur die Vorstufe eines wahrhaftigen, kreativen Denkens sein, und nur dann, wenn sie nicht in müde Dekadenz abgleitet oder einfach in Literatur verwandelt wird.

Es ist wohl kein Zufall, dass die Vertreter der Existenzphilosophie den unterschiedlichsten Zirkeln angehören, während man einen getreuen Kantianer ausschließlich auf der Seite der Humanität, der Gerechtigkeit und des kategorischen Imperatives vermutet und sich als jemanden vorstellt, der von der unverzichtbaren Würde der Menschheit durchdrungen ist. Die Verbindung „Kant und der Nazismus" ist schlechterdings absurd. Die Verbindung „Existenzphilosophie und Nazismus" war aber durchaus möglich und stellte keinen Kurzschluss dar. Ich will mich hier nicht an Rezensionen einzelner Richtungen versuchen. Es reicht, wenn man sich klar macht, dass sich heute hinter dem Modephänomen der Existenzphilosophie meist ein verspielter Nihilismus versteckt. Es ist die Aufgabe der Vertreter dieser Philosophie, diesen Nihilismus zu überwinden und einen Standpunkt zu erreichen, der solche Interpretationen strikt unmöglich macht.

Der populäre Nihilismus ist nichts weiter als ein Unglaube, der Enttäuschungen, Ekel, Widerwillen und Ohnmachtsgefühlen entspringt. Zeitweise verbündet er sich mit einer Überheblichkeit, die sich am Gefühl berauscht, dass man letztlich alles als nichtig und trügerisch darstellen kann, oder diese Einstellung verflacht in moralischer Indifferenz und Gleichgültigkeit. Selbst wenn wir alle moralischen Werte aber wie Seifenblasen zerplatzen lassen, folgt daraus noch nicht, dass es wahre Werte nicht gibt. Sie zu finden ist die wirkliche Überwindung des Nihilismus. Bei aller Würdigung der Souveränität und Individualität der Person muss erinnert werden, dass sie erst dann heranreift und sich vollendet, wenn sie die Bindungen der Gemeinschaft als Aufgaben und Pflichten in ihren Willen aufnimmt. Wie man den Naturgesetzen gehorchen muss, so ist jedes höheres Leben ohne Einfügung in die Verbindlichkeit der Moralwelt ausgeschlossen. Das sind die Grundstimmungen, die vom Nihilismus befreien. Wenn viele Menschen auch auf falsche Werte hereingefallen sind, folgt daraus noch nicht deren Verwerfung. Eine andere Stellungnahme ist gefordert: Es muss sorgfältig und kritisch analysiert werden, was die Fehldeutungen begünstigte; die Quellen des Irrtums müssen untersucht werden, damit die Erziehung eine angemessenere und geeignetere Richtung einschlagen kann. Hier drängt sich allerdings ein Einwand auf: Was verbürgt die Richtigkeit des Weges, der abermals in die Irre führen kann? Wer solche Fragen stellt, gehört meist zu denen, die es für klug halten, daran zu zweifeln, dass zwei mal zwei vier ergibt. Oder anders ausgedrückt: Solche Zweifel erheben Nihilisten. Wer die Herkunft eines solchen Denktypus erforscht, verdreht die Tatsachen, wenn er die Vernunft verantwortlich macht. Die Quellen des Irrwegs liegen in der Romantik und Mythologie: Nicht aus der Vernunft entspringt dieses Denken, sondern aus dem Irrlicht des Irrationalismus, aus dem sich selbst erniedrigenden Geist, gekünstelten Spekulationen, die die elementarste Logik verhöhnen. Wer sich eingehender für diese Fragen interessiert, den will ich auf mein Buch *Die Sendung der Philosophie in unserer Zeit* verweisen, das 1935 im holländischen Leiden erschien.[49]

VII. Stimmungen

Reaktionäre und nihilistische Einstellungen gehen üblicherweise mit einer äußerst schlechten Stimmung einher. Wer wie ich vom Ausland her anreist, ist geradezu entsetzt. Nicht einmal im Konzentrationslager [Theresienstadt] war die Stimmung so schlecht und beklemmend, obwohl die Gefahren und Schwierigkeiten des Alltags dort wesentlich belastender waren. Damals war es im Lager aber nicht möglich, sich durch [ideologische] Propaganda in das eigene Unglück hineinzusteigern, was die Kreativität und Tatkraft hemmt.

Wer heute von der Tschechoslowakei aus nach Deutschland reist, wird den abgrundtiefen Unterschied der Stimmungen verblüfft bemerken. Ich will das an zwei Beispielen veranschaulichen: Da ich am Stadtrand von Prag lebe,[50] muss ich täglich, oft mehrmals am Tag, mit der Straßenbahn oder dem Trolleybus fahren. In den vergangenen Jahren habe ich keinen ernsten Streit und keinen wirklich unangenehmen Auftritt beobachtet. Obwohl die Wagen fast immer überfüllt sind, lassen sich die Passagiere weder von ihrer guten Stimmung noch von ihrem herzhaften Humor abbringen. Heikle Situationen legen sich dank nachsichtiger, oft humorvoller Bemerkungen und tragen dann gewöhnlich sogar zur Unterhaltung aller bei. Älteren Menschen, die eine Behinderung belastet, oder schwangeren Frauen wird stets ein Platz zum Sitzen angeboten, die anderen stehen dicht gedrängt und richten sich nach den Möglichkeiten ein. Wenn jemand mit Gepäck ankommt, wird ihm helfend unter die Arme gegriffen.

---

[49] Emil Utitz, Die Sendung der Philosophie in unserer Zeit, Leiden 1935.
[50] Im Vorort Rotztoky, wo Utitz auch geboren war.

Bereits in Dresden fiel mir dagegen das kühle, fast verbissene Verhalten der Einwohner auf. Man spürt etwas Ablehnendes, ja Böses. In der Öffentlichkeit herrscht einfach keine gute Atmosphäre. Man hat das Gefühl, die Luft sei elektrisiert und jeden Augenblick könne ein entladender Schlag erfolgen.

Noch ein Beispiel will ich anbringen: Im Sommer letzten Jahres [1947] haben wir den schönen Anblick zweier Festzüge von Jugendlichen[51] genossen. Mehr als hunderttausend junge Menschen zogen leicht gekleidet, heiter und jubelnd durch die Straßen. Von den vielen zuschauenden Erwachsenen wurden sie so herzlich gegrüßt, als ob sie die Teilnehmer in ihre Armen schließen wollten. Die Kinder demonstrierten gegen gar nichts, sie bekannten sich nur als Angehörige der neuen Generation zur Zukunft.[52] Gemeinsam marschierten sie ungebunden, aber nicht undiszipliniert. Sogleich wurde mir klar: Diese jungen Menschen, die die Stadt lachend und froh mit ihren Stimmen erfüllen, sind die zur Freiheit sich bekennenden Demokraten von morgen. Man vergleiche diesen Festzug mit den Prozessionen der Hitlerjugend und der peinlichen militärischen Dressur, die durch den Ernst und die trotzige Verbissenheit des Auftritts noch unterstrichen wurde. Stets hatte ich damals das Gefühl, die Teilnehmer wollten sich Hals über Kopf in einen Kampf mit dem Gegner stürzen. Mit dem Degen hinter dem Gürtel, Pfeifen und Trommeln ausgestattet, wirkten solche Kindersoldaten wie Tiere gezähmt. Den schwer zu bändigenden Trieben wurde eine militärische Disziplin aufgezwungen und die unbändige Energie schien in jedem Augenblick durchzubrechen.

Den Deutschen sollte der Unterschied dieser Demonstrationen und Prozessionen einmal im Film veranschaulicht werden. Sie würden dann vielleicht einsehen, wie sehr sie sich durch ihre Verschlossenheit, Verkrampfung und Erstarrung selbst schaden. Ich bin mir sicher, dass es sich heute in der Tschechoslowakei wesentlich sorgloser und freudiger lebt. Aber darin besteht ja das ganze Elend: Die Nazis haben den Menschen die sorglose und einfache Freude genommen. Nicht nur die heutigen Umstände tragen die Schuld daran, dass die Stimmung so gedrückt ist, im entscheidenden Maße ist die heutige Situation auch dadurch gekennzeichnet, dass die Deutschen das Erbe des Nazismus weiterhin im Blut haben. Noch immer sind sie „gegen" etwas gestimmt, ahnen überall einen Feind, wittern das Böse und werden dadurch selbst feindselig und böse.

---

[51] Utitz meint hier die I. Weltfestspiele der Jugend und Studenten (Weltjugendspiele) Juli/August 1947 in Prag, die vom Weltbund der Demokratischen Jugend (WBDJ) getragen wurden, dessen Gründung auf den VII. Weltkongress der Kommunistischen Internationale zurückging. Jugend aus über 70 Ländern nahm teil. Diese Weltfestspiele richteten sich propagandistisch gegen den Marshall-Plan, der auch an den Osten adressiert war.

[52] Utitz verklärt hier die organisierte politische Zustimmung.

Es wurde den Deutschen eingeprägt, dass die Politik und nahezu jede Lebenserscheinung politisch ist, wesentlich durch eine Freund-Feind-Beziehung bestimmt. Auf diesen einfachen Gedanken hat der berühmte und berüchtigte Jurist Carl Schmitt[53] eine großangelegte Theorie begründet. Stets gibt es einen Feind, den man nicht aus den Augen verlieren sollte. Der Krieg ist nur eine letzte Steigerung dieser in verschiedenen Spannungsgraden [„Intensitätsgraden"] verlaufenden Beziehung. Wen wundert es, dass aus solchen Theorien zähnefletschender Hass und ein Zerstörungswille hervorgeht, der von bösen und feindlichen Stimmungen begleitet wird.

Es wird jeder vernünftige Mensch aber einsehen, dass es der Politik vielmehr aufgegeben ist, einer bestimmten Gruppe oder Gesellschaft ein möglichst „gutes Leben" [Aristoteles] zu verschaffen. Beispielsweise sollte die Kunstpolitik Kitsch nicht bekämpfen.[54] Das hat meist ganz andere Wirkungen als erhofft. Man bemühe sich um gute Kunsterziehung, schaffe Schulen und Museen, motiviere junge Künstler zum Verkauf ihrer Werke. Politiker haben genug zu tun, um sich um anderes zu kümmern. Der Kampf kann hier ruhig in den Hintergrund treten. Zwang sollte nur ausnahmsweise angewendet werden, wenn alle anderen Mittel versagen, und auch dann sollten solche Zwangsmittel nur als notwenige Übel gewertet werden. Gute Politik wird idealiter in gegenseitiger Überzeugung, Verhandlung, Vereinbarung, Diskussionen erzielt und ausgeübt, fernab von dem ständigen Geruch von Schießpulver.

Wie auch immer es um die Details bestellt ist, die ganze nationalsozialistische „Erziehung" – wenn es überhaupt erlaubt ist, den Begriff dermaßen zu missbrauchen – hat einer negativen Psychose Vorschub geleistet und alle aggressiven, bösen Triebe heraufbeschworen. Aus dem befreienden Lachen wird Hohn, Witz verwandelt sich in Verschlagenheit, die den Widersacher bezwingen will. Diese Stimmung besteht heute in breiten Kreisen fort und gedeiht auf dem Nährboden der Umstände; das ist ein gefährlicher Teufelskreis.

Natürlich können sich die Umstände nicht auf einmal ändern. Die Wende zum Besseren kann nur langsam, Schritt für Schritt erfolgen. Die Umkehr könnte jedoch leichter fallen und schneller erfolgen, wenn man sie in vertrauensvoller, unbelasteter und unbefangener Stimmung angeht. Eine solche Stimmung könnte den zwischenmenschlichen Umgang erleichtern, Streitigkeiten zerstreuen und Bindungen knüpfen.

Solche Gedanken kamen mir beim Anblick einer deutschen Verkehrspolizistin. Damals verglich ich die Frau mit unseren Polizisten. In Deutschland

---

[53] Carl Schmitt (1888–1985), sog. „Kronjurist" des Nationalsozialismus: Der Begriff des Politischen, München 1932; vgl. Reinhard Mehring, Carl Schmitt. Aufstieg und Fall, München 2009.
[54] Utitz bezieht sich hier evtl. konkret auf damalige kunstpolitische Maßnahmen.

bewegt sich der Mensch wie eine Marionette, als ob Menschen Maschinen mit starren Bewegungen sein sollten; in der Tschechoslowakei stellt sich der Polizist auf die Situationen ein: Einmal hebt er den Arm auffordernd, ein anderes Mal mahnend, fast wie ein guter Dirigent, der ein Orchester leitet. Eine befreiende Musikalität blieb im tschechischen Volk erhalten, und so lebt selbst im Militärischen noch das Zivile fort. Das Gegenteil ist in Deutschland der Fall. Dort stoßen wir auf eine lange Tradition, die den Deutschen dermaßen zur zweiten Natur wurde, dass sie sich schwer lösen lässt. Aber wir sprechen hier nur von den Stimmungen, die an dieser zweiten Natur hängen.

Jede Gymnastik oder Rhythmik zielt zunächst auf die Lockerung der Muskeln. Verkrampfungen müssen gelöst werden. Am Anfang ist das zwar nicht einfach. Wenn man solche Aufwärmübungen jedoch nicht macht, ist alle Hoffnung auf Fortschritt vergebens. Anfänger staunen gelegentlich darüber, dass sich mit der neuen Körperhaltung auch ein neues Körpergefühl einstellt. Sie fühlen sich dann bald freier und sicherer, weniger belastet, beweglicher, freudiger und geschickter.

Damit soll nicht geleugnet sein, dass Deutschland starke Gründe für schlechte Stimmungen hat. Ich will aber betonen, dass sich die schwierige Lage durch ungute Stimmung nur weiter verschlechtert und sich mit einem Funken Humor und Gelassenheit jede Situation besser meistern lässt.

Ein ausgezeichneter Psychologe hat einst den folgenden Gedanken formuliert: Versuchen sie sich einen Arzt vorzustellen, der mit Leid und Kummer zu kämpfen hat. Ist es in Ordnung, wenn seine eigene Gedrücktheit seine Patienten ansteckt? Hat er überhaupt ein Recht dazu, oder ist er nicht eher verpflichtet, Optimismus und Frohsinn auszustrahlen? Auch wenn es ihm zunächst schwerfällt, sich eine solche Haltung anzueignen, und auch wenn die vorgetäuschte Stimmung zunächst nur die Oberfläche seines Wesens berührt, wirkt sich dennoch ein solches therapeutisches Verhalten gegenüber den Patienten oft auch auf den Arzt selbst positiv heilend aus. Aus Spiel wird Wirklichkeit. Dieses kleine Beispiel verbirgt eine tiefe Wahrheit und ein gesundes Ethos.

VIII. Freiheit

Oft wird behauptet, Ursache der schlechten Stimmung sei der Mangel an Freiheit. Aber im Falle von Menschen, die viele Jahre unter einer Gewaltherrschaft lebten und nicht zimperlich wirkten, wenn es um die Unterjochung und Unterdrückung anderer Völker ging, ist diese Behauptung etwas merkwürdig. Die Besatzung durch fremde Mächte ist sicher kein Normalzustand. Weitreichende Beschränkungen müssen geduldet werden. Die Deutschen sollten sich damit zufriedengeben, dass die Restriktionen nicht durchgreifender sind, als es die Situation gerade fordert. Ich muss offen zugeben, dass mir die subtile Empfindsamkeit, die die Deutschen an den Tag legen, nicht behagen will. Die Nazis bekämpften unlängst noch die Vertreter aller anderen politischen Richtungen und gingen gegen alle Fremden und Unterworfenen mit tierischer Brutalität vor. Nun sollten wenigstens diejenigen Deutschen, die über ein normal entwickeltes Taktgefühl verfügen, geflissentlich meiden, was man als übertriebene Empfindsamkeit auffassen könnte. Ansonsten entsteht leicht der Eindruck, ein solches Verhalten gründe auf der Ansicht, dass man sich gegenüber einem Volk von einer höheren kulturellen Stufe nicht etwas erlauben dürfe, was andere, vermeintlich primitive oder rückständige Völker sehr wohl ertragen können. Solche Gedanken zeigen erneut nur Hybris und Expansionsstreben, wie es im Nazismus seinen grotesken Ausdruck fand.

Tastet man sich vorsichtig fragend heran, so erhält man etwa folgende Antwort: „Man wurde befreit, um wirklich frei sein zu können; niemand wolle doch wohl nazistische Methoden erneut anwenden, dann werde nur der unheilvolle Geist weitergeführt. Wenn wirklich die Beseitigung dieses Geistes beabsichtigt sei, müsse man sich auf die Seite der Freiheit stellen!" Das klingt recht nett und überzeugend. Wenn ich mir dennoch zwei Einwände nicht erspare, sollte niemand dahinter Böses vermuten. Haben wir nicht tausendmal in der Weimarer Republik erlebt, dass es gerade deren Totengräber waren, die im Namen der verhassten und verabscheuten Demokratie alle Freiheiten für sich einklagten? Und waren die damaligen Machthaber nicht leider zu schwach und blind, um den Gegnern der Freiheit einige Freiheiten zu verbieten, damit sie bezwungen werden konnten? Deshalb ist es unerlässlich, dass wir eingehend untersuchen, was sich in konkreten Einzelfällen hinter den sehnlichen und eindringlichen Rufen nach Freiheit versteckt. Auch ist es keineswegs unbescheiden, wenn ich die Deutschen einzusehen bitte, dass ein schwer verbranntes Kind das Feuer scheut. Es steht außer Frage, dass Freiheit ein großes und vornehmes Wort ist, das das Herz wie ein berauschendes Getränk höher schlagen lässt. Wird die Diskussion jedoch auf abstrakter Ebene geführt, verfallen wir oft in die Unsitte, die Fragen in ihrer abstrakten Allgemeinheit zu belassen. Dann bleiben deutliche Befunde aus. Deshalb müssen wir uns mit konkreten Fällen auseinandersetzen.

Am Besten fange ich mit persönlichen Erfahrungen an. Auf meiner Deutschlandreise hätte ich als Fremder unter so strenger Beobachtung stehen können, dass meine Bewegungsfreiheit beträchtlich eingeschränkt war oder dass man meine Urteile anzweifeln und manipulieren wollte. Nichts davon habe ich aber erlebt. Als ich die deutsche Grenze überschritt, prüften zwei russische Soldaten meinen Passierschein. Mein Gepäck haben sie nicht untersucht. Sie ließen alles schnell und einfach über die Bühne gehen. Dieselbe Erfahrung machte ich bei der Ausreise: Niemand fragte nach meinen Büchern, Zeitungen oder Notizen. Sobald ich im Land war, durfte ich nach Belieben reisen und alles tun, was ich mir vornahm. Auf russische Behörden stieß ich erst, als ich Hilfe brauchte: Einmal wollte ich mir eine Unterkunft im Hotel der roten Armee sichern, ein anderes Mal aß ich im Intourist[55] zu Mittag und einmal war ich im Militärwagen unterwegs. Die Russen haben sich für mich überhaupt nicht interessiert. In Halle, wo ich Unterkunft bei Freunden fand, brachte ich eine ganze Woche zu, ohne mich bei der Polizei zu melden. Ich habe, ehrlich gesagt, keine Ahnung, ob ich überhaupt irgendwo gemeldet war. Jedenfalls war ich frei, mich zu bewegen, wie es mir beliebte, und treffen durfte ich mich mit jedermann, was ich ausgiebig tat. Die Deutschen werden also im Gespräch mit dem durchreisenden Fremden überhaupt nicht eingeschränkt. In dieser Hinsicht ist kein Vergleich mit dem Konzentrationslager angebracht, und verglichen mit den Bedingungen während der Nazizeit ist dies kein geringer Wandel. Denn aus amtlichen Dokumenten ist mir bekannt, dass die Nazis etwa bei der Vorbereitung eines wissenschaftlichen Kongresses selbst darauf noch achteten, dass die Prostituierten[56] politische Zuverlässigkeit an den Tag legten. Nur so glaubte man sich sicher zu sein, dass selbst bei solchen Intimitäten keine unerwünschten Angelegenheiten angesprochen wurden. Vielsagend ist solche Fürsorge nicht nur hinsichtlich des Gastgebers, sondern auch der Gäste.

Ich will noch einmal hervorheben, dass ich in meinem Umgang mit den Deutschen absolute Freiheit genoss. So machte ich schnell die überraschende Entdeckung, dass die Menschen keineswegs eingeschüchtert waren. Verängstigte Menschen, die sich nicht trauen, frei zu sprechen, angsterfüllt um sich blicken, ob sie belauscht werden, lieber loben als kritisieren, sind mir sehr wohl bekannt – von alledem gab es aber keine Spur. Die Menschen äußerten sich mit einer überraschenden Offenheit ohne Angst und Furcht. Ich denke hier nicht nur an Gespräche unter vier Augen oder in engeren Kreisen, wo private Vertrautheit die Zunge lockert. Keineswegs! Offenheit und Vertrautheit habe ich auch in der Öffentlichkeit erfahren. Es reicht, wenn man Frauen zuhört, die in der Schlange anstehen, oder Gespräche in Straßenbahnen oder Gaststätten belauscht. Jedes Mal stellt man fest, dass die Menschen offen vor sich hinplappern: Sie fluchen oder loben, wie es ihnen wohl ist. Dies wäre sicher nicht der Fall, wenn ihnen bewusst wäre, dass sie sich Gefahren aussetzen. Offensichtlich haben sie in diese Richtung bislang keine schlechten Erfahrungen gemacht. Selbst wenn nur einige Ereignisse dieser Art bekannt wären, wären die Deutschen vorsichtiger, und sicher würden sie solche Gefahren dann in vertraulichen Gesprächen wenigstens

---

[55] Staatliche Monopol-Reiseagentur, 1929 in der Sowjetunion gegründet.
[56] Das Beispiel klingt heute abwegig. Für das DDR-Interhotel der Leipziger Messe beispielsweise sind solche Praktiken jedoch bekannt.

andeuten. Oft werden Vergewaltigungen erwähnt, zu denen es vor langer
Zeit kam;[57] man erinnert sich an Überfälle in dunklen Gassen, aber niemand
hat mir erzählt, dass Gespräche abgehört würden. Diese Möglichkeit, die eigene Meinung frei zu äußern, werte ich als Freiheitsgewinn.

Entrüstet hat man berichtet, es verschwänden Menschen ohne jegliche
Spur. Solche Beschuldigungen will ich nicht auf die leichte Schulter nehmen, aber alle meine Bekannten sind anwesend, und es sind unter ihnen
doch einige, die nicht im Hauptstrom mitschwammen und das auch nie ver-
heimlichten. Als ich die Gerüchte prüfte, führten die meisten Spuren in eine
einzige Richtung: Schüler der obersten Klassen eines ländlichen Studenten-
wohnheims wurden festgenommen, ohne dass man den Ort ihres Aufenthalts bekannt machte. Ich hatte den starken Verdacht, es handelte sich um
aktive Hitlerjugend, also um Werwölfe.[58] Wie dem auch sei, das Recht gebietet es, dass Festnahmen erst nach Bekanntgabe eines Grundes erfolgen,
dass man in möglichst kurzer Zeit verhört und der Fall durch gerichtliche
Verhandlung geklärt wird. Keineswegs befürworte ich Nachsichtigkeit, wo
es sich um verbrecherische oder unbelehrbare Individuen handelt, die meinen, sie könnten ihre gefährlichen Spiele weiter spinnen. Die Bevölkerung
muss einsehen, dass es den Ämtern nur darum geht, Hitlers verbrecherische
Ordnung zu zerschlagen, und das muss nach Möglichkeit öffentlich geschehen. Aber das ist nicht immer möglich, zumal es nicht an Stimmen fehlt, die
die Junker bedauern, riesige Vermögen verloren zu haben.

Einige Freiheitsverluste sind dennoch bedauerlich. Zum Beispiel herrscht
ein großer Mangel an Zeitungen, was sich in letzter Zeit aber angeblich etwas gebessert hat. Auch scheint mir die Propaganda der letzten Zeit psychologisch relativ ungeschickt: Sie ist zu massiv, aufdringlich und aufsässig. Aber
der starre Dogmatismus gehört nun mal zur Tradition des deutschen Partei-
systems. Dennoch stieß ich in Dresden an einigen Straßenecken auf Plakate,
die die sozialistische Republik ablehnen und eine soziale Republik fordern.
Sie hängen seit den letzten Wahlen, also seit geraumer Zeit,[59] und niemand
hat sich die Mühe gemacht, sie herunterzureißen. Natürlich war es während
der nazistischen Herrschaft undenkbar, dass jemand das System öffentlich
ablehnte und sich für ein anderes einsetzte.

---

[57] Utitz bagatellisiert hier die Massenvergewaltigungen. Halle war allerdings vom April
bis Anfang Juli 1945 zunächst von den Amerikanern besetzt, die dann vereinbarungs-
gemäß abzogen. Dresden wurde Anfang Mai 1945 direkt von der Sowjetunion besetzt.
[58] Die Partisanenverbände der „Werwölfe" wurden Ende 1944 von Himmler proklamiert und mit der Kapitulation noch von Dönitz verboten. Ihnen gehörten nicht nur
Jugendliche an. Dass Utitz hier den Mythos fortdauernder Werwolf-Sabotage entschul-
digend bemüht, ist ein Beispiel für seine eigene apologetische „Schizothymisierung".
[59] Gemeint sind wohl die Landtagswahlen vom 20. Oktober 1946, die noch als relativ
frei gelten.

Man kann einwenden, ich lege einen falschen Maßstab an. Eher sollte man an die skandinavischen Länder denken, an Belgien oder die Schweiz. Aber das sind reife demokratische Systeme, deren politische Repräsentanten und Publizisten die Regeln und Grenzen kennen. Deutschland dagegen kämpft sich gerade erst aus sehr schweren Bedingungen heraus. Und in keinem der genannten Länder haben linksorientierte Persönlichkeiten Morddrohungen erhalten.

Eindringlich wird über folgende Frage diskutiert: In vielen Häusern sind Russen untergebracht. Man hat mir erzählt, Engländer und Amerikaner würden ganze Viertel aufkaufen, während sich die Russen nur äußerst selten in ganzen Wohnvierteln niederlassen und stattdessen überall hinziehen. Sie sind überall präsent und die Beziehungen zwischen den alten Bewohnern und den neu Hinzugekommen gestalten sich sehr lebendig. Die einen finden das gut: Es wird positiv bewertet, dass sich die Russen nicht scheuen, sich unter die deutsche Bevölkerung zu mischen und freundschaftliche Beziehungen zu unterhalten. Damit wird gegenseitiges Verständnis geschaffen. Andere vermuten dahinter nur Überwachung, und die alten Bewohner berichten dann, sie hätten das Gefühl, in der eigenen Wohnung säßen Spitzel. Das beunruhigt sie und sie fühlen sich unwohl, weil sie ständig von fremden Menschen umgeben sind. Beide Positionen haben ihre Wahrheit, aber es kommt darauf an, welche Menschen zusammentreffen, ob sie sich entgegenkommen oder ob Misstrauen überwiegt. Es ist bekannt, dass gemeinsames Wohnen meist sehr belastend ist und reichlich Gelegenheit zum Streit und Zank bietet. Seit meiner Deutschlandreise haben sich die Umstände jedoch wesentlich verbessert.

Ich will diesen Abschnitt nicht beschließen, ohne noch einmal hervorzuheben, dass es durchaus spürbare Freiheitseinschränkungen gibt. Aber es ist vernünftig, wenn man die Freiheiten zunächst mit den Verhältnissen im Nazismus vergleicht und dann erst die Frage stellt, ob unter den gegebenen Umständen in einzelnen Fällen großzügigere Freiheiten möglich sind. Bei positiver Antwort ist eine ruhige Auseinandersetzung vonnöten. Oft stellt sich dann heraus, dass die Fragen eine innere Angelegenheit Deutschlands betreffen: die Spannung von Planwirtschaft und Liberalismus, dessen Vertreter in jedem Plan sogleich eine Freiheitseinschränkung wittern.

IX. Demokratie

Dass sich viele unter der Demokratie geradezu eine Karikatur vorstellen, sollte uns warnen. Aber es sollte nicht verwundern, denn seit Jahren wurden demokratische Systeme nur verflucht. Das Schicksal der Weimarer Republik macht das Modell der Demokratie nicht sonderlich begehrenswert oder auch nur erträglich. Das demokratische Regime, das 1918 alle Trümpfe in der

Hand hatte und dennoch an der eigenen Schwäche, Ängstlichkeit und Ohnmacht elend scheiterte, lädt nicht zur Nachfolge ein. Die Anwälte der [liberalen] Demokratie versuchen gewöhnlich alle Schuld von sich zu wälzen und weisen auf mangelnde Kompromissbereitschaft der damaligen Siegermächte hin. Fehlende Nachsichtigkeit soll die eigentliche Ursache des Verfalls der deutschen Demokratie und Heraufkunft der Nationalsozialisten gewesen sein. Die Sache liegt aber nicht so einfach. Allen Beschränkungen zum Trotz war Deutschland zu Stresemanns[60] Zeit eine europäische Großmacht, und wenn die reaktionären Parteien damals nicht so einflussreich und mächtig gewesen wären, hätte Deutschland wohl auch größeres Entgegenkommen erfahren. Aber die Angst vor der verantwortungslosen und wütenden Reaktion bestärkte die Welt in ihrer Zurückhaltung, und das war ein Nährboden für Kräfte, die der Demokratie feindlich gesonnen waren. Auf wirksame Hilfe konnte nur ein solches demokratisches Regime hoffen, das stabil war, nicht jedoch ein Regime, das verängstigt ums Überleben kämpfte und zu schändlichen Kompromissen bereit war.

Es ist bedauernswert, dass viele Menschen die Demokratie nahezu ausschließlich aus der Perspektive der Administration betrachteten und weiterhin betrachten: Sie erfreuen sich an Wahlen, Abstimmungen, Auseinandersetzungen innerhalb der Partei. Die eigentliche Qualität der Demokratie bleibt ihnen jedoch verborgen. Hierzu sei das ausgezeichnete Buch der schweizerischen Psychologin Franziska Baumgarten[61] *Demokratie und Charakter* empfohlen.

An zwei Beispielen meiner Deutschlandreise möchte ich den demokratischen Geist veranschaulichen: Als ich an einem Sonntag die deutsche Grenze bei Schönau überschritt, gab es keinen Anschlusszug. Zum Glück kam etwas später ein tschechoslowakischer Zug an, der den leeren Wagen nach Bad Schandau weiterfahren sollte. Die Behörden luden mich ein mitzufahren, und so konnte ich meine Reise fortsetzen. Bereits in Schönau, später auch in Schandau habe ich bemerkt, dass sich um die tschechischen Zugführer deutsche Kinder und Frauen scharten und um Lebensmittel bettelten. Das schien eine Gewohnheit geworden zu sein, und die Erwartungen wurden nicht enttäuscht. Die einfachen [tschechischen] Menschen haben mir dann fast verlegen erklärt, sie würden mit den Deutschen keineswegs sympathisieren und auch die Schreckenzeit der Okkupation hätten sie nicht vergessen. Erbittert erzählten sie von der Zeit, als sie die deutschen Militärtransporte begleiten mussten. Damals litten sie unter schlechter Ernährung und es fand sich niemand, der sie unterstützte. Nun wollen sie nicht Gleiches mit Glei-

---

[60] Gustav Stresemann (1878–1929), DVP-Politiker, Reichskanzler und Außenminister der Weimarer Republik, der für die sog. „Goldenen Jahre" Weimars, Überwindung der Hyperinflation und Verständigungspolitik stand.

[61] Franziska Baumgarten, Demokratie und Charakter, Zürich 1944.

chem vergelten, sie bedauern die ausgemergelten und bleichen Frauen und Kinder und verteilen deshalb, was sie haben – und das ist nicht viel. Diese simple Humanität bar jeglicher Phrasen ist ein Zeichen wahrer Menschlichkeit. Im Fremden erkannten sie Menschen in Not, und es schien ihnen deshalb ganz selbstverständlich, Hilfe anzubieten, wobei sie auf sentimentale Reden über Tugenden gerne verzichteten.

Nun komme ich zum zweiten, noch bemerkenswerteren Beispiel: Eines Tages hatte ich keine andere Möglichkeit als in Dresden zu übernachten. Ich erhielt die Genehmigung des russischen Hauptkommandos, im Hotel der Roten Armee unterzukommen, das gleich gegenüber des neustädtischen Bahnhofs liegt.[62] Zum Bahnhof gehört eine kleine Halle, in der man niedrigprozentiges Bier kaufen kann. Wann immer die deutschen Gepäckträger eine freie Minute haben, finden sie sich in der Bahnhofshalle ein, machen es sich dort gemütlich, packen ihre Brote aus, trinken Bier und erholen sich. Die Russen pflegen einen fast freundschaftlichen Umgang mit ihnen.

Wäre ein solches Szenario denkbar, wenn es sich um ein Hotel der deutschen Wehrmacht handelte, das von Offizieren und deren Familien genutzt würde? Würden die Angehörigen der fremden, geschlagenen und besetzten Macht dann so freundlich aufgenommen? Im besten Falle würde man ihnen etwas Trinkgeld herrisch zuwerfen, aber sicherlich würde man in diesen Menschen keine ebenbürtigen Partner sehen. Auch in diesem Falle wird den Gräben zum Trotz eine lebendige Humanität geltend gemacht, eine demokratische Haltung, die vorbildlich ist.

Absichtlich gehe ich auf solche alltägliche Episoden ein. Gewöhnlich finden sie wenig Beachtung, aber sie haben mir tiefen Eindruck gemacht, denn so werden Brücken von Mensch zu Mensch gebaut. Solches Verhalten zeichnet einen wahren Demokraten aus, und ganz so einfach, wie es gelegentlich scheinen mag, ist es wahrlich nicht: Die überlegene Position, die Sieger in einem besetzten Land genießen, verführt zur Überheblichkeit, zu einem herabwürdigenden Blick. Man braucht ein gesundes demokratisches Gefühl, um nicht dieser naheliegenden Versuchung zu erliegen.

Ich bin der festen Überzeugung, dass es möglich ist, Demokratie von unten, ausgehend von Hunderten und Tausenden solcher im Einzelnen belanglosen Vorfälle her aufzubauen. Familie und Schule sollten in diese Richtung weniger durch Unterricht und mehr durch ein lebendiges Vorbild wirken. Einer solchen Praxis steht jedoch die verbreitete Überzeugung entgegen, die Demokratie sei angeblich nur eine politische Richtung unter anderen. Dabei herrscht eine verblüffende Unklarheit über das Wesen der Demokratie vor, bis hin zur Unbestimmtheit. Klärungen sollten aber nicht doktrinär durch

---

[62] Der Bahnhof Dresden-Neustadt liegt nahe der Militäranlagen der Albertstadt, weshalb er von der Roten Armee genutzt wurde. Der Albertplatz wurde 1945 zunächst in den Platz-der-Roten-Armee umbenannt.

politische und parteiliche Etikettierungen erfolgen, sondern man sollte eine
einfache Mitmenschlichkeit als notwendige Voraussetzung jeder Demokratie
betrachten.

Eine solche Menschlichkeit bedarf der sittlichen und geistigen Reife. Man
wird zum Demokraten nicht wie das Mitglied einer philatelistischen Gemeinschaft. Man tritt nicht einfach ein. Zur Demokratie gehört Menschen-
liebe und Achtung vor dem Menschen sowie Verantwortungsbewusstsein.
Auf Massen herabzusehen, ist der Demokratie zuwider, aber ebenso ist ihr
der Versuch fremd, sich den Massen aus taktischen Gründen einzuschmeicheln, um sie zu blinder Gefolgschaft zu manipulieren.[63] Überhaupt steht
blindes Wegsehen im Widerspruch zur demokratischen Haltung, die sehen
und überzeugen will, die auf mannigfachen Wegen zu gestalten und schaffen trachtet.

Kompromissbereitschaft kennzeichnet die demokratische Haltung aus.
Gerade in Deutschland wird der Kompromiss jedoch verspottet, in England
wird er als gesellschaftliche Tugend und Weisheit gepriesen. Der Deutsche
versteht unter einem Kompromiss Zugeständnisse, die die eigene Entscheidung schwächen und verblassen lassen. Wo es um Schwarz oder Weiß geht,
erreicht man dann nur ein unbestimmtes Grau, das Philistertum eines vermeintlich goldenen Mittelwegs. Aber es gibt doch auch Kompromisse anderer Art: Kompromisse, die auf Respekt gegenüber dem Anderen gründen,
Übereinkünfte, die den Interessen aller entgegengehen und die man als
wirklich geglückte und kreative Lösungen ansehen kann. Es ist wie im privaten Leben: Entscheidungen sollen die Interessen der Beteiligten vermitteln,
niemand soll unter Druck stehen, aber alle sollen wenigstens einigermaßen
befriedigt werden. So ist das Leben: Seine Endlichkeit und Begrenztheit ver-
eitelt die Erfüllung aller Wünsche und fordert stets Opfer, damit höhere
Werte erreicht werden können.

Wer alles oder nichts fordert und ein Entweder-Oder statuiert, wider-
spricht nicht nur jeglicher Demokratie, sondern auch der gesunden Sittlichkeit. Seine Position verbleibt in der Atmosphäre der Erpressung, des Zwanges und der Gewalt. Dagegen gehört es zur dialektischen Spannung der Demokratie, dass sich ihre Anhänger als verantwortliche Personen wissen, die
ihre Verantwortlichkeiten nicht durch Verweise auf Befehle verleugnen, denen im blinden Gehorsam zu folgen sei. Sie wissen sich abhängig von der
Gemeinschaft, deren Summe der Einzelninteressen mit dem Eigeninteresse
in Einklang gebracht werden soll. Wenn wir von Menschheit reden, handelt
es sich nicht um eine Phrase, in einer Zeit, die alle Entfernungen durch Mobilität dermaßen verkürzt hat, dass jedes Ereignis Wirkungen in aller Welt
finden kann.

---

[63] Wie in der plebiszitären, caesaristischen Diktatur des Nationalsozialismus.

Aber bei aller Bereitschaft zu Zugeständnissen, zur Aufmerksamkeit für fremde Meinungen existieren dennoch feste Spielregeln. Denn Verhandlungen können nur dann erfolgversprechend sein, wenn sie von Menschen geführt werden, die sich durch seelische und sittliche Reife auszeichnen. Mit einem wohlerzogenen Haushund kann man sich in aller Freundlichkeit verständigen, aber mit einem tollwütigen Tier wird man sich anders auseinandersetzen müssen; auf keinen Fall darf man brav abwarten, bis jemand infiziert wird. Auch mit Seelenkranken oder kleinen Kindern muss man anders umgehen als mit gesunden Erwachsenen. Allgemein gilt, dass sich die Demokratie der Grenzen, in denen sie sich bewegt, bewusst sein muss.[64] Ansonsten gibt sie sich selbst auf und wird selbstwidersprüchlich und lächerlich. Dies geschieht gewöhnlich dann, wenn die Demokratie nicht an ihre eigenen Grundsätze glaubt, wenn sie von Zweifeln heimgesucht wird und dann an Kraft einbüßt. Dann verwandelt sie sich in einen bloßen bürokratischen [Legalitäts]apparat.

Ich habe diese Fragen detaillierter skizziert, weil sie für das heutige Deutschland, das unsicher zwischen dem Gestern und dem Morgen schwankt, höchst aktuell sind. In solchen Fragen spiegeln sich die Widersprüche, die heute in endlosen Variationen diskutiert werden und mit denen sich auch die nächste Zukunft auseinanderzusetzen hat. Es wäre fraglos ein Fehler, wollten wir diese Probleme durch akademische Theorien klären; eher sollte man beim Nächsten und Einfachsten beginnen. Deshalb hatte ich dieses Kapitel auch mit einfachen praktischen Beispielen eingeleitet.

X. Die Politik

Damit sind wir ins Zentrum der Politik vorgerückt. In Deutschland ist es üblich, politische Fragen mit starren Axiomen ideologisch aufzufassen. Dass die Winkelsumme eines euklidischen Dreiecks 180 Grad beträgt, gilt immer und überall. Ebenso meint man, man könne sich dogmatisch für Demokratie oder Diktatur, Republik oder Monarchie aussprechen. Dabei wird aus den Augen verloren, dass konkrete territoriale und historische Bedingungen darüber entscheiden, welche Regierungsform im gegebenen Fall den Vorzug haben sollte. Im Jahr 1918 war die Sachlage in Deutschland, verglichen etwa mit Schweden oder England, doch recht anders. Es war vertretbar, gegen die Herrschaft der Hohenzollern[65] zu protestieren und dennoch die schwedische oder englische Monarchie zu befürworten. Auch ein entschiedener schweizerischer Demokrat kann der Meinung sein, dass etwa im Kaiserreich

[64] Solche Grenzen des Verfassungswandels und Fragen des Verfassungsschutzes wurden erst nach den Erfahrungen der Selbstpreisgabe der Weimarer Republik verfassungstheoretisch verstärkt erörtert.

[65] Die preußische Dynastie des Wilhelminismus.

Abessinien auch in ferner Zukunft nur begrenzt Demokratie möglich ist.[66]
Ganz anders steht es, wenn wir nach der besten Staatsverfassung fragen und
dabei voraussetzen, dass ideale Bedingungen gewährleistet sind. Nützlicher
ist jedoch eine Diskussion, die ihren Ausgang von konkreten Sachverhalten
nimmt. Denn die Ethik kann nur die allgemeine Norm begründen, man solle
aus den gegebenen Möglichkeiten die beste auswählen. Was jedoch das Beste
ist, darüber entscheidet die konkrete Lage. Im gegenwärtigen Deutschland
könnte man sich viele unnütze Auseinandersetzungen und großen Ärger er-
sparen, würde man diese einfache und unmissverständliche Regel befolgen.
Den Weg dahin verstellt jedoch der Hang zur Abstraktion.

Die politische Blindheit und Unbeholfenheit der Deutschen scheint historisch bedingt zu sein. Als brave Untertanen haben sie die Politik den Experten überlassen und waren der festen Überzeugung, diese Berufspolitiker
würden es schon meistern. Preußen und das Reich gewannen an Macht und
Reichtum und der Erfolg schien das Regime zu bestätigen. Eine Reihe sieg-
reicher Kriege befestigte die Überzeugung, dass Kriege keine Katastrophen
sind, sondern Meilensteine auf dem Weg aufwärts, ein gesundes Stahlbad
des Volkes. Die Theorie von Blut und Eisen[67] war keineswegs neu. Aber der
neuen Zeit blieb es vorbehalten, deren rohe Zügellosigkeit und Brutalität zu
offenbaren.

Man sollte nicht dem nahe liegenden Irrtum erliegen, den rückwärtsgewandten Propheten spielen zu wollen und eine mechanische Notwendigkeit zu konstruieren,[68] wo sich immer verhängnisvoller und eindringlicher
ein kompliziertes Netz von Schuld und Torheit gesponnen hat. Trotz allem
war Deutschland zur Zeit der Berliner Konferenz[69] ein sehr angesehenes
Mitglied der europäischen Gemeinschaft, wenn nicht der Welt überhaupt.
Die Hoffnung, dass es seine gefährlichen und selbstmörderischen Züge immer gründlicher fesseln und sich in ein akzeptables Mitglied verwandeln
wird, war damals nicht vollkommen unbegründet. Aber genau das Gegenteil ist eingetreten. Es ist nicht meine Absicht, an dieser Stelle auch nur eine
kurze Skizze der historischen Entwicklung vorzulegen. Ich will mich auf die

---

[66] Utitz verteidigt die Legitimität konstitutioneller Monarchien, wie es sie heute noch
vielfach gibt.

[67] Prägung Bismarcks von 1862 im preußischen Verfassungskonflikt: „Preußens Grenzen nach den Wiener Verträgen sind zu einem gesunden Staatsleben nicht günstig;
nicht durch Reden oder Majoritätsbeschlüsse werden die großen Fragen der Zeit entschieden – das ist der große Fehler von 1848 und 1849 gewesen, sondern durch Eisen
und Blut." Bismarck schuf die Reichseinheit bekanntlich durch Reichsgründungskriege
gegen Nord, Süd und West.

[68] Utitz distanziert sich hier wohl von der „materialistischen" Geschichtsphilosophie
des Marxismus.

[69] Mehrere Berliner Konferenzen der 80er Jahre unter Bismarcks Leitung könnten gemeint sein, die die europäischen Grenzen und Kolonialverteilung betrafen.

Hervorhebung einiger Grundzüge beschränken, die noch heute das Bild des deutschen politischen Denkens wesentlich mitbestimmen.

Nahezu alle deutschen Geschichtsschreiber haben auf das Dogma geschworen, die Außenpolitik habe den Primat.[70] Abweichungen von diesem Prinzip werteten sie als kleinbürgerliche Beschränktheit, verängstigtes Verkriechen vor wilden Stürmen. Natürlich muss eine neue Weltmacht vorsichtig vorgehen, um ihre Stellung zu sichern und Fallen zu meiden, und deshalb ist Aufmerksamkeit auf die Außenpolitik geboten. Sobald diese Sichtweise jedoch überwiegt, wird sie leicht absurd. Dann erscheint alles, was der Außenpolitik nützt, als zwingend. Der rücksichtslose Stolz auf den eigenen Militarismus, die „glänzende Rüstung", ist nur ein Aspekt dieser Fokussierung auf die Außenpolitik. Das Militär wird dann zum wichtigsten Mittel der Außenpolitik und jegliche Kultur wird in ihren Dienst gestellt. Man denkt an Krieg, wenn es um Straßenbau geht,[71] Alltagsfahrzeuge[72] werden mit einem militärischen Blick auf den Krieg geplant, und die Bevölkerungspolitik zielt auf mehr Wehrpflichtige. Schließlich wird der Außenpolitik alle Sittlichkeit geopfert, die Nachbarländer werden überfallen und geplündert. Das Dogma entwickelt tödliche Konsequenzen. Der größere Teil der Geschichtsschreiber ist dafür mitverantwortlich, dass nicht ausreichend vor den Folgen gewarnt und das Feuer noch weiter entfacht wurde.

Auch die Geschichtsschreiber haben freudig das ungeheure Motto wiederholt, der Staat sei Macht.[73] Aber eine verselbstständigte Macht ist nicht sittlich.[74] Macht rechtfertigt sich stets nur durch Leistungen, die im Namen wahrer Werte vollbracht werden. Falls zum Beispiel dem öffentlichen Gesundheitswesen die Macht zukommt, von Bazillen infizierte Träger zu isolieren und Massenimpfungen vorzunehmen, wird dieses Verfahren sicher nicht deshalb genehmigt, weil Macht ein Wert an sich ist, sondern um Krankheiten abzuwenden. Der Staat soll alle Macht konzentrieren. Wenn man die moralische Zwecke der Macht dabei aber aus dem Blick verliert, verwandelt sich die Forderung in einen irreführenden Gedanken. Dann überschwemmt uns die gierige Macht wie eine Flut und man muss Schreckliches befürchten.

---

[70] Der Primat der Außenpolitik gilt als ein Dogma der historischen Schule Rankes, insbesondere spätwilhelminischer „Neorankeaner" wie Erich Marcks.

[71] Utitz meint hier vermutlich nicht zuletzt „Hitlers Autobahnen".

[72] Gemeint ist hier wohl der Volkswagen, zunächst 1938 als KdF-Wagen entwickelt, der spätere „Käfer", der als Kübelwagen im Krieg zum Einsatz kam.

[73] Ein Hauptvertreter war Heinrich von Treitschke (1834–1896); zur Tradition des Machtstaatsdenkens klassisch Hermann Heller, Hegel und der nationale Machtstaatsgedanke in Deutschland. Ein Beitrag zur politischen Geistesgeschichte, Leipzig 1921.

[74] Dazu die damals maßgebende Darstellung von Gerhard Ritter, Die Dämonie der Macht. Betrachtungen über Geschichte und Wesen des Machtproblems im politischen Denken der Neuzeit, Stuttgart 1947.

Die Idee des Machtstaates ist auch deshalb erschreckend, weil sie kein Ziel setzt. Der Appetit kommt beim Essen. Man kann es sich am Beispiel eines Schiebers veranschaulichen, der sich kein Geschäft entgehen lässt und alles für seine Geschäfte nutzt, was ihm gerade in den Blick kommt. Ein solider Händler beschränkt sich dagegen auf einen bestimmten Typ von Ware.

Die deutschen Gelehrten haben viel Aberwitz aufgewendet, um darzulegen, dass man die Gesetze der privaten Moral nicht auf den Staat übertragen könne. Zwar trifft es hin und wieder tatsächlich zu, dass sich die Sittlichkeit auf höheren Ebenen der Gesellschaft verflüchtigt. Aber grundsätzlich ist es doch falsch. Dann wären einfache Arbeiter mit höchsten moralischen Anforderungen belastet, Fabrikangestellte würden ein weiteres Feld von moralischen Freiheiten genießen und weniger noch wären wirtschaftliche Konzerne gebunden, nicht zu sprechen von den Freiheiten des Staates. Mit dem Zuwachs an Macht würden die Anforderungen an die Moral sinken und dann würde eine Sittlichkeit der unbedingten Selbsterhaltung und Selbstdurchsetzung regieren. Wenn wir uns auf einen solchen Zynismus einlassen, wird der Schwächere jederzeit von einer größeren Macht beherrscht, und am Ende bildet sich eine Gesamtmacht aus, die alle anderen zur Ohnmacht verurteilt. Wenn diese absolute Gewalt einmal gesiegt hat, tritt ein Friedhofsfrieden ein. Solche Gebrauchsanweisungen für Gewalt wurden so lange in allerlei Verzierungen angeboten, bis sie auch auf einfache Seelen wie verderbliches Gift wirkten.

Entscheidend ist heute, dass man sich von diesem irrigen Evangelium verabschiedet und mit dem Götzendienst am Staat bricht, der derart glorifiziert wurde, dass man ihm jedes Verbrechen zugestand. Die Deutschen, selbst solche, die sonst meist mit mir einer Meinung waren, haben öfters den Einwand erhoben, es sei gerade die gegenwärtige Ohnmacht der Deutschen, die ihren Untergang besiegelte. Man meint, die Deutschen lägen [den Siegermächten des Weltkriegs] wehrlos wie ein Stück Fleisch zu Füßen und jeder könne sich ein Stück abbeißen. Wer das meint, vergisst, dass man dem deutschen Staat die Machtausübung nicht verweigern will und die heutige Lage nicht als Normalfall betrachtet. Dazu gehört das „quantitative Denken", das sich auf Lebensräume bezieht. Nomaden beanspruchen einen weiten Lebensraum für sich. Hochkultivierte Völker können selbst auf kleinem Raum komfortabel leben, vorausgesetzt, sie denken nicht an Krieg und genießen ihre wirtschaftliche Unabhängigkeit. Zwar ist es verständlich, wenn sich die deutsche Seite heute sehnlichst wünscht, Deutschland möge in künftigen Friedensverhandlungen gut abschneiden. Dennoch ist es verhängnisvoll, wenn man die Lage von vornherein quantitativ statt qualitativ betrachtet und wirtschaftliche Faktoren nicht in Erwägung zieht, die der ganzen Bevölkerung ein erträgliches Leben sichern.

Damit kommen wir auf die Innenpolitik zu sprechen, die ein stiefmütter-
liches Dasein führte und im Blick auf die Außenpolitik schwer vernachlässigt
wurde. In Deutschland ist es nie gelungen, eine Aussöhnung der Arbeiter
und des Bürgertums zu erlangen, von einer Aussöhnung der Bauern und
Junker nicht zu sprechen. Stets fehlte es am guten Willen, stets überwog
der Kreuzzug gegen den Sozialismus, die „unpatriotischen Elemente". Eine
Volkseinheit hat sich immer nur dort herausgebildet, wo die Linke nachgab
und der Rechten, die nie zu Zugeständnissen bereit war, die Herrschaft über-
ließ. Diese Verschärfung der politischen Konflikte hat das politische Leben
behindert. Auch zwischen eng verwandten Parteien, zwischen Kommunisten
und Sozialisten [KPD und SPD], entstanden tiefe Gräben. Die Linke, die ein
Dasein in der Opposition gewohnt war, bewies ihre relative Ohnmacht, als
sie im Jahre 1918 in die Regierung eintrat. Die Sozialdemokraten fürchteten
sich vor dem drohenden Chaos und knüpften Kontakt mit der Rechten, um
die Bewegung in friedliche Bahnen zu lenken. Aber diese Ordnung war nur
eine Fassade, hinter der sich dunkle und skrupellose Mächte auf ihre Chance
vorbereiteten. Der prophetische Ausspruch von Karl Marx fand seine Bestäti-
gung: „Auf jede halbe Revolution folgt eine ganze Konterrevolution."[75]

Heute fällt es leicht, der deutschen Sozialdemokratie schwere Vorwürfe
zu machen. Mildernde Umstände sollten dabei aber nicht aus dem Blick geraten. Regieren will gelernt werden. Die Ablehnung von Gewalt und Zwang
war bei den Sozialdemokraten jedoch dermaßen ausgeprägt, dass sie sich in
der Regierung nur widerwillig zur Anwendung solcher Mittel entschließen
konnte. Außerdem hinderte das Bürgertum, und die Kommunisten standen
feindselig abseits. Letzten Enden konnten sich die Sozialdemokraten in ihrer
Naivität überhaupt nicht vorstellen, zu welchen widerwärtigen Mitteln die
Weimarer Rechte, die die chauvinistische Stimmung heimtückisch ausnutzte,
zu greifen bereit war. Das alles gehört der Vergangenheit an. Die Beziehungen unter den Parteien haben sich aber leider nicht wesentlich verändert.
Die eigentliche Rechte ist zwar anscheinend verschwunden, aber ihre einstigen Mitglieder belasten die Parteien weiterhin. Abermals werden wir Zeugen, dass die Sozialdemokratie[76] den Kommunismus entrüstet bekämpft und
Russland äußerst feindlich gesonnen ist.

---

[75] Nach: Karl Marx, Die Konterrevolution in Berlin, in: Neue Rheinische Zeitung Nr. 141
vom 12. November 1848, hier zitiert nach: Karl Marx / Friedrich Engels Werke (MEW)
Bd. VI, Berlin 1961, 7–9, hier: 9: „Das Königtum ließ sich daher nicht beschwatzen von
der Bourgeoisie. Es antwortete ihrer halben Revolution mit einer ganzen Konterrevolution." Die Wendung wurde in der marxistischen Rezeption zur Propagandaformel
dogmatisiert.

[76] Die Zwangsvereinigung von SPD und KPD zur SED erfolgte in der SPD schon am
7. April 1946 auf dem „Vereinigungsparteitag"; von einer SPD-Opposition in der SBZ
ist 1948 nicht zu reden; Utitz könnte hier deshalb u. a. Kurt Schumacher (1895–1952),
den damaligen Parteivorsitzenden der West-SPD meinen.

Ich bin ein Bürger eines Staates, in dem die Sozialdemokratie und die Kommunisten zwar jeder für sich handeln, aber dennoch eng zusammenarbeiten.[77] Überhaupt meine ich, dass die kleine Tschechoslowakei in vielen Hinsichten ein guter politischer Lehrer sein kann: zum Beispiel in der Schaffung einer „nationalen Front", deren Programm alle Parteien übernommen haben.

Ich bin davon überzeugt, dass die traurige Situation Deutschlands eine solche Volksfront benötigt, die sich von einem vereinigenden Programm ausgehend der dringlichsten Aufgaben stellt,[78] nach Möglichkeit ohne Zerwürfnisse. Zwar erklärt jeder, dass er an die Arbeit gehen möchte, aber jede Partei sieht in den anderen doch ein Hindernis und alle zusammen beschuldigen die vier bösen Besatzungsmächte, einer Einheitsbildung im Weg zu stehen. Wäre die Einheit das verbindende Ziel aller Parteien, würde sie mit größerem Nachdruck verfolgt. Übrigens steht außer Zweifel, dass die Besatzungsmächte von einem wirklich gemeinsamen deutschen Programm und ernsthaften Bemühen um dessen Verwirklichung beeindruckt wären. Stattdessen stellen sich die Parteien unter den Schutz einzelner Besatzungsmächte und versuchen aus deren Spannungen Vorteile zu schlagen. Die verbrecherische Hoffnung auf einen neuen Krieg, die leise geflüsterte Propaganda nach dem Motto: „Der dritte Krieg wird der Sieg!" ist zwar ermattet, da allmählich alle, die ein Mindestmaß an Besonnenheit beanspruchen können, einsehen, dass ein neuer Krieg auf eine verheerende Katastrophe für Deutschland hinauslaufen würde. Aber dennoch meinen viele, es sei klug und weise, eine Okkupationsmacht gegen die andere auszuspielen. Wäre es nicht gescheiter, diese Strategie aufzugeben, um sich mit sich selbst zu versöhnen? Gerade Deutschland ist auf Frieden angewiesen, damit es sich langsam erholen kann. Ein Staat, der wie Deutschland nicht zwischen West und Ost wählen kann, weil er in der Mitte liegt, muss intensiver noch als andere Staaten am Ausgleich interessiert sein.[79] Niemand wird fordern, Deutschland solle einen solchen Kräfteausgleich alleine herbeiführen, aber es muss sich der eigenen Aufgabe bewusst sein.

Die jetzige Lage zwingt fast unwillkürlich eine bestimmte Politik auf: den raschen Abschluss einer glaubwürdigen Entnazifizierung, die Besetzung aller Schlüsselpositionen mit zuverlässigen Antifaschisten, eine Reform des Schulwesens, die Überwindung des Lebensmittelmangels, Versorgung mit

---

[77] Diese Lage war mit der Machtergreifung der KP Ende Februar 1948 entfallen, mit der Utitz im Vorwort den Abschluss seiner Broschüre datiert.

[78] Es ist zu beachten, dass Utitz damit das Beneš-Koalitionssystem vertritt, das im Februar 1948 gestürzt wurde und zum Zeitpunkt des Erscheinens der Broschüre schon nicht mehr bestand. Utitz vertritt insgesamt nicht die Sowjetisierung und Stalinisierung der CSSR, was in manchen doktrinären Tönen leicht untergeht.

[79] Utitz rechnet damals offenbar noch mit einer Wiedervereinigung und unterschätzt die alliierten Motive der deutschen Teilung im Kalten Krieg.

den wichtigsten Gebrauchsgütern sowie eine weitreichende Sozialisierung. Jeder möge über Sozialisierung meinen, was er will, aber in Deutschland war es ein purer Zufall, der darüber entschied, dass einer etwa durch Fliegerangriffe alles verlor, während der andere gänzlich verschont blieb. Das Eigentum, das so bewahrt werden konnte, kann nicht persönlichem Verdienst zugeschrieben werden, sondern hängt gänzlich von den Kriegsereignissen ab. Einzig die Sozialisierung kann einen gerechten Ausgleich schaffen und die Hoffnungslosigkeit beseitigen. Ansonsten werden die Klassenunterschiede nur vertieft und befestigt. Man muss auf die sozialistischen und kommunistischen Positionen hier nicht detailliert eingehen, um das einzusehen. Auch im Konzentrationslager musste Eigentum [von den jüdischen Organisationen] sozialisiert werden, und jeder, der sich entziehen wollte, galt als Asozialer. Es ist heute auch nicht zulässig, konfessionelle Streitigkeiten heraufzubeschwören und so grundlos weitere Konflikte zu entfachen. Sofern die selbstverständliche Voraussetzung nicht verletzt wird, dass Kirchen politische Missbräuche nicht begünstigen, muss Religionsfreiheit gewahrt werden.

Eine nähere Analyse würde zweifellos zeigen, dass eine Einigung auf gemeinsame Grundsätzen heute eigentlich einfacher denn je sein sollte. Es geht hier nicht um Nuancen, sondern nur darum, dass jeder Farbe bekennt. Erst durch redliche Zusammenarbeit wird das gegenseitige Misstrauen überwunden. Solche Forderungen sind keineswegs utopisch, vorausgesetzt, es gibt überhaupt einen Willen zur Gemeinschaft. Man lernt sich eigentlich erst kennen, wenn man zusammenarbeitet.

In meiner langjährigen akademischen Tätigkeit habe ich erfahren, dass man an einzelnen Fakultäten, die man als kleine Parlamente auffassen kann, sachlich bleibt, wenn man sich an konkrete Aufgaben hält. Jede Sachlichkeit geht aber verloren, wenn die Atmosphäre im Voraus vergiftet ist, weil kollegiale Zusammenarbeit feindlichen Lagern gewichen ist, die unentwegt Kampfabstimmungen erzwingen und sich gegenseitig in Schach halten. Dann will man nicht Probleme lösen, sondern Siege erkämpfen. Solche Siegeszüge enden jedoch als Niederlagen. Deshalb lassen sich Fakultäten auch nicht durch Wahlverfahren charakterisieren, sondern nur durch sachliche Diskussion, in der die einzelnen Teilnehmer überzeugt werden und dann auch einmütige Entscheidungen erfolgen können. Nur so kann sich eine Fakultät gegen ihre Aufsichtsbehörden behaupten, die eine Fakultät leicht beherrscht, die am inneren Streit zerbricht. Mit diesen Bemerkungen will ich die knappen Ausführungen zur Politik schließen. Ich bin zufrieden, wenn sie etwas zur Klärung der Situation beitrugen und Wege andeuteten, die aus dem verlorenen Gestern in ein besseres Morgen führen.

XI. Die Judenfrage

Die Judenfrage ist mit den politischen Fragen eng verwoben. Warum gerade Deutschland einem zügellosen Antisemitismus anheimfiel, scheint ein unlösliches Rätsel zu sein. Das Wort „Antisemitismus" sagt an sich recht wenig, weil es nur Feindseligkeit zum Ausdruck bringt; im Kern bezeichnet es die Absicht, dem Judentum seine Menschenwürde zu nehmen und es dann einfach auszurotten. Dabei war kein Land mit dem Judentum dermaßen eng verbunden wie Deutschland. Womöglich hat Deutschland das selbst nie wirklich gesehen und anerkannt, aber es zog aus dieser Gemeinschaft [deutsch-jüdische Symbiose] seinen Nutzen. Die meisten Juden weltweit sprachen Deutsch, ein etwas aus der Form geratenes Deutsch zwar [Jiddisch], aber Deutsch immerhin. Das ergab unschätzbare Auslandsverbindungen. Wenn man etwa das kleine Philo-Lexikon[80] durchblättert, wird man erstaunt sein, welchen Beitrag die Juden zur deutschen Kultur geleistet haben. Für die Gastfreundlichkeit, die ihnen gewährt wurde, haben sie sich reichlich revanchiert, wenn denn der Ausdruck „Gastfreundlichkeit" in Bezug auf vollgültige Bürger überhaupt gestattet ist. Zahlreiche gemischte Ehen – vor allem in den so genannten höheren Kreisen – bezeugen, dass von einem wirklichen Rassenhass nicht die Rede sein kann.

Dennoch blieb der Jude ein Fremder. Man kann es knapp auf den Punkt bringen: Er war ein Gegner des Militarismus, des Junkertums und der Reaktion. Zwar gab es Ausnahmen, die sich aus falschem Ehrgeiz rückwärtsgewandten Kräften einzuschmeicheln suchten, aber abgesehen von dieser unbedeutenden Minderheit kämpften die Juden an der Seite des Fortschritts.[81] Dafür zeugen das jüdische Theater, viele Zeitschriften, Kunst und Wissenschaft und auch die Wirtschaftsgeschichte. Das weckte zwangsläufig Hass in Kreisen, die ein solches Fortschrittsdenken als Verrat am wahren Deutschtum anprangerten. Folglich wurden die Juden zu einem Paradebeispiel für angeblich verbrecherisches Verhalten. Die Geschichte zeigt nun aber eindeutig, wer es in Wahrheit war, der Deutschland in den Abgrund stieß: War es Rathenau[82] oder Hitler? Wer wollte Deutschland in eine moderne Weltmacht verwandeln, ein Zentrum höherer Kultur, Laboratorium und Treibhaus fortschrittlicher Zivilisation, einen Staat, der den Frieden anstrebt? Und wer waren die anderen, denen dies alles verhasst war?

---

[80] Emanuel Bin-Gorion (Hg.), Philo-Lexikon. Handbuch des jüdischen Wissens, Berlin 1935.

[81] Die These vom deutschen Judentum als Modernisierungsavantgarde wurde gelegentlich vertreten, auch von Antisemiten wie Carl Schmitt, und ist nicht unumstritten. Zum Beitrag vgl. Michael Brenner, Jüdische Kultur in der Weimarer Republik, München 2000.

[82] Walther Rathenau (1867–1922), Industrieller, Publizist, 1922 als Außenminister der Weimarer Republik von Rechtsradikalen ermordet.

Es macht nicht viel Sinn, darüber zu diskutieren, ob der Zuzug von Ostjuden oder das falsche Verhalten bestimmter Judenkreise schuldig sind. Das sind Ausreden, die nicht als Entschuldigung dafür taugen, dass man alle diejenigen ohne Erbarmen auszurotten trachtete, die durch noch so entfernte jüdische Vorfahren stigmatisiert waren. Als Vertreter des Fortschritts, Träger einer Lebensform, die mit Militarismus, Junkertum und dumpfem Bürgertum nicht vereinbar ist, war der Jude ein Erzfeind. Ich gehe nicht davon aus, dass die Schwerindustrie von Anfang an antisemitisch ausgerichtet war. Tatsache ist aber, dass diese Industrie an einem militaristischen, reaktionären Deutschland interessiert war und dem Antisemitismus deshalb bereitwillig die Hand reichte. Dies fiel ihr schon deshalb leicht, weil in der Schwerindustrie fast keine Juden vertreten waren. Andererseits will ich meinen, dass die Judenverfolgungen das Maß weit überschritten, das die Mehrzahl der Deutschen für angemessen und hinnehmbar hielt. Diese Deutschen haben aber übersehen, dass B und C folgt, wo A genannt wird.

Der Sturm ist vorüber. Hitlers Prophezeiungen[83] wurden nur teilweise bestätigt. Nur das mitteleuropäische Judentum wurde – ungeachtet der wenigen Überlebenden – tatsächlich vernichtet.[84] Aber auch in diesem Falle hat sich sein Plan nicht voll erfüllt: Weil das Judentum mehr als sechs Millionen Juden verloren hat, mehr als ein Drittel seiner Kraft also, wurden seine Anhänger bewusster und wachsamer, und viele haben den Weg zurück zum Judentum gefunden, mit dem sie längst gebrochen hatten.[85] Die Judenfrage ist nicht eher erledigt, bis man Lösungen findet. Immer deutlicher werden sich die Staaten dessen bewusst, dass ihr Umgang mit den Juden das beste Zeugnis ihrer Humanität und demokratischen Gesinnung ist.[86] Wie niederträchtig muss man sein, um eine kleine Minderheit zu vergewaltigen, zu berauben und zu töten und darin das Zeichen eines vornehmen Herrenvolkes zu sehen, dass es Rassen wie Ungeziefer ausrottet?

Man tut den Deutschen Unrecht, wenn man nicht anerkennt, dass die Mehrzahl heute das fundamentale Unrecht der antijüdischen Politik einsieht.

---

[83] Historiker verweisen für Hitlers „Prophezeiung" des Holocaust speziell auf Hitlers Rede vom 30. Januar 1939: „Ich will heute wieder ein Prophet sein: Wenn es dem internationalen Finanzjudentum in und außerhalb Europas gelingen sollte, die Völker noch einmal in einen Weltkrieg zu stürzen, dann wird das Ergebnis nicht die Bolschewisierung der Erde und damit der Sieg des Judentums sein, sondern die Vernichtung der jüdischen Rasse in Europa."

[84] Es ist unwahrscheinlich, dass Utitz hier das osteuropäische Judentum nicht einbezog.

[85] Utitz datiert die sog. „jüdische Renaissance" hier auch deshalb sehr spät, weil er selbst erst im Konzentrationslager zum Judentum zurückkehrte, nachdem er nach seiner Dissertation aus karrieretaktischen Motiven und nach dem Rat seines akademischen Lehrers Franz Brentano zum Protestantismus konvertiert war.

[86] Utitz meint hier offenbar nicht nur die Gründung des Staates Israel, die 1948, im Erscheinungsjahr der Broschüre, erfolgte.

Ich nenne absichtlich den Begriff „Politik", weil heute mehr der Unsinn und Wahnsinn als der verbrecherische Charakter der Judenvernichtung hervorgehoben wird. Heute werden Juden relativ freundlich aufgenommen und es herrscht das Bestreben, sie zu entschädigen oder wenigstens einige Vorzeigebeispiele zu schaffen. Sachlich hat sich die Frage für Deutschland heute erledigt. Sobald diejenigen Juden, die gegen ihren Willen noch da sind,[87] Deutschland verlassen, sinkt die Zahl derer, die in Deutschland bleiben, so stark, dass sich weitere Diskussionen erübrigen. Dazu kommt, dass sich die Altersstruktur ungünstig entwickelt: Die Jugend fehlt fast ganz und ein Zustrom aus dem Osten ist nicht zu erwarten. Ich bin mir sicher, dass dieser kleine Rest allmählich im deutschen Volk aufgeht. Eine Assimilation auf anderen Wegen scheint heute nicht in Frage zu kommen, zumindest nicht in Deutschland. Die Juden, die heute trotz allem bereit sind, ihr weiteres Schicksal mit Deutschland zu verbinden, finden sich damit ab, was ihre Glaubensgenossen von den Deutschen erlitten. In der Regel berufen sie sich dann auf die traurige Feststellung, dass alle Völker unter ungünstigen Bedingungen grenzenloser Brutalität fähig sind. Das ermöglicht ihnen die Integration, und sie ziehen Nutzen aus den Bemühungen, sich Juden gegenüber heute zuvorkommend zu zeigen.

Umsichtigen Juden wird die Integration schwerer fallen, obwohl sie weder Hass verspüren noch nach Vergeltung trachten. Denn die über zwölf Jahre von Hitlers Herrschaft erlebten sie anders als die Deutschen. Während die Deutschen Hitler bejubelten, erstickten sie in Gaskammern. Auch sie gehörten zu den Völkern, die mit Hitler einen Kampf auf Leben und Tod führten. Auf meiner Reise machte ich in Deutschland die Erfahrung, dass es einige Themen gibt, über die ein Fremder selbst mit einem eng befreundeten Deutschen nicht sprechen darf. Man könnte sonst leicht die Selbstachtung verlieren oder den eigenen Freund beleidigen. Übrigens sind die Deutschen froh, wenn man solche belastende Themen meidet. Die Judenfrage hat sich in Deutschland hoffentlich gelöst.[88] Aber etwas Fremdes bleibt zurück und

---

[87] Die „organisierte Rückführung" („Repatriierung") dauerte oft jahrelang; dazu vgl. Angelika Königseder / Juliane Wetzel, Lebensmut im Wartesaal. Die jüdischen DP's (Displaced Persons) im Nachkriegsdeutschland, Frankfurt 1994; zur Nachkriegslage vgl. Michael Brenner, Geschichte der Juden in Deutschland von 1945 bis zur Gegenwart. Politik, Kultur und Gesellschaft, München 2012; Bernard Wassenstein, Europa ohne Juden. Das europäische Judentum nach 1945, Köln 2000; zur aktuellen „Gefährdungslage" etwa Julius H. Schoeps, Hat Hitler am Ende doch gesiegt? Europas Juden zwischen Shoa, Neuformierung und neuen Gefährdungen, in: Zeitschrift für Religions- und Geistesgeschichte 67 (2015), 244–258.

[88] Utitz meint hier vermutlich die Gegenstandslosigkeit des Antisemitismus infolge des Untergangs des deutschen Judentums. Diese optimistische Sicht ist leider widerlegt. Auch die deutsche Nachkriegsgesellschaft war noch massiv antisemitisch eingestellt und heute wird das Gift des Antisemitismus nicht nur im deutschen Rechtsradikalismus, sondern auch im islamistischen Terror erneut gewalttätig und mörderisch. Aus der

wird so leicht nicht schwinden. Die Verhältnisse ähneln der in Spanien[89] bereits seit Jahrhunderten währenden Lage.

XII. Kultur

Zu den schwersten Verlusten, die Deutschland erlitten hat, zählt der Zusammenbruch der deutschen Kultur. Ich denke hier nicht an Schäden, die durch Luftangriffe verursacht wurden, sondern an die Abwendung von der weltweit berühmten Tradition und der einstigen Stellung als geistige Weltmacht. Einige Aspekte des deutschen Charakters erfreuten sich im Ausland keiner besonderen Beliebtheit, aber seine kulturelle Reife wurde überall hoch geschätzt. Deutschlands Kultur wurde so bewundert, dass man kaum bemerkte, in welchem Maße sie sich aus der alten Erbschaft nährte. Die besten Reste der deutschen Kultur sind [im Nationalsozialismus] emigriert. Wenn man das letzte Werk Ernst Cassirers – *An Essay on Man* – in die Hand nimmt oder eine im Ausland erschienene Aufsatzsammlung zum Gedenken Edmund Husserls,[90] mag man kaum glauben, dass Deutschland für diese Leistungen keinen Platz fand. Oder man erinnere sich an die theoretische Physik, die Mathematik, Psychologie, Logik und weitere Fächer. Diese Werte bereichern nun auswärtige Kulturzentren und Deutschland muss wieder neu Boden fassen. Noch heute begegnet man oft der Ansicht, dass die anderen „auf uns kulturell angewiesen sind" und dass „sie uns noch brauchen werden". Solche Borniertheit ist schwer verständlich, wenn man bedenkt, dass es die Deutschen selbst waren, die den Ausverkauf ihrer Kultur veranlassten. Es wird eine sehr geschickte Kulturpolitik nötig sein, um die Schäden auch nur einigermaßen zu kompensieren. In Wien fehlte es hier nicht an Verständnis und Talent; Deutschland wird diese Qualitäten erst unter Beweis stellen müssen.

Ein kultureller Zusammenbruch von solch einem Ausmaß hätte sich nicht ereignet, wären nicht einschlägige Vorbereitungen getroffen worden. Man muss schon beträchtliche Naivität an den Tag legen, um zu behaupten, die Kultur hätte noch in vollster Blüte gestanden, als der Nazismus sie enthauptete. In Wahrheit hat sie fast keinen Widerstand geleistet, weil sie an sich selbst verzweifelte und den Glauben an ihre Sendung verloren hatte.

Literatur etwa Gideon Botsch (Hg.), Jugendbewegung, Antisemitismus und rechtsradikale Politik, Berlin 2014; Wolfgang Benz (Hg.), Antisemitismus und radikaler Islamismus, Essen 2007.

[89] 1492 wurden die spanische Juden (Sepharden) grausam vertrieben. Ältere Darstellung bei Valeriu Marcu, Die Vertreibung der Juden aus Spanien, Amsterdam 1934.

[90] Ernst Cassirer, An Essay on Man. An Introduction to a Philosophy of Human Culture, Yale 1944; posthum erschien: The Myth of the State, Yale 1946; Philosophical Essays in Memory of Edmund Husserl. Edited by Marvin Farber, Cambridge 1940.

Der Theaterbetrieb war rege. Aber wo waren die Zeiten eines [Otto] Brahm oder [Max] Reinhardt?[91] Es gab keine erfolgreichen Bühnenwerke mehr, das Publikum verlor den Kontakt zur Szene. Das Theater konnte sich nicht mehr auf regelmäßige Besucher stützen. Einen Teil hatte die Inflation verzehrt, der andere verflüchtigte sich. Deutschen Schriftstellern fehlte es an dem Glauben, zu Großem berufen zu sein, den noch Gerhart Hauptmann oder Stefan George[92] verspürten. Große Kämpfe um die neue Kunst, die triumphale Siege davontrug, waren vorbei.[93] Umfangreiche Kunstmärkte blieben zwar zurück, aber sie hatten keine Ereignisse zu bieten, die man gespannt erwartete. Alles wurde eigentlich für möglich gehalten und nichts für notwendig. Zwar lebten ausgezeichnete Künstler, aber sie gaben nicht den Ton an. Am besten stand es noch um das Musikleben mit seinem feinen Gehör für ausgezeichnete Qualität und wahre Werte.

Fassen wir zusammen: Die Anforderungen an die Kunst waren gesunken. Hin und wieder wurde sie zwar vornehm gefeiert, aber im Leben des Volkes, dessen Interessen andere Wege gingen, kam ihr nur noch eine untergeordnete Stellung zu. Das mag merkwürdig erscheinen, da doch der Hang zum Irrationalismus, zur Romantik, zum Mythos seinen Nährboden gerade in der Kunst hätte finden können. Dieser Hang wurde aber mit der Forderung nach illusionslosem Realismus verbunden, dem einzig moderne Menschen gerecht würden. Während man sich einerseits fantastischen Mythologien hingab, hat man andererseits alles demaskiert, bis nur das reine Nichts zurückblieb. Der so genannte „romantische Nihilismus" ist eine eigentümliche Verschränkung dieser Zeit. Man ließ mit der Romantik eine Dämonisierung der Technik einhergehen, aller Demaskierung zum Trotz verehrte man zugleich die Ursprünglichkeit der Natur und die perfekte Maschine.

Für die Religiosität war das ebenso ungesund wie für die Wissenschaft. Andererseits sollte nicht geleugnet werden, dass es noch viele überzeugte und begabte Vertreter religiösen Lebens gab. Aber die Hauptströmungen waren von anderen Kräften gelenkt. Das religiöse Leben schlug einen Weg ein, auf dem die ursprüngliche, selbstverständliche und simple Religiosität dermaßen erlahmte, dass die regen Debatten dieses Wesen eher verschleierten als offenbarten. Ansonsten wäre es gänzlich unverständlich, dass man in vielen Kirchen den Götzen der Macht anbetete, dass sich grober Materialismus in das Kleid der Metaphysik hüllte und Christen den gänzlich unchristlichen Charakter solcher Predigten nicht durchschauten. Hand in Hand

---

[91] Otto Brahm (1856–1912); Max Reinhardt (1873–1943).

[92] Gerhart Hauptmann (1862–1946); Stefan George (1868–1933).

[93] Utitz meint hier vermutlich die Überwindung von „Naturalismus" und „Expressionismus", die er in seinen Schriften beschrieb: Die Kultur der Gegenwart. In den Grundzügen dargestellt, Stuttgart 1921; Die Überwindung des Expressionismus. Charakterologische Studien zur Kultur der Gegenwart, Stuttgart 1927.

mit dem Verfall der Frömmigkeit ging ein Verfall der Sitten einher. Zwar bin ich nicht der Meinung, nur die Religion könne Sittlichkeit begründen, eher würde ich das Gegenteil behaupten, aber es wurde der Glaube an objektive moralische Werte überhaupt erschüttert. Denn weder eine Maschine noch die Natur sind moralische Werte. Nur der halbverstandene oder gänzlich missverstandene Nietzsche geisterte in Gestalt seiner vulgären Epigonen umher, die den heiligen Egoismus, die Macht des Stärkeren, den Primat des Herrenvolkes verkündeten, zu dem sich die Deutschen dann selbstherrlich aufschwangen.

Ganz allgemein gesprochen verlangt jede höhere Kultur eine relativ anstrengende Persönlichkeitsbildung. Schon kleine Kinder müssen lernen, ihre Triebe zu beherrschen, zu warten, bis man ihnen das Essen reicht; sie dürfen nicht gierig nach allem greifen, sollen bescheiden und höflich sein. Solche Erziehung ist keine Kinderquälerei, und sie soll das Kind auch nicht nur auf die Schwierigkeiten, die das Leben mit sich bringt, vorbereiten. Es soll ihm der Eintritt in ein reicheres Leben in der menschlichen Gemeinschaft ermöglicht werden. Jede wahre Erziehung ist darum bemüht, die besten Anlagen in Eigenschaften zu verwandeln. Diese Selbsterzeugung des Menschen in menschlicher Umwelt ist keine einfache Sache.

Wesentlich einfacher ist es, den menschlichen Trieben – der Gier, Macht, Herrschaft, Rohheit usw. – zu willfahren und sie zu entfachen. Dazu ist keine sorgfältige Erziehung nötig, es genügt, auf einer niederen Ebene zu verbleiben und auf Zucht und Dressur zurückzugreifen, um äußere Ordnung und Entwicklung zu befördern.

Hier bietet sich eine Analogie mit der Tierwelt an: Ein Hund lässt sich durch liebevolle Erziehung vermenschlichen, aber man kann ihn auch seiner Wildheit überlassen und dann versuchen, durch strenge Dressur zu zügeln. Das verdirbt aber seinen Charakter. Der Nazismus hat diesen zweiten Weg eingeschlagen: Auf der einen Seite hat er den niedrigsten Trieben freien Lauf gelassen, auf der anderen hat er strengste Dressur eingeführt. Beides ist gleichermaßen kulturfeindlich. Diese bizarre Niedertracht wurde durch lächerliches Gerede von der Rückkehr zur Natürlichkeit verdeckt, zur Ursprünglichkeit, Naturnähe, zum Irrationalen, kurz: allem, was die Gegner nicht vertraten.

Diese törichte Mystik ging mit einer Mythisierung der starren Hierarchie einher, auf deren Gipfel der unfehlbare Erlöser thronte: der „Führer", dem gegenüber absolute Unterwürfigkeit geboten war. Diese Fügsamkeit wurde durch eine Entfesselung der Triebe belohnt, die sich bis zur besessenen, grausamen Perversität steigerte.

Man darf nicht vergessen, welch eine erregende Lockerung des ganzen deutschen Lebens die Weimarer Republik bedeutete. Alte Autoritäten waren gefallen und neue hatten keine Autorität mehr. Es fehlte an einem Lebens-

stil. Auch die Bemühungen der Linken scheiterten hier. Hinter der Fassade
der Ordnung herrschte Chaos, romantischer Nihilismus oder technizistische
Romantik. Jedes Abenteuer schien möglich.

Und wie steht es heute um uns, nachdem der Katzenjammer des Ascher-
mittwoch eingetreten ist und man mit seinem Kater zu kämpfen hat? Ich
meine, man hat sich schließlich selbst eingestanden, dass es so nicht weiter-
gehen kann. Leider beschäftigen sich die Deutschen aber gewöhnlich nur
damit, wie es zur Niederlage im Krieg kommen konnte. Angemessener wäre
die Frage, wie sie sich zu den ungeheuerlichen Verbrechen entschließen
konnten. Man stelle sich den Alptraum eines deutschen Sieges vor und wird
sogleich Zeuge einer uferlosen Barbarei: Versklavung, Erniedrigung, grobe
Verherrlichung der Macht.

Das wollen die Deutschen heute sicher nicht mehr herbeisehnen. Heute
stehen sie erneut für die Kulturentwicklung ein. Dafür zeugt jedoch nicht die
breite Teilnahme an den Sonntagsmessen: Subjektiv habe ich eher das unangenehme Gefühl, diese Kirchenbesuche sind eine stille, aber ostentative Demonstration gegen die Russen, den Kommunismus und Sozialismus. Gleichwohl bin ich von der Richtigkeit des alten Sprichwortes überzeugt: „Die Not
lehrt beten!" Ich kann also glauben, dass breitere Schichten heute den Weg
zur Andacht gefunden haben. Erfreulich ist auch der Lesehunger. Die Theater erwachen. Man wendet sich der Musik zu, es werden Kunstausstellungen
veranstaltet und zahlreiche Vorlesungen. Kurz, der Geist erwacht zu neuem
Leben. Man kann hoffen, dass sich geeignete Führer finden werden, die den
äußeren Betrieb nicht mit dem geistigen Inhalt verwechseln. Warum sollte
man die jetzigen Umstände aber nicht optimistisch werten? Die Anlagen der
Deutschen stehen außer Zweifel. Es gibt kein kulturelles Gebiet, auf dem sie
nicht hervorragende Werke geschaffen hätten. Wenn es ihnen gelingt, die
Hindernisse und inneren Hemmungen aus dem Weg zu räumen, zu denen
ich in erster Reihe eine gewisse kulturelle Ermattung zähle, Feindschaft gegenüber der Kultur, so sind die Perspektiven sicher nicht schlecht.

Es grenzt an eine Tragikomödie, dass der Mensch ständig befürchten
muss, er werde missverstanden. Misstrauische Seelen argumentieren: Unsere
Gegner würden uns zwar ein leises, unschuldiges Weimar gönnen, aber den
Weg nach Potsdam,[94] zur Wiege unserer eigenen Kraft will man uns verstel-
len. In solchen Feststellungen wird Weimar abermals abgewertet. Zur Kultur
gehört wesentlich die Einsicht in die eigene Situation, und niemand kann
bezweifeln, dass sich die Deutschen heute in einer Lage befinden, die Kultur
gebieterisch fordert. Erstens ist es nur auf diesem Wege möglich, die inneren Verwüstungen zu überwinden, und zweitens würde dann die Welt einen
Beweis erhalten, dass der Wille zur Bildung und das Geistesleben wieder erwacht sind. Dann wäre es möglich, auf schnellstem Wege die eingestürzten

---

[94] Von der Weimarer Nationalkultur zum preußischen Militärstaat.

Brücken wieder aufzuerbauen. Der Geist ist kleinmütig geworden. Heute ist es aber an der Zeit, sich kühn zum Geist zu bekennen.

XIII. Hochschulen

Ein eigenständiges Kapitel muss nun den Hochschulen gewidmet werden. Ich tue es nicht aus meinem persönlichen Interesse als Universitätsprofessor, sondern deshalb, weil die Ansicht vorherrscht, die Hochschulen wären finsterste Treibhäuser des Nazismus und die eigentliche Quelle der reaktionären Gesinnung gewesen. Es besteht kein Zweifel, dass sich die Studierenden in einem entsetzlichen Maße radikalisierten und nur auf geringen Widerstand stießen. Aber bis zu Hitlers Machtergreifung gehörten die Professoren – abgesehen von einigen Ausnahmen – nicht zum Lager der Nazis. Weit eher waren sie konservativ als revolutionär gesinnt. Ihre Schuld besteht vor allem darin, dass sie die Entwicklungen nicht aufhielten und zusahen, wie sie eskalierten. Sie hätten die Führung übernehmen sollen, stattdessen waren sie größtenteils fassungslos. Sie sahen die Zerstörungen erst, als es zu spät war.

Gewiss waren die meisten Professoren nicht bereit gewesen, sich mit der Weimarer Republik abzufinden. Wahre, kämpferisch gesinnte Demokraten waren rar, eher trauerte man dem guten alten Deutschland nach. Begeisterung für die neue Zeit äußerten sie nicht, und schließlich bestand dafür auch wenig Grund. Nur so hätten sie aber die Studenten für sich gewinnen können. So suchten die Studenten, was sie an deutschen Hochschulen nicht fanden, und die Professoren sahen nur zu. Allzu geduldig verfolgten sie den nationalsozialistischen Enthusiasmus der Jugend und waren zuversichtlich, das wilde Gären würde sich setzen. Streitereien gingen sie aus dem Weg, suchten Fehler zu entschuldigen oder verhängten nur milde Strafen. Auch kann nicht behauptet werden, dass die wenigen freiheitlich gesonnenen Philosophen eine effektive Stütze in den Ministerien gefunden hätten. Theoretisch war dies wohl der Fall, nicht aber praktisch. Die Regierung zog es vor, im Interesse des inneren Friedens nicht zu schroff vorzugehen, und so war man bei allen Problemlösungen stets bemüht, den Schein der Normalität zu wahren, bis man am Rand des Abgrunds angekommen war. Es ist möglich, dass die Studenten sich durch wirkliche Strenge und einen festen Glauben hätten beeindrucken lassen, aber an diesem Glauben fehlte es. Angsterfüllt ließ man auch von der Strenge ab. Jeder Konflikt zwischen Studenten und Hochschulen endete mit einer Niederlage der Hochschulen, die deren Schwäche enthüllte. In besonderer Eindringlichkeit offenbarte sich hier die Schattenseite des Liberalismus, der seinen eigenen Feinden Schutz bot.

Mit den weltberühmten und einst vorbildlichen deutschen Hochschulen ging ein Wert von erstrangiger Bedeutung verloren. Das hätte aber nicht geschehen können, wenn die ehrwürdigen Institutionen nicht durch etliche Krankheiten schon innerlich geschwächt gewesen wären. An erster Stelle will ich hier den Zweifel am Wert der Wissenschaft nennen. Man kann nicht auf die Aufklärung herabschauen, Irrationalismus loben, objektive Wahrheit ablehnen, nur relative Feststellungen akzeptieren und zugleich von dem stolzen majestätischen Pathos erfüllt sein, das einst in den Gelehrten wie ein heiliges Feuer loderte. Der oft belächelte Geist der Gründlichkeit war nur die Rückseite der Gesinnung, die der Wissenschaft einst einen so hohen Stellenwert einräumte, dass kein Fleiß und keine Ergebenheit genügte, um diesen vornehmen Zielen zu dienen. Dieses Ethos war aber im Rückgang. Die allmählich aussterbenden Vertreter wurden als Sonderlinge ausgelacht.

Allmählich bildete sich ein neuer Typus des Professors heraus, der sich von demjenigen, der mir aus meiner Studentenzeit vertraut war, wesentlich unterschied. Man fürchtete die philisterhafte Pedanterie und förderte Männer, die sich durch Biegsamkeit und glatte Sitten auszeichneten. So tauchten intelligente, begabte und berechnende Bürokraten auf, die sich tatsächlich als Bürokraten verstanden und nicht als Vertreter einer internationalen Gelehrtenrepublik. Diesen Bürokraten sollte die Wissenschaft nur zu einer schnellen Kariere verhelfen, weshalb sie Konflikte mit der Regierung lieber mieden und ein allzu entgegenkommendes Verhältnis zu den Studenten unterhielten. Nicht von der Wissenschaft versprachen sie sich Orientierungshilfe, stattdessen horchten sie aufmerksam auf den Zeitgeist, um ihm die Richtlinien zu entnehmen, an denen sie sich dann orientierten. Aus dieser Perspektive ist es nicht verwunderlich, dass die ältere Generation der Hochschulprofessoren sich meist in der Wissenschaft bewährte, während die jüngeren scheiterten, weil sie sich für echte Wissenschaft nicht wirklich engagierten.

Dazu kam ein äußerst gefährliches Spiel mit der akademischen Freiheit. Sie war einer der kostbarsten, in schweren Kämpfen errungenen Werte der Universität. Nur zu oft verschleierte die Berufung auf diese Freiheit einen undemokratischen Geist und Umstände, die mit ihr unvereinbar waren. Ist es nicht grotesk, dass nach Hitlers Machtantritt der Rektor einer großen Universität aus dem Südwesten Deutschlands seinem Führer ein Telegramm zukommen ließ, in dem er sich dafür bedankte, dass die akademische Freiheit durch die Wiedergenehmigung der Mensur[95] wiederhergestellt wurde? In Wirklichkeit war der Nazismus ein Totengräber jeglicher akademischen Freiheit. Auch heute ist die akademische Freiheit wieder ein Thema, und wieder berufen sich hauptsächlich diejenigen auf sie, die sie für ihre eigenen

---

[95] Formalisierter Fechtkampf zwischen Mitgliedern von Studentenverbindungen. Die Mensur wurde am 26. Mai 1933 durch Änderung des § 210a StGB erneut straffrei gestellt.

Zwecke verwerten wollen. Wenn Staat und Hochschulen harmonieren, entsteht leicht der Eindruck, die Wissenschaft genieße einen schrankenlosen Freiraum. Man sollte aber nicht vergessen, dass im kaiserlichen Deutschland kein Sozialist Privatdozent werden konnte, und auch im alten Österreich wäre ein Wissenschaftler, der sich zu keiner Religion bekannte, kaum zum Professor ernannt worden.[96] Andererseits war man bereit, Vorträge über den „Staatssozialismus" zu genehmigen, und Naturwissenschaftler und Philosophen durften atheistische Ansichten vortragen. Die meisten Gelehrten fühlten sich frei, da sie nie im Traum darauf gekommen wären, gegen die Staatsautorität aufzubegehren. Ihr Bedürfnis nach kritischem Geist mussten sie nicht zügeln, weil die liberale Praxis der Regierung immer noch ausreichend lebendig und flexibel war, nicht an übermäßiger Empfindlichkeit litt und einige politische Sticheleien ruhig hinnahm. Man erinnere sich nur an die offenen Äußerungen vieler satirischer Zeitschriften und Zeitungen oder blättere nach, um die Grundstimmung der Zeit vor dem Ersten Weltkrieg wieder aufleben zu lassen. In erster Reihe war der Staat auf seine Hochschulen stolz; die Professoren fühlten sich dem Staat verpflichtet und standen gerne für ihn ein. Zwar übten sie beim Glas Wein gerne heftige Kritik, aber letztlich war der Staat doch wie eine Großfamilie, deren Mitglieder sich ab und zu uneins sind, aber letzten Endes nahestehen und sich dieser Zugehörigkeit auch bewusst sind.

Andere Umstände herrschten nach dem Ersten Weltkrieg. Die deutsche Republik wollte die Hochschulen nach ihren Vorstellungen ändern. Formell scheiterte dieser Versuch schon an den garantierten akademischen Freiheiten, hinter denen sich bald reaktionäre Einstellungen verbargen. Das gab einen schiefen und leicht komischen Anblick: Angeblich bedrohte die Linke die akademischen Freiheiten, während die Rechte sie verteidigen wollte. In Wahrheit waren alle damaligen Reformversuche ihrem Wesen nach zum Misserfolg verurteilt, weil sie die organisatorischen und technischen Maßnahmen überschätzten; gerade die größten Bundesländer trafen oft ungeschickte personelle und politische Entscheidungen.

Die Aufnahme der Privatdozenten in die akademische Verwaltung war sicherlich von Fortschrittsgeist getragen,[97] aber letzten Endes unterlagen die Älteren dem Nazismus wesentlich weniger als die Jüngeren. In der älteren Generation lebte die akademische Tradition noch fort, auch hatte sie ein deutlicheres Bewusstsein von dem, was Wissenschaft und Kultur sei; schließlich sahen sie sich selbst eher als Gelehrte denn als Unteroffiziere.

Ich fühle mich verpflichtet, an dieser Stelle einige persönliche Erinnerungen mitzuteilen. Als Hitler an die Macht kam, gab es in der ganzen Universität Halle nur zwei Mitglieder des Professoren-Kollegiums, die sich zum

---

[96] Utitz spielt hier auf seinen Lehrer Franz Brentano an.
[97] Dazu vgl. Alexander Abusch, Die Geschichte des Privatdozenten, Stuttgart 1959.

Nazismus bekannten; zwei verbissene Nazis fanden sich auch unter den Privatdozenten,[98] die sich – typischerweise – in ihrem Ehrgeiz gekränkt fühlten. Nur mit Widerwillen und Querelen ließ sich die Universität ins Schlepptau des Nazismus nehmen. Sie unterwarf sich aber ohne Kampf, und allmählich fanden dann mehr und mehr Akademiker Gefallen am Hitlerismus. Ich will ausdrücklich festhalten, dass sich keiner der bedeutenden Akademiker mir gegenüber je schlecht verhalten hat. Vielmehr bemühten sie sich, mir ihre Sympathien zu zeigen und die Last erträglicher zu machen. Auch etliche Studenten bekundeten mir Bedauern und Dank. Dies alles fiel in das Jahr 1933. Im Juli habe ich Deutschland verlassen und bin in meine Heimatstadt Prag zurückgekehrt.

Hier war die Situation an der deutschen Universität dann wesentlich anders. Zwar haben mich die Akademiker aufgenommen; sie konnten sich schwer dem Druck der Regierung[99] widersetzen, die damals angeordnet hatte, einige tschechoslowakische Gelehrten zu berufen. Weil mein Fach gerade unbesetzt war, konnte man mich nicht ignorieren. Die Fakultät musste gegen sechs Stimmen der Opposition in den sauren Apfel beißen. Später wurden mir in der Fakultät aber nur sehr bescheidene Aufgaben zuteil. Man wählte mich in keine Arbeitskommissionen, auch wenn es sachlich geboten gewesen wäre. Alle Sitzungen erschöpften sich in peinlichen rhetorischen Streitereien und mündeten in die Majorisierung der liberalen Minorität durch die einheitlich vorgehende nationale Mehrheit. Ich hatte das Gefühl, die Entscheidungen fielen niemals wirklich in der akademischen Korporation, sondern in einem nationalsozialistischen Konventikel, oder deutlicher gesagt: in der deutschen Botschaft, wohin die intimsten hochverräterischen Kontakte führten.[100] Als sich die Wolken des Hitlerismus über der Tschechoslowakei immer mehr zusammenzogen, überwog nur noch ein einziger Ehrgeiz: die rechtzeitige Eingliederung ja nicht zu verpassen und sich durch

---

[98] Es ist nicht ganz eindeutig zu identifizieren, wenn Utitz hier meint. Schon am 5. März 1933, also vor dem Ermächtigungsgesetz, unterzeichneten 16 Hallenser Hochschullehrer einen Aufruf für Hitler. Ein NSDAP-Aktivist war der Vorgeschichtler Hans Hahne (1875–1935), der schon vor 1933 PG war. „Führer-Rektor" wurde dann Johannes Weigelt (1890–1948), der allerdings erst zum 1. Mai 1933 eintrat. Dazu vgl. Henrik Eberle, Die Martin-Luther-Universität in der Zeit des Nationalsozialismus, Halle 2002, 38ff; ders., Johannes Weigelt (1890–1948). Führerrektor der Martin-Luther-Universität in der Zeit des Nationalsozialismus, in: Hermann-J. Rupieper (Hg.), Beiträge zur Geschichte der Martin-Luther-Universität 1502–2002, Halle 2002, 455–486; vgl. auch Friedemann Stengel (Hg.), Ausgeschlossen. Zum Gedenken an die 1933–1945 entlassenen Hochschullehrer der Martin-Luther-Universität Halle-Wittenberg, Halle 2013.

[99] Dazu Emil Utitz, Masaryk als Volkserzieher, Prag 1935.

[100] Utitz erwähnt nur die nationalsozialistische Fraktion innerhalb der Deutschen Karls-Universität. Es gab aber auch eine tschechische. Zur Prager Universitätsgeschichte vgl. Hans Lemberg (Hg.), Universitäten in nationaler Konkurrenz. Zur Geschichte der Prager Universitäten im 19. und 20. Jahrhundert, München 2003.

besonderen Eifer auszuzeichnen. Die jüdischen und liberalen Elemente wurden schmählich vertrieben, wie man unehrliche Diener los wird. Man meine nicht, das sei erst 1939 geschehen, nicht schon im Jahr 1933. In Halle lebte damals noch einiges vom Geist der alten Universität fort und die Lehrstühle waren von ausgezeichneten Gelehrten besetzt. In Prag jedoch herrschte an der Universität damals bereits eine Gesellschaft, von deren moralischen und intellektuellen Qualitäten ich lieber schweige.[101]

Ich will mich von diesen bedrückenden Erinnerungen abwenden, das Gestrige hinter mir lassen und an die Zukunft halten. Wenn ich die alte Garde auch schätze, will ich die entsetzliche Katastrophe, dass eine ganze Generation [des akademischen Nachwuchses] gänzlich ausfällt, nicht verschleiern. Die Universität des 19. Jahrhunderts unter gänzlich veränderten Umständen heute zu erneuern, ist – auch der wirtschaftlichen Verhältnisse wegen – ganz unmöglich. Die erschreckende Verarmung Deutschlands ist eine Tatsache, die der Ausgangspunkt für alle weiteren Überlegungen sein muss. Es scheint heute undenkbar, alle Hochschulen so auf die Forschung auszurichten, dass sie mit den hohen Standards der Konkurrenz Schritt halten könnten. Ich sehe nur drei Wege: Die Hochschulen trotz aller Schwierigkeiten in der jetzigen Gestalt aufrechtzuhalten, halte ich für unzulässig, solange nicht geklärt ist, wer für die unverzichtbaren Institute und Bibliotheken die hohen Kosten tragen soll. Das würde auf verkümmerte Provinzinstitute hinauslaufen, die mit dem Ausland nicht konkurrenzfähig wären. Deshalb bietet sich eher eine andere Lösung an, die bessere Zukunftsperspektiven gewährleistet: Nur einzelne Zentren sollte man vortrefflich ausstatten, während die anderen Institute nur für die Lehre zuständig wären. Das hat aber den Nachteil, dass ganze Regionen zur akademischen Provinz degradiert werden. Deshalb würde ich eine dritte Lösung empfehlen und die eigentlichen Forschungsinstitute nach einem einheitlichen Plan einteilen. Verwandte Fächer würden dann nicht getrennt, gleichzeitig wäre jede einzelne Hochschule irgendwie berücksichtigt.[102]

Eine solche Entwicklung hob bereits in Preußen an; sie müsste systematisch weitergeführt werden. Die Philosophie beispielsweise muss zwar als

---

[101] Utitz meint hier sehr wahrscheinlich z. B. den sudetendeutschen Historiker Josef Pfitzner (1901–1945), der seit 1930 als Prof. an der Deutschen Karls-Universität lehrte und sich der Sudetendeutschen Partei Konrad Henleins anschloss und im März 1939 Bürgermeister von Prag wurde. Dazu vgl. ders., Josef Pfintzner, Sudetendeutsche Geschichte, Reichenberg 1935; Das Sudetendeutschtum, Köln 1938; vgl. Vojtěch Šustek, Bemühungen um die Germanisierung Prags während der NS-Okkupation, in: Monika Glettner (Hg.), Geteilt, besetzt, beherrscht. Die Tschechoslowakei 1938–1945, Essen 2004, 53–66; gemeint sein könnte evtl. auch der Pädagoge Ernst Otto (1877–1959), der 1925 nach Prag berufen wurde und 1938 Rektor wurde. Dazu vgl. Ernst Otto, Allgemeine Erziehungslehre, Leipzig 1928; Allgemeine Unterrichtslehre, Berlin 1933.

[102] Heute nennt man das „Profilbildung".

Fach weiter unterrichtet werden; aber es ist nicht notwendig, dass man überall große philosophische Institute unterstützt. Die Professoren der Philosophie aus anderen Hochschulen können die forschungsorientierten Institute in den Ferien oder während der Semester nutzen, wenn sie dafür freigestellt werden; sie stünden auch jungen Wissenschaftlern zur Verfügung, die für eine akademische Karriere in Betracht gezogen werden. Das würde jedoch zu unterschiedlichen Typen von Universitätsprofessoren führen: Es gäbe Institutsleiter und andere. Solche Unterschiede lassen sich nicht vermeiden, und letztlich wäre es keine beispiellose Neuigkeit. Es macht einen Unterschied, ob man in Greifswald oder Berlin, Erlangen oder München Professor ist. Zurecht fühlt man sich als Mathematiker besonders ausgezeichnet, wenn man nach Göttingen[103] berufen wird. Nicht jeder Professor aus Erlangen oder Greifswald erhält den Ruf an eine große Universität; man konnte aber auch ablehnen. So gibt es den Fall, dass ein Professor, den seine erzieherische Berufung besonders erfüllt, seine umfangreiche Lehrtätigkeit nur ungern für eine Stelle verlassen will, deren Schwerpunkt in der Forschung liegt. Auch bei Forschungsprofessuren sollten allgemeine Vorträge aber verpflichtend sein. Mit der Ausführung dieses Planes würde man der alten deutschen Forderung nach einer „Einheit von Lehre und Forschung" gerecht. Denn ein jeder Universitätsprofessor müsste für einige Zeit in einer Forschungsanstalt tätig sein und dennoch mit der Lehre weiter im Kontakt bleiben. Letztlich gibt es mehr Universitäten als originelle Forscherpersönlichkeiten. Es wäre also ausreichend, redliche Persönlichkeiten auszuwählen, die vom Geist wahrer Wissenschaft erfüllt und für die Erziehung der Jugend gut geschult sind. Gerade das Streben nach sensationeller Originalität und eitler, maßloser Produktion beschädigte die deutsche Wissenschaft. In Zeiten der Not, wie der unseren, sollte man brauchbaren Nachwuchs erziehen und nicht auf Genies warten.

Besondere sollte darauf geachtet werden, dass hochbegabte Studenten ungeachtet ihrer finanziellen Lage die Möglichkeit bekommen, sich der akademischen Karriere zu widmen. Auch theoretische Fächer sollten über eine Reihe von Assistentenstellen verfügen, die jungen Menschen angeboten werden können. Damit wäre auch den Studenten gedient, denn Seminare – auch kleine Gruppen interessierter Studenten – müssen intensiver als bislang betreut werden.

Damit kommen wir auf die Studenten zu sprechen. Man sollte sich keine Illusionen machen: Nahezu ausnahmslos sind sie heute schlecht vorgebildet. Die nazistische Erziehung und der lange Krieg waren die denkbar unglücklichste Vorbereitung. Im gegenwärtigen Notstand wünscht man heute kurze Wege zum Abitur für begabte Kinder aus der Arbeiterklasse. Es wäre tatsächlich ein großer Erfolg, wenn eine Generation entstehen könnte,

---

[103] U. a. wegen David Hilbert (1862–1943).

die sich aus eigener Überzeugung am Aufbau beteiligt. Ich kann nicht einschätzen, wie erfolgversprechend ein solches Unterfangen ist. Mir wurde berichtet, der Versuch sei gescheitert, kleinere Gruppen von Studierenden aus der Arbeiterklasse[104] an Universitäten aufzunehmen. Diese jungen Menschen hätten sich bald der überwiegenden Mehrheit angeschlossen, die vom akademischen Standesdünkel erfüllt ist und sich den breiteren Volksschichten widersetzt. Nun will man das Verfahren mit größeren Gruppen versuchen, die sich nicht so leicht absorbieren oder infizieren lassen.

Die besondere Stellung der Studenten birgt Schwierigkeiten, die man bei anderen Menschen derselben Altersgruppe nicht findet. Die übrigen jungen Menschen sind in Fabriken, Geschäften, Banken oder in der Landwirtschaft angestellt. Die Bildung ihres politischen Urteils wird dann im gewissen Grade durch ihre ökonomische Stellung bestimmt. Ein Student hat keine vergleichbare Stütze. Er ist auf die Mittel der Eltern angewiesen, lebt auf Kosten des Staates oder verdient sich etwas dazu, zum Beispiel durch Nachhilfeunterricht. Andererseits meint er, er wäre zum künftigen Führer berufen. So entsteht ein Hang zu überspitztem Radikalismus, zum Verkennen der Wirklichkeit, zur falschen Romantik. Der Student begeistert sich leicht, lebt jedoch in einem Vakuum. Vor solchen Gefahren kann ihn letztlich nur ein gesunder Geist der Hochschule bewahren, der ihn für die Wissenschaft begeistert und Stolz auf eine kritische und verantwortungsvolle Haltung, aber auch Demut lehrt, wenn er sich als geringer Diener des riesigen Baus der Kultur erkennt. Wer das große Glück hatte und auf Universitätsprofessoren stieß, mit denen ihn ein vollkommenes Vertrauen verband, denen er unbedingte Achtung zollte und denen seine Bewunderung galt, der weiß, wie mächtig solche Vorbilder in das ganze Leben eingreifen. Das hängt aber von Professoren ab, die tiefe Liebe zur Jugend verspüren, der sie sich jedoch nicht einschmeicheln und nicht nachlaufen. Solche Persönlichkeiten schaffen eine Atmosphäre wahrer Freiheit. Sie sind alles andere als durchtriebene Beamtenpersönlichkeiten, deren Ehrgeiz kein höheres Ziel kennt als Auszeichnungen, die ihnen der beste Staat der Welt verleiht.

Kommen wir abschließend auf die akademische Freiheit zurück. Eine gewisse Spannung zwischen dem übergeordneten Amt und der Hochschule scheint unaufhebbar. Der Staat ist darauf angewiesen, dass ihm die Universitäten geeignete Lehrer, Anwälte, Ärzte und Geistliche zur Verfügung stellen. Das gehört zu seinen vitalen Interessen, und er wird sich deshalb stets wehren, wenn er die schmerzliche Erfahrung macht, von den Universitäten angegriffen und geschwächt zu werden. Die Anforderungen des Staa-

---

[104] Das sog. Arbeiterstudium war ein zentraler Bestandteil des Hochschulumbaus nach 1945 in der SBZ. Als historisches Dokument vgl. Hans-Georg Gadamer, Arbeiter-Studium und Universität, in: Kultur und Kritik, Heft 5, Leipzig 1994, 112–122; Gadamer war 1946/47 Rektor der Universität Leipzig, die Halle benachbart war.

tes sind berechtigt. Ein vernünftiger Staat erkennt aber auch an, dass seine Ziele nur dann erreicht werden können, wenn er in das Räderwerk der Wissenschaft nur behutsam eingreift und den Universitäten nur geringe Vorschriften macht. Das setzt ein Vertrauen in die Wissenschaftler voraus. Deshalb war das alte Auswahlverfahren nicht schlecht, das den Universitäten das Recht auf Nominierungen zuerkannte. Die Schulverwaltung überging [bei Berufungsverfahren] nur in absoluten Ausnahmefällen den Wunsch [die Listenvorschläge] der Fakultät. Wenn es geschah, folgten erregte Diskussionen, die auch in der Presse Widerhall fanden. Solche Auseinandersetzungen gehören zum Wesen der Demokratie und fügen ihr keinen Schaden zu.

Nun will ich mich noch auf einige konkrete Fragen beziehen: Professuren für katholische Theologie wurden von einigen Universitäten abgelehnt, weil sie dem Geiste der wahren Wissenschaft angeblich widersprechen. Dennoch haben sie sich behaupten können, weil sie einige Bereiche der Philosophie beachtlich entwickelten, was nur im Raum der Universität geschehen konnte. Analog betrachte ich es heute nicht als Unglück, wenn Lehrstühle für marxistische Philosophie errichtet werden, hat die deutsche sozialistische Literatur doch mit einer langen Reihe von Werken, denen universitäres Niveau bescheinigt wird, ebenfalls zur Wissenschaft beigetragen. Warum sollte nicht die Gelegenheit geboten werden, neu gestellte Probleme mit allen Mitteln moderner Forschung zu untersuchen? Und warum sollten die Studenten nicht die Möglichkeit bekommen, sich mit solchen Themen auseinanderzusetzen?

Der Nazismus glaubte fertige Lösungen zu haben und wies der Wissenschaft nur die strategische Rolle eines Anwalts zu, der vorgegebene Lösungen zu verteidigen hat. Die Rassenfrage beispielsweise wurde nicht als Frage gestellt, sondern autoritär entschieden, und der Wissenschaft kam nur die Aufgabe zu, Anwendungsmöglichkeiten und Exempel zu liefern. Die Rassenfrage ist nur ein Beispiel aus einer Reihe von fertigen Lösungen, die nur deshalb vorgelegt wurden, um kommentiert, verwertet oder verdaulich gemacht zu werden. Sie kann als Frage weiterhin gestellt werden, ohne dass sich jemanden beleidigt fühlen müsste. Auch ich bitte den Arzt um Rat, wenn ich in Schwierigkeiten bin, und so hat die Öffentlichkeit das Recht, den Hochschulen Aufgaben und Fragen zu stellen, die sie beschäftigen. Wenn die Antworten den Erwartungen der Öffentlichkeit oder des Staates widersprechen, sind Auseinandersetzungen unausweichlich. Die einzelnen Fragen müssen ehrlich umkämpft werden. Das gehört zum Leben. Die Hauptsache ist, dass solche Kämpfe im Zeichen der Humanität, des gegenseitigen Respekts und gegenseitiger Achtung ausgetragen werden. Zu den Vorzügen der Demokratie zählt gerade dies: Gegner werden nicht zum Schweigen gebracht, weil man andere Mittel als Zwang und Befehl kennt, und der Kleinmut, der unbedingt Recht behalten will, ist ihr wesensfremd.

XIV. Die deutsche Sprache

Nun will ich noch einen Abschnitt zur deutschen Sprache einfügen, um den Unterschied des Gestern und des Morgen zu veranschaulichen. Ich beziehe mich dabei nicht auf die wohlbekannte Vergröberung der Sprache, die der Nazismus bewirkte.[105] Die deutsche Sprache hat den Reichtum der Nuancen verloren, ein Werbegeschrei ist in sie eingedrungen, sie wurde gemeiner. Aber das lassen wir beiseite. Die deutsche Sprache gehörte zu den eigentlichen Weltsprachen. Das bemisst sich nicht quantitativ an der Anzahl der Sprecher. Dann wäre Chinesisch die erste Weltsprache; aber chinesische Publikationen sind der internationalen Wissenschaft unzugänglich. In der chinesischen Sprache werden auch keine internationalen Verhandlungen geführt und keine Geschäfte geschlossen. Ganz anders steht es um die französische Sprache. Zwar verständigen sich kleinere Teile der Menschheit auf Französisch, dennoch erreichen die führenden französischen Zeitschriften weiterhin die ganze Welt, und die Kenntnis dieser Sprache zählt zur höheren Bildung.

Der deutschen Sprache ist es gelungen, die Niederlage des Ersten Weltkriegs zu verkraften. Sie beschränkte sich nicht auf Deutschland, Österreich und einen beträchtlichen Teil der Schweiz, sondern wurde von einer großen Anzahl von Deutschen im Ausland vertreten und erstreckte sich über die ganze Welt. Die deutsche Sprache war für Millionen von Menschen weltweit ein Mittel der Verständigung. Eine riesige Menge teils unentbehrlicher deutscher Zeitschriften und Bücher hat alle Länder überschwemmt. Auch deshalb war die Kenntnis der deutschen Sprache wichtig, weil sie einen weiten kulturellen Horizont markierte.

Das hat sich gründlich geändert. Die Anzahl der Deutschen im Ausland ist stark zurückgegangen und die Bedeutung der deutschen Sprache als internationales Medium der Verständigung ist beträchtlich gesunken. Das wahre Ausmaß dieser Veränderung wird bislang noch dadurch verzerrt, dass die ältere Generation die deutsche Sprache wie gewohnt benutzt. Aber die russische und vor allem die englische Sprache gewinnen immer festeren Boden und stetig zunehmende Bedeutung. Auch stoßen sie nicht auf Aversionen. Die Deutschen können heute nur selten ins Ausland reisen und müssen ihre Geschäfte auf den inländischen Markt beschränken. Neue Zeitschriften und Bücher erscheinen überwiegend in englischer Sprache. So sind wir heute Zeugen einer Verdrängung der deutschen Sprache aus ihrer einstigen Schlüsselstellung. Die alte Stellung wieder zu erobern, wird nicht einfach sein, in den meisten Fällen eher unmöglich. Wie in vielen Bereichen

---

[105] Dazu schon Victor Klemperer, LTI. Notizbuch eines Philologen, Berlin 1947; später etwa: Dolf Sternberger / Gerhard Storz / Wilhelm Süskind, Aus dem Wörterbuch des Unmenschen, Hamburg 1957.

hat der Nationalsozialismus hier wertvolles Kapital zerstört, vor allem aufgrund seiner falschen Einstellung gegenüber den ausländischen Deutschen. Die Deutschen im Ausland wurden nicht als nützliche, vertrauenswürdige Bindeglieder mit der Außenwelt aufgefasst, sondern als revolutionäre Mitglieder einer Fünften Kolonne.[106] Damit wurde die Verbindung unterbrochen: Die ausländischen Deutschen waren kompromittiert und ihre Position wurde haltlos.

Es darf heute nicht die irrige Vorstellung festgehalten werden, dass sich solche Fragen von selbst regeln. Besser ist es, Folgerungen zu ziehen und von der Überzeugung ablassen, man komme weiterhin mit der deutschen Sprache aus. Zumindest eine Weltsprache muss man fließend beherrschen, ansonsten droht Provinzialismus und man verpasst alle Anschlüsse. Heute muss man sich zur Mehrsprachigkeit bekennen, was das Leben sicher nicht vergällt.

Die deutsche Sprache wird erst dann wieder in der Welt Fuß fassen, wenn der Widerwille gegen das Deutsche nachlässt, wenn Hemmungen fallen und Fremde durch neue kulturelle Leistungen angeregt werden, sich die deutsche Sprache anzueignen. Noch vor einem Vierteljahrhundert war die moderne Philosophie fast ausschließlich eine deutsche Angelegenheit. Einige wenige Grundwerke in anderen Sprachen ließen sich schnell übersetzen. Heute ist das Gegenteil der Fall: Ein großer Teil der deutschen Gelehrten schreibt heute bereits in fremden Sprachen, und in diesen Sprachen werden wichtige Debatten geführt. Die deutsche Sprache kann daraus Nutzen ziehen. Es wird immer noch viel deutsche Literatur im Original zitiert. Man könnte vorsichtig an die befreiende Botschaft des deutschen Gedankens anknüpfen. Nur muss man den lächerlichen Dünkel überwinden, die Welt sei auf die Deutschen angewiesen oder warte auf sie, stattdessen muss sich der ehrliche Wille zur Zusammenarbeit, von Freundschaft getragen, durchsetzen.

Wenn ich einen Vergleich bemühen darf, so erinnert mich der heutige Deutsche an einen verarmten stolzen Aristokraten, der nicht zu resignieren bereit ist, anderen die Schuld zuschiebt und dem man zwar hilft, aber keinen wahren Beistand geben möchte. Erst mit der Einsicht, dass alle gleiche Rechte haben und keiner privilegiert ist, wird der Boden bereitet, auf dem Zusammenarbeit in Zukunft möglich sein wird.

XV. Schluss

Ich bin in dieser Schrift zu Schlüssen gelangt, die oft recht schroff klingen und auch schroff sind. Das will ich nicht verbergen. Zugleich hoffe ich, das

---

[106] Die Rede von einer Fünften Kolonne meinte im spanischen Bürgerkrieg zunächst illegale Unterstützungstruppen Francos.

Gesagte sei nicht herzlos. Ich wollte nicht bei negativen Erscheinungen stehen bleiben, sondern auch positive Lösungen andeuten. Mein Buch sollte optimistisch sein. Wohlgesonnene Leser werden nicht übersehen, dass ich eine bessere Zukunft erhoffe. Diese Wandlung wird sich aber erst vollziehen, wenn man die Schwierigkeiten nicht übersieht. Wer es sich einfach machen will und auf Wunder hofft, ist verloren. Der Schritt aus dem Gestern in das Morgen führt nur über die Erkenntnis der Wirklichkeit. Solch eine Prüfung des eigenen Ich, von Volk und Staat ist immer eine schmerzliche und belastende Sache. Weit einfacher ist es, andere zu beschuldigen, Ausflüchte zu suchen und nach Hilfe zu rufen. Ich wünsche keine taktischen Mittel, das finstere Kapitel der nordischen List,[107] genauso wenig denke ich an Bußgewand, Reue und Selbstquälerei. Das Geschehene kann nicht rückgängig gemacht werden. Wenn wir es aber begreifen, können wir vieles lernen. Ein solches Verständnis zu erlangen ist die Herausforderung, vor der jeder Deutsche heute steht, der den morgigen Tag vorbereitet.

Als ich noch in Deutschland lebte, waren viele Unheilspropheten davon überzeugt, es könne nicht schlimmer kommen und man müsse deshalb alles wagen und auf eine Karte setzen. Inzwischen hat sich die Lage wesentlich verschlechtert. Unheilsprophetien können stets von größeren Katastrophen übertroffen werden. Es ist deshalb verantwortungslos, solche kassandrischen Wege zu suchen. Ertragenes Unglück und Leid hat seine Würde. Diese Würde steht am Anfang des Weges, auf dem das negative Schicksal überwunden wird.

Zum Schluss will ich noch ein ernstes Wort sagen: Wie sich das gestrige Deutschland in ein morgiges verwandelt, hängt wesentlich von den Siegermächten ab. Wären sie wirklich einig, so wäre alle Gefahr gebannt, auch die Hoffnung der Deutschen, aus den Streitigkeiten der Weltmächte Vorteile zu ziehen. Dann wäre die gemeinsame Planung möglich, die notwendig ist. Uneinigkeit gibt ein schlechtes Vorbild und von den negativen Entwicklungen der Beziehungen zwischen den einzelnen Zonen profitieren am Ende nur die Gegner eines wahrhaften demokratischen Aufbaus.

---

[107] Nicht ermittelt.

Transporte nach Theresienstadt (1955)

Transport! Transport! Diese erschreckende Nachricht schlug an einem fro-
stigen Abend im späten Herbst des Jahres 1941 wie ein Donner ein. Die
Schreckensnachricht ging von Haus zu Haus. Viele klammerten sich an
die Hoffnung, es handele sich nur um ein Gerücht. Das strenge Verbot,
nach zwanzig Uhr das Haus zu verlassen, erschwerte die Möglichkeit, sich
Gewissheit zu verschaffen. Klarheit gab erst der neue Morgen: Die Monstro-
sität einer gewalttätigen Verschleppung der Bürger eines Staates, der den Nazis nicht angehörte, als dessen Protektoren sie sich aber frech bezeichneten,[1]
wurde wirklich.

Zu allen bisherigen Demütigungen und Verfolgungen gesellte sich nun
auch die Verschleppung, eine Fahrt in eine erschreckende Dunkelheit. Diese
Wirklichkeit schlug wie eine Bombe ein. Fünf Lastzüge fuhren Richtung
Lodz.[2] Aber das war erst der Anfang: Allmählich wurden auch Transporte nach Theresienstadt abgefertigt. Zeitabstände zwischen den jeweiligen
Transporten erfüllten zwar einige Wenige mit Zuversicht, die Nazis würden
ihren Teufelsplan aufgeben; Tatsache war aber, dass immer neue Transporte
angekündigt wurden:[3] in Brünn,[4] in Budweis, in den ländlichen Gebieten
und immer wieder auch in Prag.

Allmählich musste man sich an den Gedanken gewöhnen, alle würden
deportiert werden. Fast alle trafen wir Vorbereitungen. Eine eigentümliche
Wissenschaft entstand: Wie schafft man es, alle Notwendigkeiten einzu-
packen und das Limit von 50 Kilogramm nicht zu überschreiten? Der Begriff des Notwendigen entfachte immer aufs Neue hitzige und langwierige
Debatten. Freiwilliges Hilfspersonal kümmerte sich um diejenigen, die Rat
suchten. Näheres wusste aber niemand, da aus Theresienstadt nur seltene
und illegale Nachrichten eintrafen. Das genehmigte Gepäckgewicht entlarvte
sich dann ohnehin als Betrug: Viele der Sachen wurden sofort von Nazis ge-
stohlen, der Rest wurde dann bei der Ankunft im Lager beschlagnahmt. Nur
Weniges blieb übrig, und das war äußerst schäbig.

Ich selbst hatte mit diesem Schicksalsschlag im Juni des Jahres 1943 [kor-
rekt: 1942][5] zu kämpfen. Damals wurden in dreitägigen Abständen zehn

---

[1] Mit der Besetzung der „Resttschechei" Mitte März 1939 wurde das „Protektorat
Böhmen und Mähren" geschaffen; „Reichsprotektor" war zunächst Konstantin v.
Neurath (1873–1956); Reinhard Heydrich (1904–1942) war dessen Stellvertreter.

[2] 5000 Personen im Oktober/November 1941.

[3] Dazu vgl. Emil Utitz, Ethik nach Theresienstadt, Würzburg 2015, 38.

[4] 1000 Personen am 16. November 1941.

[5] Die Jahresangabe 1943 ist sicher falsch. Die Kennkarte verzeichnet Utitz' Ankunft in
Theresienstadt für den 30. Juli 1942. Vielleicht erhielt Utitz bereits im Juni 1942 die Mitteilung über seinen Transport. Die Transportlisten wurden im Auftrag der Zentralstelle
von der Auswanderungsabteilung der Jüdischen Kultusgemeinde (JKG) erstellt. Insge-

Transporte nach Theresienstadt abgefertigt. Die neuerrichtete Messehalle im Pragviertel Holešovice[6] bot damals den „Ghettoisierten" Unterkunft. Mit dem Eintritt in diese Halle traten wir zugleich in ein Konzentrationslager ein. Wir wurden Angehörige einer traurigen Gesellschaft der Auswanderer, die jedoch auf kein gelobtes Land hoffen durften, sondern nur Leid, Schmerz und auch den nicht unwahrscheinlichen Tod erwarten musste.

Die Situation der tschechischen Juden war besonders unheilvoll, da in dem kurzen Zeitfenster zwischen Hitlers Einmarsch [März 1939] und dem Beginn des Krieges [1. September 1939] nur ein kleiner Teil der tschechischen Juden die Gelegenheit hatte, das Land zu verlassen. Nach der Besatzung ging die Zahl der Emigrationen rapide zurück. Aber selbst die Entscheidung zur Emigration fiel den tschechischen Juden wesentlich schwerer als den Österreichern oder den Deutschen. In Österreich oder in Deutschland musste die Juden unter Menschen leben, denen sie zumeist verhasst waren, in der Tschechoslowakei aber litten die Juden gemeinsam mit der restlichen Bevölkerung, die ihnen im Grunde freundlich gesinnt war, und alle hofften, dieses groteske Protektorat würde bald einstürzen.

Mir selbst entlockten die Nazis alle möglichen Emigrationsgebühren[7] – was natürlich Raub war – und verkündeten anschließend, die Ausreise wäre in meinem Falle nicht genehmigt, da die Gefahr bestünde, ich würde im Ausland feindliche Propaganda treiben.

So lag ich also zusammen mit 999 Leidensgenossen, die vom selben Schicksal betroffen waren, auf einer nicht gerade sauberen Liegematte in der Messehalle. Die Stimmung war gar nicht so schlecht, wie man hätte erwarten können. Die letzten Tage waren von ständigen Besorgungen erfüllt, von der Furcht, dass man etwas Wichtiges vergessen hat und von vielen Abschieden. Das alles war dermaßen erschöpfend, dass man sich nun gerne etwas erholte, da man nichts anderes tun konnte. Der physische Schock war dennoch gewaltig. Es sei nur die ekelerregende Latrine oder die Unmöglichkeit der Hygiene genannt.

In der Nacht des dritten Tages traten wir die Reise an. Die SS-Truppen luden vor unseren Augen ihre Gewehre, und unter ihrer Aufsicht wurden wir nach mehrstündigem Herumstehen zur Bahn getrieben, wo uns Vieh-

---

samt sind weit über 100 Transporte aus Prag nach Theresienstadt bekannt; auch für den Juni/Juli 1942 sind mehrere Transporte mit einem Kontingent von 1000 Personen nachweisbar. Wahrscheinlich wurde Utitz mit dem Transport AAV vom 30. Juli 1942 deportiert. Die Entfernung Prag-Theresienstadt betrug nur etwa 60 Kilometer. Eine Statistik (www2.holocaust.cz/de/TRANSPORT.ITI.152) gibt an, dass von den 1001 Personen dieses Transportes [in der Utitz war] 936 ermordet wurden und 65 Personen überlebten.
[6] Stadtteil nahe der Innenstadt; neusachliches Messegebäude der 20er Jahre Veletržní palács.
[7] Die Zentralstelle für jüdische Auswanderung in Prag war eine SS-Dienststelle und wurde u. a. von Hans Günther (1910–1945) geleitet.

wagen erwarteten. Bei Tageseinbruch setzen sich die Wagen in Bewegung. Durch ein kleines vergittertes Fenster grüßte uns ein letztes Mal die geliebte Heimat: der Park Stromovka,[8] der Ort von so vielen Spaziergängen, dann die liebliche Stadt Roztoky[9] mit ihren stillen Tälern ... und so zog ein Bild nach dem anderen an uns vorbei. Gegen zehn Uhr kamen wir an. Es war ein klarer sommerlicher Tag und uns wurde befohlen, nach Theresienstadt zu marschieren. Den tschechischen Gendarmen, die sich als bereitwillige Helfer herausstellten, sollte zugute gerechnet werden, dass sie uns nicht in geschlossene Reihen zwangen. Wir marschierten also in einer sich hinschleppenden Schar, einer Schar von gebückten Flüchtlingen. Und dennoch begrüßten viele die frische Luft und den Anblick der beseelten Schönheit der Landschaft als eine Wohltat. Aber die Wanderung durch die Natur neigte sich bald ihrem Ende zu. Bald durchquerten wir das massive Tor und erreichten das Gelände der ehemaligen Festung. Ein letzter kurzer Blick auf die Außenwelt sank in die Vergangenheit. Wenn jemand von uns geahnt hätte, dass unser Aufenthalt hier ganze drei Jahre währen würde, hätte dies einen Zusammenbruch zur Folge gehabt. Wir aber hofften auf eine recht baldige Befreiung.

Die ersten Eindrücke waren dann aber so schlimm und beängstigend, dass nahezu jeder der Ansicht war, die Befreiung müsse so schnell wie möglich eintreten, da sie sonst keiner erleben werde. Wie in einem Vergrößerungsglas erfuhren wir die zehn Ägyptischen Plagen,[10] die uns in diesem Elendsort heimsuchten: Eine unvorstellbare Mückenqual, ein Wassermangel, fürchterlicher Geruch, Leichengestank – so wurden wir bei unserem Eintritt begrüßt. In diesen Tagen starben täglich an die 150 Menschen. Das Essen war ungenießbar, das Brot schimmelig. Weil es nicht genügend Kochkessel gab, bildeten sich vor der Theke, an der das Essen ausgegeben wurde, lange Menschenschlangen. Der Ernährungswert der Nahrung war aber so niedrig, dass sich die Anstrengung, etwas zum Essen zu ergattern, überhaupt nicht lohnte. Untergebracht waren wir in Kasernen, die ursprünglich als Lagerräume dienten. Hier schliefen wir auf engen Pritschen von drei Etagen. Ein Nagel oder gar ein Hocker galten für wertvolles, streng bewachtes Eigentum, das stets von Diebstahl bedroht war.

Diese Schilderung der Verhältnisse will ich nicht weiter fortführen, sondern will nur bewundernd sagen, dass es uns durch mühselige, verantwortliche und zähe Arbeit gelang, die Verhältnisse erträglicher zu gestalten. Da-

---

[8] Seit dem 13. Jahrh. großer königl. Jagd- und Wildpark.

[9] Etwa 10 km nördlich von Prag direkt an der Moldau gelegen, Geburts- und Wohnort von Utitz.

[10] Die zehn biblischen Plagen sind im 2. Buch Mose 7–11 aufgeführt; Utitz spiegelt seine Erfahrungen hier im jüdischen Nationalmythos der „ägyptischen Fron", die auch als Präfiguration des Holocaust gedeutet wurde; dazu vgl. Jan Assmann, Exodus. Die Revolution der Alten Welt, München 2015, 123ff, 137f.

bei bestand das größte Hindernis in der Einfalt und Bosheit der nazistischen Führung. Die Nazis wollten Theresienstadt in ein Vorzeigelager umgestalten, das man den naiven internationalen Kommissionen präsentieren könnte. Man vertraute darauf, dass sich diese Kommissionen[11] mit Kulissen zufriedengeben und nicht hinter die Bühne schauen würden. Die Juden selbst waren aber daran interessiert, diese Potemkinade in eine tatsächliche Verbesserung zu verwandeln. Ich will hier nur zwei Beispiele nennen: Die Nazis führten eine eigene Ghettowährung ein. An sich war das natürlich eine widersinnige Absurdität, da es nichts zu kaufen gab, im besten Falle wurde einem etwas aufgrund einer Liste genehmigt. Damit die Nazis den Geldverkehr überhaupt in Gang bringen konnten, mussten sie einige Geschäfte genehmigen und mit etwas Ware beliefern. So konnten wir zum Beispiel eine sterilisierte Zahnbürste, die einem Verstorbenen gehörte, ergattern. Immerhin war es ein Fortschritt, und von Anfang an hegten wir den geheimen Plan, die Ghettoersparnisse nach der Befreiung für richtiges Geld einzutauschen. So wären die Befreiten nicht ganz mittellos. Dank der Einsicht der sowjetischen Verwaltung konnte dieser Plan auch tatsächlich realisiert werden, und für Tausende von den Befreiten war das ein wahrer Segen.

Ich will noch ein Beispiel nennen: Die Nazis ordneten an, es solle ein Café[12] gegründet werden, in dem schön gekleidete und frisierte Kellnerinnen die Kunden bedienen würden. Abermals eine beispiellose Widersinnigkeit. Die Besucher, die zu schwach zur Arbeit waren, wurden nach Nummern hereingelassen, was die Überfüllung der Räume verhinderte. Hier konnten sie dann zwei Stunden verbringen. Ein gemütlicher Sessel war bereits ein Genuss, dazu schlürfte man eine heiße, schwarz gefärbte Brühe, die für Kaffee ausgegeben wurde, und blätterte in alten, illustrierten Zeitschriften. Das war eine wahre Wohltat. Abends trafen die Arbeitenden ein, und dann konnte man sich an den Kabarett-Nummern erfreuen. Ich will das Theresienstadt-Leben hier aber nicht länger schildern, da ich es bereits in meinem Buch *Die Psychologie des Lebens im Konzentrationslager Theresienstadt* sowie einigen Artikeln der Zeitschrift *Věstník* tat. Eher will ich heute, nachdem ich nun einen zehnjährigen Abstand gewonnen habe, die positiven Seiten der jüdischen Leistung hervorheben.[13] Während man noch mitten im Geschehen war, drängten sich einem überwiegend Fehler, Makel und Unanständigkeiten auf, die man Tag für Tag im Namen der Gemeinschaft zu bekämpfen hatte. Und auch einige Zeit danach waren diese Makel noch frisch in Erinnerung. Im größeren Abstand wird heute aber erkennbar, was

---

[11] Dazu vgl. Utitz, Ethik nach Theresienstadt, 39, 53.

[12] Dazu vgl. Utitz, Ethik nach Theresienstadt, 53.

[13] Die Theresienstadt-Broschüre deutet das KZ als eine Art Naturzustand, in dem sich die Insassen, von Utitz auch „Nordpolfahrer" genannt, durch Kulturarbeit bewähren mussten.

hier trotz des Elends geleistet wurde. Obwohl ausgezeichnete einzelne Arbeiten publiziert wurden, gibt es jedoch bis heute kein Werk, das auf die medizinische Pflege, auf die Leistung im technischen und chemischen Bereich sowie auf die Verwaltung zusammenfassend eingehen würde.

Die Hochachtung vor dieser Leistung muss umso größer sein, wenn man bedenkt, dass der unentwegte Wechsel des Arbeiterpersonals jegliche Kontinuität vereitelte. Sobald ein Unternehmen einigermaßen in Gang kam, musste von Neuem improvisiert werden. Krankheiten und Tod verursachten spürbare Unterbrechungen. Es ist nicht übertrieben, wenn ich die Prozentzahl der Kranken auf etwa 20 Prozent schätze. Dabei gab es unter den einigermaßen Vernünftigen kaum Simulanten. Denn nur dank intensiver Arbeit war es möglich, sich die Lage hinsichtlich Nahrung, Wohnen und Kleidung erträglicher zu gestalten. Und einem vernünftigen Menschen kam es nicht in den Sinn, andere für sich schuften zu lassen und untätig zuzuschauen. Zudem war die Verrichtung von wichtiger Arbeit auch der einzige, obwohl keineswegs sichere Schutz vor einem Transport.

Dies ist ein äußerst trauriges Kapitel: die Transporte[14] aus Theresienstadt. Zum Glück war uns deren eigentlicher Sinn und Zweck nicht bekannt. Diejenigen, die im Transport fortreisten, schickten uns Karten zu. Erst viel später haben wir erfahren, dass nach der Schreibgenehmigung in der Regel die Vergasung folgte. Einmal ist ein Transport zurückgekehrt, und die Heimgekehrten schilderten Geschichten von schwerster Arbeit, die sie in Deutschland verrichten mussten. Wie irrtümlich unsere Vorstellungen waren, macht die folgende Erinnerung nur zu deutlich: Nachdem die Transporte des Oktobers 1944 abgefertigt wurden, wurde Verwandten genehmigt, sie dürften sich für nächste Transporte melden. Viele Hunderte junger Frauen und Mädchen kämpften dafür, ihren Gatten und Verlobten nachreisen zu dürfen. Ich habe nachdrücklich davor gewarnt, da ich den Nazis nicht zutraute, sie wollten die Liebenden zusammenführen. In der Verordnung erkannte ich ein Mittel, mühelos neue Transportlisten zu erstellen. Dennoch wurde ich Zeuge dessen, wie ein Nazi einer schönen Frau versicherte, sie würde noch am selben Tag ihrem Mann in die Arme fallen, wenn sie nur in den Zug einsteigen würde. Später hat sich herausgestellt, dass dieser Mann längst tot war, und die junge, vor Leben strotzende Frau fuhr ihrem Tod entgegen.[15]

Die ganze, erschreckende Wahrheit dieser Transporte offenbarte sich erst in den letzten Wochen des Krieges. Damals trafen neue Transporte in Theresienstadt ein. Zu uns gesellten sich nun diejenigen, die die elenden Todes-

---

[14] Zu den Deportationen (meist nach Auschwitz) vgl. Utitz, Ethik nach Theresienstadt, 47.
[15] Dieses Beispiel schon in Utitz, Ethik nach Theresienstadt, 68.

märsche überlebten. Auf der Brücke in Litoměřice[16] wurde einer der angesehensten Ärzte totgeschlagen, als er vor Erschöpfung zusammenbrach. Die langen Frachtwagen bargen ein fürchterliches Inneres: Menschen, die noch atmeten, waren unter Leichen eingepfercht. Trotz meines dreijährigen Aufenthalts in Theresienstadt hätte ich ein dermaßen psychisch und physisch heruntergekommenes menschliches „Material" nicht für möglich gehalten. Gespenstisch sahen sie aus.

Die Bestialität gebar ein äußerst sadistisches Ziel: Weitere Tausende und Tausende von Menschen sollten getötet werden. Auch uns, die Bewohner der Theresienstadt wollten die Nazis vernichten. Für die Vergasung blieb nur zu wenig Zeit, obwohl man am Bau der Gaskammern bereits arbeitete. Stattdessen drangen Millionen von infizierten Läusen zusammen mit den Resttransporten ins Lager ein. Was wir immer gefürchtet haben und wogegen wir mit allen möglichen Mitteln der Wissenschaft, Technik und Organisation kämpften, verbreitete sich unaufhaltsam: eine riesige, flink um sich greifende Epidemie.[17]

In dieser Situation befanden wir uns, als uns die sowjetische Armee befreite. Es war eine zweifache Befreiung: Sie rettete uns vor dem letzten Andrang der Nazis und traf angemessene und erfolgreiche hygienische Vorkehrungen. Bald bekamen wir die Epidemie in den Griff, bald konnte sie ganz zurückgedrängt werden.

Weil meine Frau [Otilie Utitz] ihre Kranken als Krankenpflegerin nicht verlassen wollte und ich selbst mit der Sorge um mehr als hunderttausend Bücher[18] beschäftigt war, hielten wir uns noch fast drei Monate in dem allmählich auseinanderdriftenden Lager auf. So wurden wir Zeugen der letzten Transporte: diesmal aber der Heimfahrten. Große Wagen aus Halle, Hamburg und anderen deutschen Städten holten ihre Landsleute ab, mit Blumen, Efeu und Fähnchen verzierte Züge fuhren Richtung Ungarn, Slowakei oder Österreich. Die Prager brachen in kleineren Gruppen auf. Als ich mit meiner Frau endlich am 3. August [1945] in einen Wagen stieg, war das Lager fast verlassen.

Zehn Jahre sind seither vergangen. Nun sollten wir unsere Blicke von der dunklen Vergangenheit abwenden und der helleren Gegenwart und hoffentlich schöneren Zukunft zuwenden. Aber gerade im Interesse der Zukunft dürfen wir nicht vergessen, was es mit dem Nazismus und dem Krieg auf sich hat.

---

[16] Leitmeritz, Kleinstadt in Nordböhmen im Sudentengebiet, unweit des KZ-Theresienstadt.

[17] Dazu vgl. Utitz, Ethik nach Theresienstadt, 55.

[18] Utitz leitete die große, wissenschaftlich anspruchsvolle Ghettobibliothek.

Heinrich Graetz und die Konstruktion
der jüdischen Geschichte (1951)*

Seit dem Tod des ersten großen jüdischen Geschichtsschreibers Heinrich
Graetz sind gerade sechzig Jahre vergangen. Graetz wurde 1817 in Xions [Po-
sen] geboren. Ein Jahr hat er auch in meiner Heimat, in der südmährischen
Stadt Ludenburg als Lehrer verbracht. Sein eigentliches Zuhause war jedoch
Breslau, wo er [ab 1853] am neubegründeten jüdisch-theologischen Seminar
und [ab 1868] an der dortigen Universität tätig war.

Weltberühmt wurde er durch das elfbändige Werk *Geschichte der Juden
von den ältesten Zeiten bis auf die Gegenwart* (1853–1875). Dazu erschien auch
eine verkürzte, populäre Fassung, die in etliche Sprachen übersetzt wurde.
Eine wesentliche, programmatische Bedeutung gebührt der kleinen Schrift
Die Konstruktion der jüdischen Geschichte, die im Jahre 1936 (vom Schockenver-
lag)[1] neu herausgegeben wurde. Zu diesem Werk sollte vornehmlich derje-
nige Leser greifen, der sich mit Graetz' Denk- und Gefühlswelt auseinandersetzen will.

In welch großer Hochachtung Graetz stand, belegt schon das begeisterte
Lob im *Jüdischen Lexikon* aus dem Jahre 1928: „In G.[raetz]'s Werk wurde erst-
malig die gesamte Geschichte der J.[uden] als Einheit betrachtet und zur Darstellung gebracht. Seine staunenswerte Kenntnisse auf j.[üdischem] und allgemeinen Gebiete, sein ungeheurer Fleiß, sein Spürsinn und seine Phantasie,
seine begeisterte Liebe für das J.[uden]-tum und nicht zuletzt seine fesselnde
Darstellungskunst befähigten ihn, ein Werk zu schaffen, das in seiner Art einzig dasteht und, obwohl in vielen Teilen veraltet, stets Bedeutung behalten
wird."[2]

Das *Lexikon* kann natürlich nicht verschweigen, wie nachdrücklich die
Kritik auf methodische und sachliche Mängel dieser Arbeiten hinwies. Ohne
die historischen Verdienste in Frage zu stellen, muss offen festgehalten
werden: Graetz' Anschauungsweise erscheint uns heute befremdlich. Sein
konservativ-nationalistischer Standpunkt entspricht der Epoche, in der er
gelebt hat, heute ist seine Perspektive aber nicht mehr vertretbar. Vor allem scheint Graetz' Standpunkt für die Darlegung der jüdischen Ereignis-

---

* Utitz' Text ist in zwei Teile gegliedert. Auf einen Abdruck des zweiten, kürzeren Teils,
der das Bekenntnis zum Sozialismus verdeutlicht, wurde hier verzichtet.
[1] Die Konstruktion der jüdischen Geschichte. Eine Skizze von Heinrich Graetz, hrsg.
Ludwig Feuchtwanger, Berlin 1936; Feuchtwangers Vorwort ist wiederabgedruckt in:
Ludwig Feuchtwanger, Auf der Suche nach dem Wesen des Judentums. Beiträge zur
Grundlegung der jüdischen Geschichte, hrsg. Rolf Riess / Reinhard Mehring, Berlin
2011, 160–167; vgl. ders., Der Gang der Juden durch die Weltgeschichte. Erstveröffentlichung eines Manuskripts von 1938, hrsg. Rolf Riess / Reinhard Mehring, Berlin 2014.
[2] Ismar Elbogen / Georg Herlitz (Hg.), Jüdisches Lexikon. Ein enzyklopädisches Handbuch des jüdischen Wissens. Bd. II D–H, Berlin 1928, Sp. 1265–1268, hier: 1266.

geschichte ungeeignet. So stellt Graetz zum Beispiel fest, der Geschichts-
verlauf des Judentums könne nach drei Momenten unterschieden werden:
a) nach dem politisch-sozialen Moment der ersten vor-exilischen Periode, b)
nach dem religiösen Moment der nach-exilischen Periode und c) schließlich
nach dem theoretisch-philosophischen Moment der letzten diasporischen Periode. Das sind jedoch ideologische Spekulationen, gegen die man nicht das
schwere Geschütz einer eingehenden wissenschaftlichen Analyse auffahren
muss.

In Wirklichkeit hat Graetz seine einheitliche jüdische Geschichte einfach
konstruiert. Die Frage nach einem einheitlichen Judentum [oder der Einheit
der jüdischen Geschichte] ist aber nach wie vor gewichtig. Dies will ich an
einem längst vergangenen, kurzen Gespräch illustrieren, das für mich unver-
gesslich bleibt. Im Jahre 1906 war ich ein ganz junger Doktor, und die väter-
liche Freundschaft mit Prof. Dr. Anton Marty[3] wurde mir zu einer wesentlichen Stütze. Marty, ein geborener Schweizer, war zunächst als katholischer
Geistlicher tätig, später folgte er dann aber seiner Überzeugung, verzichtete
auf die kirchliche Würde und war nur noch als säkularer Wissenschaftler
tätig. Ich muss betonen, dass dieser bis ins Mark gute und weise Mensch
über jeden Verdacht eines Schattens von Antisemitismus erhaben war. Eines
Tages offenbarte er mir aber, es gebe da eine Angelegenheit, die ihn verwun-
dere. Vor einigen Jahren nahm er am Begräbnis eines Kollegen teil. Zu Mar-
tys großer Überraschung rühmte der Rabbi den Verstorbenen, der zu Leb-
zeiten als Arzt tätig war, als treuen Juden. Es war aber bekannt, dass der
Verstorbene durchaus ungläubig war; er verbarg seinen Atheismus keineswegs, was auch dem Rabbi bekannt gewesen sein musste. Wie kam es dann,
dass hier ein Mensch als treuer Vertreter einer Glaubensgemeinschaft gefeiert wurde, der deren Auffassung von Gott offen ablehnte? Auch um die –
tatsächliche oder vorgetäuschte – Staatsangehörigkeit konnte es nicht gehen,
da sich der Verstorbene gänzlich als Österreicher verstand und seinen Stolz
auf die Ehrungen und Auszeichnungen, die ihm durch sein Land zuteil werden ließ, auch nicht versteckte. Seine jüdische Identität schien sich auf die
Begleichung der Religionssteuer und die Mitgliedschaft in einigen jüdischen
caritativen Verbänden zu beschränken. Ich wandte ein, dass sich der Verstorbene durch eine Taufe seinen Lebensweg hätte erleichtern können. Indem er
die Taufe ablehnte,[4] habe er seine Treue gegenüber seinen jüdischen Vorfahren bezeugt. Auf dieses Argument wollte sich Marty nicht einlassen: Treue
gegenüber dem Vermächtnis sei nur dann ein Argument, wenn man vom
objektiven Wert [der Tradition] überzeugt sei. Ansonsten sei es eine bloße
Äußerlichkeit, ein leerer Formalismus, mit dem kein wahrer Inhalt überein-

---

[3] Anton Marty (1847–1914), ab 1880 Prof. Philosophie in Prag, Lehrer von Utitz.
[4] Utitz ließ sich nach seiner Promotion aus karrierestrategischen Gründen taufen und
kehrte erst in Theresienstadt zum Judentum zurück.

stimmt. Ich muss zugestehen, ich war damals ein schwacher Verteidiger des Rabbis. Damals kam mir nicht in den Sinn, Marty gegenüber festzuhalten, dass eine Lebensweise, die von einem edlen und fortschrittlichen Ethos getragen ist, auch dann der Hochachtung würdig ist, wenn sie nicht in ein ursprünglich theologisches oder nationalistisches Gewand gehüllt ist.

Dieses kurze Gespräch zeigt bereits die beträchtlichen Schwierigkeiten, die mit der Absicht verbunden sind, eine geschlossene Geschichte der Juden zu verfassen. Ein einheitliches Siedlungsterritorium gibt es zum Beispiel nur dann, wenn ein unabhängiger Staat existiert. Die Juden waren aber doch über die ganze Welt verstreut. Und es mangelt nicht nur an einem einheitlichen Territorium, sondern es fehlt auch eine gemeinsame Sprache. Bereits im alten Ägypten war nicht das Hebräische, sondern das Griechische die Sprache der Juden, und das Griechische war auch die Sprache des Gottesdienstes. Man frage sich, wie hoch wohl der Anteil derjenigen Juden war, für die – zum Beispiel im 19. Jahrhundert – das Hebräische eine wirklich lebendige Sprache war und bei denen die Kenntnis des Jiddisch deshalb schnell schwand. Auch die Zugehörigkeit zur jüdischen religiösen Gemeinschaft gibt keine klaren Kriterien, schon deshalb, weil die strenge Orthodoxie ein ganz anderes Judentum vertritt als die aufklärerische Freidenkerei. Wir sollten aber nicht länger bei negativen Betrachtungen verweilen und uns statt dessen dem positiven Kriterium zuwenden, das uns eine sachangemessene Perspektive auf die jüdische Geschichte geben kann. Ich bin davon überzeugt, dass es das gemeinsame [historisch-politische] Schicksal war, das die Juden bis heute – freiwillig oder unfreiwillig – miteinander verband. Heute entzweit sich aber allmählich der Weg: In der sozialistischen Gesellschaft führt der Jude eine andere Existenz als sein Glaubensgenosse in einer kapitalistischen Gesellschaft. Die jüdische Geschichte befasst sich dagegen mit dem gemeinsamen Schicksal und allem, was mit diesem Schicksal zusammenhing.

Ich denke hier nicht in erster Reihe an ein bloß subjektives Verwandtschaftsbewusstsein. Das wäre ein schwacher Grund. Am klarsten erschließt sich uns die Geschichte aus unserer heutigen Perspektive: Der Hitlerismus brach über die Juden herein, ob der Einzelne wollte oder nicht. Ich erinnere mich an viele äußerst gebildete Männer, die getauft waren und sich immerzu beschwerten, sie seien eigentlich keine Juden, erst Hitler habe sie als Juden gebrandmarkt. Ihre Beschwerden waren aber nutzlos. Solche Fragen verhallen erst dann, wenn ihnen der [gesellschaftliche] Boden entzogen wird, und das wird erst in einer wirklich entwickelten sozialistischen Gemeinschaft der Fall sein.

Die Lehre des Judentums (1951)

Die Vergangenheit ist kein fernes Bild der Erinnerung, auf das wir zurück-
blicken, sondern eine Kraft, die uns – im nicht geringen Maße – beeinflusst.
Der Mensch steht ihr nicht wehrlos gegenüber. Aus recht verstandener Vergangenheit lässt sich einiges lernen, sie kann aber auch missbraucht werden.
Der Vergangenheit ist man nicht wehrlos wie blindem Schicksal ausgeliefert:
Der Mensch steht vor der Aufgabe, nach den bedeutenden Werten zu greifen
und veraltete Überreste zu begraben.

Zwei Artikel haben sich an dieser Stelle mit verschiedenen Fragen
der jüdischen Geschichte auseinandergesetzt.[1] Nun wollen wir auf einige
Aspekte näher eingehen, wobei wir uns auf die beschränken, die ich für
besonders charakteristisch halte. Wir wollen mithilfe des dritten und fünften Buches Mose in die fernste Vergangenheit hinabsteigen und uns feierlichen Passagen zuwenden, die durch ihre monumentale Erhabenheit und
vornehme Humanität hervorstechen: „Wenn ein Fremdling bei dir wohnt in
eurem Lande, so sollt ihr ihn nicht bedrücken. Wie ein Einheimischer aus
eurer eignen Mitte soll euch der Fremdling gelten, der bei euch wohnt, und
du sollst ihn lieben wie dich selbst – seid ihr doch auch Fremdlinge gewesen
im Lande Aegypten; ich bin der Herr, euer Gott."[2] Und es heißt dann: „Und
ihr sollt den Fremdling lieben; denn ihr seid auch Fremdlinge gewesen in
Aegyptenland."[3]

Die Erinnerung an den Auszug der Juden aus Ägypten wird in etlichen
Bündnissen beschworen und besiegelt. Meiner Ansicht nach handelt es sich
um das erste Beispiel eines Volkes, das sich auf einen langen und gefährlichen Weg gemacht hat, um weiterer Versklavung und Knechtschaft zu entkommen.[4] Aus den Eindrücken dieser elenden Obdachlosigkeit entstand der
großartige Gedanke einer einheitlichen Menschheit, die auch Fremde von ihrer Liebe nicht ausnimmt. Dieser Gedanke entsprang nicht philosophischer
Spekulation, sondern dem tiefen Erlebnis der Not und des Elendes. Gerade
diese Erfahrung hätte den Juden Hass und Verachtung einprägen können.
Jedenfalls wäre das nicht verwunderlich. Umso beachtlicher ist es, dass sich
die vornehme Blüte unbefangener Nächstenliebe entwickelte. In einer alten

---

[1] Emil Utitz meint wohl seine folgenden Artikel: „Josephus Flavius a židovské dějepisectví" [Josephus Flavius und die jüdische Geschichtsschreibung], in: *Věstník Židovské obce
náboženské*, Nummer 17–18 Jg. 13 (1951), S. 206–208; „Otázky židovského dějepisectví"
[Die Fragen der jüdischen Geschichtsschreibung], in: *Věstník Židovské obce náboženské*,
Nummer 31–32 Jg. 13 (1951), S. 381.
[2] 3. Mose 19. 33/34. Die Heilige Schrift des Alten und des Neuen Testaments. Zürcher
Bibel, Berlin (Ost) 7. Aufl. 1980, S. 127f.
[3] 5. Mose 10. 19; Zürcher Bibel, S. 199.
[4] Vgl. jüngst eindrucksvoll: Jan Assmann, Exodus. Die Revolution der Alten Welt,
München 2015; vgl. Michael Walzer, Exodus und Revolution, Berlin 1988.

Legende heißt es: „Als Israel durch das Meer zog, wollten die Engel einen Lobgesang anstimmen. Da sprach Gott: ‚Meine Geschöpfe ertrinken im Meer und ihr wollt einen Gesang anstimmen?'"[5] In solchen Passagen vernehmen wir ein klares Bewusstsein der Verwandtschaft aller, die Menschenantlitz tragen.

So konnte Leo Baeck,[6] der führende jüdische Theologe der Gegenwart festhalten: „Die Anerkennung, die wir dem Anderen schulden, ist demnach unbedingt und unbeschränkt; denn sie beruht ausschließlich darauf, dass er ein Mensch und darum ein Mitmensch ist, Wesen von meinem Wesen, Würde von meiner Würde. Das Wort aus dem dritten Buch Mosis, welches Akiba den bestimmenden Satz genannt hat, das gemeinhin übersetzt wird: ‚Liebe deinen Nächsten wie dich selbst', bedeutet in der ganzen Treue des Sinnes: ‚Liebe deinen Nächsten, er ist wie du.' In diesem ‚wie du' liegt der ganze Gehalt des Satzes. Der Begriff Mitmensch ist darin gegeben: Er ist wie du, er ist im Eigentlichen dir gleich, du und er sind als Menschen eins."[7] Diese Worte sind weder bloße Philosophie noch verwirrte Sentimentalität, sondern ein unbedingtes Gebot, das in die Worte einer klaren Weisung gefasst wurde: Dem Anderen, der wie wir ist, sollen wir Respekt zollen. Nicht deshalb sollen wir ihn ehren, weil er dies oder jenes vollbringt, dies oder jenes ist, sondern weil er ein Mensch ist. Und wenn wir, die im Konzentrationslager Theresienstadt gefangen waren, die Worte Leo Baecks vernehmen, erinnern wir uns an seine Stimme, die oft Trost, Aufmunterung und Zuversicht spendete. Im Talmud heißt es: „Deshalb wurde ein einzelner Mensch erschaffen [...], wegen des Friedens der Geschöpfe, damit kein Mensch zum anderen sage: Mein Vater war größer als dein Vater."[8] Wenn wir von diesen Worten die theologische Hülle abstreifen, bleibt die wohltätige Lehre von der Gleichheit aller, die keine Bevorzugung des einen oder anderen kennt.

Und der Kreis erstreckt sich weiter und umfasst noch die Tiere. Im Buch der Sprüche heißt es: „Der Gerechte hat Verständnis / für das Verlangen sei-

---

[5] Wohl nach Senhedrin IV.5 (Fol. 39b): „Da sprach der Heilige, gepriesen sei er, zu Ihnen: Mein Händewerk ertrinkt im Meere und ihr wollt von mir Leid anstimmen!?" (Der babylonische Tamud. Übers. Lazarus Goldschmidt, Berlin 1933, Bd. VIII, 615).

[6] Der Rabbiner Leo Baeck (1873–1956), Führer des liberalen deutschen Judentums und seit 1933 Präsident der Reichsvertretung der Deutschen Juden, wurde 1943 nach Theresienstadt deportiert, wo Utitz ihn näher kennenlernte.

[7] Leo Baeck, Das Wesen des Judentums, 5. Aufl. Frankfurt 1929, 211.

[8] Sanhedrin IV. 5. Das ganze Zitat, auf das sich hier Utitz stützt, lautet: „Deshalb wurde ein einzelner Mensch in der Welt erschaffen, um zu lehren, dass es jedem, der eine Person vernichtet, angerechnet wird, als hätte er eine ganze Welt vernichtet, und jeder, der eine Person erhält, es ihm zugerechnet wird, als hätte er eine ganze Welt erhalten. Wegen des Friedens der Geschöpfe, dass nicht ein Mensch zu seinem Freund sagt: Mein Vater war größer als dein Vater! Dass die Ketzer nicht sagen werden: Es gibt mehrere Mächte im Himmel." (Die Mischna. Textkritische Ausgabe und deutsche Übertragung: Sanhedrin, hrsg. Michael Krupp, Jerusalem 2006, 24/26.)

nes Viehs, / aber das Herz der Gottlosen ist grausam."[9] Weiter wird im Talmud gesagt: „Wenn ein Tier an einem Samstag in eine Notsituation gerät, die ihm Leid bereitet, ist es geboten, selbst den Sabbat zu verletzen, damit dem Tier geholfen wird. Denn Tierschutz ist eine biblische Anordnung und hebt die Ruhe des Sabbats auf."[10]

À propos Sabbat! Wenn das Judentum der Menschheit nichts als den Schatz der samstäglichen Ruhe beschert hätte, gebührte ihm in alle Ewigkeit Ruhm. „Sechs Tage sollst du arbeiten und all dein Werk tun; aber der siebente Tag [...], da sollst du keine Arbeit tun, weder du noch dein Sohn, noch deine Tochter, noch dein Sklave, noch deine Sklavin, noch dein Vieh, noch der Fremdling, der innert deiner Tore ist."[11] Abermals tritt uns hier der Gedanke einer einheitlichen Menschheit entgegen, der sich auf alle Geschöpfe erstreckt. Allen kommt nicht nur das Recht zu, sich am sechsten Tage der friedlichen und festlichen Ruhe hinzugeben; die Ruhe wird geradezu gefordert. Der Friede ist überhaupt eine grundlegende Sehnsucht, die sich wieder und wieder leidenschaftlich durchsetzt und bis in die Formeln des Grußes vordringt. Deshalb konnte der ausgezeichnete evangelische Theologe Theodor Gunkel[12] festhalten: „Gleichberechtigung der Völker und darum Friede auf Erden, das ist der letzte Gedanke der alttestamentlichen Religion. [...] An die Stelle des Ideals einer kämpferischen Weltmacht tritt der Gedanke einer friedlichen Herrschaft des Geistes."

Wirklicher Friede kann nur auf Gerechtigkeit gründen, weshalb man die Gerechtigkeit als eine fundamentale Tugend ansieht, und so sagt der große Ernst Renan:[13] „Israel ging es um gesellschaftliche Gerechtigkeit. Der Hof, die Armee, die Stammesaristokratie widerten es dagegen an." Und der früheste jüdische Philosoph Philon von Alexandria[14] hielt in einer kurzen Zusammenfassung fest: „Das will der fromme Mose durch seine Gesetzgebung vornehmlich bewirken: Solidarität, Gemeinschaft, eine einmütige Gesinnung und Harmonie der Charaktere. Er will Eigenschaften kultivieren, durch die Familien, Städte, Völker, Länder und das ganze Menschengeschlecht die größtmögliche Seligkeit erlangen können."

---

[9] Die Sprüche 12.10; Zürcher Bibel, S. 658.

[10] Zitat nicht ermittelt.

[11] 2 Mose 20 10–11; Zürcher Bibel, S. 79.

[12] Gemeint ist der protestantische Altestamentler und Hallenser Kollege Hermann Gunkel (1862–1932). Das Zitat findet sich in: Israelitisches Heldentum und Kriegsfrömmigkeit im Alten Testament, Göttingen 1916, 48 (Schlusssätze der Broschüre).

[13] Ernest Renan (1823–1892), franz. Publizist und Orientalist, Verfasser einer vielbändigen *Histoire des origines du christianisme*.

[14] Philon lebte im 1. Jahrh.; Utitz war in Theresienstadt mit dem ermordeten Philon-Forscher und -Editor Maximilian Adler (1884–1944) befreundet gewesen. Zitat nicht ermittelt.

Dieses alte Vermächtnis ist so reich, dass dem nachdenklichen Juden heute noch sein Standpunkt eindeutig gewiesen wird. Zweifellos gehört der Jude nicht in das Lager derer, die unter den Völkern Zwist und Hass säen, womit sie den Gedanken einer einheitlichen Menschheit verraten. Die Juden gehören zu denen, die ausnahmelose Gerechtigkeit für alle fordern und die humanistische Idee einer einheitlichen Menschheit tatkräftig unterstützen. Sie kämpfen auf der Seite des sozialen Fortschritts und sind durch den Friedenskampf vereinigt. Falls es der Jude bislang nicht erkannt hat, muss er einsehen, dass der Schritt von den Wünschen, Hoffnungen und Sehnsüchten zur Tat nur mithilfe der Politik vollzogen werden kann, und deshalb darf er nicht abseits stehen.

In vielerlei Hinsicht wird er sich verändern müssen. Ich nenne hier nur eine der vornehmsten Eigenschaften: die aufopferungsbereite Wohltätigkeit. Schon das älteste Judentum hat sich damit nicht zufrieden gegeben und eine umfassende soziale Gesetzgebung formuliert, in der sich konkrete Vorschriften und Verbote finden. Viele sind aufgrund der Entwicklung mittlerweile nicht [mehr] anwendbar. Darüber hinaus hat sich eine großzügige Wohltätigkeit im Judentum immer stärker hervorgebildet: Man hat sogar behauptet, die Stadt brauche den Bettler, der den vornehmen Akt der Gabe ermöglicht.

Wenn ich auf die Zeit meiner [Prager] Jugend zurückblicke,[15] gab es neben der relativ bedeutungslosen und armen Stadtverwaltung eine Reihe von starken, reichen Verbänden: zum Beispiel den jüdischen Zentralverband, Verband der Nächstenliebe, Handwerkerverband, Frauenverband, Verband für unentgeltliche Mittagessen, Begräbnisbund usw. Auf diese Weise wurde sehr viel Gutes getan. Die Menschen wurden erzogen, auch Elend würdevoll zu ertragen, und der Reiche erfreute sich allgemeiner Hochachtung. Heute und in Zukunft wird sich weiter allerlei Gelegenheit zur produktiven sozialen Tätigkeit bieten: Bettler sollte es jedoch nicht [mehr] geben und darf es nicht geben. Es ist die Aufgabe des Staates, einem jeden arbeitsfähigen Menschen eine geeignete Beschäftigung für angemessenen Lohn sowie ärztliche Behandlung im Falle der Krankheit und Krankengeld zu sichern.

Wenn wir unseren Blick auf die Ereignisse in der Welt richten, sollten wir uns tagtäglich erinnern, dass wir einst Fremde und Knechte in Ägypten waren, und sollten uns den ganzen Leidensweg, die Verfolgungen und Pogrome vor Augen führen. Können wir uns nach diesen Erfahrungen auf Staaten verlassen, die sich den Juden einmal einschmeicheln, ein anderes Mal von ihnen abwenden, je nachdem, wie es ihren taktischen Interessen gerade recht ist? Dürfen wir uns von der Versicherung täuschen lassen, dass man Antisemitismus im Namen der Freiheit nicht verbieten könne, weil doch jeder das Recht auf eine eigene Meinung habe? Es gibt kein Recht auf Verbrechen, Diskriminierungen und Hetze aufgrund von Rasse,

---

[15] Dazu die Rückblicke auf Prag in: Ethik nach Theresienstadt, 176ff.

Volkszugehörigkeit und Religionsbekenntnis. Eine klare Formulierung solcher Grundsätze muss ohne jegliche Parteinahme in der Verfassung stehen, weil es sich um Grundsätze und Grundrechte einer einheitlichen Menschheit, um allgemeine Gleichheit und Gerechtigkeit für jeden handelt.

Wenn der Jude heute das Zeitgeschehen in Korea, Vietnam oder in Malaysia sieht[16] oder vom Mangel an Bereitschaft zur Lösung der Frage der Schwarzen in den USA liest, wäre es falsch zu meinen, das gehe ihn nichts an. Auch jenseits sittlicher Pflichten müssen schon der bloße Selbsterhaltungstrieb und die historische Erfahrung lehren, dass sich derartige Demütigungen jederzeit gegen ihn selbst wenden können. In Anlehnung an einen bekannten Satz kann behauptet werden: Solange es Herrenvölker gibt, die sich über andere erheben und glauben, sie könnten andere vergewaltigen, solange straflose Hetze propagiert wird, die gegen bestimmte Rassen, Völker oder Religionen gerichtet ist, und solange solches zugelassen wird, kann der Jude nicht ruhig schlafen. Überall droht ihm ein unseliges Schicksal, und Sicherheit kann nur der definitive Sieg derjenigen Weltanschauung gewähren, die alle veralteten, giftigen und unredlichen Stellungnahmen verwirft, die diesen Augiasstall ausräumt und eine klare, reine Atmosphäre schafft.

Daran hängt die Sache des Friedens, die dem Judentum als kostbares Erbe vermacht wurde. Solange Gruppen existieren, die Völker und Religionen gegeneinander hetzen, ist jeder Friede nur ein Waffenstillstand. Wir haben bitter erfahren, dass wirklicher Friede erkämpft werden muss. Wenn der Monopolkapitalismus irgendwo versagt hat, dann gerade hier, in dieser weltweit bedeutenden Angelegenheit. Zweimal in kurzer Folge hat er die Menschheit in ungeheuerliche Weltkriege getrieben, und es ist nicht sein Verdienst, dass es nicht zu einem dritten kam, zu dem es, wie ich fest hoffe, auch niemals kommen wird. Der Jude, der die Weisungen seiner tausendjährigen Geschichte befolgt, fügt sich als aktiver Kämpfer in die Friedensbewegung ein. Letzten Enden bedeutet das, dass man sich dem Sozialismus anschließt, denn nur er verkörpert eine wirtschaftliche und gesellschaftliche Ordnung, die in der Gegenwart und Zukunft den Gedanken der Menschlichkeit, Gleichberechtigung, Gerechtigkeit und des Friedens verwirklichen kann. Theoretische Sympathien reichen nicht aus. Alles entscheidet sich im Handeln und der Tat. Meiner Meinung nach deutet die Geschichte der Juden eindeutig in eine bestimmte Richtung, die der Einzelne einschlagen soll. Die Geschichte spricht sich in klaren Worten aus und weist dem Juden seinen Platz zu. Wenn jemand einwendet, dass es etliche Mängel und Unvoll-

---

[16] Korea war bis 1945 eine japanische Kolonie und wurde dann zwischen den USA und der Sowjetunion geteilt. 1950 begann der Koreakrieg mit einem Angriff Nordkoreas auf den Süden. Auch durch die Beteiligung Chinas drohte 1951 eine Ausweitung dieses frühen „Stellvertreterkriegs" zum Weltkrieg. Aus dem Koreakrieg ging der Vietnamkrieg hervor.

kommenheiten gibt, hat man zu antworten: Wir stehen am Anfang. Die Geschwindigkeit des Fortschritts hängt von unserer Arbeit ab. Als alter Mensch
wird es mir erlaubt sein, abschließend festzuhalten: Es zeichnet sich gerade
eine herrliche, überwältigende Möglichkeit ab: Was Menschen über Tausende
von Jahren als Sehnsucht und Hoffnung bewegte, was sich in Gebeten und
Predigten widerspiegelte, in Lehren und Ideen seinen Ausdruck fand, kann
heute eine konkrete und reale Macht werden. Diese Macht verwandelt die
Welt in einem Geist, der neben vielen anderen endlich auch die Judenfrage
beantwortet.

Autorinnen und Autoren

Mohamed Ait El Ferrane, (*1947), 1983–1988 Studium u. a. Islamwissenschaft in Heidelberg, Prof. für Linguistik und arabische Literatur und Sprache an der Universität Cadi Ayyad Marrakesch

Gabor Boros, Prof. Dr., (*1959), seit 2004 Prof. für Philosophie an der Eötvös Universität Budapest; lange Forschungsaufenthalte in Deutschland als Humboldt- und DAAD-Stipendiat, Gastprofessuren und Fellowships in diversen Ländern, Publikationen u. a. zu Descartes, Spinoza, Leibniz und der Philosophie der Gefühle

Alexander Demandt, Prof. Dr., (*1937), seit 1974 Prof. für Alte Geschichte an der FU-Berlin. Mitglied mehrerer Akademien, zahlreiche Monographien, zuletzt etwa: Alexander der Große. Leben und Legende, München 2009; Philosophie der Geschichte. Von der Antike zur Gegenwart, Köln 2011; Zeit. Eine Kulturgeschichte, Berlin 2015

Miriam Falter, (*1992), Abitur, FSJ in Thailand, seit 2012 Studium der Politik, Geographie, Deutsch an der PH-Heidelberg, seit April 2015 ehrenamtlicher Deutschunterricht für Flüchtlinge in der Region

István M. Fehér, (*1950), seit 1992 Ordinarius für Philosophie in Budapest, seit 2001 an der Andrássy Deutschsprachigen Universität Budapest, Mitglied der ungarischen Akademie der Wissenschaften, zahlreiche Fellowships und Publikationen

Joachim Gerner, Dr., (*1954), 1986 Diss. LMU-München, seit 2005 Bürgermeister für Familie, Soziales und Kultur der Stadt Heidelberg

Takeshi Gonza, Prof. Dr., (*1959), seit 1998 Prof. für Politikwissenschaft an der Hokkaido Universität, Sapporo. Von 1990 bis 1992 und von 1999 bis 2000 lebte er zuerst als Gast des Hegel-Archivs in Bochum und dann als Gast der philosophischen Fakultät in Heidelberg. 2011 wurde er für seine Hegel-Forschung: Vernunft, Staat und Geschichte bei Hegel (Iwanami-Verlag, 2010) mit dem Watsuji-Kulturpreis ausgezeichnet.

Robert Hettlage, Prof. Dr. Dr., (*1943), seit 1962 in der Schweiz lebend, seit 1981 Prof. für Soziologie in Regensburg. Publikationen zuletzt u. a.: (zusammen mit Karl Lenz) Projekt Deutschland. Zwischenbilanz nach zwei Jahrzehnten, Paderborn 2013

Tereza Matějčková, Dr., (*1982), Mitarbeiterin des Instituts für Philosophie und Religionswissenschaft, Karls-Universität in Prag, Dissertation: Der Grund der Welt in Hegels Phänomenologie des Geistes

Reinhard Mehring, Prof. Dr., (*1959), seit 2007 Prof. für Politikwissenschaft an der PH-Heidelberg, Publikationen zuletzt u. a.: Kriegstechniker des Begriffs. Biographische Studien zu Carl Schmitt, Tübingen 2014; Ethik nach Theresienstadt. Späte Texte des Prager Philosophen Emil Utitz, Würzburg 2015; Heideggers ‚große Politik‘. Die semantische Revolution der Gesamtausgabe, Tübingen 2016

Emeti Morkoyun, (*1988), einige Semester Architekturstudium, ab 2011 Tätigkeit an Förderschulen, seit 2012 Studium an der PH-Heidelberg

Kay Müller, (*1969), Studium an der PH-Heidelberg, Tätigkeiten in PR und Journalistik, seit 2015 Flüchtlingsbeauftragter der Stadt Schwetzingen

Herfried Münkler, Prof. Dr., (*1951), seit 1992 Prof. für Theorie der Politik an der HU-Berlin, Mitglied der Berlin-Brandenburgischen Akademie der Wissenschaft. Zahlreiche Monographien, zuletzt etwa: Der Große Krieg. Die Welt 1914–1918, Berlin 2013; Kriegssplitter. Die Evolution der Gewalt im 20. und 21. Jahrhundert, Berlin 2015; (zusammen mit Marina Münkler) Die neuen Deutschen. Ein Land vor seiner Zukunft, Berlin 2016

Andreas Nerschbach, (*1979), Bürokaufmann, seit 2012 Studium an der PH-Heidelberg mit den Fächern Physik, Mathematik, Politik

Meher Pestonji, (*1946), Journalistin und Schriftstellerin, lebt in Mumbai

Tobias Rauch, (*1990), nach dem Abitur Zivildienst, dann Tätigkeit in einer Förderschule mit Schwerpunkt geistige Behinderung, seit 2012 Studium an der PH-Heidelberg mit den Fächern Politik, Geographie und Deutsch

Rolf Rieß, (*1959), Gymnasiallehrer in Grafenau (Bayern), zahlreiche Publikationen und Editionen u. a. zu Ludwig Feuchtwanger, Philipp Löwenfeld, Carl Schmitt, Werner Sombart

Mareike Stief, (*1991), seit WS 2010/11 Studium an der PH-Heidelberg mit den Fächern Deutsch, Geschichte und Politikwissenschaft

Emil Utitz, (1883–1956), Habilitation 1910 in Rostock, Ordinarius für Philosophie in Halle (1925) und Prag (1934)